相依重尾风险模型的渐近分析

江　涛　明瑞星　崔　盛　著

科 学 出 版 社

北　京

内 容 简 介

本书以重尾分布相关理论为基础，从保险行业风险管理的角度，量化巨灾风险和金融风险及其相依性、多维性对保险公司偿付能力造成的影响，从而为保险公司稳健经营以及风险预警提供理论支持. 本书详细介绍了各种重尾分布族的定义、性质和分类，并研究了相依情形下的max-sum 等价问题. 在此基础上，结合经典的更新风险模型，并充分考虑保险产品的多样性以及由此带来的相依性、保险资金风险投资带来的金融风险以及与索赔风险的交互作用，建立了相应的风险模型，并研究了模型中破产概率的渐近估计问题. 随着考虑因素的增多，所得模型与现实更加贴近，所得结论解释性和实用性更强.

本书可供高等院校相关专业的师生、从事应用概率论和风险理论研究的科研人员以及保险行业从事风险管理的相关人员使用.

图书在版编目(CIP)数据

相依重尾风险模型的渐近分析/江涛，明瑞星，崔盛著. —北京：科学出版社，2019.12

ISBN 978-7-03-063862-5

Ⅰ. ①相… Ⅱ. ①江… ②明… ③崔… Ⅲ. ①保险精算-研究 Ⅳ. ①F840.48

中国版本图书馆 CIP 数据核字(2019)第 289720 号

责任编辑：李 欣 贾晓瑞／责任校对：彭珍珍
责任印制：吴兆东／封面设计：陈 敬

科学出版社 出版
北京东黄城根北街 16 号
邮政编码：100717
http://www.sciencep.com

北京虎彩文化传播有限公司 印刷
科学出版社发行 各地新华书店经销
*
2019 年 12 月第 一 版 开本：720×1000 1/16
2021 年 4 月第二次印刷 印张：13 1/4
字数：264 000

定价：88.00 元
(如有印装质量问题，我社负责调换)

前　　言

在保险业, 尤其是财产保险业务中, 由重大灾害事件引发的巨灾索赔额可以导致保险公司偿付能力不足甚至破产. 对于这样的巨灾索赔建模主要以重尾分布理论为数学工具. 为了分析方便, 经典的更新风险模型往往假定保险公司经营单一险种, 对金融衍生品的投资因素往往不予考虑, 并做了大量的独立性假设. 而现实情况往往并非如此. 随着保险业的发展、资产规模的不断扩大, 保险公司一方面会经营多种保险产品, 另一方面, 金融衍生工具的不断创新使得投资渠道日益多样化, 凭借雄厚的资金实力和专业的投资部门, 保险公司成了金融市场上举足轻重的机构投资者. 如何应对产品的多样性带来的联动效应, 如何度量金融风险 (主要包括保险资金的投资风险与利率变动风险) 给保险公司稳健运营带来的冲击, 如何应对和防范极端风险, 是保险业量化风险管理的几个关键问题, 它们直接关系到保险公司的偿付能力. 破产概率是风险理论的核心概念, 各种涉及保险公司偿付能力资本要求的计算模型, 其本质就是一个破产概率模型. 本书将风险的相依性和多维性纳入更新风险模型中, 使得这些模型既可以刻画多种保险产品的联动效应, 也可以刻画金融风险和保险风险的交互作用, 还可以刻画量化免赔额机制对索赔时间间隔带来的延迟效应. 本书以重尾风险模型为主要研究对象, 综合运用重尾分布理论、随机过程、数理金融等相关理论以及随机模拟等技术手段, 系统研究了模型中有限时间破产概率的渐近估计问题.

本书的章节安排如下：第 1 章首先较为详尽地介绍了一元重尾分布的定义和性质, 以及常见的重尾分布子族, 并介绍了近十年来在重尾分布理论上的一些进展, 包括局部重尾分布族、重尾密度族以及多元重尾分布族, 最后简要地介绍了 Lévy 过程的相关性质; 第 2 章围绕着相依情形下重尾随机游动的 max-sum 等价问题, 分别讨论了在条件相依和条件独立假设下的整体 max-sum 等价以及 FGM 相依假设下的局部 max-sum 等价; 第 3 章考虑了一类二维常利率更新风险模型, 在该模型中我们引入了三元时依结构刻画索赔额与索赔时间间隔的相依性, 分别研究了有限时间破产概率的一致渐近估计和二维折现过程的局部一致估计; 第 4 章讨论了两类综合风险模型, 一类是带时依结构的连续时间风险模型, 另一类是考虑金融风险和保险风险交互作用的离散时间风险模型, 并研究了这些模型中有限时间破产概率的一致渐近估计.

本书的第 1 章由江涛撰写, 第 3 章由明瑞星撰写, 第 2 章和第 4 章由崔盛撰写, 全书由江涛统一定稿. 长期以来的科研工作受益于唐启鹤教授 (美国爱荷华大学 F. Wendell Miller 讲席教授和澳大利亚新南威尔士大学商学院特聘教授) 一直以来的热情鼓励和悉心指点, 同时与苏州大学王岳宝教授、南京审计大学杨洋教授等人的科研合作在很大程度上促成了本书的内容体系日臻完善, 在此对他们表示衷心的感谢. 同时要感谢浙江省一流学科 (A 类) (浙江工商大学统计学)、浙江省优势特色学科 (浙江工商大学统计学) 以及国家自然科学基金项目 (71671166) 提供的出版资助, 感谢三峡大学理学院硕士研究生龚婵同学, 她在本书写作过程中担任了大量的文字输入及校对工作. 最后, 感谢三峡大学人才启动基金对本书的资助.

由于编者水平有限, 书中疏漏抑或不足之处在所难免, 恳请广大读者批评指正.

江 涛

2019 年 8 月

目　　录

第1章 导 论

1.1 幂律分布、齐普夫律以及帕累托法则

大量历史事实表明, 造成保险公司出现偿付能力不足甚至破产的往往并非日积月累的小额索赔, 而是极少量的大额索赔, 比如在 1995 年由阪神大地震造成的损失占当年全球约 1500 亿美元损失的一半以上. 近十数年来, 诸如 2001 年的美国 9·11 恐怖袭击、2004 年的印度洋海啸、2005 年的卡特里娜飓风、2007 年的金融危机、2008 年的中国南方特大冰灾和汶川地震、2010 年的海地地震，以及 2011 年的日本大地震, 各类极端事件时有发生, 而在 2015 年的 8 月 12 日发生的天津港特大爆炸事故, 据专家估计, 直接经济损失高达 700 亿, 造成的财产保险的赔付数额约为 100 亿元.

这些造成大额索赔的极端事件的共同之处在于其重尾性, 也就是说出现极端值的可能性相对较大, 关于重尾分布的严格定义将在 1.2 节给出. 形象理解重尾的含义, 就是有些东西可以超出想象的大, 而且出现这么大的东西的概率比想象的大 (相对正态分布而言). 幂律分布就是这种陡峭而延伸很长的分布, 其密度函数满足

$$f(x) \propto x^{-\alpha}, \quad x \geqslant x_{\min} > 0. \tag{1.1}$$

在幂律分布概念提出以前, 已经有很多人研究类似的现象, 这里面有两个重要人物: 一个是齐普夫 (G. K. Zipf), 一个是帕累托 (V. Pareto).

齐普夫在 1932 年和 1935 年研究不同语言词频的时候提出了刻画词频分布的齐普夫律. 他把某种语言的文本数据拿来, 分割成词, 分完后统计不同的词各出现了多少次, 然后按使用次数从多到少排序, 将结果画在图上, 横轴就是排序大小, 纵轴就是对应的词出现的次数, 在双对数坐标下呈现直线特征. 齐普夫律的数学表达为

$$x \sim r^{-\beta}, \tag{1.2}$$

其中, x 是规模, r 是排序, β 是齐普夫指数, 在很多情况下, $\beta = 1$. 如果按照出现频率排序, 则第二常见的单词出现频率是第一常见单词出现频率的 1/2, 第三常见单词为第一常见单词出现频率的 1/3. 比如, 在 Brown 语料库中, “the”是最常见的单词, 它在这个语料库中出现了大约 7 % (100 万单词中出现 69971 次), 正如齐普夫律中所描述的一样, 出现次数为第二位的单词“of”, 占了整个语料库中的 3.5%(36411 次), 之后的是“and” (28852 次). 仅仅 135 个字汇就占了 Brown 语料库的一半. 这说明在英语单词中, 只有极少部分的词被经常使用, 而绝大部分词很少被使用.

在 19 世纪 90 年代, 帕累托注意到, 20% 的人口掌握意大利约有 80% 的土地. 目前, 这种 "80/20" 原则在管理领域流行度非常高. 进一步可以定义广义的帕累托法则, 即 p 份额的人口占据总财富 $1-p$ 的份额. 并且这个规律是可以迭代的, 如 p^2 份额的人口占据总财富的 $(1-p)^2$ 的份额, 则可以得到帕累托分布

$$P(X > x) \sim x^{-k}. \tag{1.3}$$

这是一个尾分布函数, 表示大于某个量的人口份额正比于这个量的一个幂函数, 其中 k 为帕累托指数. 对于广义的帕累托法则, 具有关系 (Hardy, 2010)

$$k = \frac{1}{1-\log_p(1-p)} = \log_{p/(1-p)} p. \tag{1.4}$$

从现代的观点来看, 这三者是等价的, 是对于同一数据的三种不同侧面的展示. 幂律分布可以通过逆累积分布得到帕累托分布. 相反, 如果对于帕累托分布求导数, 就可以得到幂函数形式的概率密度函数. 而帕累托分布和齐普夫律实际上是交换了自变量和因变量的位置, 它们在图形上是关于 $y = x$ 对称的. 综上, 这三者是同一个数据的不同展示形式, 在双对数坐标下均为负斜率的直线, 且满足关系

$$\alpha = 1 + k = 1 + (1/\beta). \tag{1.5}$$

我们再看几个服从幂律分布的例子. ① 地震的能量/震级与发生频率的关系 (Christensen et al., 2002). ② 城市规模的分布 (Newman, 2005). ③ 回信的时间间隔分布: Oliveira 和 Barabási (2005) 对爱因斯坦和达尔文这两个人的发出的邮件和收到的邮件做了配对, 研究他们收到一封信之后, 多少天才回复. 发现它们在双对数坐标下表现为直线, 说明具有幂律分布特征, 甚至幂律指数几乎是一样的, 都是 1.5. ④ 无标度网络 (scalefree network): 复杂网络是真实系统简化得来的, 在这个网络中个体被抽象为节点, 关系被抽象为连边, 节点的唯一功能就是通过连边传递信息. 节点的连边数量称为度, 这种度的分布 (均衡程度) 对于网络的功能具有重要影响. 而无标度网络简单地说就是度分布服从幂律分布的网络 (Barabási and Albert, 1999). 无标度网络中各节点之间的连接状况具有严重的不均匀分布性: 无标度网络中大部分的节点的度都很小, 属于 "叶子" 节点, 删除它对于整个网络影响不大; 少数节点被称为 Hub 点, 拥有极其多的连接, 对无标度网络的运行起着主导的作用, 一旦移除掉 Hub 节点, 整个网络结构被严重破坏.

从数学角度上讲, 现实世界中的幂律分布的方差总是不存在的, 甚至在一些情况下连期望都不存在. 广义中心极限定理告诉我们, 如果独立同分布的随机变量序列方差无限, 则在一定条件下其正则化部分和的极限行为是 Lévy 稳定分布, 这种分布虽然没有明确的密度函数形式, 但尾部可以用幂律分布描述, 参见文献

(Feller, 1971) 17.5 节的定理 1 和定理 2. 另外, 它还有一个特征: 标度不变性 (scaling invariance). 以帕累托 80/20 法则为例, 80/20 法则说 20% 的人口掌握了 80% 的财富. 而在这个掌握 80% 财富的 20% 人口中, 又有 20% 掌握了其中的 80%, 而在穷人部分随便划出一部分, 也会发现 20% 的较为富有的占有了这部分穷人总财富的 80%. 无论在任何财富区间, 都会有同样的规律, 这个规律和所划定的区间无关. 这种现象被称为无特征尺度.

能产生幂律分布的机制非常多, 如 Barabási 在 1999 年提出的著名的偏好依附模型、Repetowicz 等 (2005) 的货币转移模型、Mitzenmacher (2004) 的最小值限制随机乘数模型以及猴子随机打字模型. 对幂律分布参数的估计方法的研究可以参见文献 (Newman, 2005; Clauset et al., 2009) 以及 (Gabaix and Ibragimov, 2011).

1.2 重尾分布与轻尾分布的定义及例子

本节首先进行记号上的约定: 给定 $\mathbb{R}$ 上的分布 F, 称 $1-F$ 为其 (右) 尾分布, 记为 $\overline{F}$. 若对所有 x, 都有 $\overline{F}(x)>0$, 则称分布 F 具有右无界的支撑. 对任意给定的 $T>0$, 记 $F(x,x+T]=\overline{F}(x)-\overline{F}(x+T)$. 定义风险函数为 $R(x)=-\ln\overline{F}(x)$, 进一步, 如果 F 绝对连续, 密度为 f, 则风险率函数定义为 $r(x)=-\dfrac{f(x)}{\overline{F}(x)}$, 从而有 $\overline{F}(x)=\exp\left(-\displaystyle\int_{-\infty}^{x}r(y)\mathrm{d}y\right)$. 若分布 F 满足 $\displaystyle\int_0^{\infty}\overline{F}(y)\mathrm{d}y<+\infty$, 定义其积分尾分布为 $\overline{F}_I(x)=\min\left\{1,\displaystyle\int_x^{\infty}\overline{F}(y)\mathrm{d}y\right\}$.

设 $X_1, X_2, \cdots, X_n$ 是 $\mathbb{R}$ 上 n 个相互独立的随机变量, 分布分别为 $F_1, F_2, \cdots, F_n$, 则 $S_n=\sum_{k=1}^{n}X_k$ 的分布称为 $F_1, F_2, \cdots, F_n$ 的卷积, 记为 $F_1*F_2*\cdots*F_n$. 进一步, 如果 $X_1, X_2, \cdots, X_n$ 是独立同分布的随机变量, 其共同分布为 F, 则 F 的 n 重卷积的定义为 $F^{n*}(x)=\displaystyle\int_{-\infty}^{\infty}F^{(n-1)*}(x-y)F(\mathrm{d}y)$, 其中约定 $F^{1*}=F$.

对于单调不减函数 $H:\mathbb{R}\mapsto(a,b)\subset[-\infty,\infty]$, 其左连续逆 $H^{\leftarrow}:(a,b)\mapsto\mathbb{R}$ 定义为

$$H^{\leftarrow}(y)=\inf\{s:H(s)\geqslant y\}.$$

其中约定 $\inf\varnothing=\infty$.

此外, 对于任意两个正值函数 $a(x)$ 和 $b(x)$, 当 $\lim_{x\to\infty}a(x)/b(x)=1$ 时, 记作 $a(x)\sim b(x)$. 当 $\limsup_{x\to\infty}a(x)/b(x)\leqslant 1$ 时, 记为 $a(x)\lesssim b(x)$ 或 $b(x)\gtrsim a(x)$. 当 $\lim_{x\to\infty}a(x)/b(x)=0$ 时, 记为 $a(x)=o(b(x))$. 当 $\limsup_{x\to\infty}a(x)/b(x)<\infty$ 时, 记为 $a(x)=O(b(x))$. 若 $a(x)=O(b(x))$, 且 $b(x)=O(a(x))$, 则记为 $a(x)\asymp b(x)$. 且对

任意两个实数 x 和 y, 记 $x \vee y = \max\{x, y\}$, $x \wedge y = \min\{x, y\}$. 用 $x_+ = x \vee 0$ 表示 x 的正部. 事件 A 的示性函数由 $\mathbf{1}_{A(x)}$ 或 $\mathbf{1}_{\{x\in A\}}$ 表示.

在保险精算领域, 重尾分布 (heavy-tailed distribution) 是指不存在任何指数阶矩的分布. 即对所有的 $\lambda > 0$, 有 $E(\mathrm{e}^{\lambda X}) = \infty$, 则称随机变量 X (或者其对应分布 F) 是重尾的, 记为 $F \in \mathcal{K}$, 则

$$\mathcal{K} = \left\{F : \forall\lambda > 0,\ \int_{\mathbb{R}} \mathrm{e}^{\lambda x} F(\mathrm{d}x) = \infty\right\}.$$

反之, 若存在某个 $\lambda > 0$, 有 $E(\mathrm{e}^{\lambda X}) < \infty$, 则称随机变量 X (或者其对应分布 F) 是轻尾的, 记为 $F \in \mathcal{K}^c$, 则

$$\mathcal{K}^c = \left\{F : \exists\lambda > 0,\ \int_{\mathbb{R}} \mathrm{e}^{\lambda x} F(\mathrm{d}x) < \infty\right\}.$$

易见, 对支撑在 $[0,\infty)$ 上的分布 $F \in \mathcal{K}^c$, 由 Chebyshev-Markov 型不等式可得, 存在正数 λ, 使得 $P(X \geqslant x) \leqslant \mathrm{e}^{-\lambda x}E(\mathrm{e}^{\lambda X})$. 从而其存在所有的幂阶矩, 即对所有的 $s > 0$ 有 $\displaystyle\int_0^\infty u^s F(\mathrm{d}u) < \infty$. 反之, 重尾分布的尾分布不能被某个单调递减趋于零的指数函数所控制. 接下来给出重尾函数的定义.

定义 1.2.1 (重尾函数) 称一个非负函数 f 是重尾的 (heavy-tailed), 如果对任意的 $\lambda > 0$ 有

$$\limsup_{x\to\infty} f(x)\mathrm{e}^{\lambda x} = \infty. \tag{1.6}$$

下面的定理刻画了重尾函数、重尾分布及其风险函数之间的关系.

定理 1.2.1 (重尾分布的等价描述) 对于支撑在 $\mathbb{R}$ 上的分布 F, 下列命题等价:

(1) F 是重尾分布;

(2) 对某个给定的 $T > 0$, $F(x, x+T]$ 是重尾函数;

(3) $\overline{F}$ 是重尾函数;

(4) 风险函数满足 $\liminf_{n\to\infty} \dfrac{R(x)}{x} = 0$.

该定理的证明可参见文献 (Foss et al., 2013) 的定理 2.6. 可知, 分布 F 是重尾的, 当且仅当 F 的尾分布不能被任何趋于零的指数函数所控制. 即 $F \in \mathcal{K}$ 等价于对所有的 $\lambda > 0$, 有

$$\limsup_{x\to\infty} \overline{F}(x)\mathrm{e}^{\lambda x} = \infty.$$

在重尾分布研究中, 曾一度认为 (Rolski et al., 1999): 若 $F \in \mathcal{K}$, 则对任意的 $\lambda > 0$ 有

$$\lim_{x\to\infty} \overline{F}(x)\mathrm{e}^{\lambda x} = \infty. \tag{1.7}$$

事实上, 重尾函数定义中的上极限 lim sup 一般不能换成极限 lim. 反例如下.

例 1.2.1 设 $x_0=0$, $x_1=2$, $x_n=x_{n-1}^2=2^{2^{n-1}}$, $n\geqslant 2$. 又设随机变量 X 的分布律为 $P(X=x_n)=\mathrm{e}^{-x_{n-1}}-\mathrm{e}^{-x_n}$, $n\geqslant 1$. 则

$$\overline{F}(x)=P(X\geqslant x_{n+1})=\mathrm{e}^{-x_n},\quad n\geqslant 1.$$

该例源自文献 (王岳宝等, 2005) 的例 1, 直接计算可知 $F\in\mathcal{K}$, 但对于任意 $\lambda\in(0,1)$, (1.7) 并不成立.

此外, 不难证明, 如果重尾分布 F 绝对连续, 密度为 f, 那么密度函数 f 也是重尾函数. 若不然, 假设 f 不是重尾的, 则存在正数 x_0 和 λ', 使得

$$\sup_{x>x_0} f(x)\mathrm{e}^{\lambda' x}=:c<\infty,$$

因此, 对于所有 $\lambda\in(0,\lambda')$,

$$\int_{\mathbb{R}}\mathrm{e}^{\lambda x}F(\mathrm{d}x)\leqslant \mathrm{e}^{\lambda x_0}+c\int_{x_0}^{\infty}\mathrm{e}^{(\lambda-\lambda')x}\mathrm{d}x<\infty,$$

这与 F 是重尾分布相矛盾. 但其逆命题未必成立, 即密度函数是重尾函数, 但分布函数却是轻尾的. 例子如下.

例 1.2.2 考虑如下分段连续的密度函数:

$$f(x)=\sum_{n=1}^{\infty}\mathbf{1}_{[n,n+2^{-n}]}(x).$$

易见对任意 $\lambda>0$, 有 $\limsup_{x\to\infty}f(x)\mathrm{e}^{\lambda x}=\infty$, 因此 f 是重尾函数, 但另一方面, 当 $\lambda\in(0,\ln 2)$ 时, 有

$$\int_0^{\infty}\mathrm{e}^{\lambda x}f(x)\mathrm{d}x<\sum_{n=1}^{\infty}\mathrm{e}^{\lambda(n+2^{-n})}2^{-n}=\sum_{n=1}^{\infty}\mathrm{e}^{(\lambda-\ln 2)n+\lambda 2^{-n}}<\infty,$$

因此分布函数 F 却是轻尾的.

下面给出一些常见的支撑在 $(0,\infty)$ 上重尾分布的尾分布或密度函数:

(1) 帕累托 (Pareto) 分布: $\overline{F}(x)=\left(\dfrac{\kappa}{\kappa+x}\right)^{\alpha}$, 其中 $\alpha,\kappa>0$;

(2) 波尔 (Burr) 分布: $\overline{F}(x)=\left(\dfrac{\kappa}{\kappa+x^{\tau}}\right)^{\alpha}$, 其中 $\alpha,\kappa,\tau>0$;

(3) 对数伽马 (LogGamma) 分布: $f(x)=\dfrac{\alpha^{\beta}}{\Gamma(\beta)}(\ln x)^{\beta-1}x^{-\alpha-1}$, 其中 $\alpha,\beta>0$;

(4) 重尾威布尔 (Weibull) 分布: $\overline{F}(x)=\mathrm{e}^{-cx^{\tau}}$, 其中 $c>0,0<\tau<1$;

(5) 对数正态 (Lognormal) 分布：$f(x) = \dfrac{1}{\sqrt{2\pi}\sigma x}\mathrm{e}^{-(\ln x-\mu)^2/(2\sigma^2)}$，其中 $\mu \in \mathbb{R}, \sigma > 0$.

Seal (1983) 曾指出帕累托分布和对数正态分布是产险界最常见的分布，此外重尾分布在排队论和分支过程等其他领域也有着重要的应用，相关文献参见 (Chistyakov, 1964; Chover et al., 1973; Borovkov, 1976, 1984; Pakes, 1975; Klüppelberg, 1989; Baltrunas et al., 2004).

支撑在 $(0,\infty)$ 上的轻尾分布包括:

(1) 指数分布：$\overline{F}(x) = \mathrm{e}^{-\lambda x}$，其中 $\lambda > 0$;

(2) 伽马 (Gamma) 分布：$f(x) = \dfrac{\beta^\alpha}{\Gamma(\alpha)}x^{\alpha-1}\mathrm{e}^{-\beta x}$，其中 $\alpha, \beta > 0$;

(3) 轻尾威布尔 (Weibull) 分布：$\overline{F}(x) = \mathrm{e}^{-cx^\tau}$，其中 $c > 0, \tau \geqslant 1$;

(4) 截断正态分布：$f(x) = \sqrt{\dfrac{2}{\pi}}\mathrm{e}^{-x^2/2}$;

(5) 任一支撑在有限区间上的分布.

对于上述分布，下作进一步的说明.

说明 1.2.1 威布尔分布来源于可靠性理论，其失效率 $r(x) = f(x)/\overline{F}(x) = c\tau x^{\tau-1}, c > 0, \tau > 0$ 有着重要作用. 当 $0 < \tau < 1$ 和 $\tau \geqslant 1$ 时，$r(x)$ 分别是单调不降和单调不增的函数. 威布尔分布所有的幂阶矩存在且有限.

特别地，当 $\tau = 1$ 时，失效率是常数，此时威布尔分布即为指数分布.

说明 1.2.2 对于参数为 $\alpha > 0$, $\beta > 0$ 的伽马分布，当 $s < \beta$ 时，其指数阶矩 $\mathbb{E}\mathrm{e}^{s\xi} = \delta^p(\beta - s)^{-p} < \infty$. 尾分布 $\overline{F}(x)$ 的精确表达式为

$$\overline{F}(x) = \frac{\Gamma(\delta x; p)}{\Gamma(p)},$$

其中，$\Gamma(x;p) = \displaystyle\int_x^\infty t^{p-1}\mathrm{e}^{-t}\mathrm{d}t$ 是伽马函数. 当 $x \to \infty$ 时，有

$$\overline{F}(x) \sim \frac{\beta^{\alpha-1}}{\Gamma(\alpha)}x^{\alpha-1}e^{-\beta x}.$$

说明 1.2.3 参数为 μ, σ^2 的对数正态分布定义为 e^ξ 的分布函数，其中 ξ 服从 $N(\mu, \sigma^2)$. 当 $x \to \infty$ 时，有

$$\overline{F}(x) \sim \frac{\sigma}{\sqrt{2\pi}\log x}\exp\left\{-\frac{1}{2}\left(\frac{\log x - \mu}{\sigma}\right)^2\right\},$$

对数正态分布具有所有的幂阶矩，特别地，一阶矩为 $\mathrm{e}^{\mu+\sigma^2/2}$，二阶矩为 $\mathrm{e}^{2\mu+2\sigma^2}$.

说明 1.2.4 一般的帕累托分布具有密度函数

$$f(x)=\frac{\alpha}{(1+x)^{\alpha+1}},\quad x\geqslant 0,$$

有时也允许位置参数 $a>0$ 和尺度参数 $\beta>0$, 则

$$f(x)=\frac{\alpha}{\beta[1+(x-a)/\beta]^{\alpha+1}},\quad x\geqslant a.$$

当且仅当 $p<\alpha-1$ 时, 帕累托分布具有有限的 p 阶矩.

说明 1.2.5 参数为 $\alpha>0,\beta>0$ 的对数伽马分布定义为 e^{ξ} 的分布函数, 其中 ξ 服从 $\Gamma(\alpha,\beta)$. 当且仅当 $\beta<\alpha$ 时, 对数伽马分布具有有限的 β 阶矩. 当 $\beta=1$ 时, 对数伽马分布即为帕累托分布.

由上述定义可知, 轻尾和重尾的划分是以是否存在指数阶收敛速度作为标准. 由于尾分布收敛速度的不同, 风险模型中相应的破产概率渐近性态有着本质的区别. 以经典的 Cramér-Lundberg 风险模型为例, 该模型的假设如下:

(1) 索赔额 $\{X_n,n\geqslant 1\}$ 是一列独立同分布 (i.i.d.) 的非负随机变量, 具有共同的分布函数 F, 有限均值 μ_F;

(2) 索赔时间间隔 $\{\theta_n,n\geqslant 1\}$ 是一列独立同分布的服从指数分布的随机变量, 具有有限均值 $\mu_\theta=1/\lambda$;

(3) 索赔额序列与索赔时间间隔序列相互独立;

(4) 保费收入过程 $\{C(t),t\geqslant 0\}$ 是线性的, 即存在常数保费收入率 $c=(1+\rho)\lambda\mu_F$, 使得 $C(t)=ct$, 其中 $\rho>0$ 为安全负载比例.

若记保险公司的初始资本为 $x\geqslant 0$, 则保险公司的盈余过程定义为

$$U(t)=x+ct-S(t),\quad t\geqslant 0,$$

定义破产时刻 $\tau(x)=\inf\{t\geqslant 0:U(t)<0\}$, 则无限时间破产概率 (或最终破产概率) $\psi(x)=P(\tau(x)<\infty)=P(\inf_{t>0}U(t)>0)$. 定义 F 的均衡分布 $F_e(x):=\mu_F^{-1}\int_0^x\overline{F}(y)\mathrm{d}y$, 并且安全负载条件 $\rho>0$ 满足, 文献 (Embrechts et al., 1997) 的定理 1.2.2 和定理 1.3.6 揭示了索赔额积分尾分布分属于轻尾和重尾两种情形下无限时间破产概率的渐近估计.

(1) 轻尾情形: 如果存在常数 $R>0$, 使得

$$\int_0^\infty \mathrm{e}^{Rx}F_I(\mathrm{d}x)=1+\rho,$$

则对所有的 $x\geqslant 0$, 有

$$\psi(x)\leqslant \mathrm{e}^{-Rx},$$

如果进一步假设 $\int_0^\infty xe^{Rx}\overline{F}(x)\mathrm{d}x < \infty$, 那么当 $x \to \infty$ 时, 有

$$\psi(x) \sim Ce^{-Rx},$$

其中

$$C = \left[\frac{R}{\rho\mu_F}\int_0^\infty xe^{Rx}\overline{F}(x)\mathrm{d}x\right]^{-1} < \infty.$$

(2) 重尾情形: 如果 $F_I \in \mathcal{S}$ (参见定义 1.3.9), 那么当 $x \to \infty$ 时, 有

$$\psi(x) \sim \rho^{-1}\overline{F}_e(x).$$

1.3 常见的重尾分布子族及其性质

由 1.2 节中典型的重尾分布例子可以看出, 不同的重尾分布函数的收敛速度差异极大, 为了对重尾分布族进行深入细致的研究, 也出于对保险等领域实际应用的需要, 学者按照一定标准对重尾分布族做了相应的划分, 下面列出与本书有关的一些重尾分布子族.

1.3.1 慢变函数与正则变换函数

对正则变换函数的研究源于 Karamata (1930) 的著名论文, 利用这一工具, 他在 Tauberian 定理中做出了开创性的贡献, 在 20 世纪 30 年代到 60 年代, Karamata 及其合作者和学生将这一领域不断发展壮大. 正则变换函数在解析数论、复分析和概率论中有着众多应用. Feller 最早意识到正则变换在概率论中的巨大潜力, 在文献 (Feller, 1968, 1971) 中围绕更新过程、稳定分布、随机游动等主题做了大量的讨论. De Haan (1970) 则在极值理论中将之发展为二阶理论, 正则变换分布在极值理论中的理论和应用综述参见文献 (De Haan and Ferreira, 2006). 文献 (Bingham et al., 1987) 的第 8 章系统地总结了正则变换在概率论中的 14 个应用.

首先给出慢变函数的定义, 该定义最早由 Karamata (1930) 引入, 不过当时仅限于连续函数情形.

定义 1.3.1 称非负可测函数 L 是在无穷远处的慢变函数, 记作 $L \in \mathcal{R}_0$, 如果对任意的 $y > 0$, 有

$$\lim_{x\to\infty}\frac{L(xy)}{L(x)} = 1. \tag{1.8}$$

由定义可知, 下列函数都是慢变函数:

(1) $L(x) = \ln(1 + x)$;

(2) $L(x) = \ln\ln(\mathrm{e} + x)$;

(3) $L(x)=\exp\{(\ln x)^{\alpha}\}, 0<\alpha<1$;

(4) 任何一个满足 $\lim_{x\to\infty} L(x)=L(\infty)\in(0,\infty)$ 的函数 L;

(5) $L(x)=\exp\{(\ln(1+x^2))^{1/2}\cos((\ln(1+x^2))^{1/2})\}$, 该例说明慢变函数可以在无穷远处无限振荡, 即满足 $\liminf_{x\to\infty} L(x)=0, \limsup_{x\to\infty} L(x)=\infty$.

如下的一致收敛定理是该领域最基本的定理, 它是之后众多定理的源头. 其连续情形下的证明由 Karamata (1930) 给出, 之后 Korevaar 等 (1949) 则将之推广到了可测情形.

定理 1.3.1 如果 L 是慢变函数, 那么对任意的 $0<a<b<\infty$, 关于 $y\in[a,b]$ 一致地有

$$\lim_{x\to\infty}\frac{L(xy)}{L(x)}=1.$$

文献 (Bingham et al., 1987) 的定理 1.3.1 给出了该定理的五种证明, 有兴趣的读者可以查阅文献, 此处从略. 如果去掉可测性的条件, Korevaar 等 (1949) 以及 Ash 等 (1972) 利用 Zorn 引理构造了反例, 说明此时一致收敛定理未必成立. 由定理 1.3.1 可知, 如果 L 是慢变函数, 则存在 $X>0$, 使得 L 在 $[X,\infty)$ 上局部有界 (即在 $[X,\infty)$ 的任一紧子集上有界), 由于 L 可测, 于是 L 在 $[X,\infty)$ 上局部可积. Karamata (1930) 和 Korevaar 等 (1949) 进一步给出了慢变函数的表示定理.

定理 1.3.2 (慢变函数的 Karamata 表示定理) $L\in\mathcal{R}_0$, 当且仅当存在某个 $a>0$, 使得

$$L(x)=c(x)\exp\left\{\int_a^x u^{-1}\varepsilon(u)\mathrm{d}u\right\},\quad x\geqslant a,$$

其中 $c(\cdot)$ 和 $\varepsilon(\cdot)$ 均为可测函数, 且当 $x\to\infty$ 时, $c(x)\to c\in(0,+\infty), \varepsilon(x)\to 0$.

上述表示中, a 的取值无关紧要, 不妨可取 $a=1$, 并且 $\varepsilon(x)$ 和 $c(x)$ 的选择并非唯一. 易见, 若将 $c(x)$ 换成它的极限 c, 则得到一个性质更好的慢变函数

$$L_1(x)=c\exp\left\{\int_a^x u^{-1}\varepsilon(u)\mathrm{d}u\right\},\quad x\geqslant a,$$

显然, 当 $x\to\infty$ 时, $L(x)\sim L_1(x)$. De Bruijn (1959) 和 Adamović (1966) 利用磨光算子的技巧证明了对于任意一个慢变函数 $L(x)$, 一定存在无穷次可微的慢变函数 $L_1(x)$, 使得当 $x\to\infty$ 时, $L(x)$ 与 $L_1(x)$ 渐近等价; 并且如果 $L(x)$ 是最终单调的, 那么 $L_1(x)$ 也是最终单调的. 另外, $L(x)$ 的单调性可以通过 $\varepsilon(x)$ 的符号来反映, 即如果 $L(x)$ 最终单调不减 (单调不增), 那么 $\varepsilon(x)$ 最终非负 (非正).

说明 1.3.1 若记 $h(x)=\ln L(\mathrm{e}^x)$, 则定理 1.3.2 中的表示等价于

$$h(x)=d(x)+\int_b^x e(v)\mathrm{d}v,\quad x\geqslant b,$$

其中 $b=\ln a$, $d(x)=\ln c(\mathrm{e}^x)$, $e(x)=\varepsilon(\mathrm{e}^x)$, 且当 $x\to\infty$ 时, 有 $d(x)\to\ln c$ 以及 $e(x)\to 0$.

根据定义 1.3.1 和定理 1.3.2, 不难证明如下命题.

命题 1.3.1 (慢变函数的基本性质)

(1) 如果 $L(x)$ 是慢变函数, 那么对任意 $\alpha\in\mathbb{R}$, $(L(x))^\alpha$ 也是慢变函数;

(2) 如果 $L_1(x)$ 和 $L_2(x)$ 都是慢变函数, 那么 $L_1(x)+L_2(x)$, $L_1(x)L_2(x)$ 也是慢变函数, 并且进一步有 $L_2(x)\to\infty$, 那么 $L_1(L_2(x))$ 也是慢变函数;

(3) 如果 $L(x)$ 是慢变函数, 那么当 $x\to\infty$ 时, 有 $(\ln L(x))/\ln x\to 0$;

(4) 如果 $L(x)$ 是慢变函数, 那么对任意 $\varepsilon>0$, 有

$$x^\varepsilon L(x)\to\infty,\quad x^{-\varepsilon}L(x)\to 0.$$

正则变换理论源于对正值函数 f 如下关系式

$$f(xy)/f(x)\to g(y)\in(0,\infty),\quad x\to\infty, \tag{1.9}$$

以及众多变形的研究. 令集合 S 是所有满足 (1.9) 的 $y>0$ 的全体, 如果 $y_1,y_2\in S$, 不难看出 $y_1y_2\in S$, 而且

$$g(y_1y_2)=g(y_1)g(y_2).$$

文献 (Karamata, 1933) 的结果刻画了可能的极限函数 g 的特征. 粗略地讲, 只要 f 不是过于病态, S 不要太小, 那么 (1.9) 对于所有 $y>0$ 都成立, 并且 $g(y)=y^\rho$, $\rho\in\mathbb{R}$. 不过 Karamata 最初的证明是错误的, Feller (1971) 基于 Cauchy 函数方程对该结论给出了严格的证明.

定理 1.3.3 如果对于正值可测函数 f, 使得 (1.9) 成立的集合 S 测度为正, 那么

(1) (1.9) 对于所有 $y>0$ 都成立;

(2) 存在 $\rho\in\mathbb{R}$, 使得对任意 $y>0$, 有 $g(y)=y^\rho$;

(3) $f(x)=x^\rho L(x)$, 其中 $L(x)$ 是慢变函数.

由定理 1.3.3 的 (1) 和 (2), 立得下面的定义.

定义 1.3.2 (正则变换函数) 称一个正值可测函数 f 是指数为 ρ 的正则变换函数, 记作 $f\in\mathcal{R}_\rho$, $\rho\in\mathbb{R}$, 如果对任意的 $y>0$, 当 $x\to\infty$ 时, 有

$$\lim_{x\to\infty}\frac{f(xy)}{f(x)}=y^\rho. \tag{1.10}$$

说明 1.3.2 上述定义可平行推广到指数为无穷大的情形, 从而得到快变 (rapid variation) 函数或指数为 ∞ 的正则变换函数的定义. 称一个正值可测函数 f

是指数为 ∞ 的正则变换函数, 记作 $f\in\mathcal{R}_\infty$, 如果对任意的 $y>0$, 有

$$\lim_{x\to\infty}\frac{f(xy)}{f(x)}=y^\infty:=\begin{cases}0, & y<1,\\ 1, & y=1,\\ \infty, & y>1.\end{cases}$$

类似地, $f\in\mathcal{R}_{-\infty}$, 如果对任意的 $y>0$, 有

$$\lim_{x\to\infty}\frac{f(xy)}{f(x)}=y^\infty:=\begin{cases}\infty, & y<1,\\ 1, & y=1,\\ 0, & y>1.\end{cases}$$

定理 1.3.3 的 (3) 揭示了正则变换函数和慢变函数二者的关系, 根据它和定理 1.3.2, 如果 $f\in\mathcal{R}_\rho$, 那么有

$$\begin{aligned}f(x)&=x^\rho L(x)\\ &=x^\rho c(x)\exp\left\{\int_a^x u^{-1}\varepsilon(u)\mathrm{d}u\right\},\quad x\geqslant a,\end{aligned}$$

其中 $a>0$, $c(x)\to c\in(0,+\infty)$, $\varepsilon(x)\to 0$. 进而得到

$$f(x)=\{c+o(1)\}\exp\left\{\int_1^x u^{-1}[\rho+o(1)]\mathrm{d}u\right\}. \tag{1.11}$$

由正则变换函数的表示 (1.11) 易得如下结论.

命题 1.3.2 如果 $f\in\mathcal{R}_\rho$, 且 $\rho\neq 0$, 那么

$$f(x)\to\begin{cases}\infty, & \rho>0,\\ 0, & \rho<0.\end{cases}$$

在关于慢变函数一致收敛性的定理 1.3.1 中, 我们已知对任意 $0<a<b<\infty$, (1.8) 关于 $y\in[a,b]$ 一致成立. 该结论可推广到正则变换函数情形: 如果 $\rho<0$, 那么可取 $b=\infty$, 即 (1.10) 关于 $y\in[a,\infty)$ 一致成立; 如果 $\rho>0$, 那么可取 $a=0$, 即 (1.10) 关于 $y\in[0,b]$ 一致成立. 证明可参见文献 (Bingham et al., 1987) 定理 1.5.2 的证明.

令 $\overline{f}_1(x)=\sup\{f(t):a\leqslant t\leqslant x\}$, $\underline{f}_1(x)=\inf\{f(t):a\leqslant t\leqslant x\}$, $\overline{f}_2(x)=\sup\{f(t):t\geqslant x\}$, $\underline{f}_2(x)=\inf\{f(t):t\geqslant x\}$, 其中 $a\geqslant 0$, 显然 $\overline{f}_1(x)$ 和 $\underline{f}_2(x)$ 单调不减, $\underline{f}_1(x)$ 和 $\overline{f}_2(x)$ 单调不减. 利用正则变换函数的一致收敛性, 不难证明如下定理.

定理 1.3.4 设 $f \in \mathcal{R}_\rho$, 选取 $a \geqslant 0$ 使得 f 在 $[a,\infty)$ 上局部有界, 如果 $\rho > 0$, 那么当 $x \to \infty$ 时, 有

$$\overline{f}_1(x) \sim f(x), \quad \underline{f}_2(x) \sim f(x),$$

如果 $\rho < 0$, 那么当 $x \to \infty$ 时, 有

$$\underline{f}_1(x) \sim f(x), \quad \overline{f}_2(x) \sim f(x).$$

定理 1.3.4 表明, 任一具有非零指数的正则变换函数与某个单调函数渐近等价. 换言之, 如果 L 是慢变函数且 $\alpha > 0$, 那么 $x^\alpha L(x)$ 渐近等价于某单调不减函数, $x^{-\alpha}L(x)$ 渐近等价于某单调不增函数. 反之, Matuszewska (1962) 则证明了如果函数 L 对每个 $\alpha > 0$ 都满足该性质, 那么 L 一定是慢变函数.

利用慢变函数的表示定理 (定理 1.3.2), 还可得到正则变换函数的 Potter 界, 它刻画了 $f(y)/f(x)$ 的整体上界, 证明参见文献 (Bingham et al., 1987) 的定理 1.5.6.

定理 1.3.5 (Potter 定理) (1) 若 L 是慢变函数, 则对任意给定的 $A > 1, \delta > 0$, 存在 $X = X(A,\delta)$, 使得对所有 $x \geqslant X, y \geqslant X$, 有

$$\frac{L(y)}{L(x)} \leqslant A \max\left\{\left(\frac{y}{x}\right)^{-\delta}, \left(\frac{y}{x}\right)^{\delta}\right\}.$$

进一步, 若 L 在 $[0,\infty)$ 的任何紧子集上的上、下确界都是正数, 则对任意给定的 $\delta > 0$, 存在 $A' = A'(\delta) > 1$, 使得对所有 $x \geqslant 0, y \geqslant 0$, 有

$$\frac{L(y)}{L(x)} \leqslant A' \max\left\{\left(\frac{y}{x}\right)^{-\delta}, \left(\frac{y}{x}\right)^{\delta}\right\}.$$

(2) 若 f 是指数为 α 的正则变换函数, 则对任意给定的 $A > 1, \delta > 0$, 存在 $X = X(A,\delta)$, 使得对所有 $x \geqslant X, y \geqslant X$, 有

$$\frac{L(y)}{L(x)} \leqslant A \max\left\{\left(\frac{y}{x}\right)^{\rho-\delta}, \left(\frac{y}{x}\right)^{\rho+\delta}\right\}.$$

若所考虑的函数具有单调性, 比如概率论中分布函数和尾分布便是如此, 则正则变换理论诸多方面可以相应简化. 下面两个结论以及进一步的讨论参见文献 (Bingham et al., 1987) 的 1.10 节.

命题 1.3.3 单调函数 $L : \mathbb{R}_+ \mapsto \mathbb{R}_+$ 是慢变函数, 当且仅当存在正数 $c \neq 1$, 使得当 $x \to \infty$ 时, 有

$$\frac{L(cx)}{L(x)} \to 1$$

成立.

定理 1.3.6 单调函数 $f:\mathbb{R}_+\mapsto\mathbb{R}_+$ 是正则变换函数, 当且仅当下列条件之一成立:

(1) 存在 $(0,\infty)$ 上的稠密子集 S, 使得对任意的 $y\in S$, 当 $x\to\infty$ 时, 有

$$\lim_{x\to\infty}\frac{f(xy)}{f(x)}=g(y)\in(0,\infty)$$

成立, 此时存在 $\rho\in\mathbb{R}$, 使得 $g(y)=y^{\rho}$;

(2) 存在两个正数列 $\{a_n\}$ 和 $\{b_n\}$ 满足

$$a_n\sim a_{n+1},\quad b_n\to\infty,$$

以及 $(0,\infty)$ 上的稠密子集 S, 使得对任意的 $y\in S$, 有

$$\lim_{n\to\infty}a_nf(b_ny)=h(y)\in(0,\infty)$$

成立, 此时存在 $\rho\in\mathbb{R}$, 使得 $h(y)/h(1)=y^{\rho}$.

1.3.2 正则变换分布族及其推广

在概率论中, 将正则变换函数用来刻画尾分布的轻重程度, 就有了下列定义.

定义 1.3.3 (正则变换尾分布) 称支撑在 $\mathbb{R}$ 上的分布 F 是指数为 $-\alpha$ 的正则变换尾的, 记作 $F\in\mathcal{R}_{-\alpha}$, $\alpha\geqslant 0$, 如果其尾分布 $\overline{F}$ 是指数为 $-\alpha$ 的正则变换函数, 即对任意给定的 $y>0$, 有

$$\lim_{x\to\infty}\frac{\overline{F}(xy)}{\overline{F}(x)}=y^{-\alpha}. \tag{1.12}$$

记 $\mathcal{R}:=\bigcup_{\alpha\geqslant 0}\mathcal{R}_{-\alpha}$ 表示所有的正则变换族.

根据该定义, 上一节的所有结论对正则变换分布均适用, 特别地, 单调情形下的结论更是如此. 例如在定理 1.3.6 (2) 中, 若取 $a_n=n$, $b_n=(1/(1-F))^{\leftarrow}(n)=:U^{\leftarrow}(n)$, 则得到正则变换分布的序列形式

$$\lim_{n\to\infty}n(1-F(b_nx))=x^{-\alpha}.$$

下面的命题是 Karamata 定理在概率论中的应用, 更一般的讨论参见文献(Bingham et al., 1987) 的 1.6 节.

命题 1.3.4 假设分布 F 具有右无界的支撑, 绝对连续且密度函数为 f, 则

(1) 如果 $\lim_{x\to\infty}xf(x)/\overline{F}(x)=\alpha>0$, 那么有 $f\in\mathcal{R}_{-\alpha-1}$, 进而有 $F\in\mathcal{R}_{-\alpha}$.

(2) 反之, 如果 $f\in\mathcal{R}_{-\alpha-1}$ 或者 $F\in\mathcal{R}_{-\alpha}F$, 且密度 f 最终单调, 那么有 $\lim_{x\to\infty}xf(x)/\overline{F}(x)=\alpha>0$.

其后, 学者将正则变换分布族的条件不断减弱, 得到了更大的广义正则变化尾分布族 (Matuszewska, 1965)、一致变换尾分布族 (Cline and Samorodnitsky, 1994) 以及控制变化尾分布族 (Feller, 1969).

定义 1.3.4 (广义正则变化尾分布) 称支撑在 $\mathbb{R}$ 上的分布 F 是广义正则变化尾的 (extended-regularly-varying-tailed), 记作 $F \in \mathrm{ERV}(-\alpha, -\beta)$, $0 \leqslant \alpha \leqslant \beta < \infty$, 如果对任意的 $y > 0$ 有

$$y^{-\beta} \leqslant \liminf_{x \to \infty} \frac{\overline{F}(xy)}{\overline{F}(x)} \leqslant \limsup_{x \to \infty} \frac{\overline{F}(xy)}{\overline{F}(x)} \leqslant y^{-\alpha}, \tag{1.13}$$

记 $\mathrm{ERV} := \bigcup_{0 \leqslant \alpha \leqslant \beta < \infty} \mathrm{ERV}(-\alpha, -\beta)$ 表示所有的广义正则变换族.

定义 1.3.5 (一致变换尾分布) 称支撑在 $\mathbb{R}$ 上的分布 F 是一致变换尾的 (consistently-varying-tailed), 记作 $F \in \mathcal{C}$, 如果对任意的 $0 < y < 1$ 有

$$\lim_{y \uparrow 1} \limsup_{x \to \infty} \frac{\overline{F}(xy)}{\overline{F}(x)} = 1. \tag{1.14}$$

定义 1.3.6 (控制变换尾分布) 称支撑在 $\mathbb{R}$ 上的分布 F 是控制变换尾的 (dominatedly-varying-tailed), 记作 $F \in \mathcal{D}$, 如果对任意的 $0 < y < 1$, 有

$$\limsup_{x \to \infty} \frac{\overline{F}(xy)}{\overline{F}(x)} < \infty. \tag{1.15}$$

对上述几个重尾分布族, 显然有 $\mathcal{R} \subset \mathrm{ERV} \subset \mathcal{C} \subset \mathcal{D}$ 成立. 文献 (Bingham et al., 1987) 的 2.1 节引入了几个刻画重尾分布函数的重要指标, 其中分布 F 的上 Matuszewska 指数和下 Matuszewska 指数分别定义为

$$\mathbb{J}_F^+ = \inf\left\{ -\frac{\log \overline{F}_*(y)}{\log y} : y > 1 \right\}, \quad \mathbb{J}_F^- = \sup\left\{ -\frac{\log \overline{F}^*(y)}{\log y} : y > 1 \right\},$$

其中, 对任意的 $y \leqslant 1$,

$$\overline{F}_*(y) := \liminf_{x \to \infty} \frac{\overline{F}(xy)}{\overline{F}(x)}, \quad \overline{F}^*(y) := \limsup_{x \to \infty} \frac{\overline{F}(xy)}{\overline{F}(x)}.$$

由文献 (Bingham et al., 1987) 的定理 2.1.7 知, $F \in \mathcal{D}$ 等价于 $\mathbb{J}_F^+ < \infty$. 为了刻画支撑在整个 $\mathbb{R}$ 上的分布 F 的右尾特征, 定义 F 的矩指标为

$$I_F = \sup\left\{ u : \int_0^\infty x^r F(\mathrm{d}x) < \infty \right\}.$$

下面的命题给出了 $F \in \mathcal{D}$ 时上 Matuszewska 指数、下 Matuszewska 指数和矩指标之间的关系, 证明参见文献 (Bingham et al., 1987) 的命题 2.2.1, (Seneta, 1976) 的附录 A3 及 (杨洋和王开永, 2013) 的定理 2.37.

命题 1.3.5 设 $F \in \mathcal{D}$, 那么

(1) $0 \leqslant \mathbb{J}_F^- \leqslant I_F \leqslant \mathbb{J}_F^+ < \infty$;

(2) 对任意 $p_1 < \mathbb{J}_F^- \leqslant \mathbb{J}_F^+ < p_2$, 存在 $C > 1$ 和 $x_0 > 0$ 使得当 $xy > x_0$, $x > x_0$ 时, 有

$$\frac{1}{C}(y^{-p_1} \wedge y^{-p_2}) \leqslant \frac{\overline{F}(xy)}{\overline{F}(x)} \leqslant C(y^{-p_1} \vee y^{-p_2}); \tag{1.16}$$

(3) 由 (2) 可知, 对任意 $p_1 < \mathbb{J}_F^- \leqslant \mathbb{J}_F^+ < p_2$, 当 $x \to \infty$ 时, 有

$$\overline{F}(x) = o(x^{-p_1}), \quad x^{-p_2} = o(\overline{F}(x)).$$

进一步地, 如果 $F \in \mathrm{ERV}(-\alpha, -\beta)$, 由文献 (Tang and Tsitsishvili, 2003) 的引理 3.6 知 $\alpha \leqslant \mathbb{J}_F^- \leqslant \mathbb{J}_F^+ \leqslant \beta$.

1.3.3 长尾函数与长尾分布

定义 1.3.7(长尾函数) 称最终为正的函数 f 是长尾函数, 如果对所有的 $y > 0$, 有

$$\lim_{x \to \infty} \frac{f(x+y)}{f(x)} = 1. \tag{1.17}$$

显然, 如果 f 是长尾函数, 那么 (1.17) 中的 y 可换为 $-y$; 另外, f 是长尾函数当且仅当 $g(x) = f(\ln x)$ 是慢变函数. 于是由定理 1.3.1 可知, (1.17) 对于 y 在任意紧区间上一致成立, 从而对于任意 $a > 0$, 有

$$\sup_{|y| \leqslant a} |(f(x) - f(x+y)| = o(f(x)).$$

文献 (Foss et al., 2013) 的引理 2.17 表明, 任意长尾函数一定是重尾的, 且对于任意 $\lambda > 0$, 有

$$\lim_{x \to \infty} f(x) \mathrm{e}^{\lambda x} = \infty.$$

据此, 不难构造一个不是长尾函数的重尾函数：令

$$f(x) = \sum_{n=1}^{\infty} 2^{-n} \mathbf{1}_{(2^{n-1}, 2^n]}(x).$$

一方面, 对任意 $\lambda > 0$, 有

$$\limsup_{x \to \infty} f(x) \mathrm{e}^{\lambda x} \geqslant \limsup_{n \to \infty} 2^{-n} \mathrm{e}^{\lambda 2^n} = \infty,$$

于是它是重尾的. 另一方面, 又有

$$\liminf_{x \to \infty} \frac{f(x+1)}{f(x)} \leqslant \liminf_{n \to \infty} \frac{2^n + 1}{2^n} = \frac{1}{2}.$$

文献 (Foss et al., 2013) 的引理 2.19 进一步指出:

命题 1.3.6　如果函数 f 是长尾函数, 那么存在单调递增趋于无穷的正值函数 h, 使得当 $x \to \infty$ 时, 有

$$\sup_{|y| \leqslant h(x)} |(f(x) - f(x+y)| = o(f(x)).$$

定义 1.3.8 (长尾分布)　称支撑在 $\mathbb{R}$ 上的分布 F 是长尾分布, 记作 $F \in \mathcal{L}$, 如果对所有的 $y > 0$, 有

$$\lim_{x \to \infty} \frac{\overline{F}(x+y)}{\overline{F}(x)} = 1. \tag{1.18}$$

根据命题 1.3.6, 并利用尾分布的单调性可知, 如果 $F \in \mathcal{L}$, 那么存在单调递增趋于无穷的正值函数 h, 使得当 $x \to \infty$ 时, 有 $\overline{F}(x \pm h(x)) \sim \overline{F}(x)$ 成立, 我们称 F 关于 h 不敏感或者 F 具有 h-insensitive 性质. 通过选取不同的 h, 可刻画各种长尾分布的尾部轻重:

(1) 取 $h(x) = \varepsilon x$, 其中 $\varepsilon > 0$, 此时满足对应的 h-insensitive 性质的分布族是慢变分布族, 即对任意 $\varepsilon > 0$, 当 $x \to \infty$ 时, 有

$$\frac{\overline{F}((1+\varepsilon)x)}{\overline{F}(x)} \to 1,$$

这些分布都是极度重尾的, 甚至连任意有限的正阶矩都不存在;

(2) 取 $h(x) = o(x)$, Foss 等 (2013) 的定理 2.4.7 证明了满足 $o(x)$-insensitive 性质的分布族是一致变换尾分布族;

(3) 对于对数正态分布, 可取 $h(x) = o(x/\ln x)$;

(4) 对于参数 $\tau \in (0,1)$ 的重尾威布尔分布, 可取 $h(x) = o(x^{1-\alpha})$;

(5) 取 $h(x) = \sqrt{x}$, 此时满足 $\sqrt{x}$-insensitive 的分布包括一致变换尾分布族, 对数正态分布以及参数 $\tau \in (0, 1/2)$ 的重尾威布尔分布, 对这类分布的等价描述可参见文献 (Foss et al., 2013) 的定理 2.4.9.

命题 1.3.7　设 F 是 $\mathbb{R}$ 上右无界支撑的分布, 随机变量 X 的分布为 F, 则下列命题等价:

(1) $F \in \mathcal{L}$;

(2) 对任意给定 $T > 0$, 有 $F(x, x+T] = o(\overline{F}(x))$;

(3) 对任意给定 $T > 0$, 有 $P(X > x + T | X > x) \to 1$;

(4) 风险函数满足 $R(x+1) - R(x) \to 1$.

关于长尾分布族的卷积性质, 文献 (Foss et al., 2013) 的定理 2.29、推论 2.30 以及定理 2.41 有如下结论.

命题 1.3.8 若在 $\mathbb{R}$ 上的 n 个分布 $F_1,\cdots,F_n$ 满足 $\overline{F}_1+\cdots+\overline{F}_n$ 是长尾函数, 则对任意分布 G, 有

$$\liminf_{x\to\infty}\frac{\overline{F_1*\cdots*F_n}(x)}{\overline{F}_1(x)+\cdots+\overline{F}_n(x)}\geqslant 1.$$

进而, 若分布 $F\in\mathcal{L}$, 则

$$\liminf_{x\to\infty}\frac{\overline{F^{n*}}(x)}{\overline{F}(x)}\geqslant n.$$

命题 1.3.9 若 $\mathbb{R}$ 上的两个分布 F_1 和 F_2 满足 $F_1\in\mathcal{L}$, 且 $\overline{F}_1+\overline{F}_2$ 是长尾函数, 则卷积 $F_1*F_2\in\mathcal{L}$. 特别地, 若下列条件之一满足:

(1) $F_1\in\mathcal{L}$ 且 $F_2\in\mathcal{L}$;

(2) $F_1\in\mathcal{L}$ 且 $F_2(x)=o(F_1(x))$,

则 $F_1*F_2\in\mathcal{L}$.

1.3.4 次指数分布

假设 $\{X_k,k=1,2,\cdots,n\}$ 是一列 i.i.d. 非负随机变量, 其共同分布为 $\mathbb{R}^+$ 上无界支撑的 F, 记 $S_n=X_1+\cdots+X_n$, $X_{(n)}=\max\{X_1,\cdots,X_n\}$. 注意到对所有的 $n\geqslant 2$, 有 $S_n\geqslant X_{(n)}$, 于是 $\overline{F}^{n*}(x)=P(S_n>x)\geqslant P(X_{(n)}>x)=\overline{F}^n(x)$, 从而有

$$\liminf_{x\to\infty}\frac{\overline{F}^{n*}(x)}{\overline{F}(x)}\geqslant\liminf_{x\to\infty}\frac{\overline{F}^n(x)}{\overline{F}(x)}=n.$$

特别地, 若 F 是 $\mathbb{R}^+$ 上的重尾分布, 由文献 (Denisov et al., 2008) 的定理 2 可知

$$\liminf_{x\to\infty}\frac{\overline{F}^{n*}(x)}{\overline{F}(x)}=n.$$

因此, 若 F 是 $\mathbb{R}^+$ 上的重尾分布, $\lim\limits_{x\to\infty}\dfrac{\overline{F}^{n*}(x)}{\overline{F}(x)}$ 存在且有限, 则该极限一定等于 n. 由此得到如下定义.

定义 1.3.9 (次指数分布) 称支撑在 $\mathbb{R}^+$ 上的分布 F 是次指数的 (subexponential), 记作 $F\in\mathcal{S}$, 如果对所有的 $n\geqslant 2$ 有

$$\lim_{x\to\infty}\frac{\overline{F^{n*}}(x)}{\overline{F}(x)}=n. \tag{1.19}$$

次指数分布的概念由 Chistyakov (1964) 研究分支过程时引入, 文献 (Embrechts er al., 1997) 的引理 1.3.4 指出, 要使得 $F\in\mathcal{S}$, 只需 $\limsup_{x\to\infty}\dfrac{\overline{F^{2*}}(x)}{\overline{F}(x)}\leqslant 2$ 成立即可.

由次指数分布定义 (1.19) 立即可以得到次指数性的特征: max-sum 等价, 即 n 个 i.i.d. 次指数随机变量之和超出充分大的阈值 x 的概率渐近等价于其中最大值超出 x 的概率. 这体现了一个大跳 (a big jump) 原理, 在很大程度上与"80/20"法则 (或帕累托法则) 相吻合. 该法则在保险业中的体现, 就是少数的巨额索赔往往导致整个公司财务状况的恶化. 具体而言, 假设 $\{X_k, k=1,2,\cdots,n\}$ 是一列 i.i.d. 非负随机变量, 具有共同的分布 $F\in\mathcal{S}$, 则对所有的 $n\geqslant 2$, 当 $x\to\infty$ 时有

$$P(S_n>x)\sim P(X_{(n)}>x). \tag{1.20}$$

事实上, 对每个固定的 $n\geqslant 2$ 有

$$\begin{aligned}P(X_{(n)}) &= 1-P(X_{(n)}\leqslant x)\\ &= 1-(1-\overline{F}(x))^n\\ &= 1-\mathrm{e}^{n\ln(1-\overline{F}(x))}\\ &\sim -n\ln(1-\overline{F}(x))\\ &\sim n\overline{F}(x),\quad x\to\infty.\end{aligned}$$

由命题 1.3.8 立得如下关系成立.

命题 1.3.10　若支撑在 $\mathbb{R}^+$ 上的分布 $F\in\mathcal{S}$, 则 $F\in\mathcal{L}$.

注意到 $F\in\mathcal{L}$ 等价于 $F\circ\ln\in\mathcal{R}_0$, 由定理 1.3.2 可得, 对任意 $\varepsilon>0$, 有 $x^{\varepsilon}\overline{F}(\ln x)\to\infty$, 简单的换元计算表明, 若 $F\in\mathcal{L}$, 则对任意 $\varepsilon>0$, 有 $\mathrm{e}^{\varepsilon x}\overline{F}(x)\to\infty$. 该式解释了"次指数"一词的由来, 即 $\overline{F}(x)$ 的衰减速度要慢于任意负指数函数 $\mathrm{e}^{-\varepsilon x}$. 由命题 1.3.10 知, 其字面意义所涵盖的分布要比定义 1.3.9 更广.

文献 (Foss et al., 2013) 的 3.7 节给出一个 $F\in\mathcal{L}$, 但 $F\notin\mathcal{S}$ 的例子指出 $\mathcal{S}\subsetneq\mathcal{L}$. 为此需要用到 Pitman (1980) 用风险率函数刻画的绝对连续的分布 $F\in\mathcal{S}$ 的充要条件和充分条件.

定理 1.3.7　设支撑在 $\mathbb{R}^+$ 上的分布 F 绝对连续, 风险率函数 $r(x)$ 最终单调不减且趋于零, 则 $F\in\mathcal{S}$ 当且仅当

$$\lim_{x\to\infty}\int_0^x \mathrm{e}^{yr(x)}F(\mathrm{d}y)=1, \tag{1.21}$$

进而, 若 $\mathrm{e}^{yr(y)-R(y)}r(y)$ 在 $\mathbb{R}^+$ 可积, 则 $F\in\mathcal{S}$.

例 1.3.1　给定任意单调递减趋于零的序列 $\{\alpha_n\}$, 令 $x_0=0$, $R(x_0)=0$, $x_n=x_{n-1}+2\alpha_n^{-1}\mathrm{e}^{R(x_{n-1})}$. 当 $x\in(x_{n-1},x_n]$ 时, 定义 $r(x)=R'(x)=\alpha_n$, 由此得到一个分段线性的风险函数 $R(x)$, 且

$$\begin{aligned}R(x_n) &= R(x_{n-1})+\alpha_n(x_n-x_{n-1})\\ &= R(x_{n-1})+2\mathrm{e}^{R(x_{n-1})}.\end{aligned}$$

显然当 $x\to\infty$ 时, 有 $R(x)\to\infty$, $r(x)\to 0$, 于是由命题 1.3.7 (4) 可知 $\overline{F}(x)=\mathrm{e}^{-R(x)}$ 是长尾的. 另一方面, 根据上面的构造, 知

$$\begin{aligned}\int_{x_{n-1}}^{x_n}\mathrm{e}^{yr(x_n)-R(y)}r(y)\mathrm{d}y\geqslant&\int_{x_{n-1}}^{x_n}\mathrm{e}^{-R(x_{n-1})}\alpha_n\mathrm{d}y\\=&\alpha_n(x_n-x_{n-1})+2\mathrm{e}^{-R(x_{n-1})}\\=&2\end{aligned}$$

对所有 n 都成立, 从而当 $n\to\infty$ 时, $\int_0^{x_n}\mathrm{e}^{yr(x_n)-R(y)}r(y)\mathrm{d}y$ 发散, 由定理 1.3.7 知 F 不是次指数的.

另外, Embrechts 等 (1997) 的例 1.4.2 表明 $\mathcal{D}$ 族并非包含 $\mathcal{S}$ 族.

例 1.3.2 (Peter-Paul 分布) 该分布的背景来源于著名的圣彼得堡悖论, 在一个扔硬币的游戏中, 假设硬币质地均匀, 第一个玩家 Peter 投这枚硬币, 直至首次出现正面, 如果投掷第 k 次时首次出现正面, 那么 Paul 就向 Peter 支付 2^k 卢布, 于是 Peter 收益的分布函数为

$$F(x)=\sum_{k:2^k\leqslant x}2^{-k},\quad x\geqslant 0.$$

直接计算可得, 对任意的 $k\geqslant 0$, $\overline{F}(2^k-1)/\overline{F}(2^k)=2$, 故 $F\notin\mathcal{L}\supset\mathcal{S}$. 另外, 可以证明 $F\in\mathcal{D}$, 详细的讨论参见文献 (Goldie, 1991).

在此指出的是, 上面关于次指数分布族的定义是针对支撑在 $\mathbb{R}^+$ 上的分布 F 的, 如果将次指数分布族的定义推广到实值随机变量的情形, 此时仅有 (1.19) 并不能保证 F 是重尾分布, 也就是说存在支撑在 $\mathbb{R}$ 上 的满足 (1.19) 的轻尾分布. 文献 (Foss et al., 2013) 的例 3.3 给出的分布如下.

例 1.3.3 考虑支撑在 $[-A,\infty)$ 上的分布 F, $A\geqslant 0$, 其尾分布由下式

$$\overline{F}(x)=(x+A+1)^{-2}\mathrm{e}^{-(x+A)},\quad x\geqslant -A$$

给出, 显然 F 属于轻尾分布, 另一方面, 计算表明当 $x\to\infty$ 时, 有

$$\overline{F^{2*}}(x)\sim 2\overline{F}(x)\int_{-A}^{\infty}\mathrm{e}^yF(\mathrm{d}y).$$

若取 A 使得 $\int_{-A}^{\infty}\mathrm{e}^yF(\mathrm{d}y)=1$, 则有 $\overline{F^{2*}}(x)\sim 2\overline{F}(x)$ 成立.

因此要定义实值随机变量的次指数性, 除了要求对所有的 $n\geqslant 2$, 有 (1.19) 成立之外, 还需增加条件以保证其服从重尾分布.

定义 1.3.10 称支撑在 $\mathbb{R}$ 上的分布 F 是次指数的, 记作 $F \in \mathcal{S}_{\mathbb{R}}$, 如果 $F \in \mathcal{L}$, 且对所有的 $n \geqslant 2$ 有

$$\lim_{x\to\infty} \frac{\overline{F^{n*}}(x)}{\overline{F}(x)} = n.$$

文献 (Foss et al., 2013) 的引理 3.4 指出, 该定义等价于 X 的正部对应的分布 $F^+ \in \mathcal{S}$, 也可参见文献 (Borokov and Borokov, 2008).

命题 1.3.11 设支撑在 $\mathbb{R}$ 上的随机变量具有分布 F, 则下列命题等价:

(1) $F \in \mathcal{S}_{\mathbb{R}}$;

(2) X 的正部对应的分布 $F^+ \in \mathcal{S}$;

(3) 条件分布 $\widetilde{F}(x) := P(X \leqslant x | X \geqslant 0)$ 是次指数的.

因此, 不论是在 $\mathbb{R}$ 上还是在 $\mathbb{R}^+$ 上, 次指数性都蕴含了长尾性. 利用长尾分布的 h-insensitive 性质, 可以给出次指数分布的等价描述, 它们是研究次指数分布卷积性质的基础.

定理 1.3.8 假设支撑在 $\mathbb{R}$ 上的分布 $F \in \mathcal{L}$, X_1 和 X_2 是两个独立的随机变量, 具有共同的分布 F, 趋于无穷的非负函数 $h(x)$ 满足

$$\overline{F}(x \pm h(x)) \sim \overline{F}(x), \tag{1.22}$$

则 $F \in \mathcal{S}_{\mathbb{R}}$ 当且仅当 $x \to \infty$ 时, 有

$$P(X_1 + X_2 > x, X_1 > h(x), X_2 > h(x)) = o(\overline{F}(x)). \tag{1.23}$$

相应的积分形式的表述如下.

定理 1.3.9 假设支撑在 $\mathbb{R}$ 上的分布 $F \in \mathcal{L}$, 则下列命题等价:

(1) $F \in \mathcal{S}_{\mathbb{R}}$;

(2) 对任意的趋于无穷的非负函数 $h(x)$, 满足 $h(x) \leqslant x/2$, $x \geqslant 0$, 并且当 $x \to \infty$ 时

$$\int_{h(x)}^{x-h(x)} \overline{F}(x-u) F(\mathrm{d}u) = o(\overline{F}(x)); \tag{1.24}$$

(3) 存在趋于无穷的非负函数 $h(x)$, 满足 $h(x) \leqslant x/2$, $x \geqslant 0$, 并且 (1.22) 和 (1.24) 成立.

不同于命题 1.3.9 (1) 的是, 两个次指数分布的卷积未必还是次指数分布, Leslie (1989) 给出的例子如下.

例 1.3.4 对 $n=1,2,3,\cdots$, 记 $v_n=2^n$, $a_n=(\ln v_n)^\delta$, $1<\delta<2$, 定义

$$\overline{F}_X(x)=\begin{cases}1/v_n!, & v_n!\leqslant x\leqslant (v_n+1)!-v_na_{v_n},\\ \{1+[(v_n+1)!-x]a_{v_n}^{-1}\}/[(v_n+1)!], & (v_n+1)!-v_na_{v_n}<x\leqslant (v_n+1)!,\\ x^{-1}, & \text{其余的 } x\geqslant 1,\\ 1, & x<1.\end{cases}$$

再令 $b_n=(\ln n)^\delta$, $\delta\geqslant 2$, 定义

$$\overline{F}_Y(y)=\begin{cases}1/n!, & n!\leqslant x<(n+1)!-nb_n,\\ \left[1+[(n+1)!-x]b_n^{-1}\right]/(n+1)!, & (n+1)!-nb_n\leqslant x\leqslant (n+1)!,\\ 1, & x\leqslant 1.\end{cases}$$

则 $F_X\in\mathcal{S}$, $F_Y\in\mathcal{S}$, 但 $F_X*F_Y\notin\mathcal{S}$.

因此, 为保证次指数分布的卷积封闭性, 必须附加诸如弱尾等价性或成比例尾等价之类的条件.

定义 1.3.11 称两个右无界支撑的分布 F_1 和 F_2 是弱尾等价的, 记作 $F_1\asymp F_2$, 如果存在常数 $0<C_1\leqslant C_2<\infty$, 使得对所有的 $x>0$, 有

$$C_1\leqslant\frac{\overline{F_1}(x)}{\overline{F_2}(x)}\leqslant C_2,$$

称两个右无界支撑的分布 F_1 和 F_2 是成比例尾等价的, 如果存在常数 $C>0$, 使得当 $x\to\infty$ 时, 有 $F_1(x)\sim CF_2(x)$.

显然, 若 F_1 和 F_2 是成比例尾等价的, 则它们一定是弱尾等价的. 利用命题 1.3.8 以及定义 1.3.11 不难得到下列命题.

命题 1.3.12 假设分布 $F_1\in\mathcal{S}_{\mathbb{R}}$, $F_2\in\mathcal{L}$, 若 $F_1\asymp F_2$, 则 $F_1\in\mathcal{S}_{\mathbb{R}}$.

命题 1.3.13 假设分布 $F_1\in\mathcal{S}_{\mathbb{R}}$, $\overline{F_1}+\overline{F_2}$ 是长尾函数且 $\overline{F_2}(x)=O(\overline{F_1}(x))$, 则 $F_1*F_2\in\mathcal{S}_{\mathbb{R}}$ 且 $\overline{F_1*F_2}(x)=\overline{F_1}(x)+\overline{F_2}(x)+o(\overline{F_1}(x))$.

注意到若下列条件之一: (1) $F_1\in\mathcal{L}$, $F_2\in\mathcal{L}$; (2) $F_1\in\mathcal{L}$, $F_2=o(F_1)$ 成立, 则 $\overline{F_1}+\overline{F_2}$ 是长尾函数, 因此有下列推论.

推论 1.3.1 假设分布 $F_1,F_2\in\mathcal{S}_{\mathbb{R}}$, 且 $F_1\asymp F_2$, 则 $F_1*F_2\in\mathcal{S}_{\mathbb{R}}$.

推论 1.3.2 假设分布 $F_1\in\mathcal{S}_{\mathbb{R}}$, $F_2=o(F_1)$, 则 $F_1*F_2\in\mathcal{S}_{\mathbb{R}}$ 且 $\overline{F_1*F_2}(x)\sim\overline{F_1}(x)$.

定理 1.3.10 假设参考分布 $F\in\mathcal{S}_{\mathbb{R}}$, n 个支撑在 $\mathbb{R}$ 上的分布 $F_1,\cdots,F_n$ 满足当 $x\to\infty$ 时, $\overline{F}_i(x)\sim c_i\overline{F}(x)$, 其中 $c_i\geqslant 0$, $i=1,\cdots,n$, 则当 $x\to\infty$ 时

$$\frac{\overline{F_1*\cdots*F_n}(x)}{\overline{F}(x)}=c_1+\cdots+c_n.$$

若 $c_1 + \cdots + c_n > 0$, 则 $F_1 * \cdots * F_n \in \mathcal{S}_{\mathbb{R}}$.

上面几个命题的证明及其一般情形下的讨论可参见文献 (Foss et al., 2013) 的 3.3 节.

上述重尾分布子族有如下关系:

(1) $\mathcal{R} \subset \mathrm{ERV} \subset \mathcal{C} \subset \mathcal{L} \cap \mathcal{D} \subset \mathcal{S} \subset \mathcal{L}$;

(2) $\mathcal{D} \not\subseteq \mathcal{S}, \mathcal{S} \not\subseteq \mathcal{D}$.

上述关系中的包含关系是严格成立的, Cline 和 Samorodnitsky (1994) 给出如下例子: 设 $\overline{F}(x) = \exp\{-h[\log(1+x)]\}$, 则

(1) $h(x) = x$, 则 $F \in \mathcal{R}$;

(2) $h(x) = [x] + (x - [x])^2$, 则 $F \in \mathrm{ERV} \setminus \mathcal{R}$;

(3) $h(x) = [x] + (x - [x])^{1/2}$, 则 $F \in \mathcal{C} \setminus \mathrm{ERV}$;

(4) $h(x) = [x] + \min\{x(x - [x]), 1\}$, 则 $F \in (\mathcal{L} \cap \mathcal{D}) \setminus \mathcal{C}$;

(5) $h(x) = [x] + \min\{\mathrm{e}^x(x - [x]), 1\}$, 则 $F \in \mathcal{D} \setminus \mathcal{L}$;

(6) $h(x) = x^2$, 则 $F \in \mathcal{S} \setminus (\mathcal{L} \cap \mathcal{D})$.

1.4 局部重尾分布族

由上一节的讨论可知, 任一次指数分布一定是长尾分布, 由此立得, 如果 $F \in \mathcal{S}$, 那么对所有 $n \in \mathbb{N}$ 和 $d < \infty$, $F^{n*}(x, x+d] = o(\overline{F}(x))$. 但在有些应用 (如随机游动、分支过程等) 中, 往往需要对 $d < \infty$ 时, $F^{n*}(x, x+d]$ 渐近性质进行更精细的刻画. 为此本节介绍与局部重尾分布族和重尾密度族的有关概念和性质, 并指出其与整体重尾分布族的异同.

对某个 $d \in (0, \infty]$, 当 $0 < d < \infty$ 时, 记号 Δ_d 表示区间 $(0, d]$; 当 $d = \infty$ 时, 记号 Δ_∞ 表示区间 $(0, \infty)$. 对于任意一个随机变量 X 及其分布 F, 其支撑为 A, 其中 $A = \mathbb{R}$ 或 $A = \mathbb{R}^+$, 记

$$F(x + \Delta_d) = P(X \in x + d).$$

当 $0 < d < \infty$ 时, 称 $F(x + \Delta_d) = F(x, x + \Delta_d]$ 为 F 的局部分布; 当 $d = \infty$ 时, $F(x + \Delta_\infty) = F(x, \infty) = \overline{F}(x)$ 即为通常的尾分布.

Asmussen 等 (2003) 对局部重尾分布进行了系统研究, 在这之前, Chover 等 (1973)、Klüppelberg (1989)、Bertoin 和 Doney (1994)、Asmussen 等 (2002) 针对一些特殊情形做了初步研究. 近十数年来, 在涉及独立随机变量局部分布的众多领域已经有许多研究成果. 读者可以参见文献 (Ng and Tang, 2004; Wang et al., 2005; Shneer, 2006; Wang et al., 2007; Denisov and Sheer, 2007; Ming et al., 2010; Denisov et al., 2008; Cui et al., 2009; Chen et al., 2009; Gao and Wang, 2009; Yu et al., 2010;

Watanabe and Yamamura, 2010; Yang et al., 2010; Lin, 2012; Ming et al., 2013; Cui et al., 2016) 等.

接下来给出 Asmussen 等 (2003) 关于局部长尾分布族和局部次指数分布族的定义, 其可视为长尾分布族和次指数分布族在局部情形下的平行推广.

定义 1.4.1 称支撑在 $\mathbb{R}$ 上的分布 F 属于局部长尾分布族 $\mathcal{L}_{\Delta_d}$, 如果对给定的 $d\in(0,\infty]$, 有 $F(x+\Delta_d)>0$ 对于所有充分大的 x 成立, 且当 $x\to\infty$ 时, 有

$$\frac{F(x+t+\Delta_d)}{F(x+\Delta_d)}\sim 1, \tag{1.25}$$

关于 $t\in[0,1]$ 一致成立, 记作 $F\in\mathcal{L}_{\Delta_d}$. 如果对任意 $d\in(0,\infty]$, 都有 $F\in\mathcal{L}_{\Delta_d}$, 记作 $F\in\mathcal{L}_{\text{loc}}$.

定义 1.4.2 称 $\mathbb{R}^+$ 上的右无界支撑的分布 F 属于局部次指数分布族 $\mathcal{S}_{\Delta_d}$, 如果对给定的 $d\in(0,\infty]$, $F\in\mathcal{L}_{\Delta_d}$, 且当 $x\to\infty$ 时, 有

$$\frac{F^{2*}(x+\Delta_d)}{F(x+\Delta_d)}\sim 2, \tag{1.26}$$

记作 $F\in\mathcal{S}_{\Delta_d}$. 如果对任意 $d\in(0,\infty]$, 都有 $F\in\mathcal{S}_{\Delta_d}$, 记作 $F\in\mathcal{S}_{\text{loc}}$.

显然当 $d=\infty$ 时, $\mathcal{L}_{\Delta_\infty}$ 和 $\mathcal{S}_{\Delta_\infty}$ 即为前一节所定义的 $\mathcal{L}$ 族和 $\mathcal{S}$ 族. 由定义 1.4.1 可知, 可以选择一个正值函数 $h(x)\to\infty$, 使得 (1.25) 关于 $|t|\leqslant h(x)$ 一致成立.

另外注意到, 定义 1.4.2 要求附加 $F\in\mathcal{L}_{\Delta_d}$ 这一条件, 而根据命题 1.3.10 可知, 对于 $\mathbb{R}^+$ 上的次指数分布族而言, 该包含关系自动成立. 文献 (Chen et al., 2013) 的命题 3.1 和命题 3.2 的结论表明, 存在支撑在 $\mathbb{R}^+$ 上的分布 F, 其满足 (1.26), 但 $F\notin\mathcal{L}_{\Delta_d}$, 由此会失掉很多好的性质. 因此, 对于 $d<\infty$ 时的 $\mathcal{S}_{\Delta_d}$ 族而言, $F\in\mathcal{L}_{\Delta_d}$ 这一条件必不可少.

关于局部长尾分布族, 有如下性质, 这些性质及其证明与整体情形均十分类似.

命题 1.4.1 假设对给定的 $d\in(0,\infty]$, 分布 F 和 G 都属于 $\mathcal{L}_{\Delta_d}$, 则 $F*G\in\mathcal{L}_{\Delta_d}$, 且

$$\liminf_{x\to\infty}\frac{(F*G)(x+\Delta_d)}{F(x+\Delta_d)+G(x+\Delta_d)}\geqslant 1.$$

推论 1.4.1 设对给定的 $d\in(0,\infty]$, $F\in\mathcal{L}_{\Delta_d}$, 则对于任意 $n\geqslant 2$, $F^{n*}\in\mathcal{L}_{\Delta_d}$, 且

$$\liminf_{x\to\infty}\frac{(F^{n*})(x+\Delta_d)}{F(x+\Delta_d)}\geqslant n.$$

同样, 关于局部次指数分布族有如下充要条件, 请对照定理 1.3.8.

命题 1.4.2 假设对给定的 $d \in (0,\infty]$, 支撑在 $\mathbb{R}^+$ 上的分布 $F \in \mathcal{L}_{\Delta_d}$, 并设 X_1 和 X_2 是两个独立同分布的随机变量, 共同分布为 F, 则下列命题等价:

(1) $F \in \mathcal{S}_{\Delta_d}$;

(2) 存在函数 $h(x)$ 满足: $h(x) \to \infty$, $h(x) < x/2$, 当 $x \to \infty$ 时, $F(x-y+\Delta_d) \sim F(x+\Delta_d)$ 关于 $|y| \leqslant h(x)$ 一致成立, 且

$$P(X_1 + X_2 \in x + \Delta_d, X_1 > h(x), X_2 > h(x)) = o(F(\in x + \Delta_d)).$$

根据命题 1.4.2, 可以得到 F 属于局部次指数分布族的充分条件.

命题 1.4.3 设对给定的 $d \in (0,\infty)$, 支撑在 $\mathbb{R}^+$ 上的分布 $F \in \mathcal{L}_{\Delta_d}$, 如果下列条件之一成立:

(1) 存在 $c > 0$ 和 $x_0 < \infty$, 使得当 $x > x_0$ 时, 对任意 $t \in (0,x]$, 有 $F(x+t+\Delta_d) \geqslant cF(x+\Delta_d)$;

(2) 存在 $x_0 < \infty$, 使得当 $x > x_0$ 时, 函数 $g(x) := -\ln F(x+\Delta_d)$ 是凹函数, 并存在函数 h, 使得当 $x \to \infty$ 时, $h(x) \uparrow \infty$, $F(x+t+\Delta_d) \sim F(x+\Delta_d)$ 关于 $|t| \leqslant h(x)$ 一致成立, 且 $xF(h*(x)+\Delta_d) \to 0$, 则有 $F \in \mathcal{S}_{\Delta_d}$.

不难验证若分布 F 为帕累托分布, 或其局部分布 $F(x+\Delta_d)$ 为正则变换函数, 则 F 满足命题 1.4.3 的条件 (1); 若分布 F 为重尾威布尔分布和对数正态分布, 则 F 满足命题 1.4.3 的条件 (2).

关于局部次指数分布族, Asmussen 等 (2003) 指出, 若对给定的 $d \in (0,\infty]$, 有 $F \in \mathcal{L}_{\Delta_d}$, 则 $F \in \mathcal{L}_{\Delta_{nd}}$. 注意到, 如果 $d1 \neq d2$, 则 $\mathcal{S}_{\Delta_{d1}} \neq \mathcal{S}_{\Delta_{d2}}$.

例 1.4.1 设取正整数值的随机变量 X, 分布律为 $P(X=2k) = \gamma/k^2$, $P(X=2k+1) = \gamma/2^k$, 其中 γ 为归一化常数, 则由命题 1.4.3 (1) 可知 $F \in \mathcal{S}_{\Delta_2}$, 但若 d 不是偶数或者 $d \neq \infty$, 则 $F \notin \mathcal{S}_{\Delta_d}$.

例 1.4.2 设随机变量 $X = Y + Z$, Y 和 Z 相互独立, Y 服从 $(-1/8, 1/8)$ 上的均匀分布, Z 的分布律为 $P(Z=k) = \gamma/k^2$, γ 为归一化常数, 则 X 的分布 F 绝对连续, 可以验证 $F \in \mathcal{S}_{\Delta_1}$, 但若 d 不是整数或者 $d \neq \infty$, 则 $F \notin \mathcal{S}_{\Delta_d}$.

与命题 1.3.12 类似, 在局部尾等价的条件下, 局部次指数分布族对卷积保持局部封闭性和局部渐近性.

命题 1.4.4 设对某个给定的 $d \in (0,\infty]$, $F \in \mathcal{S}_{\Delta_d}$, $G \in \mathcal{L}_{\Delta_d}$, 且当 $x \to \infty$ 时, $G(x+\Delta_d) \asymp F(x+\Delta_d)$, 则 $G \in \mathcal{S}_{\Delta_d}$. 特别地, 若存在 $c \in (0,\infty)$, 使得当 $x \to \infty$ 时, $G(x+\Delta_d) \sim cF(x+\Delta_d)$, 则 $G \in \mathcal{S}_{\Delta_d}$.

命题 1.4.5 设对某个给定的 $d \in (0,\infty]$, $F \in \mathcal{S}_{\Delta_d}$, 且对 $\mathbb{R}^+$ 上的两个分布 G_1 和 G_2, 存在非负常数 c_1 和 c_2 使得当 $x \to \infty$ 时, $G_1(x+\Delta_d) \sim c_1F(x+\Delta_d)$, $G_2(x+\Delta_d) \sim c_2F(x+\Delta_d)$, 则

$$G_1 * G_2(x+\Delta_d) \sim (c_1+c_2)F(x+\Delta_d).$$

若 $c_1 + c_2 > 0$, 则 $G_1 * G_2 \in \mathcal{S}_{\Delta_d}$.

推论 1.4.2 设对某个给定的 $d \in (0,\infty]$, $F \in \mathcal{S}_{\Delta_d}$, 且当 $x \to \infty$ 时, $G(x+\Delta_d)/F(x+\Delta_d) \to c \geqslant 0$, 则对所有 $n \geqslant 2$, 当 $x \to \infty$ 时, 有 $G^{n*}(x+\Delta_d)/F(x+\Delta_d) \to nc$. 若 $c > 0$, 则 $G^{n*} \in \mathcal{S}_{\Delta_d}$.

下面的命题得到了一般情形下局部分布的 Kesten 界, 其最初的形式是由 Chover 等 (1973) 得到的, 它常被用来构造控制收敛定理中的控制函数.

命题 1.4.6 假设存在 $d \in (0,\infty]$, 使得 $F \in \mathcal{S}_{\Delta_d}$ 且当 $x \to \infty$ 时, $G(x+\Delta_d) = O(F(x+\Delta_d))$, 则对任意的 $\varepsilon > 0$, 存在 $x_0 = x_0(\varepsilon) > 0$ 和 $V(\varepsilon) > 0$, 使得对任意的 $x > x_0, n \geqslant 1$, 有

$$G^{n*}(x+\Delta_d) \leqslant V(\varepsilon)(1+\varepsilon)^n F(x+\Delta_d).$$

设 $\{X_n\}_{n\geqslant 1}$ 是独立同分布的随机变量序列, 共同分布为 G, 分布为 $p_n = P(\tau = n), n \in \mathbb{N}$ 的随机时刻 τ 与 $\{X_n\}_{n\geqslant 1}$ 独立, 则随机和 S_τ 的分布为

$$P(S_\tau \in B) = \sum_{n=0}^{\infty} p_n G^{n*}(B).$$

下面的命题讨论了 S_τ 的局部分布与 $F(x+\Delta_T)$ 之间的渐近关系.

命题 1.4.7 给定 $d \in (0,\infty]$, 设 $F[0,\infty) = 1$, 且当 $x \to \infty$ 时, $G(x+\Delta_d)/F(x+\Delta_d) \to c \geqslant 0$, $E(\tau) < \infty$. 则

(1) 若 $F \in \mathcal{S}_{\Delta_d}$, 且存在 $\tau > 0$ 使得 $E(1+\delta)^\tau < \infty$, 则当 $x \to \infty$ 时, 有

$$\frac{(S_\tau \in x+\Delta_d)}{F(x+\Delta_d)} \to c \cdot E(\tau); \tag{1.27}$$

(2) 若 (1.27) 成立, $c > 0$, 且对某个 $n \geqslant 2$ 有 $p_n > 0$, 当 $d < \infty$ 时, 设 $F \in \mathcal{L}_{\Delta_d}$, 则 $F \in \mathcal{S}_{\Delta_d}$.

1.5 重尾密度族

1.5.1 重尾密度族的定义和性质

关于重尾密度的研究是重尾分布理论重要的组成部分, 它在分支过程、排队论、风险理论等众多应用概率领域有大量的应用. 自 Chover 等 (1973) 开始, 与重尾密度的相关研究和应用大量涌现, 参见文献 (Sgibnev, 1996; Klüppelberg, 1989; Asmussen et al., 2003; Wang Y and Wang K, 2006; Korshunov, 2006; Foss et al., 2013; Watanabe and Yamamuro, 2017).

如果重尾分布绝对连续, 则其密度函数具有与分布类似的性质, 并且证明也是大同小异的. 确切地说, 本节考虑的分布函数族具有如下性质: 对于每一个属于该族的分布 F, 对所有足够大的 x 值都有密度函数 f, 即存在某个 $\hat{x}=\hat{x}(F)$, 使得任意的 Borel 集 $B\subseteq[\hat{x},\infty)$, 有

$$F(B)=\int_B f(y)\mathrm{d}y.$$

定义 1.5.1　称在 $[\hat{x}(F),\infty)$ 上的密度 f 是长尾的, 记作 $f\in\mathcal{L}_0$, 如果 $f(x)$ 在 $[\hat{x},\infty)$ 上有界且最终为正, 当 $x\to\infty$ 时, 有 $\dfrac{f(x+t)}{f(x)}\to 1$ 关于 $t\in[0,1]$ 一致成立.

易证, 若 $f\in\mathcal{L}_0$, 则当 $x\to\infty$ 时, 有 $f(x)\to 0$.

定义 1.5.2　称支撑在 $\mathbb{R}^+$ 上的密度 f 是次指数的, 记作 $f\in\mathcal{S}_0$, 如果 $f\in\mathcal{L}_0$, 且当 $x\to\infty$ 时,

$$f^{2*}(x)=2\int_0^{\hat{x}}f(x-y)F(\mathrm{d}y)+\int_{\hat{x}}^{x-\hat{x}}f(x-y)f(y)\mathrm{d}y\sim 2f(x).$$

不难看出, 若密度 $f\in\mathcal{S}_0$, 则对于任意的 $d\in(0,\infty]$, 其分布 $F\in\mathcal{S}_{\Delta_d}$.

命题 1.5.1　设分布 F,G 绝对连续, 在 $[\hat{x},\infty)$ 上的密度 f,g 都属于 $\mathcal{L}_0$ 族, 则其卷积 $F*G$ 的密度 $f*g$ 也是长尾的, 且

$$\liminf_{x\to\infty}\frac{(f*g)(x)}{f(x)+g(x)}\geqslant 1,$$

特别地, 如果 $f\in\mathcal{L}_0$, 则 $f^{n*}\in\mathcal{L}_0$, 且 $\liminf_{x\to\infty}f^{n*}(x)/f(x)\geqslant n$.

命题 1.5.2　假设 $\mathbb{R}^+$ 上的分布 F 在 $[\hat{x},\infty)$ 上具有密度 $f\in\mathcal{L}_0$, 那么下列命题等价:

(1) 密度 f 是次指数的;

(2) 存在函数 h 满足: 当 $x\to\infty$ 时, 有 $h(x)\to\infty$, $h(x)<x/2$, $f(x-y)\sim f(x)$ 关于 $|y|\leqslant h(x)$ 一致成立, 且当 $x\to\infty$ 时,

$$\int_{h(x)}^{x-h(x)}f(x-y)f(y)\mathrm{d}y=o(f(x));\tag{1.28}$$

(3) (1.28) 对每个满足 $h(x)\to\infty$ 的函数 h 均成立.

类似于命题 1.4.3, 可以得到 f 属于次指数密度族的充分条件.

命题 1.5.3　设支撑在 $\mathbb{R}^+$ 上的分布 F 具有密度 $f\in\mathcal{L}_0$, 则当下列条件之一成立时:

(1) 存在 $c>0$, 使得对任意 $y\in(x,2x]$, 有 $f(y)\geqslant cf(x)$;

(2) 存在 $x_0 < \infty$, 使得当 $x > x_0$ 时函数 $g(x) := -\ln f(x)$ 是凹函数, 并存在函数 h, 使得当 $x \to \infty$ 时, $h(x) \uparrow \infty$, $f(x+t) \sim f(x)$ 关于 $|t| \leqslant h(x)$ 一致成立, 且 $xf(h(x)) \to 0$, 有 $F \in \mathcal{S}_0$.

利用命题 1.5.3 可以验证, $\mathcal{S}_0$ 族的典型例子有帕累托分布、对数正态分布和重尾威布尔分布. 同样, 在局部尾等价的条件下, 局部次指数分布族对卷积保持局部封闭性和局部渐近性.

命题 1.5.4 设 f 是 $[\hat{x}, \infty)$ 上的次指数密度, g 是 $[\hat{x}, \infty)$ 上的长尾密度, 且当 $x \to \infty$ 时, $g(x) \asymp f(x)$, 则 g 也是次指数的. 特别地, 若存在 $c \in (0, \infty)$, 使得当 $x \to \infty$ 时, $g(x) \sim cf(x)$, 则 $g \in \mathcal{S}_0$.

命题 1.5.5 设 f, f_1 和 f_2 是 $[\hat{x}, \infty)$ 上的密度, 其中 $f \in \mathcal{S}_0$, 且存在非负常数 c_1 和 c_2 使得当 $x \to \infty$ 时, $f_1(x) \sim c_1 f(x)$, $f_2(x) \sim c_2 f(x)$, 则

$$f_1 * f_2(x) \sim (c_1 + c_2) f(x),$$

若 $c_1 + c_2 > 0$, 则 $f_1 * f_2 \in \mathcal{S}_0$.

推论 1.5.1 设 $f \in \mathcal{S}_0$, 则对所有 $n \geqslant 2$, 当 $x \to \infty$ 时, 有 $f^{n*}(x) \sim nf(x)$ 且 $f^{n*} \in \mathcal{S}_0$.

接下来的命题给出了次指数密度的 Kesten 界.

命题 1.5.6 假设 $f \in \mathcal{S}_0$, 则对任意的 $\varepsilon > 0$, 存在 $x_0 = x_0(\varepsilon) \geqslant \hat{x}$ 和 $V(\varepsilon) > 0$, 使得对任意 $n \geqslant 1$, 有

$$f^{n*}(x) \leqslant V(\varepsilon)(1+\varepsilon)^n f(x).$$

利用上边的结论可以得到, 在一定条件下随机和的密度函数与次指数密度成比例等价.

命题 1.5.7 设非负数列 $\{p_n\}_{n \geqslant 1}$ 满足 $m_p := \sum_{n=1}^{\infty} n p_n < \infty$, 记 $g(x) = \sum_{n=1}^{\infty} p_n f^{n*}(x)$. 则

(1) 若分布 F 具有密度 $f \in \mathcal{S}_0$, 且存在 $\delta > 0$ 使得 $\sum_{n=1}^{\infty} (1+\delta)^n p_n < \infty$, 则当 $x \to \infty$ 时, 有

$$g(x) \sim m_p f(x); \tag{1.29}$$

(2) 若 (1.29) 成立, $p_1 < 1$, $F[0, \infty) = 1$ 且 $f \in \mathcal{L}_0$, 则 $f \in \mathcal{S}_0$.

1.5.2 关于重尾密度几乎递减性质问题的讨论

在本小节中, 首先通过构造两个例子, 指出在重尾密度族 $\mathcal{S}_0$ 族和 $\mathcal{L}_0 \setminus \mathcal{S}_0$ 族均存在非几乎递减的密度, 进而指出在局部重尾分布族 $\mathcal{S}_{\mathrm{loc}}$ 和 $\mathcal{L}_{\mathrm{loc}} \setminus \mathcal{S}_{\mathrm{loc}}$ 中均存在非几乎递减的分布. 接下来的一小节利用构造例子证明关于局部次指数分布族的两种

不同定义并非等价, 由此说明对于支撑在 $\mathbb{R}$ 上的局部次指数分布, 局部几乎递减性质在某种意义下是必要的. 本小节及下一小节的内容源自文献 (Jiang et al., 2019).

根据 Bingham 等 (1987) 的术语, 如果存在常数 $x_0 \in [0,\infty)$ 使得对所有的 $x \geqslant x_0$, $f(x) > 0$, 且

$$\sup_{x_0 \leqslant x \leqslant y < \infty} \frac{f(y)}{f(x)} = C(f, x_0) =: C < \infty,$$

则称密度 f 是几乎递减的 (almost decreasing). 特别地, 若 $C = 1$, 则密度是单调递减的. 不难验证大部分的重尾密度族都是几乎递减的, 由此自然产生一个问题.

问题 1.5.1　是否 $\mathcal{S}_0$ 族中的所有密度函数都是几乎递减的?

这个问题与分布的局部渐近性紧密相关, 参见问题 1.5.2、推论 1.5.2、问题 1.5.3 和命题 1.5.10. 到目前为止, 尚未发现文献中关于该问题的正面结论或给出反例. 本节将给出一个反例, 对该问题做出一个否定的回答.

命题 1.5.8　在 $\mathcal{S}_0$ 中存在一个密度 f, 其不是几乎递减的.

令 $a_n = 2^{n^2}$, $b_n = a_n + a_{m_n}\ln^2(n+1)$, $n \in \mathbb{N}$, 其中, $m_n = \min\{k : k \geqslant \sqrt{5}(\sqrt{6})^{-1}n\}$. 显然, 有

$$\sqrt{5}(\sqrt{6})^{-1}n \leqslant m_n < \sqrt{5}(\sqrt{6})^{-1}(n+1) + 1. \tag{1.30}$$

例 1.5.1　定义线性函数 $f_0(\cdot) : \mathbb{R}^+ \cup \{0\} \mapsto \mathbb{R}^+$ 如下:

$$f_0(x) = \begin{cases} f_0(0) + \dfrac{f_0(a_1) - f_0(0)}{a_1 - a_0}x, & x \in [0, a_1], \\[2ex] f_0(a_n) + \dfrac{f_0(b_n) - f_0(a_n)}{b_n - a_n}(x - a_n), & x \in J_{n1} = (a_n, b_n], \\[2ex] f_0(b_n) + \dfrac{f_0\left(\dfrac{a_{n+1}+b_n}{2}\right) - f_0(b_n)}{\dfrac{a_{n+1}+b_n}{2} - b_n}(x - b_n), & \\ & x \in J_{n2} = \left(b_n, \dfrac{a_{n+1}+b_n}{2}\right], \\[2ex] f_0\left(\dfrac{a_{n+1}+b_n}{2}\right) + \dfrac{f_0(a_{n+1}) - f_0\left(\dfrac{a_{n+1}+b_n}{2}\right)}{\dfrac{a_{n+1}+b_n}{2} - b_n}\left(x - \dfrac{a_{n+1}+b_n}{2}\right), & \\ & x \in J_{n3} = \left(\dfrac{a_{n+1}+b_n}{2}, a_{n+1}\right], \end{cases}$$

其中 $n\in\mathbb{N}$, $f_0(0)=1$, $f_0(a_n)=f_0\left(\dfrac{a_{n+1}+b_n}{2}\right)=2a_n^{-3}$, $f_0(b_n)=\dfrac{f_0(a_n)}{\ln(n+1)}$.

因为 $\displaystyle\int_{a_n}^{a_{n+1}}f_0(y)\mathrm{d}y\leqslant f_0(a_n)a_{n+1}=2^{-2n^2+2(n+1)}$, 所以 $a:=\displaystyle\int_0^\infty f_0(x)\mathrm{d}x\in(0,\infty)$. 从而 $f=a^{-1}f_0$ 可视为支撑在 $[0,\infty)$ 上的分布 F 的密度函数. 为简化计算, 不妨令 $a=1$.

证明 首先说明密度 f 不是几乎递减的. 实际上, 当 $n\to\infty$ 时,

$$f(b_n)=f(a_n)(\ln(n+1)^{-1})=o(f(a_n))=o\left(f\left(\frac{a_{n+1}+b_n}{2}\right)\right).$$

由 f 的定义可知, 当 $n\to\infty$ 时, 有

$$\frac{f(a_n)-f(b_n)}{b_n-a_n}=\frac{f(a_n)(1-\ln^{-1}(n+1))}{a_{m_n}\ln^2(n+1)}=o\left(\frac{f(b_n)}{a_{m_n}}\right),$$

$$\frac{f\left(\dfrac{a_{n+1}+b_n}{2}\right)-f(b_n)}{\dfrac{a_{n+1}+b_n}{2}-b_n}\sim\frac{2f(a_n)(1-\ln^{-1}(n+1))}{a_{n+1}}=o\left(\frac{f(b_n)\ln^2(n+1)}{a_{n+1}}\right)$$

和

$$\frac{f\left(\dfrac{a_{n+1}+b_n}{2}\right)-f(a_{n+1})}{a_{n+1}-\dfrac{a_{n+1}+b_n}{2}}\sim\frac{2f(a_n)-f(a_{n+1})}{a_{n+1}}=o(f(a_{n+1})a_n^{-1}n^{5n}).$$

因此

$$\sup_{y\in J_{ni}}|f'(y)|=o\left(\inf_{x\in J_{ni}}f(x)\right),\quad i=1,2,3.\tag{1.31}$$

接下来证明密度 f 属于 $\mathcal{L}_0$ 族. 对于 $n\in\mathbb{N}^+$, 我们用 c_n 和 d_n 分别表示集合 $\left\{a_n,b_n,\dfrac{a_{n+1}+b_n}{2},a_{n+1}\right\}$中的任意两个相邻数. 由文献 (Xu et al., 2015) 的引理 4.1 和 (1.31), 对任一固定的常数 $t\in\mathbb{R}^+$ 和变量 $x\in\mathbb{R}^+$, 存在正整数 n 使得

$$\begin{aligned}f(x)=&f(x-t)+\int_{x-t}^{x}f'(y)\mathrm{d}y\mathbf{1}_{\{c_n<x-t<x\leqslant d_n\}}\\&+\left(\int_{x-t}^{d_n}+\int_{d_n}^{x}\right)f'(y)\mathrm{d}y\mathbf{1}_{\{c_n<x-t\leqslant d_n<x\}}\\\sim&f(x-t).\end{aligned}$$

最后证明 $f \in \mathcal{S}_0$. 对 $x \in J_n = (a_n, a_{n+1}]$,

$$
\begin{aligned}
I(x) &= \int_0^x f(x-y)f(y)\mathrm{d}y = \left(2\int_0^{a_{m_n}} + \int_{a_{m_n}}^{x-a_{m_n}}\right) f(x-y)f(y)\mathrm{d}y \\
&= 2I_1(x) + I_2(x) \sim 2f(x).
\end{aligned} \tag{1.32}
$$

对 $x \in J_n$, 因为 y 和 $x - y \in (a_{m_n}, x - a_{m_n}]$, 从而有

$$
\begin{aligned}
I_2(x) &\leqslant f^2(a_{m_n})a_{n+1} = 2^{-6m_n^2+(n+1)^2+2} \leqslant 2^{-3(n+1)^2+3(n+1)^2-5n^2+(n+1)^2+2} \\
&= o(f(a_{n+1})) = o(f(x)).
\end{aligned} \tag{1.33}
$$

接下来处理 $I_1(x)$. 因为 $f \in \mathcal{L}_0$, 我们只需依次对 $x \in J_{ni}$, $i = 1, 2, 3$, 证明

$$
f(x - a_{m_n}) \sim f(x). \tag{1.34}
$$

当 $x \in J_{n1} = (a_n, b_n]$ 时, 因为 $0 \leqslant y \leqslant a_{m_n}$, 所以

$$
\frac{a_n + b_{n-1}}{2} < a_n - a_{m_n} < x - a_{m_n} \leqslant x - y \leqslant x \leqslant b_n,
$$

如果 $a_n \leqslant x - a_{m_n} < x \leqslant b_n$, 由 f 的定义, $f(b_n) = \dfrac{f(a_n)}{\ln(n+1)}$ 和 (1.30), 有

$$
\begin{aligned}
f(x - a_{m_n}) &= f(x) + \frac{f(a_n)(1 - \ln^{-1}(n+1))}{a_{m_n}\ln^2(n+1)} \\
&= f(x) + \frac{f(b_n)(1 - \ln^{-1}(n+1))}{a_{m_n}\ln(x+1)} \sim f(x).
\end{aligned}
$$

如果 $\dfrac{a_n + b_{n-1}}{2} < a_n - a_{m_n} \leqslant x - a_{m_n} < a_n < x \leqslant b_n$, 由 f 的定义和 (1.30), 可得

$$
\begin{aligned}
f(a_n) &\leqslant f(x - a_{m_n}) \leqslant f(a_n - a_{m_n}) \\
&= f(a_n) + \frac{2(f(a_{n-1}) - f(a_n))a_{m_n}}{a_n - b_{n-1}} \\
&\leqslant f(a_n) + f(a_n)2^{-\frac{1}{6}n^2+6n} \sim f(a_n),
\end{aligned}
$$

即 $f(x - a_{m_n}) \sim f(a_n)$. 另一方面, 因为 $x - a_n \leqslant a_{m_n}$, 有

$$
f(x) = f(a_n) + \frac{f(a_n)(\ln^{-1}(n+1) - 1)}{a_{m_n}\ln^2(n+1)}(x - a_n) \sim f(a_n).
$$

从而当 $x \in J_{n1}$ 时, (1.34) 成立. 当 $x \in J_{n2} = \left(b_n, \dfrac{a_{n+1} + b_n}{2}\right]$ 时, 有

$$
a_n < b_n - a_{m_n} < x - a_{m_n} < x \leqslant \frac{a_{n+1} + b_n}{2}.
$$

如果 $b_n < x - a_{m_n} < x \leqslant \dfrac{a_{n+1}+b_n}{2}$, 再由 f 的定义和 (1.30) 有

$$f(x-a_{m_n}) = f(x) - \frac{2(f(a_n)-f(b_n))}{a_{n+1}-b_n} \cdot a_{m_n} \sim f(x).$$

如果 $a_n < b_n - a_{m_n} < x - a_{m_n} \leqslant b_n < x$, 从而有

$$f(x-a_{m_n}) \leqslant f(b_n - a_{m_n}) = f(b_n) + \frac{f(a_n)(1-\ln^{-1}(n+1))}{a_{m_n}\ln^2(n+1)} \cdot a_{m_n} \sim f(b_n).$$

另一方面, 因为 $x - b_n \leqslant a_{m_n}$, 有

$$f(x) = f(b_n) + \frac{2(f(a_n)-f(b_n))}{a_{n+1}-b_n} \cdot (x-b_n)\ f(b_n) \leqslant f(x-a_{m_n}).$$

因此, 对 $x \in \left(b_n, \dfrac{a_{n+1}+b_n}{2}\right]$, (1.34) 也成立.

当 $x \in J_{n3} = \left(\dfrac{a_{n+1}+b_n}{2}, a_{n+1}\right]$ 时, 有

$$\frac{a_{n+1}+b_n}{2} - a_{m_n} < x - a_{m_n} < x \leqslant a_{n+1}.$$

如果 $\dfrac{a_{n+1}+b_n}{2} < x - a_{m_n} < x \leqslant a_{n+1}$, 有

$$f(x-a_{m_n}) = f(x) + \frac{2(f(a_n)-f(a_{n+1}))}{a_{n+1}-b_n} \cdot a_{m_n} \sim f(x).$$

如果 $b_n < \dfrac{a_{n+1}+b_n}{2} - a_{m_n} < x - a_{m_n} \leqslant \dfrac{a_{n+1}+b_n}{2} < x \leqslant a_{n+1}$, 由 f 的定义, 有

$$f(x-a_{m_n}) \geqslant f\left(\frac{a_{n+1}+b_n}{2} - a_{m_n}\right) = f(a_n) + \frac{2(f(a_n)-f(b_n))}{a_{n+1}-b_n} \cdot a_{m_n}\ f(a_n).$$

由 $x - \dfrac{a_{n+1}+b_n}{2} \leqslant a_{m_n}$, 可得

$$f(x) = f(a_n) + \frac{2(f(a_n)-f(a_{n+1}))}{a_{n+1}-b_n} \cdot \left(x - \frac{a_{n+1}+b_n}{2}\right)\ f(a_n) \geqslant f(x-a_{m_n}).$$

当 $x \in \left(\dfrac{a_{n+1}+b_n}{2}, a_{n+1}\right]$ 时, (1.34) 成立. 因此, (1.32) 得证, 即 $f \in \mathcal{S}_0$.

对于其他重尾分布族, 我们也有相应的结论.

命题 1.5.9 在 $\mathcal{L}_0 \setminus \mathcal{S}_0$ 中, 存在非几乎递减的密度函数.

在给出反例之前, 首先介绍与之有关的卷积等价 (convolution equivalence) 的定义.

定义 1.5.3　称支撑在 $[0,\infty)$ 上的分布 V 具有卷积等价尾, 如果对某个 $\alpha \geqslant 0$ 和任意的 $y \in \mathbb{R}$, 有

$$\bar{V}(x-y) \sim \mathrm{e}^{\alpha y}\bar{V}(x) \tag{1.35}$$

和

$$\overline{V^{2*}}(x) \sim 2\int_{-\infty}^{\infty} \mathrm{e}^{\alpha u}V(\mathrm{d}u)\cdot\overline{V}(x) \tag{1.36}$$

成立. 此时记 $V \in \mathcal{S}(\alpha)$. 更一般地, 如果 $V(x)\mathbf{1}_{\{x\geqslant 0\}}$ 有卷积等价尾, 则可定义支撑在 $\mathbb{R}$ 上的分布 V 具有卷积等价尾. (1.35) 本身定义了一个更大的族, 记为 $F \in \mathcal{L}(\alpha)$.

显然, 如果 $\alpha=0$, 此时 $\mathcal{L}(0)$ 和 $\mathcal{S}(0)$ 即为熟知的长尾分布族 $\mathcal{L}$ 和次指数分布族 $\mathcal{S}$. Cline (1986) 证明, 存在一个支撑在 $[0,\infty)$ 上的分布 $F_0 \in \mathcal{L}(\alpha)\backslash\mathcal{S}(\alpha)$, 其表达式为

$$\overline{F_0}(x) = \begin{cases} 1, & x<0, \\ \mathrm{e}^{-\alpha x-\chi(x)}, & x \geqslant 0, \end{cases}$$

其中 $\chi(x) = x^{2^{-1}+\delta\cos\circ\ln(x+1)}\mathbf{1}_{[0,\infty)}(x)$, $\alpha\in[0,\infty)$ 及 $\delta \in (0, 2^{-1})$. 在此基础上, 我们构造了下面的例子.

例 1.5.2　定义密度

$$f(x) = a\mathrm{e}^{\alpha x}\overline{F_0}(x)\mathbf{1}_{[0,\infty)}(x) = a\mathrm{e}^{-\chi(x)}\mathbf{1}_{[0,\infty)}(x), \quad x \in \mathbb{R},$$

其中 $a^{-1} := \displaystyle\int_0^{\infty} \mathrm{e}^{-\chi(y)}\mathrm{d}y \in (0,\infty)$.

证明　首先, 显然有 $f \in \mathcal{L}_0$. 下证 $f \notin \mathcal{S}_0$. 定义

$$\overline{F_0^I}(x) = b\int_x^{\infty}\overline{F_0}(y)\mathrm{d}y\mathbf{1}_{[0,\infty)}(x) + \mathbf{1}_{(-\infty,0)}(x),$$

其中$b^{-1} := \displaystyle\int_0^{\infty}\overline{F_0}(y)\mathrm{d}y \in (0,\infty)$. 由 Karamata 定理, $\overline{F_0^I}(x) \sim \alpha^{-1}b\overline{F_0}(x)$. 因此, $F_0^I \in \mathcal{L}(\alpha)\setminus\mathcal{S}(\alpha)$. 于是存在正函数 $h(\cdot)$ 使得 $h(x)\uparrow\infty$, $x^{-1}h(x)\to 0$, 且对所有 $|y| \leqslant h(x)$, 一致地有 $\overline{F_0^I}(x-y) \sim \mathrm{e}^{\alpha y}\overline{F_0^I}(x)$. 进一步有

$$\begin{aligned} &\int_{h(x)}^{x-h(x)} f(x-y)f(y)\mathrm{d}y(f(x))^{-1} \\ =&a\int_{h(x)}^{x-h(x)}\overline{F_0}(x-y)\overline{F_0}(y)\mathrm{d}y(\overline{F_0}(x))^{-1} \\ \sim& a\alpha b^{-1}\int_{h(x)}^{x-h(x)}\overline{F_0^I}(x-y)F_0^I(\mathrm{d}y)(\overline{F_0^I}(x))^{-1}. \end{aligned} \tag{1.37}$$

由式 (1.37), $F_0^I \notin \mathcal{S}(\alpha)$, 以及文献 (Asmussen et al., 2003) 的命题 6 可知 $f \notin \mathcal{S}_0$.

最后证明 f 不是几乎递减的. 实际上, 该结论源自下面事实:

$$f(\mathrm{e}^{2k\pi-1})(f(\mathrm{e}^{(2k+1)\pi-1}))^{-1} \to \infty, \quad k \to \infty.$$

相应地, 还可以讨论局部分布的几乎递减性质. 在关于局部次指数分布的研究中, 文献 (Denisov et al., 2008) 的引理 2.3 和推论 2.1、(Wang and Wang, 2011) 的命题 6.1、(Foss et al., 2013) 的引理 4.27, 均要求下列条件成立: 设对某个给定的 $d \in (0, \infty)$, $F \in \mathcal{S}_{\Delta_d}$, 且存在常数 $x_0 = x_0(F, d) \in [0, \infty)$, 对所有 $x \geqslant x_0$, 有 $F(x + \Delta_d) > 0$, 且

$$\sup_{x_0 \leqslant x \leqslant y < \infty} \frac{F(y + \Delta_d)}{F(x + \Delta_d)} = C(F, x_0) =: C < \infty. \tag{1.38}$$

对于 $\mathcal{S}_{\mathrm{loc}}$ 族, 存在常数 $x_0 = x_0(F)$, 使得 (1.38) 对于所有的 $d \in (0, \infty)$ 均成立. 该条件被称为分布 F 的局部分布是几乎递减的. 对 $\mathcal{S}_{\Delta_d}$ 族中的常见分布, 其局部分布都是几乎递减的, 即 $C < \infty$, 甚至是单调递减的, 即 $C = 1$. 因此, 对于局部重尾分布, 提出同样的问题.

问题 1.5.2 是否对某个给定的 $d \in (0, \infty)$, $\mathcal{S}_{\Delta_d}$ 族中的所有分布, 甚至 $\mathcal{S}_{\mathrm{loc}}$ 族中的所有分布都是几乎递减的?

基于命题 1.5.8 和命题 1.5.9, 我们有如下推论.

推论 1.5.2 在 $\mathcal{S}_{\mathrm{loc}}$ 和 $\mathcal{L}_0 \setminus \mathcal{S}_0$ 中均存在分布 F, 使得其局部分布不是几乎递减的.

证明 注意到当 $x \to \infty$ 时, 有

$$F(x + \Delta_d) \sim df(x)$$

成立, 从而由命题 1.5.8、命题 1.5.9 知结论成立.

1.5.3 几乎递减性质在局部重尾分布族中的应用

众所周知, 为定义实值随机变量 X 或其支撑在 $\mathbb{R}$ 上的分布 F 的次指数性, 如下两种途径是等价的:

(1) $F \in \mathcal{L}$, 且 $\lim\limits_{x\to\infty} \dfrac{\overline{F}^{n*}(x)}{\overline{F}(x)} = n$;

(2) X 的正部 X^+ 的分布 $F^+ \in \mathcal{S}$, 参见命题 1.3.11.

类比上述定义, 为将局部次指数分布的定义 1.4.2 推广到 $\mathbb{R}$ 上, 也可采取这两种途径. 第一种定义: 若对某个给定的 $d \in (0, \infty)$, $F \in \mathcal{L}_{\Delta_d}$, 且

$$F^{2*}(x + \Delta_d) \sim 2F(x + \Delta_d), \tag{1.39}$$

称支撑在 $\mathbb{R}$ 上的分布 $F \in \mathcal{S}_{\Delta_d}$. 该定义可参见文献 (Foss et al., 2013) 的 (4.42) 或者文献 (Watanabe and Yamamuro, 2010) 的定义 1.3 (iii).

在给出第二种定义之前, 先介绍一些概念. 设随机变量 X 的分布为 F, 其支撑为 $\mathbb{R}$, 这意味着 $q_1 := F[0,\infty) > 0$ 和 $q_2 := F(-\infty,0) < 1$. $X_1 = X^+$ 的分布记为 F_1, 其支撑为 $[0,\infty)$, $X_2 = -X^-$ 的分布记为 F_2, 其支撑为 $(-\infty,0)$, 于是对所有 $y \in \mathbb{R}$, 有

$$F_1(\mathrm{d}y) = q_1^{-1}F(\mathrm{d}y)\mathbf{1}_{\mathbb{R}^+\bigcup\{0\}}(y)$$

和

$$F_2(\mathrm{d}y) = q_2^{-1}F(\mathrm{d}y)\mathbf{1}_{\mathbb{R}^-}(y).$$

由此可得, 对所有 $x \in \mathbb{R}$ 和某个 $0 < d < \infty$, 有

$$F = q_1F_1 + q_2F_2 \tag{1.40}$$

和

$$F^{2*}(x+\Delta_d) = q_1^2F_1^{2*}(x+\Delta_d) + 2q_1q_2F_1 * F_2(x+\Delta_d) \tag{1.41}$$

成立.

在此基础上, 文献 (Wang Y and Wang K, 2011) 的 1.1 节给出如下定义：若对某个给定的 $d \in (0,\infty)$, 有 $F_1 \in \mathcal{L}_{\Delta_d}$, 且

$$F_1^{2*}(x+\Delta_d) \sim 2F_1(x+\Delta_d), \tag{1.42}$$

则称支撑在 $\mathbb{R}$ 上的分布 F 属于局部次指数分布族 $\mathcal{S}_{\Delta_d}$. 由此也可给出支撑在 $\mathbb{R}$ 上 $\mathcal{S}_{\text{loc}}$ 族的两种定义. 相关讨论也参见文献 (Yu et al., 2010; Chen et al., 2013).

关于上面两种定义, 自然存在如下的问题.

问题 1.5.3 当支撑在 $\mathbb{R}$ 上的 F 属于族 $\mathcal{L}_{\Delta_d}$ 时, (1.39) 和 (1.42) 是否互相蕴含?

文献 (Foss et al., 2013) 的引理 4.26 表明, (1.42) 可以由 (1.39) 蕴含. 反之, 由文献 (Foss et al., 2013) 的引理 4.27, 以及 (Wang Y and Wang K, 2011) 的命题 6.1 可知：如果 F_1 局部几乎递减或者 X^- 是轻尾的随机变量, 那么 (1.39) 可由 (1.42) 蕴含.

正如 Wang Y 和 Wang K (2011) 所指出的, 这两个条件能否被取消, 未见已有文献对此进行研究, 本节将给出这个问题的答案.

命题 1.5.10 存在一个支撑在 $\mathbb{R}$ 上的分布 F, 使得 F_2 是重尾的, F_1 是非几乎递减的且 F_1 属于 $\mathcal{S}_{\text{loc}}$ 族, 即 (1.42) 成立, 但是 (1.39) 不成立.

换言之, 若 (1.42) 成立, 但分布 F_1 不是局部几乎递减的以及分布 F_1 是重尾的, 则 (1.39) 未必成立. 从这个意义上看, 这两个条件是必要的.

众所周知, 当 $d=\infty$ 时, $F_1\in\mathcal{S}$ 等价于 $F\in\mathcal{S}$. 但是, 当 $d<\infty$ 时, $F_1\in\mathcal{S}_{\rm loc}$ 不能保证 $F\in\mathcal{S}_{\rm loc}$. 这说明次指数分布和局部次指数分布之间存在本质的差异.

证明 假设分布 F_1 有例 1.5.1 的密度 f, 则 $F_1\in\mathcal{S}_{\rm loc}$ 且不是局部几乎递减的, 于是有

$$\begin{aligned}F_1{*}F_2(x+\Delta_d)&=\int_{-\infty}^{0}F_1(x-y+\Delta_d)\mathrm{d}F_2(y)\\&\sim d\int_{-\infty}^{0}f(x-y)\mathrm{d}F_2(y)\\&=d\int_{x}^{\infty}f(z)\mathrm{d}P(X_2\leqslant z-x).\end{aligned}\tag{1.43}$$

在 (1.43) 中, 对每一个 $n\in\mathbb{N}$, 取 $x=b_n$, 记 $c_n=\dfrac{a_{n+1}+b_n}{2}$, 于是有

$$\begin{aligned}F_1*F_2(b_n+\Delta_d)&\sim d\sum_{m=n}^{\infty}\int_{b_m}^{b_{m+1}}f(z)\mathrm{d}P(X_2\leqslant z-b_n)\\&\sim d\int_{b_n}^{b_{n+1}}f(z)\mathrm{d}P(X_2\leqslant z-b_n).\end{aligned}\tag{1.44}$$

(1.44) 的最后一步源于

$$\begin{aligned}&\sum_{m=n+1}^{\infty}\int_{b_m}^{b_{m+1}}f(z)\mathrm{d}P(X_2\leqslant z-b_n)\\&\leqslant\sum_{m=n+1}^{\infty}f(b_n)\frac{f(a_m)}{f(b_n)}\int_{b_m}^{b_{m+1}}\mathrm{d}P(X_2\leqslant z-b_n)\\&\leqslant f(b_n)\frac{f(a_{n+1})}{f(b_n)}P(X_2>b_{n+1}-b_n)\end{aligned}$$

及

$$\begin{aligned}I(n):=&\int_{b_n}^{b_{n+1}}f(z)\mathrm{d}P(X_2\leqslant z-b_n)\geqslant\int_{b_n}^{c_n}f(z)\mathrm{d}P(X_2\leqslant z-b_n)\\&\geqslant f(b_n)P(0<X_2\leqslant c_n-b_n)\ f(b_n).\end{aligned}$$

进一步分析 $I(n)$, 由于 f 是线性函数, 因此对每一个 $n\in\mathbb{N}$, 我们取 $b_n\leqslant d_n\leqslant c_n$ 和 $c_n\leqslant s_n\leqslant a_{n+1}$, 使得

$$f(d_n)=f(s_n)=f(b_n)\sqrt{\ln(n+1)}=\frac{f(a_n)}{\sqrt{\ln(n+1)}}=\frac{2}{a_n^3\sqrt{\ln(n+1)}}.$$

从而有 $d_n-b_n\leqslant y\leqslant s_n-b_n$, $d_n\leqslant y+b_n\leqslant s_n$, 且

$$\begin{aligned}I(n)&\geqslant\int_{d_n-b_n}^{s_n-b_n}f(y+b_n)\mathrm{d}P(X_2\leqslant y)\\&\geqslant f(b_n)\sqrt{\ln(n+1)}P(d_n-b_n<X_2\leqslant s_n-b_n).\end{aligned}$$

现定义 $-X_2$ 的分布 F_2 满足

$$F_2(b_{n_m}-s_{n_m},b_{n_m}-d_{n_m}]=P(d_{n_m}-b_{n_m}<X_2\leqslant s_{n_m}-b_{n_m})=c(\ln(n_m+1))^{-\frac{1}{3}},$$

其中 $c>0$ 是归一化常数, $\{n_m:m\in\mathbb{N}\}$ 是正整数的子序列, 例如可取 $n_m=[\mathrm{e}^{m^4}]$. 显然, 当 $m\to\infty$ 时, 有

$$\frac{I(n_m)}{f(b_{n_m})}\to\infty.$$

因此, 对每一个 $d\in\mathbb{R}^+$, 当 $m\to\infty$ 时, 有

$$\frac{F_1*F_2(b_{n_m}+\Delta_d)}{F(b_{n_m}+\Delta_d)}\sim\frac{F_1*F_2(b_{n_m}+\Delta_d)}{f(b_{n_m})}\to\infty.$$

这意味着

$$\limsup\frac{F^{2*}(x+\Delta_d)}{F(x+\Delta_d)}=\infty. \tag{1.45}$$

于是分布 F_2 是重尾的, 若不然, 由文献 (Wang Y and Wang K, 2011) 的命题 6.1 知, (1.39) 成立, 这与 (1.45) 矛盾.

1.6 多元重尾分布族

1.6.1 多元正则变换分布族

多元正则变换随机向量的概念在随机常返方程、多元极值理论、多元分布的吸引域以及由平稳序列构造的点过程的弱极限等多个领域均有大量的应用, 参见文献 (Kesten, 1973; Resnick, 1987; Rvačeva, 1962; Davis and Hsing, 1995). 由于多元正则变换的定义大多是以测度淡收敛的形式给出的, 为此先介绍一些必要的概念和记号.

首先从一般的状态空间开始, 记 (E,ρ) 是局部紧完备可分度量空间, $\mathcal{B}(E)$ 是由 ρ-开集生成的 Borel σ-代数, 对于任意 $B\subset E$, 记号 B^0, $\overline{B}$ 和 ∂B 分别表示集合 B 的内部、闭包和边界. 称集合 $B\subset E$ 是相对紧集, 如果它的闭包是紧集. 称非负测度 μ 是 Radon 测度, 如果对所有的相对紧集 B, 有 $\mu(B)<\infty$. $M_+(E)$ 表示 $(E,\mathcal{B}(E))$ 上所有 Radon 测度的全体. $C_K^+(E)$ 表示所有连续紧支撑函数 $f:E\mapsto[0,\infty)$ 的全体, 即若 $f\in C_K^+(E)$, 则存在紧集 E, 使得 $x\in K^c$ 时, $f(x)=0$.

由文献 (Kallenberg, 1983) 可知, 在 $M_+(E)$ 上可以赋予一个称为淡拓扑的拓扑结构, 使之成为完备可分度量空间. $M_+(E)$ 上的测度序列 $\{\mu_n\}$ 在该拓扑下淡收敛到 $\mu\in M_+(E)$, 记为 $\mu_n\xrightarrow{v}u$, 当且仅当对任意的 $f\in C_K^+(E)$, 有

$$\int_E f(x)\mu_n(\mathrm{d}x)\Rightarrow\int_E f(x)\mu(\mathrm{d}x)$$

成立. 类似地, $\{\mu_n\}$ 在该拓扑下弱收敛到 μ, 记为 $\mu_n \xrightarrow{w} u$, 当且仅当对任意非负有界连续函数 f, 有

$$\int_E f(x)\mu_n(\mathrm{d}x) \Rightarrow \int_E f(x)\mu(\mathrm{d}x)$$

成立. 由文献 (Kallenberg, 1983) 的定理 15.7.6 可知, 如果 $\mu, \mu_1, \mu_2, \cdots$ 是 $(E, \mathcal{B}(E))$ 上的有限测度, 那么 $\mu_n \xrightarrow{w} u$ 等价于 $\mu_n \xrightarrow{v} u$ 且 $\mu_n(E) \to \mu(E)$.

文献 (Kallenberg, 1983) 的定理 15.7.2 给出了淡收敛的等价描述.

命题 1.6.1 设 $\mu, \mu_1, \mu_2, \cdots$ 是 $(E, \mathcal{B}(E))$ 上的 Radon 测度, 则下面命题等价:

(1) $\mu_n \xrightarrow{v} \mu$;

(2) 对任意满足 $\mu(\partial B) = 0$ 的相对紧集 $B \in \mathcal{B}(E)$, 有 $\mu_n(B) \to \mu(B)$;

(3) 对任意紧集 $F \in \mathcal{B}(E)$ 和相对紧的开集 $G \in \mathcal{B}(E)$, 有 $\limsup_{n\to\infty} \mu_n(F) \leqslant \mu(F)$ 和 $\liminf_{n\to\infty} \mu_n(G) \geqslant \mu(G)$

若 $E = (0, \infty]$, 文献 (Resnick, 2007) 的定理 3.6 利用淡收敛的概念给出一元正则变换分布的等价描述.

命题 1.6.2 设非负随机变量 X 分布为 F, 则下列命题等价:

(1) $F \in \mathcal{R}_{-\alpha}$, $\alpha > 0$;

(2) 存在序列 $\{b_n\}$ 使得 $b_n \to \infty$ 且

$$n\overline{F}(b_n x) \to x^{-\alpha}, \quad x > 0;$$

(3) 存在序列 $\{b_n\}$ 使得 $b_n \to \infty$ 且

$$\mu_n(\cdot) := n\overline{F}(b_n^{-1}X \in \cdot) \xrightarrow{v} \mu_\alpha(\cdot)$$

在 $M^+(0, \infty]$ 中成立, 其中 $\mu_\alpha(x, \infty] = x^{-\alpha}$.

下面考虑多维情形, 记 $|\cdot|$ 是 $\mathbb{R}^d$ 上的任一范数, $\mathbb{S}^{d-1} = \{\boldsymbol{x} \in \mathbb{R}^d : |\boldsymbol{x}| = 1\}$ 是该范数下的单位球面, $\mathcal{R}^d$ 是由该范数所诱导的度量生成的 Borel σ-代数. 对 $\boldsymbol{x} \in \mathbb{R}^d$ 和 $\varepsilon > 0$, 记 $B_{\boldsymbol{x},\varepsilon} = \{\boldsymbol{y} \in \mathbb{R}^d : |\boldsymbol{x} - \boldsymbol{y}| < \varepsilon\}$. 我们将研究如下形式的测度序列 $nP(b_n^{-1}\boldsymbol{X} \in \cdot)$ 的淡收敛性, 其中 $\boldsymbol{X}$ 是 $\mathbb{R}^d$ 上的随机向量, 且 $0 < b_n \uparrow \infty$. 显然, 对任意 $\varepsilon > 0$, $B_{0,\varepsilon}$ 是 $\mathbb{R}^d$ 上的相对紧集, 但 $nP(b_n^{-1}\boldsymbol{X} \in B_{0,\varepsilon}) \to \infty$. 而且, 通过选择适当的 (b_n), 我们期望 $nP(b_n^{-1}\boldsymbol{X} \in B_{0,\varepsilon}^c)$ 淡收敛, 但在赋予该拓扑的 $\mathbb{R}^d$ 中 $B_{0,\varepsilon}^c$ 不是相对紧集从而不能保证淡收敛性. 为了解决这个问题, 需要将状态空间 $\mathbb{R}^d$ 修正为 $\overline{\mathbb{R}}^d \setminus \{\mathbf{0}\}$, 其中 $\overline{\mathbb{R}} = [-\infty, \infty]$, 并赋予特定的拓扑结构, 使得任意远离 $\mathbf{0}$ (即 $\mathbf{0} \notin B$) 的有界集 $B \in \mathcal{R}^d$ 都是相对紧集. 文献 (Lindskog, 2004) 的定理 1.5 表明存在满足上述要求的拓扑结构.

命题 1.6.3 存在度量 $\overline{\rho}$, 使得

(1) $(\overline{\mathbb{R}}^d \setminus \{\mathbf{0}\}, \overline{\rho})$ 是一个局部紧完备可分度量空间;

(2) 若 $\mathcal{B}(\overline{\mathbb{R}}^d \setminus \{\mathbf{0}\})$ 表示由 $\overline{\rho}$-开集生成的 Borel σ-代数, 则 $\mathcal{R}^d \bigcap (\overline{\mathbb{R}}^d \setminus \{\mathbf{0}\}) = \mathcal{B}(\overline{\mathbb{R}}^d \setminus \{\mathbf{0}\}) \bigcap (\overline{\mathbb{R}}^d \setminus \{\mathbf{0}\})$.

在上述准备工作的基础上, 接下来将给出多元正则变换分布的定义.

定义 1.6.1　称一个取值在 $\mathbb{R}^d$ 上的随机向量 $\boldsymbol{X}$ 是正则变换的, 如果存在序列 $\{b_n\}$, $0 < b_n \uparrow \infty$, 以及 $\mathcal{B}(\overline{\mathbb{R}}^d \setminus \{\mathbf{0}\})$ 上的非零 Radon 测度 μ, 且 $\mu(\overline{\mathbb{R}}^d \setminus \mathbb{R}^d) = 0$, 使得当 $n \to \infty$ 时, 有

$$nP(b_n^{-1}\boldsymbol{X} \in \cdot) \xrightarrow{v} \mu(\cdot) \tag{1.46}$$

在 $\mathcal{B}(\overline{\mathbb{R}}^d \setminus \{\mathbf{0}\})$ 上成立.

说明 1.6.1　如果 (1.46) 成立, 则序列 $\{b_n\}$ 是指数为 $1/\alpha$ 的正则变化函数, 即对任意的 $\lambda > 0$, 当 $n \to \infty$ 时, 有

$$b_{[\lambda n]}/b_n \to \lambda^{1/\alpha}$$

成立. 若以 F 表示 $|\boldsymbol{X}|$ 的分布函数, 则可取 $b_n = F^{\leftarrow}(1 - 1/n)$. 另外, 如果 μ 满足定义 1.6.1 的条件, 则存在 $\alpha > 0$, 使得对任意的 $u > 0$, $B \in \mathcal{B}(\overline{\mathbb{R}}^d \setminus \{\mathbf{0}\})$, 有

$$\mu(uB) = u^{-\alpha}\mu(B)$$

成立. 该性质称为 μ 的 scaling 性质.

文献 (Lindskog, 2004) 的定理 1.15 和定理 1.21 给出了多元正则变换分布定义的两种等价描述.

定理 1.6.1　设 $\boldsymbol{X}$ 是一个取值在 $\mathbb{R}^d$ 上的随机向量. 则下面命题是等价的:

(1) $\boldsymbol{X}$ 满足定义 1.6.1;

(2) 存在 $\alpha > 0$ 和 $\mathcal{B}(\mathbb{S}^{d-1})$ 上的概率测度 σ, 使得对任意的 $x > 0$, 当 $u \to \infty$ 时, 有

$$\frac{P(|\boldsymbol{X}| > ux, \boldsymbol{X}/|\boldsymbol{X}| \in \cdot)}{P(|\boldsymbol{X}| > u)} \xrightarrow{w} x^{-\alpha}\sigma(\cdot) \tag{1.47}$$

在 $\mathcal{B}(\mathbb{S}^{d-1})$ 上成立. 称满足 (1.47) 的 α 和 σ 分别为 $\boldsymbol{X}$ 的尾指数和关于范数 $|\cdot|$ 的谱测度;

(3) 存在 $\mathcal{B}(\overline{\mathbb{R}}^d \setminus \{\mathbf{0}\})$ 上的相对紧集 E 和非零 Radon 测度 μ, 使得当 $u \to \infty$ 时, 有

$$\frac{P(\boldsymbol{X} \in u\cdot)}{P(\boldsymbol{X} \in uE)} \xrightarrow{v} \mu(\cdot) \tag{1.48}$$

在 $\mathcal{B}(\overline{\mathbb{R}}^d \setminus \{\mathbf{0}\})$ 上成立.

说明 1.6.2 首先在定理 1.6.1 的条件下, (3) 中的 Radon 测度 μ 也满足 scaling 性质, 且指数与 (1) 和 (2) 中的 α 均相同. 其次, 若 (1.48) 成立, 则对 $\mathcal{B}(\overline{\mathbb{R}}^d\setminus\{\mathbf{0}\})$ 上满足 $\mu(\partial\tilde{E})=0$ 和 $\mu(\tilde{E})>0$ 的任意相对紧集 $\tilde{E}$, 有

$$\frac{P(\boldsymbol{X}\in u\cdot)}{P(\boldsymbol{X}\in u\tilde{E})}\xrightarrow{v}\frac{\mu(\cdot)}{\mu(\tilde{E})}$$

在 $\mathcal{B}(\overline{\mathbb{R}}^d\setminus\{\mathbf{0}\})$ 上成立. 最后, 对任意 $S\in\mathcal{B}(\mathbb{S}^{d-1})$, 记 $V_{u,S}=\{\boldsymbol{x}\in\mathbb{R}^d:|\boldsymbol{x}|>u,\ \boldsymbol{x}/|\boldsymbol{x}|\in S\}$, 则 $\sigma(\cdot)=\mu(V_{u,\cdot})/\mu(V_{u,\mathbb{S}^{d-1}})$.

例 1.6.1 设 $\boldsymbol{X}=R\boldsymbol{U}$, 其中非负随机变量 R 和取值在 $\mathbb{S}^{d-1}$ 上的随机向量 $\boldsymbol{U}$ 相互独立, 且 R 是服从指数 $\alpha>0$ 的正则变换分布, 则当 $u\to\infty$ 时, 有

$$\begin{aligned}\frac{P(|\boldsymbol{X}|>ux,\boldsymbol{X}/|\boldsymbol{X}|\in\cdot)}{P(|\boldsymbol{X}|>u)}&=\frac{P(R>ux)}{P(R>u)}P(\boldsymbol{U}\in\cdot)\\&\xrightarrow{w}x^{-\alpha}P(\boldsymbol{U}\in\cdot)\end{aligned}$$

在 $\mathcal{B}(\mathbb{S}^{d-1})$ 上成立, 即 $\boldsymbol{X}$ 服从指数为 α 的多元正则变换分布, 其谱测度为给定范数 $|\cdot|$ 下的概率测度 $P(\boldsymbol{U}\in\cdot)$.

下列推论表明, 不论对 $\mathbb{R}^d$ 赋予何种范数, 多元正则变换分布的指数保持不变.

推论 1.6.1 设 $|\cdot|_A$ 和 $|\cdot|_B$ 是两个在 $\mathbb{R}^d$ 上的范数, $\boldsymbol{X}$ 是取值在 $\mathbb{R}^d$ 上的随机向量. 则 $\boldsymbol{X}$ 在范数 $|\cdot|_A$ 下是指数为 α 的正则变换的, 当且仅当 $\boldsymbol{X}$ 在范数 $|\cdot|_B$ 下是指数为 α 的正则变换的.

易见, 若随机向量服从指数为 α 的多元正则变换分布, 则每个分量均服从指数为 α 的一元正则变换分布. 接下来的例子说明, 其逆命题未必成立.

例 1.6.2 设 Q 是 $[0,1]^2$ 上的概率测度, 使得对任意整数 $n\geqslant 1$, Q 将质量 2^{-n} 均匀分布到从点 $(1-2^{-n},1-2^{-n+1})$ 到点 $(1-2^{-n+1},1-2^{-n})$ 的线段上. 当 $u_1,u_2\in[0,1]$ 时, 定义 $C(u_1,u_2)\triangleq Q([0,u_1]\times[0,u_2])$. 注意到 $C(u_1,0)=0=C(0,u_2)$, $C(u_1,1)=u_1$, $C(1,u_2)=u_2$, 即 C 是一个 copula (Joe, 1997). 设 $\boldsymbol{X}$ 是一个取值在 $\mathbb{R}^2$ 上的随机向量, 其对应的分布函数为

$$P(X^{(1)}\leqslant x_1,X^{(2)}\leqslant x_2)=C(F(x_1),F(x_2)),$$

其中分布 F 由 $F(x)=1-x^{-\alpha}$, $\alpha>0$, $x\geqslant 1$ 所确定.

下证 $\boldsymbol{X}$ 不是正则变换的. 若不然, 由于 $X^{(1)}$ 和 $X^{(2)}$ 有分布函数 F, 因此, 有

$$\frac{P(\boldsymbol{X}\in F^{-1}(u)((1,\infty)\times(1,\infty)))}{P(\boldsymbol{X}\in F^{-1}(u)((1,\infty)\times\mathbb{R}))}=\overline{C}(u,u)/(1-u)\tag{1.49}$$

成立, 如果 $\boldsymbol{X}$ 是正则变换的且极限测度为 μ, 则 $(1,\infty)\times(1,\infty)$ 和 $(1,\infty)\times\mathbb{R}$ 是相对紧的 μ 连续集且有正的 μ 测度, 因此, 由定理 1.6.1 和其后说明可知, 当 $u\uparrow 1$ 时, (1.49) 的左边收敛.

另一方面, 利用 $\overline{C}(u,u)=1-2u+C(u,u)$, 则对于任意的 $n\geqslant 0$, 有

$$\overline{C}(1-2^{-n+1},1-2^{-n+1})/2^{-n+1}=1$$

和

$$\overline{C}(1-3/2^{-n+1},1-3/2^{-n+1})/(3/2^{-n+1})=2/3$$

成立. 因此, $\lim_{u\uparrow 1}\overline{C}(u,u)/(1-u)$ 不存在. 于是可知 $\boldsymbol{X}$ 不是正则变换的.

受到 Cramer-Wold 方法的启发, Basrak 等 (2002a) 考虑通过内积运算给出多元正则变化分布另一种可能的定义：存在 $\alpha>0$ 和慢变函数 L, 使得对任意的 $\boldsymbol{x}\in\mathbb{R}^d\setminus\{\boldsymbol{0}\}$, 有

$$\lim_{u\to\infty}\frac{P(\langle\boldsymbol{x},\boldsymbol{X}\rangle>u)}{u^{-\alpha}L(u)}=w(\boldsymbol{x}) \tag{1.50}$$

存在且有限, 且存在 $\boldsymbol{x}_0\in\mathbb{R}^d\setminus\{\boldsymbol{0}\}$ 使得 $w(\boldsymbol{x}_0)\neq 0$. 由此可知函数 w 是齐次的, 即对于任意的 $u>0$, $\boldsymbol{x}\in\mathbb{R}^d\setminus\{\boldsymbol{0}\}$, 有 $w(u\boldsymbol{x})=u^{\alpha}w(\boldsymbol{x})$ 成立. 很容易看出 (1.47) 蕴含着 (1.50), 并且极限函数 w 由 α 和 σ 唯一确定. 反之未必成立, 文献 (Lindskog, 2004) 的例 1.2.6 表明如果 α 是个正整数, 则 w 不能唯一确定谱测度 σ. 文献 (Basrak et al., 2002a) 的定理 1.1 证明了在一些附加的假设条件下 (1.47) 和 (1.50) 是等价的.

定理 1.6.2 设 $\boldsymbol{X}$ 是一个取值在 $\mathbb{R}^d$ 上的随机向量. 如果满足① α 是正的非整数; 或者② $\boldsymbol{X}$ 在 $[0,\infty)^d$ 上取值且 α 是正奇数, 则 (1.47) 和 (1.50) 是等价的.

对于一元重尾随机变量或其分布而言, 卷积封闭性和渐近性是学者关注的热点问题, 对于多元正则变换, 相应结论是否成立? 为此先给出多元正则变换随机向量在线性变换下的一个结果, 证明参见文献 (Basrak et al., 2002b).

定理 1.6.3 设 $\boldsymbol{X}$ 是取值在 $\mathbb{R}^d$ 上的随机向量. 如果存在序列 $\{b_n\}$, $0<b_n\uparrow\infty$, 以及 $\mathcal{B}(\overline{\mathbb{R}}^d\setminus\{\boldsymbol{0}\})$ 上的 Radon 测度 μ, 且 $\mu(\overline{\mathbb{R}}^d\setminus\mathbb{R}^d)=0$, 使得在 $\mathcal{B}(\overline{\mathbb{R}}^d\setminus\{\boldsymbol{0}\})$ 上有 $nP(b_n^{-1}\boldsymbol{X}\in\cdot)\xrightarrow{v}\mu(\cdot)$. 如果 $T:\mathbb{R}^d\to\mathbb{R}^p$, $p\leqslant d$ 是满秩线性变换, 则有

$$nP(b_n^{-1}T(\boldsymbol{X})\in\cdot)\xrightarrow{v}\mu\circ T^{-1}(\cdot\bigcap\mathbb{R}^p) \tag{1.51}$$

在 $\mathcal{B}(\overline{\mathbb{R}}^d\setminus\{\boldsymbol{0}\})$ 上成立.

利用定理 1.6.3 的结论, 可以得到独立正则变换随机向量部分和以及随机和的相关性质.

定理 1.6.4 设 $\boldsymbol{X}$ 是取值在 $\mathbb{R}^d$ 上的随机向量. 如果存在序列 $\{b_n\}$, $0<b_n\uparrow\infty$, 以及 $\mathcal{B}(\overline{\mathbb{R}}^d\setminus\{\boldsymbol{0}\})$ 上的 Radon 测度 μ, 且 $\mu(\overline{\mathbb{R}}^d\setminus\mathbb{R}^d)=0$, 使得在 $\mathcal{B}(\overline{\mathbb{R}}^d\setminus\{\boldsymbol{0}\})$ 上有 $nP(b_n^{-1}\boldsymbol{X}\in\cdot)\xrightarrow{v}\mu(\cdot)$.

(1) 设 $\widetilde{\boldsymbol{X}}$ 是取值在 $\mathbb{R}^d$ 上独立于 $\boldsymbol{X}$ 的随机向量, 如果存在 $\mathcal{B}(\overline{\mathbb{R}}^d\setminus\{\boldsymbol{0}\})$ 上的 Radon 测度 $\widetilde{\mu}$, 且 $\widetilde{\mu}(\overline{\mathbb{R}}^d\setminus\mathbb{R}^d)=0$, 使得在 $\mathcal{B}(\overline{\mathbb{R}}^d\setminus\{\boldsymbol{0}\})$ 上 $nP(b_n^{-1}\widetilde{\boldsymbol{X}}\in\cdot)\xrightarrow{v}\widetilde{\mu}(\cdot)$, 则

在 $\mathcal{B}(\overline{\mathbb{R}}^d \setminus \{\mathbf{0}\})$ 上, 有

$$nP(b_n^{-1}(\boldsymbol{X}+\widetilde{\boldsymbol{X}}) \in \cdot) \xrightarrow{v} \mu(\cdot)+\widetilde{\mu}(\cdot);$$

(2) 如果对某个正整数 k, 存在独立同分布的随机向量 $\boldsymbol{X}_1, \cdots, \boldsymbol{X}_k$, 使得 $\boldsymbol{X} \stackrel{d}{=} \boldsymbol{X}_1+\cdots+\boldsymbol{X}_k$, 则在 $\mathcal{B}(\overline{\mathbb{R}}^d \setminus \{\mathbf{0}\})$ 上, 有

$$nP(b_n^{-1}\boldsymbol{X}_1 \in \cdot) \xrightarrow{v} \frac{1}{k}\mu(\cdot).$$

定理 1.6.5 设 $(\boldsymbol{X}_k)_{k\geqslant 1}$ 是一列取值在 $\mathbb{R}^d$ 上的独立同分布随机向量, 假设存在序列 $\{b_n\}, 0<b_n \uparrow \infty$, 以及 $\mathcal{B}(\overline{\mathbb{R}}^d \setminus \{\mathbf{0}\})$ 上的非零 Radon 测度 μ, 且 $\mu(\overline{\mathbb{R}}^d \setminus \mathbb{R}^d)=0$, 使得在 $\mathcal{B}(\overline{\mathbb{R}}^d \setminus \{\mathbf{0}\})$ 上 $nP(b_n^{-1}\boldsymbol{X}_1 \in \cdot) \xrightarrow{v} \widetilde{\mu}(\cdot)$. 如果非负随机向量 N 独立于 $(\boldsymbol{X}_k)_{k\geqslant 1}$, 且存在 $\varepsilon>0$, 使得 $\sum_{n=0}^{\infty} P(N=n)(1+\varepsilon)^n<\infty$, 则在 $\mathcal{B}(\overline{\mathbb{R}}^d \setminus \{\mathbf{0}\})$ 上, 有

$$nP\left(b_n^{-1}\sum_{k=1}^{N}\boldsymbol{X}_k \in \cdot\right) \xrightarrow{v} E(N)\mu(\cdot)$$

成立. 如果 $(\boldsymbol{Y}_k)_{k\geqslant 1}$ 是另一列独立于 N 取值在 $\mathbb{R}^d$ 上的独立同分布随机向量, 使得当 $n\to\infty$ 时, 有 $nP(b_n^{-1}\boldsymbol{Y}_1 \in \cdot) \xrightarrow{v} 0$, 则有 $nP(b_n^{-1}\sum_{k=1}^{N}\boldsymbol{Y}_k \in \cdot) \xrightarrow{v} 0$.

1.6.2 多元次指数分布族

$\mathbb{R}^d$ 上的多元次指数分布的第一种定义由 Cline 和 Resnick (1992) 给出, 该定义也是用测度淡收敛的方式给出的, 定义与向量函数 $\boldsymbol{b}(t)=(b_1(t),\cdots,b_d(t))$ 密切相关, 其中当 $t\to\infty$ 时, 有 $b_i(t)\to\infty, i=1,\cdots,d$.

定义 1.6.2 设 $E=[-\infty,\infty]^d \setminus \{-\boldsymbol{\infty}\}$, υ 为 E 上的有限测度, 质量集中在 $\Xi:=\{-\infty,\infty\}^d \setminus \{-\boldsymbol{\infty}\}$ 上, 且对每一个 $i=1,\cdots,d$, 都有 $\upsilon(\boldsymbol{x}\in E: x_i=\infty)>0$. 称概率分布 F 属于 $\mathcal{L}(\upsilon;\boldsymbol{b})$, 如果当 $t\to\infty$ 时, 有

$$tF(\boldsymbol{b}(t)+\cdot) \xrightarrow{v} \upsilon \tag{1.52}$$

在 E 上成立. 称概率分布 F 属于 $\mathcal{S}(\upsilon;\boldsymbol{b})$. 如果 F 属于 $\mathcal{L}(\upsilon;\boldsymbol{b})$, 且有

$$tF*F(\boldsymbol{b}(t)+\cdot) \xrightarrow{v} 2\upsilon$$

在 E 上成立.

在定义 1.6.2 中, 由于 Ξ 中共有 2^d-1 个点, 因此极限测度是若干个狄拉克测度的线性组合, 其形式为

$$\upsilon=\sum_{\boldsymbol{\sigma}\in\Xi} w_{\boldsymbol{\sigma}}\delta_{\boldsymbol{\sigma}},$$

其中

$$w_{\boldsymbol{\sigma}} = v(A_1 \times \cdots \times A_d) = \lim_{t\to\infty} tF(A_1 \times \cdots \times A_d + \boldsymbol{b}(t)),$$

且

$$A_i = \begin{cases} (1,\infty], & \sigma_i = \infty, \\ [-\infty, 1], & \sigma_i = -\infty. \end{cases}$$

文献 (Cline and Resnick, 1992) 的推论 2.4 表明, $F \in \mathcal{S}(v;\boldsymbol{b})$ 当且仅当 $F \in \mathcal{L}(v;\boldsymbol{b})$ 和 F 的边缘分布 $F_i \in \mathcal{S}$, $i = 1, \cdots, d$. 并且一元次指数分布的众多性质在 $\mathcal{S}(v;\boldsymbol{b})$ 中都有对应的多元版本. 例如, 由文献 (Cline and Resnick, 1992) 的命题 3.2 可知, 如果 $F \in \mathcal{S}(v;\boldsymbol{b})$, 则对于任意的 $n \geqslant 1$, $F^{n*} \in \mathcal{S}(nv;\boldsymbol{b})$. 更一般地, 如果存在某个 $\tau > 1$, 使得计数变量 N 满足 $E\tau^N < \infty$, 则随机和的分布 $H = \sum_{n=0}^{\infty} P(N = n)F^{n*} \in \mathcal{S}(E(N)v, \boldsymbol{b})$.

众所周知, 一元情形下的正则变换尾分布蕴含着次指数性, 文献 (Cline and Resnick, 1992) 的命题 3.1 将之推广到多元情形. 考虑支撑在非负象限 $\mathbb{R}_+^d = [0,\infty)^d$ 上的分布 F, 如果存在 $[0,\infty]^d \setminus \{\mathbf{0}\}$ 上且质量集中在 $[0,\infty)^d \setminus \{\mathbf{0}\}$ 上的 Radon 测度 μ 和向量值函数 $\boldsymbol{b}$, 使得在 $[0,\infty]^d \setminus \{\mathbf{0}\}$ 上, 当 $t \to \infty$ 时, 有

$$tF(\boldsymbol{b}(t)\cdot) \xrightarrow{v} \mu \tag{1.53}$$

成立 (根据文献 (Resnick, 2007) 的术语, 称 F 具有非标准正则变换, 并记为 $F \in \mathcal{R}(\mu, \boldsymbol{b})$), 则存在测度 v, 使得 $F \in \mathcal{S}(v, \boldsymbol{b})$ 且 $F * F \in \mathcal{R}(\mu, \boldsymbol{b}) \cap \mathcal{S}(2v, \boldsymbol{b})$. 实际上, 对任意 $\boldsymbol{\sigma} \in \Xi$, 测度 v 在该点的权重为 $v(\{\boldsymbol{\sigma}\}) = \mu(A_{\sigma_1} \times \cdots \times A_{\sigma_d})$, 其中 $A_\infty = (1,\infty)$, $A_{-\infty} = (-\infty, 1]$. 注意到, 在式 (1.53) 中, 允许在不同的方向上有不同的刻度, 从而每个边缘分布可以有不同的特征指数.

尽管如此, 该定义在应用上仍然存在不便之处, 一是由于极限测度的性质, 很难将之用在 $\mathbb{R}^d$ 中并非“渐近矩形”的集合上. 另外注意到, 对于概率论中许多重要概念的多元拓展, 其性质对任意一维子空间的投影具有“稳定性”. 具体而言, 如果随机向量 $(X^{(1)}, \cdots, X^{(d)})$ 的分布具有属性 $\mathcal{G}_d$, 其中下标 d 指属性中所包含的维数, 则其任意 (非退化) 线性组合 $\sum_1^d a_i X^{(i)}$ 的分布具有属性 $\mathcal{G}_1$. 例如, 对于多元正则变换、多元高斯变换、稳定性和无穷可分性皆是如此. 但是, 如下面的例子所示, 定义 1.6.2 中的多元次指数分布族 $\mathcal{S}(v;\boldsymbol{b})$ 不满足这个特性.

例 1.6.3 考虑非负二维随机向量 (X, Y), 使得对于给定的 $n \geqslant 0$, 有 $P(X + Y = 2^n) = 2^{-(n+1)}$, 且质量均匀地分布在 $\{(x,y) : x, y > 0, x + y = 2^n\}$ 上. 容易验证 $X, Y \in \mathcal{L} \cap \mathcal{D} \subset \mathcal{S}$. 此外, 当 $2^n \leqslant x \leqslant 2^{n+1}$, $n = 0, 1, 2, \cdots$ 时, 有

$$P(X > x) = P(Y > x) = 2^{-(n+1)} - \frac{x}{3} 2^{-(2n+1)} = 2P(X > x, Y > x)$$

成立. 定义函数 b, 使得当 $t \geqslant 2$ 时, 有 $tP(X > b(t)) = 1$. 令 $\boldsymbol{b}(t) = (b(t), b(t))$ 和

$$\upsilon = \frac{1}{2}\delta_{(-\infty,\infty)} + \frac{1}{2}\delta_{(\infty,-\infty)} + \frac{1}{2}\delta_{(\infty,\infty)},$$

则 $(X, Y) \in \mathcal{L}(\upsilon; \boldsymbol{b})$. 根据文献 (Cline and Resnick, 1992) 的推论 2.4 可得, $(X, Y) \in \mathcal{S}(\upsilon; \boldsymbol{b})$, 然而, 显然有

$$\liminf_{x\to\infty} \frac{P(X + Y > x + 1)}{X + Y > x} = \frac{1}{2}.$$

因此, $X + Y$ 不是长尾分布, 当然更不是次指数分布.

相对而言, Omey (2006) 给出的多元次指数分布的第二个定义则更为直接易懂, 其形式与一元情形大同小异.

定义 1.6.3 设 F 为支撑在 $\mathbb{R}_+^d$ 上的概率分布, 称 $F \in \mathcal{L}(\mathbb{R}^d)$, 如果每一个满足 $\min\{x_i\} < \infty$ 的 $\boldsymbol{x} \in (0, \infty]^d$ 和 $\boldsymbol{a} \in (0, \infty]^d$, 有

$$\lim_{t\to\infty} \frac{\overline{F}(t\boldsymbol{x} - \boldsymbol{a})}{\overline{F}(t\boldsymbol{x})} = 1 \tag{1.54}$$

成立; 称 $F \in \mathcal{S}(\mathbb{R}^d)$, 如果每一个满足 $\min\{x_i\} < \infty$ 的 $\boldsymbol{x} \in (0, \infty]^d$, 有

$$\lim_{t\to\infty} \frac{\overline{F^{2*}}(t\boldsymbol{x})}{\overline{F}(t\boldsymbol{x})} = 2 \tag{1.55}$$

成立.

值得指出的是, Omey (2006) 发现, 在多元情形下, 式 (1.55) 有可能在某些方向 $\boldsymbol{x}$ 的极限等于 2 (即对应于次指数性质), 而在其他方向上的极限不等于 2.

和定义 1.6.2 一样, 定义 1.6.3 也有如下性质: 分布 $F \in \mathcal{S}(\mathbb{R}^d)$, 等价于 F 的每一个边缘分布 F_i 是一元次指数分布, 且 $F \in \mathcal{L}(\mathbb{R}^d)$. 证明参见文献 (Omey, 2006) 的定理 7 和推论 11. 事实上, 文献 (Baltrunas et al., 2006) 的命题 11 进一步指出, (1.55) 成立, 只需要每个边缘分布是次指数分布即可, 也可参见文献 (Samorodnitsky and Sun, 2016) 的命题 3.2 的证明. 正如例 1.6.3, 这样的要求不能保证线性组合的分布是一维次指数分布. 事实上, Leslie (1989) 表明, 即使是独立的次指数分布随机变量之和, 其分布也不一定是次指数分布 (见例 1.3.4).

针对前两种定义的缺点, Samorodnitsky 和 Sun (2016) 基于多元破产问题的需要给出了多元次指数分布的第三种定义, 为此需要引入一些概念和记号. 称 $\mathbb{R}^d$ 的子集 A 是递增的, 如果对任意 $\boldsymbol{x} \in A$, 总有 $\boldsymbol{a} \in [0, \infty)^d$, 则 $\boldsymbol{x} + \boldsymbol{a} \in A$. 令

$$\mathcal{R} = \{A \subset \mathbb{R}^d : A \text{ 是开集, 递增}, A^c \text{ 是凸集}, \boldsymbol{0} \notin \overline{A}\}. \tag{1.56}$$

说明 1.6.3　$\mathcal{R}$ 关于正标量相乘运算构成了一个锥, 即如果 $A \in \mathcal{R}$, 则对任意的 $u > 0$, 都有 $uA \in \mathcal{R}$. 此外, 如下形式的半空间

$$H = \{\boldsymbol{x} : a_1 x_1 + \cdots + a_d x_d > b\} \tag{1.57}$$

是 $\mathcal{R}$ 中的元素, 其中 $b > 0, a_1, \cdots, a_d \geqslant 0, a_1 + \cdots + a_d = 1$.

说明 1.6.4　任一集合 $A \in \mathcal{R}$ 均可写成 $A = \boldsymbol{b} + G$ 的形式 (方式并非唯一), 其中, $\boldsymbol{b} \in (0, \infty)^d$, $\mathbf{0} \in \partial G$, 显然集合 G 也是递增的.

下面的引理列出了集合族 $\mathcal{R}$ 的一些常见性质.

引理 1.6.1　设 $A \in \mathcal{R}$, 则有下列结论成立:

(1) 如果 $G = A - \boldsymbol{b}$, 其中 $\boldsymbol{b} \in \partial A$, 那么 $G^c \supset (-\infty, 0]^d$;

(2) 如果 $u_1 > u_2 > 0$, 那么 $u_1 A \subset u_2 A$;

(3) 存在向量集 $I_A \subset \mathbb{R}^d$, 使得

$$A = \left\{\boldsymbol{x} \in \mathbb{R}^d : \text{存在 } \boldsymbol{p} \in I_A \text{ 使得 } \boldsymbol{p}^{\mathrm{T}} \boldsymbol{x} > 1\right\};$$

(4) 对任意 $\boldsymbol{a}$, 存在 $u_1 > 0$, 使得对任意的 $u > u_1$, 都有 $(u + u_1)A \subset uA + \boldsymbol{a} \subset (u - u_1)A$;

(5) 设 C 是任意凸集, $u_1, u_2 > 0$, 则 $u_1 C + u_2 C = (u_1 + u_2)C$.

设 F 是一个支撑为 $[0, \infty)^d$ 的概率分布, 对于给定的 $A \in \mathcal{R}$, 定义 $[0, \infty)$ 上的函数

$$F_A(t) = 1 - F(tA), \quad t \geqslant 0.$$

根据引理 1.6.1 中的 (2) 可知, 该函数是支撑在 $[0, \infty)$ 上的分布函数.

引理 1.6.2　假设 $\boldsymbol{X}$ 具有分布 F, 则随机变量 $Y_A := \sup\{u \geqslant 0 : \boldsymbol{X} \in uA\}$ 具有分布 F_A, 且当 $t > 0$ 时, $P(Y_A > t) = P(\boldsymbol{X} \in tA) = P(\sup_{\boldsymbol{p} \in I_A} \boldsymbol{p}^{\mathrm{T}} \boldsymbol{X} > t)$.

现在给出多元次指数分布的第三种定义.

定义 1.6.4　对任意的 $A \in \mathcal{R}$, 如果 $F_A \in \mathcal{S}$, 则称 $F \in \mathcal{S}_A$, 并记 $\mathcal{S}_{\mathcal{R}} := \bigcap_{A \in \mathcal{R}} \mathcal{S}_A$.

根据说明 1.6.3, 如果 $\boldsymbol{X}$ 是一个在 $\mathbb{R}^d$ 上的随机向量, 其分布 $F \in \mathcal{S}_{\mathcal{R}}$, 那么关于 $\boldsymbol{X}$ 分量所有非负系数非退化的线性组合都服从一元次指数分布, 更一般地, 有以下的稳定性质.

命题 1.6.4　设 T: $\mathbb{R}^d \to \mathbb{R}^k$ 为线性变换, 且对任意的 $\boldsymbol{x} \in [0, \infty)^d$, 都有 $T\boldsymbol{x} \in [0, \infty)^k$. 如果 $\mathbb{R}^d$ 上的随机向量 $\boldsymbol{X}$ 的分布属于 $\mathbb{R}^d$ 上的多元次指数分布族 $\mathcal{S}_{\mathcal{R}}$, 那么随机向量 $T\boldsymbol{X}$ 的分布属于 $\mathbb{R}^k$ 中的多元次指数分布族.

引理 1.6.3　对任意的 $A \in \mathcal{R}$, $n \geqslant 1$, 都有

$$\overline{(F_A)^{n*}} \geqslant F^{n*}(tA). \tag{1.58}$$

推论 1.6.2 设 $\boldsymbol{X}, \boldsymbol{X}^{(1)}, \cdots, \boldsymbol{X}^{(n)}$ 是分布为 F 的独立随机向量, 如果 $F \in \mathcal{S}_A$, 其中 $A \in \mathcal{R}$, 则对任意的 $n \geqslant 1$, 都有

$$\lim_{u\to\infty} \frac{P(\boldsymbol{X}^{(1)} + \cdots + \boldsymbol{X}^{(n)} \in uA)}{P(\boldsymbol{X} \in uA)} = n \tag{1.59}$$

成立.

注意到, $F \in \mathcal{S}_A$ 并不等价于假设对于任意的 $n \geqslant 1$, 式 (1.59) 都成立. 事实上, 后者的假设要更弱一些. 为了说明这点, 举例如下.

例 1.6.4 设 X 和 Y 是两个独立的具有次指数分布的非负随机变量, 且使得 $X+Y$ 不服从次指数分布. 由文献 (Leslie, 1989) 可知, 满足要求的随机变量是存在的. 构造一个二元随机向量 $\boldsymbol{Z}$ 如下: 取一个独立于 X 和 Y 的 Bernoulli (1/2) 随机变量 B, 设当 $B=0$ 时 $\boldsymbol{Z}=(X,0)$, 当 $B=1$ 时 $\boldsymbol{Z}=(0,Y)$. 设 $A=\{(x,y): \max\{x,y\}>1\}$. 显然, $\boldsymbol{Z}$ 的边缘分布都是次指数分布, 因此, 对于任意的 $n \geqslant 1$, 式 (1.59) 都成立. 然而, 对于任意的 $u>0$, 都有 $\overline{F_A}(u) = \frac{1}{2}P(X>u) + \frac{1}{2}P(Y>u)$, 该分布是由 X 和 Y 分布的混合分布. 根据文献 (Embrechts and Goldie, 1980) 的定理 2, 任意 X 和 Y 分布的非平凡混合都是次指数分布, 等价于它们的卷积也是次指数分布. 而根据前面的构造, 卷积并非次指数的, 所以 $F_A \notin \mathcal{S}$, 即 $F \notin \mathcal{S}_A$.

接下来的命题表明一元次指数分布族的重要性质都被定义 1.6.4 很好地继承下来, 证明参见文献 (Samorodnitsky and Sun, 2016) 命题 4.1.2 的证明.

命题 1.6.5 设 $A \in \mathcal{R}$, $F \in \mathcal{S}_A$, 则有

(1) 如果 G 是一个支撑为 $[0,\infty)^d$, 在 $\mathbb{R}^d$ 上的分布, 使得

$$\lim_{u\to\infty} \frac{F(uA)}{G(uA)} = c > 0$$

成立, 则 $G \in \mathcal{S}_A$;

(2) 对任意的 $\boldsymbol{a} \in \mathbb{R}^d$, 都有

$$\lim_{u\to\infty} \frac{F(uA+\boldsymbol{a})}{F(uA)} = 1 \tag{1.60}$$

成立;

(3) 设 $\boldsymbol{X}, \boldsymbol{X}^{(1)}, \cdots, \boldsymbol{X}^{(n)}$ 是分布为 F 的独立随机向量. 对任意的 $\varepsilon>0$, 存在 $K>0$, 使得对任意的 $u>0$, $n \geqslant 1$, 都有

$$\frac{P(\boldsymbol{X}^{(1)} + \cdots + \boldsymbol{X}^{(n)} \in uA)}{P(\boldsymbol{X} \in uA)} \leqslant K(1+\varepsilon)^n \tag{1.61}$$

成立.

下面讨论这三种定义的关系, 首先, 例 1.6.3 和命题 1.6.4 表明, $\mathcal{S}(\upsilon;\boldsymbol{b})$ 和 $S(\mathbb{R}^d)$ 都不是 $\mathcal{S}_{\mathcal{R}}$ 的子集, 为此需要做一些知识上的铺垫.

设 $\boldsymbol{X}\sim F$ 是在 $\mathbb{R}^d$ 上的非负随机向量, 且 $P(\boldsymbol{X}=\boldsymbol{0})=0$. $\boldsymbol{X}$ 的 L_1 范数表示如下:

$$W=||\boldsymbol{X}||_1=\sum_{i=1}^{d}X_i. \tag{1.62}$$

$\boldsymbol{X}$ 在 d-维单位单形 Δ_d 的投影为

$$I=\frac{\boldsymbol{X}}{||\boldsymbol{X}||_1}=\frac{\boldsymbol{X}}{W}\in\Delta_d. \tag{1.63}$$

设 υ 是 I 的分布, $(F_{\boldsymbol{\theta}})_{\boldsymbol{\theta}\in\Delta_d}$ 是 W 在给定 I 下的一组正则条件分布. 注意到, 如果 $\boldsymbol{X}$ 的分布 F 有密度 f, 则 $(F_{\boldsymbol{\theta}})_{\boldsymbol{\theta}\in\Delta_d}$ 的密度为

$$f_{\boldsymbol{\theta}}(w)=\frac{w^{-d-1}f(w\boldsymbol{\theta})}{\displaystyle\int_0^{\infty}u^{d-1}f(u\boldsymbol{\theta})\mathrm{d}u},\quad w>0. \tag{1.64}$$

命题 1.6.6 假设 $\boldsymbol{X}$ 是支撑为 $[0,\infty)^d$ 在 $\mathbb{R}^d$ 上的随机向量, 其分布为 F, 且 $P(\boldsymbol{X}=\boldsymbol{0})=0$. 假设边缘分布 F_i, $i=1,\cdots,d$ 都是控制变换尾的. 进一步, 假设给定 I 的条件下存在关于 W 的一组正则条件分布 $(F_{\boldsymbol{\theta}})_{\boldsymbol{\theta}\in\Delta_d}$, 使得对每一个 $\boldsymbol{\theta}\in\Delta_d$, 都有 $F_{\boldsymbol{\theta}}\in\mathcal{L}$, 且对任意的 $t>t_0$, $\boldsymbol{\theta}_1,\boldsymbol{\theta}_2\in\Delta_d$, 某个 C, $t_0>0$, 有

$$\frac{\overline{F_{\boldsymbol{\theta}_1}}(2t)}{\overline{F_{\boldsymbol{\theta}_2}}(t)}\leqslant C \tag{1.65}$$

成立, 则 $F\in\mathcal{S}_{\mathcal{R}}$.

例 1.6.5 设 $0<|\gamma|\leqslant 1/12$, 支撑在 $[0,\infty)^2$ 上的分布函数 F, 满足

$$P(X>x,Y>y)=\frac{1+\gamma\sin(\log(1+x+y))\cos\left(\dfrac{1}{2}\pi\dfrac{x-y}{1+x+y}\right)}{1+x+y},\quad x,y\geqslant 0. \tag{1.66}$$

则当 $x\to\infty$ 时,

$$P(X>x)=P(Y>x)\sim x^{-1}$$

成立. 但是 Cline 和 Resnick (1992) 证明, 对于任意的 υ 和 $\boldsymbol{b}$, 都有 $F\notin\mathcal{S}(\upsilon;\boldsymbol{b})$. 通过求偏导得到 F 的密度 f, 可以验证

$$\frac{2-4\gamma-3\gamma\pi-\pi^2/4}{(1+x+y)^3}\leqslant f(x,y)\leqslant\frac{2+4\gamma+3\gamma\pi+\pi^2/4}{(1+x+y)^3}.$$

所以, 根据式 (1.64), 存在与 $\boldsymbol{\theta}$ 无关的 $0<a<b<\infty$, 使得

$$a\frac{w}{(1+w)^3}\leqslant f_{\boldsymbol{\theta}}(w)\leqslant b\frac{w}{(1+w)^3},\quad w>0$$

成立. 显然满足命题 1.6.6 的条件, 因此 $F\in\mathcal{S}_{\mathcal{R}}$.

1.7 Lévy 过程

称定义在概率空间 $(\Omega,\mathcal{F},P)$ 上初值为零的随机过程 $X=\{X_t,t\geqslant 0\}$ 为 Lévy 过程, 如果其具有独立平稳增量, 且满足随机连续性, 即满足如下条件

(1) $X_0=0$;

(2) $0\leqslant t_0<\cdots<t_n<\infty$, $X_{t_0},X_{t_1}-X_{t_0},\cdots,X_{t_n}-X_{t_{n-1}}$ 相互独立;

(3) $0\leqslant s<t<\infty$, X_t-X_s 与 X_{t-s} 同分布;

(4) 对任意给定的 $\varepsilon>0$, 当 $h\to 0$ 时, 有 $P(|X_{t+h}-X_t|\geqslant\varepsilon)\to 0$.

性质 (4) 说明 Lévy 过程的跳跃一定发生在随机时刻, 由文献 (Protter, 1990) 的定理 30 知, Lévy 过程具有唯一的右连左极修正, 即具有右连左极的轨道. Lévy 过程是由法国数学家 Lévy 在 20 世纪 40 年代提出来的, 它具有非常良好的分析性质, 如马氏性以及与无穷可分分布的对应关系. 由 Lévy-Khinchin 表示定理可知, 一维 Lévy 过程 $\{X_t,t\geqslant 0\}$ 的特征函数为

$$E(\mathrm{e}^{\mathrm{i}zX_t})=\exp\{t\Psi(z)\}=\exp\left\{t\left[\mathrm{i}\gamma z-\sigma^2z^2/2+\int_{\mathbb{R}}(\mathrm{e}^{\mathrm{i}zt}-1-\mathrm{i}zx\mathbf{1}_{\{|x|\leqslant 1\}})\nu(\mathrm{d}x)\right]\right\},$$

上式中的 (γ,σ^2,ν) 为 Lévy 过程的特征三元组, 它完整地刻画了该过程的轨道性质: γ 为漂移量, 表示的是该过程确定性趋势; σ 为波动率, 表示的是该过程组成成分之一的布朗运动的波动程度; ν 为定义在 $\mathbb{R}\backslash\{0\}$ 上的 Lévy 测度, 其满足条件 $\int_{\mathbb{R}}(1\wedge x^2)\nu(\mathrm{d}x)<\infty$. 给定一个 Borel 可测集 A, $\nu(A)$ 表示在单位时间内 Lévy 过程跳跃幅度落在集合 A 的期望次数.

为了对一般的 Lévy 过程的结构有明晰的理解, 我们首先从过程的跳跃部分开始分析. 对于一个给定的 Lévy 过程 X, 记 $\Delta X(t,\omega)=X(t,\omega)-X(t-,\omega)$, 其表示该过程在时刻 $t>0$ 的跳跃幅度. 对任一 Borel 集 $B\subset[0,\infty)\times\mathbb{R}\backslash\{0\}$, 令

$$M(B,\omega)=\#\{(t,\Delta X(t,\omega))\in B\},$$

则 M 是具有强度 $m(\mathrm{d}t,\mathrm{d}x)=\mathrm{d}t\nu(\mathrm{d}x)$ 的泊松随机测度, 特别地, 取 $B=[t_1,t_2]\times A$, 其中 $[t_1,t_2]\subset[0,\infty)$, A 是 $\mathbb{R}\backslash\{0\}$ 上的 Borel 集, 于是

$$M(B,\omega)=\#\{(t,\Delta X(t,\omega)):t_1\leqslant t\leqslant t_2,\Delta X(t,\omega)\in A\}.$$

表示从 t_1 到 t_2 这段时间内跳跃幅度落在集合 A 中的次数. 因此, $M(B,\omega)$ 是一个均值为 $(t_2-t_1)\nu(A)$ 的泊松随机变量.

借助于以上概念, Lévy 过程 X 的 Lévy-Khinchin 表示对应了如下 Lévy-Itô 分解:

$$X_t=\gamma t+\sigma W(t)+\sum_{0\leqslant s\leqslant t}\Delta X(s)\mathbf{1}_{\{|\Delta X(s)|>1\}}+\int_0^t\int_{|x|\leqslant 1}x(M(\mathrm{d}s,\mathrm{d}x)-\nu(\mathrm{d}x)\mathrm{d}s).$$

进一步地, 如果该过程的跳跃部分是有限变差的, 即有 $\int_{|x|\leqslant 1}|x|\nu(\mathrm{d}x)<\infty$ 成立, 那么上述分解可简化为

$$X_t=\left(\gamma-\int_{|x|\leqslant 1}|x|\nu(\mathrm{d}x)\right)t+\sigma W(t)+\sum_{0\leqslant s\leqslant t}\Delta X(s),$$

此时意味着 Lévy 过程是跳–扩散型过程

$$X_t=\gamma t+\sigma W(t)+\sum_{i=1}^{N(t)}Z_i,\quad t\geqslant 0.$$

它可视为漂移项、布朗运动以及有限变差的纯跳过程三部分的独立和, 当 Z 服从正态分布时, 即为 Merton 模型 (Merton, 1976); 当 Z 服从双侧指数分布时, 即为 Kou 模型 (Kou, 2002). 特别地, 如果 $\gamma=0$ 且 $\nu=0$, 就得到标准布朗运动, 如果 $\gamma=\sigma=0$ 且 $\nu=\lambda F(\mathrm{d}x)$, 就得到强度为 $\lambda>0$ 的复合泊松过程 $\sum_{i=1}^{N(t)}Z_i$, 其中 F 是独立同分布序列 $\{Z_i,i\in\mathbb{N}\}$ 的共同分布.

如果 $\sigma=0$ 且 $\int_{|x|\leqslant 1}\nu(\mathrm{d}x)=\infty$, 就得到无穷活性过程, 如 Variance Gamma 模型 (Madan and Seneta, 1990)

$$X_t=\gamma t+W(C(t)),\quad t\geqslant 0,$$

并且在此基础上可以考虑随机波动模型. 如果 $\int_{|x|>1}|x|\nu(\mathrm{d}x)<\infty$, Lévy 过程 X 的期望存在, 且

$$E(X_t)=\left(\gamma+\int_{|x|>1}x\nu(\mathrm{d}x)\right)t.$$

对于一个具有特征三元组为 (γ,σ^2,ν) 的实值 Lévy 过程 X, 下面的命题给出了该过程与做刻度变换后的过程 aX, $a\in\mathbb{R}$ 之间的关系.

命题 1.7.1 设 $X=\{X_t, t\geqslant 0\}$ 是一个具有特征三元组为 (γ,σ^2,ν) 的实值 Lévy 过程, 则过程 aX, $a\in\mathbb{R}$ 仍是 Lévy 过程, 其对应的特征三元组为 $(\gamma_a,\sigma_a^2,\nu_a)$ 与 (γ,σ^2,ν), 由下式给出:

$$\begin{aligned}\gamma_a &= a\gamma+\int_{\mathbb{R}} ax\left(\mathbf{1}_{\{|ax|\leqslant 1\}}-\mathbf{1}_{\{|x|\leqslant 1\}}\right)\nu(\mathrm{d}x),\\ \sigma_a^2 &= a^2\sigma^2,\\ \nu_a(A) &= \nu(\{x\in\mathbb{R}: ax\in A\}),\quad A\in\mathcal{B}(\mathbb{R}).\end{aligned}$$

下面的命题给出了一维 Lévy 过程的 Itô 公式, 更一般情形下的讨论参见文献 (Protter, 1990) 的第二章.

命题 1.7.2 设 $X=\{X_t, t\geqslant 0\}$ 是一个具有特征三元组为 (γ,σ^2,ν) 的实值 Lévy 过程, 且函数 $f:\mathbb{R}\to\mathbb{R}$ 二阶连续可微, 则

$$\begin{aligned}f(X(t)) =& f(0)+\frac{\sigma^2}{2}\int_{0+} tf''(X(s))\mathrm{d}s+\int_0 tf'(X(s-))\mathrm{d}X(s)\\ &+\sum_{0<s\leqslant t}[f(X(s))-f(X(s-))-\Delta X(s)f'(X(s-))].\end{aligned}$$

假设 $X=\{X_t, t\geqslant 0\}$ 是一个具有特征三元组 (γ,σ^2,ν) 的 Lévy 过程, 考虑由下式定义的随机过程 $\{Y_t, t\geqslant 0\}$:

$$Y(t)=\mathrm{e}^{X_t},\quad t\geqslant 0.$$

该随机过程称为 X 的普通指数, 由 Lévy 过程的 Itô 公式得

$$\mathrm{d}Y(t)=Y(t-)\left(\mathrm{d}X(t)+\frac{\sigma^2}{2}\mathrm{d}t+\mathrm{e}^{\Delta X(t)}-1-\Delta X(t)\right).$$

反之, 对上述 Lévy 过程 X, 存在唯一的右连左极过程 $Z=\{Z_t, t\geqslant 0\}$ 使得

$$\mathrm{d}Z(t)=Z(t-)\mathrm{d}X(t),\quad Z(0)=1.$$

该过程称为 X 的随机指数, 并记为 $Z=\mathcal{E}(X)$, 文献 (Cont and Tankov, 2004) 的命题 8.21 给出了 X 的随机指数的表达式

$$Z(t)=\mathrm{e}^{X_t-\frac{\sigma^2}{2}t}\prod_{0<s\leqslant t}(1+\Delta X(s))\mathrm{e}^{-\Delta X(s)},\quad t\geqslant 0.$$

进一步地, 如果 X 的跳过程部分具有有限变差, 即 $\int_{|x|\leqslant 1}|x|\nu(\mathrm{d}x)<\infty$, 那么

$$Z(t)=\mathrm{e}^{X_t^c-\frac{\sigma^2}{2}t}\prod_{0<s\leqslant t}(1+\Delta X(s)),\quad t\geqslant 0,$$

其中 X^c 是 X 的连续部分.

下列命题 (Goll and Kallsen, 2000) 给出了 Lévy 过程 X 的普通指数和随机指数之间的关系.

命题 1.7.3 (1) 设 $X=\{X_t, t\geqslant 0\}$ 是一个实值 Lévy 过程, 其特征三元组为 (γ,σ^2,ν), 则存在 Lévy 过程 $\widehat{X}=\{\hat{X}_t, t\geqslant 0\}$ 使得 $\exp(X_t)=\mathcal{E}(\hat{X}_t)$, $t\geqslant 0$, 且 $\widehat{X}$ 的特征三元组 $(\widehat{\gamma},\widehat{\sigma}^2,\widehat{\nu})$ 由下式给出:

$$\begin{aligned}
&\widehat{\gamma}=\gamma+\frac{\sigma^2}{2}+\int_{\mathbb{R}}\big((\mathrm{e}^x-1)\mathbf{1}_{\{|\mathrm{e}^x-1|\leqslant 1\}}-x\mathbf{1}_{\{|x|\leqslant 1\}}\big)\nu(\mathrm{d}x),\\
&\widehat{\sigma}^2=\sigma^2,\\
&\widehat{\nu}(A)=\nu(\{x\in\mathbb{R}:\mathrm{e}^x-1\in A\}),\quad A\in\mathcal{B}(\mathbb{R}).
\end{aligned}$$

(2) 设 $\widehat{X}$ 是一个实值 Lévy 过程, 其特征三元组为 $(\widehat{\gamma},\widehat{\sigma}^2,\widehat{\nu})$, 则存在 Lévy 过程 X 使得 $\mathcal{E}(\hat{X}_t)=\exp(X_t)$, $t\geqslant 0$, 且 X 的特征三元组 (γ,σ^2,ν) 由下式给出:

$$\begin{aligned}
&\gamma=\widehat{\gamma}-\frac{\widehat{\sigma}^2}{2}+\int_{\mathbb{R}}\big((\log(1+x)\mathbf{1}_{\{|\log(1+x)|\leqslant 1\}})-x\mathbf{1}_{\{|x|\leqslant 1\}}\big)\widehat{\nu}(\mathrm{d}x),\\
&\sigma^2=\widehat{\sigma}^2,\\
&\nu(A)=\widehat{\nu}(\{x\in\mathbb{R}:\log(1+x)\in A\}),\quad A\in\mathcal{B}(\mathbb{R}).
\end{aligned}$$

Embrechts 等 (1979) 证明了无穷可分分布的次指数性等价于对应的 Lévy-Khinchin 表示中的谱测度 ν 的次指数性.

命题 1.7.4 F 在 $(0,\infty)$ 上无穷可分, Lévy-Khinchin 测度为 ν, 则下面的式子是等价的:

(1) $F\in\mathcal{S}$;

(2) $\mu(1,x]/\nu(1,\infty)\in\mathcal{S}$;

(3) $\lim_{x\to\infty}\overline{F}(x)/\nu(x,\infty)=1$.

第 2 章 相依情形下随机游动的 max-sum 等价

本章主要研究两种相依情形下随机游动的 max-sum 等价问题, 为此 2.1 节先对该问题的背景、动机以及研究动态进行综述; 在相关文献的基础上, 2.2 节提出了一类条件相依假设, 研究了该假设下的 max-sum 等价, 并比较了该假设与已有假设之间的关系; 2.3 节研究了条件独立情形下的 max-sum 等价; 2.4 节则研究了之前少有人涉猎的相依情形下的局部 max-sum 等价, 作为一种尝试, 我们在一定条件下建立了具有 FGM 相依结构的随机游动 max-sum 局部等价式.

2.1 现状和发展趋势

众所周知, 次指数分布的定义很好地刻画了增量为独立同分布情形下随机游动的 max-sum 性质, 即

$$P(S_n > x) \sim n\overline{F}(x),$$

另一方面, Sgibnev (1996) 证明了

$$P(S_{(n)} > x) \sim n\overline{F}(x).$$

其中 $S_{(n)} = \max_{1\leqslant k\leqslant n} S_k$, 该结论的简化证明可参见文献 (Ng et al., 2002). 于是对于独立同分布情形, 当 $F \in \mathcal{S}$ 时, 有

$$P(S_{(n)} > x) \sim P(S_n > x) \sim n\overline{F}(x), \tag{2.1}$$

事实上, 对于满足 $W(0) = 0$, 独立平稳的连续时间过程 $\{W_t\}_{t\geqslant 0}$, 研究者也寻求如何建立与之类似的关系式

$$P\left(\sup_{0\leqslant t\leqslant 1} W(t) > x\right) \sim CP(W(1) > x), \tag{2.2}$$

其中 $C > 0$ 是一个常数, 相关工作参见文献 (Berman, 1986; Willekens, 1987; Braverman, 2000) 等.

Cai 和 Tang (2004) 系统总结了增量独立不同分布情形下的重尾随机游动与 max-sum 等价和卷积封闭性的有关结论. 一般而言, 若增量均服从次指数分布, 除

非对各自的尾分布附加一定的控制关系 (见文献 (Cai and Tang, 2004) 的命题 1.1), 否则 max-sum 等价未必成立.

进一步地, 一旦去掉独立性的假设, 两个问题自然而然产生了: 一是在怎样的相依假设下, max-sum 等价性 (或一个大跳原理) 仍然成立? 二是增量的相依关系强到突破 max-sum 等价的范围, 此时随机游动尾分布的渐近性质会呈现什么样的特征?

对于第一个问题, 学者们尝试对重尾增量施加不同的相依假设, 将 max-sum 等价的领地不断扩大. 其中, Wang 和 Tang (2004) 证明了在一定的矩条件下, 若重尾增量满足负相协结构, 且共同分布 $F \in \mathcal{L} \bigcap D$, 则 (2.1) 式仍成立, 并进一步证明了, 若取非负整数值的随机变量 τ 与 $\{X_k, k = 1\}$ 相互独立, 且 $E\tau < \infty$, 则

$$P(S_{(\tau)} > x) \sim P(S_\tau > x) \sim E\tau \overline{F}(x). \tag{2.3}$$

Geluk 和 Ng (2006) 则将之推广到不同分布的情形. 正如 Ng 等 (2003) 与 Kaas 和 Tang (2003) 所解释的那样, 如果把随机变量 τ 视为到某个时间节点为止的索赔次数, 那么尾概率 $P(S_{(\tau)} > x)$ 可理解为有限时间破产概率. Tang (2008) 考虑了比负相协结构更一般的两两负相依结构, 在对尾分布 $F_i \in C$ 施加了正则性假设 $F_i(-x) = o(\overline{F}_i(x))$, $i = 1, \cdots, n$ 的条件下, 仍有 (2.1) 成立. 之后, Ko 和 Tang (2008)、Geluk 和 Tang (2009)、Chen 和 Yuen (2009)、Foss 和 Richards (2010) 通过对条件分布施加不同相依性假设, 得到 $P(S_n > x) \sim \sum_{i=1}^{n} \overline{F}_i(x)$. 在以上假设中, 次指数性消除了相依结构带来的影响, 并且增量的尾分布越重, 随机游动部分和的尾部性质对相依性越不敏感.

关于第二个问题, Albrecher 等 (2006) 考虑了两个相依非负随机变量的情形, 若记 $c = \lim_{x\to\infty} \dfrac{\overline{F}_2(x)}{\overline{F}_1(x)}$, $\widehat{\lambda} = \lim_{x\to\infty} P(X_2 > x | X_1 > x)$, 则文献 (Albrecher et al., 2006) 的引理 2.2 指出, 此时有 $P(\max(X_1, X_2) > x) \sim (1 + c - \widehat{\lambda})\overline{F}_1(x)$. 并在其后的引理 2.6 中给出了 $\widehat{\lambda} = 0$ 的充分条件, 该条件是用 X_1, X_2 之间的 copula 二阶混合偏导数在点 $(1,1)$ 的某个邻域内的有界性来描述的, 在该条件下, F_1, F_2 是绝对连续的, 且如果 $F_1 \in \mathcal{S}$, 则

$$P(S_2 > x) \sim (1 + c)\overline{F}_1(x).$$

文献 (Ko and Tang, 2008) 的注 2.3 证明了该有界性条件被他们的假设 2.1 所涵盖, 并将之推广到多元情形. Wüthrich (2003) 与 Alink 等 (2004, 2005) 考虑了 $(X_1, X_2, \cdots, X_n)$ 之间的相依结构由 Archimedean copula 刻画的情形. 他们的结论表明, 若 Archimedean copula 的生成元 $\phi(\cdot)$ 满足 $\phi\left(\dfrac{1}{t}\right) \in \mathcal{R}_{-\alpha}$, $\alpha > 0$, 当共同的边缘分

布 F 属于 Fréchet 情形, 即 $F \in \mathcal{R}_{-\beta}$, $\beta > 0$ 时, 则有

$$\lim_{x \to \infty} \frac{P(S_n > x)}{\overline{F}(x)} = q_n^F(\alpha, \beta), \tag{2.4}$$

其中, 极限常数 $q_n^F(\alpha,\beta)$ 对边缘分布和生成元的依赖关系仅通过 α 和 β 来体现, 而与边缘分布和生成元的具体形式无关. 对于边缘分布属于 Gumbel 和威布尔情形, 也得到了类似的结果. Barbe 等 (2006) 利用多元极值理论, 将 $X_1, X_2, \cdots, X_n$ 相依关系推广到更一般的多元正则变换情形, 并证明此时极限常数为

$$q_n^F(\beta) = \int_{\mathbb{S}_{d-1}} (w_1^{1/\beta} + \cdots + w_n^{1/\beta})^\beta H(\mathrm{d}w), \tag{2.5}$$

其中, H 是定义在 $\mathbb{S}_{d-1} = \{w = (w_1, \cdots, w_n) : w_1 + \cdots + w_n = 1\}$ 上的谱测度. Embrechts 等 (2009) 讨论了该结果在风险管理中的应用. Kortschak 和 Albrecher (2009) 则进一步考虑了边缘分布各不相同且支撑在 $\mathbb{R}$ 上的情形, 用 Radon 测度 ν 给出了极限常数 q_n 的另一种表示, 并在引理 4.4 中构造了一个具体的 copula, 使得 $X_1, X_2, \cdots, X_n$ 尽管有相同的分布 $F \in \mathcal{R}_{-\alpha}$, 但 $\lim_{x\to\infty} \dfrac{P(S_n > x)}{P(X_1 > x)}$ 并不存在.

2.2 条件相依情形下的 max-sum 等价

2.2.1 主要结论及相关说明

本节首先回顾 Ko 和 Tang (2008) 以及 Geluk 和 Tang (2009) 提出的条件相依及主要结论, 在此基础上提出使得 max-sum 等价成立的新的条件相依假设, 并就该假设与已有假设的关系做一些说明. 本节内容源自文献 (Jiang et al., 2014).

在文献 (Ko and Tang, 2008) 中, 非负随机变量序列之间满足如下条件相依结构假设.

假设 2.2.1 对 $n \geqslant 2$, 存在正常数 $x_0 = x_0(n) > 0, C = C(n) > 0$, 对任意的 $2 \leqslant j \leqslant n$, 都有

$$\limsup_{x\to\infty} \sup_{x_0 \leqslant t \leqslant x - x_0} \frac{P(S_{j-1} > x - t | X_j = t)}{P(S_{j-1} > x - t)} \leqslant C. \tag{2.6}$$

另外, 在文献 (Geluk and Tang, 2009) 中, 实值随机变量序列满足如下的条件相依假设.

假设 2.2.2 对 $n \geqslant 2$, 存在正常数 $x_0 = x_0(n) > 0$, $C = C(n) > 0$, 使得对所有的 $1 \leqslant i \leqslant n$, 都有

$$\limsup_{x\to\infty} \frac{P(|X_i| > x_i | X_j = x_j, j \in J)}{\overline{F}_i(x_i)} \leqslant C, \tag{2.7}$$

其中, $\varnothing \neq J \subset \{j : 1 \leqslant j \leqslant n\} \setminus \{i\}$, $x_i \geqslant x_0$, $x_j \neq x_0$, $j \in J$.

显然, (2.7) 等价于

$$\limsup_{x\to\infty} \frac{P(X_i > x_i | X_j = x_j, j \in J)}{\overline{F}_i(x_i)} \leqslant C \tag{2.8}$$

和

$$\limsup_{x\to\infty} \frac{P(X_i < -x_i | X_j = x_j, j \in J)}{\overline{F}_i(x_i)} \leqslant C. \tag{2.9}$$

对于假设 2.2.1, 我们将分布的支撑从 $D = [0, \infty)$ 扩充到 $D = (-\infty, \infty)$, 并记之为假设 2.2.1*; 而对于假设 2.2.2, 为覆盖所有的独立情形, 将 (2.9) 替代为

$$\limsup_{x\to\infty} \frac{P(X_i < -x_i | X_j = x_j, j \in J)}{F_i(-x_i)} \leqslant C, \tag{2.10}$$

其余假设不变, 并记之为假设 2.2.2*. 事实上, 当 $X_i, 1 \leqslant i \leqslant n$ 相互独立, 且存在 $1 \leqslant i \leqslant n$, 使得 $\overline{F}_i(x_i) \equiv 1 - F_i(x_i) = o(F_i(-x_i))$ 时, (2.9) 不成立, 从而假设 2.2.2 也不成立.

在假设 2.2.1 和假设 2.2.2 成立的条件下, Ko 和 Tang (2008) 以及 Geluk 和 Tang (2009) 分别得到了如下的 max-sum 等价式: 文献 (Ko and Tang, 2008) 中定理 3.1 假设随机变量 X_i, $1 \leqslant i \leqslant n$, 满足假设 2.2.1 以及下列条件之一:

(1) $F_i \in \mathcal{S}$, $1 \leqslant i \leqslant n$, 且对于 $1 \leqslant i \leqslant j \leqslant n$ 时, 有 $\overline{F}_i(x) = O(\overline{F}_j(x))$ 或 $\overline{F}_j(x) = O(\overline{F}_i(x))$;

(2) $F_i \in \mathcal{L} \cap \mathcal{D}$, $1 \leqslant i \leqslant n$.

则有

$$P(S_n > x) \sim P(X_{(n)} > x) \sim \sum_{i=1}^{n} \overline{F}_i(x). \tag{2.11}$$

文献 (Geluk and Tang, 2009) 的定理 3.2 假设随机变量 X_i, $1 \leqslant i \leqslant n$, 满足假设 2.2.2, 如果当 $1 \leqslant i, j \leqslant n$, $F_i * F_j \in \mathcal{S}$ 时, 有 (2.11) 成立.

由 1.4 节可知, 如果 $F \in \mathcal{L}$, 则有

$$\begin{aligned}\mathcal{H}(F) := \{&h : x \in [0, \infty), h(x) \uparrow \infty, h(x) = o(x),\\ &\overline{F}(x+t) \sim \overline{F}(x) \text{ 关于 } |t| \leqslant h(x) \text{ 一致成立}\} \neq \varnothing.\end{aligned}$$

下面给出本节的主要结果, 它推广和改进了上边两个定理.

定理 2.2.1　若 X_i, $1 \leqslant i \leqslant n$, 满足假设 2.2.1*, $F_i \in \mathcal{L}$, $1 \leqslant i \leqslant n$, 且对 $1 \leqslant i < j \leqslant n$ 有 $F_i * F_j \in \mathcal{S}$, 此外, 当随机变量不满足假设 2.2.2 或者假设 2.2.2*

时, 若存在函数 $h \in \bigcap_{i=1}^{n} \mathcal{H}(F_i)$, $1 \leqslant i \leqslant n$, 使得

$$F_i(-h(x)) = o\left(\sum_{i=1}^{n} \overline{F}_i(x)\right), \tag{2.12}$$

则 (2.11) 成立.

定理 2.2.2 若 X_i, $1 \leqslant i \leqslant n$, 满足假设 2.2.2*, 且 $F_i \in \mathcal{L}$, $1 \leqslant i \leqslant n$, $F_i * F_j \in \mathcal{S}$, $1 \leqslant i < j \leqslant n$, 则 (2.11) 成立.

为了说明定理 2.2.1 和定理 2.2.2 的假设条件的有效性, 以下做几点说明.

说明 2.2.1 对任意的 $n \geqslant 2$, 如果 $F_1 \in \mathcal{L} \setminus \mathcal{S}$, $F_i = F \in \mathcal{S}$, $2 \leqslant i \leqslant n$, 且 $\overline{F}_1(x) = O(\overline{F}(x))$, 则 $F_i * F_j \in \mathcal{S}$, $1 \leqslant i < j \leqslant n$, 其中并不需要 $F_1 \in \mathcal{S}$. 由文献 (Lin and Wang, 2012) 的例 2.1 可知, 确实存在满足上述条件的分布 F_1 和 F. 因此, 定理 2.2.1 和定理 2.2.2 的条件 $F_i \in \mathcal{L}(1 \leqslant i \leqslant n)$, $F_i * F_j \in \mathcal{S}(1 \leqslant i < j \leqslant n)$ 要弱于文献 (Geluk and Tang, 2009) 的定理 3.2 中的条件 $F_i * F_j \in \mathcal{S}(1 \leqslant i, j \leqslant n)$. 又由于文献 (Ko and Tang, 2008) 定理 3.1 的条件 1 和条件 2 均蕴含 $F_i \in \mathcal{L}(1 \leqslant i \leqslant n)$, $F_i * F_j \in \mathcal{S}(1 \leqslant i < j \leqslant n)$, 因此定理 2.2.1 和定理 2.2.2 的条件 $F_i \in \mathcal{L}(1 \leqslant i \leqslant n)$, $F_i * F_j \in \mathcal{S}(1 \leqslant i < j \leqslant n)$, 也弱于文献 (Ko and Tang, 2008) 定理 3.1 的条件 1 和条件 2.

说明 2.2.2 为了弄清假设 2.2.1* 和假设 2.2.2* (或者假设 2.2.2) 所蕴含的相依结构的关系, 下面将构造一个满足假设 2.2.1 和假设 2.2.1*, 但不满足假设 2.2.2 和假设 2.2.2* 的随机变量序列.

例 2.2.1 取 3 个支撑在 $[0, \infty)$ 上相互独立的随机变量 ξ, η, ζ, 分布依次记为 G_i, $i = 1, 2, 3$. 对任意的实数 α, 令 $X_1 = \alpha - \xi + \eta$, $X_2 = \xi$, $X_3 = \zeta$, 分布依次为 F_1, $F_2 = G_1$, $F_3 = G_3$, 其中 F_1 的支撑为 $(-\infty, -\infty)$.

任意给定实数 x_1, x_2, 则

$$\begin{aligned} P(X_1 > x_1 | X_2 = x_2) &= P(\alpha - \xi + \eta > x_1 | \xi = x_2) \\ &= P(\eta > x_1 - \alpha + x_2) \end{aligned}$$

是 x_2 的递减函数, 即 X_1 关于 x_2 随机递减. 由文献 (Ko and Tang, 2008) 的注 2.1 可知, 给定 $x_0 \neq 0$, 存在正数 C, 使得对所有 $x \neq 2x_0$, $x_0 \leqslant t \leqslant x - x_0$, 一致地有

$$P(X_1 > x - t | X_2 = t) \leqslant C\overline{F}_1(x - t). \tag{2.13}$$

进而, 由 $X_1 + X_2$ 与 X_3 相互独立可得

$$P(X_1 + X_2 > x - t | X_3 = t) = P(X_1 + X_2 > x - t). \tag{2.14}$$

显然, 根据 (2.13) 和 (2.14), 可知 $X_i (i = 1, 2, 3)$ 满足假设 2.2.1*.

接下来, 如果分布 $G_i \in \mathcal{L}$ 且连续, $i=1,2,3$, 则由控制收敛定理可得

$$\begin{aligned}\overline{F}_1(x) &= P(\alpha-\xi+\eta>x)\\ &= \int_0^\infty \overline{G}_2(x-\alpha+y)F_2(\mathrm{d}y)\\ &\sim \overline{G}_2(x).\end{aligned} \tag{2.15}$$

于是 $F_i \in \mathcal{L}$, $i=1,2,3$. 对任意的 $h \in \bigcap_{i=1}^3 \mathcal{H}(F_i)$, 有

$$\begin{aligned}F_1(-h(x)) &= P(\alpha-\xi+\eta\leqslant h(x))\\ &= \int_0^\infty \overline{F}_2(h(x)+\alpha+y)G_2(\mathrm{d}y)\\ &\sim \overline{F}_2(h(x)) = \overline{G}_1(h(x)).\end{aligned} \tag{2.16}$$

此外, 由于

$$F_2(-h(x)) = G_1(-h(x)) = F_3(-h(x)) = G_3(-h(x)) = 0,$$

选择 G_2 使之满足

$$\overline{G}_1(h(x)) = o\left(\overline{G}_2(x)\right).$$

由 (2.15) 和 (2.16) 知, 条件 (2.12) 满足.

若假设分布 G_1*G_2, G_1*G_3, G_2*G_3 都属于 $\mathcal{S}$ 族, 则 $F_i*F_j \in \mathcal{S}$, $1\leqslant i<j\leqslant 3$. 因此由定理 2.2.1 可得 (2.11) 成立.

最后, 对任意的 $X_0>0$, 取 $x\geqslant 2x_0$, $t=x$, 则

$$P(X_1<-x|X_2=x) = P(\alpha-\xi+\eta<-x|\xi=x) = G_2(-\alpha), \tag{2.17}$$

因此, 由 (2.15) 和 (2.17) 可知, (2.9) 和 (2.10) 并不成立, 这意味着 $X_i(i=1,2,3)$ 不满足假设 2.2.2 和假设 2.2.2*.

说明 2.2.3　如果随机变量序列 $\{X_i: i\geqslant 1\}$ 满足假设 2.2.1*, 但不满足假设 2.2.2 或者假设 2.2.2*, 例 2.2.2 将表明 (2.12) 对于 (2.11) 而言在某种意义上是必要的.

例 2.2.2　取 3 个相互独立具有对称分布的随机变量 ξ_i, $i=1,2,3$, 分布依次记为 $G_i\in\mathcal{S}$, $i=1,2,3$, 且满足 $G_2=G_3$, $\overline{G}_2(x)=o\left(\overline{G}_1(x)\right)$. 令 $X_1=\xi_2-\xi_1$, $X_2=\xi_1$, $X_3=\xi_3$, 分布依次记为 F_i, $i=1,2,3$, 则 F_i, $i=1,2,3$ 也是对称分布, 且不满足 (2.12). 由于 $G_1\in\mathcal{S}$ 对称, $\overline{G}_2(x)=o\left(\overline{G}_1(x)\right)$, 根据控制收敛定理得

$$\overline{F}_1(x) = P(\xi_2-\xi_1>x) \sim \overline{G}_1(x). \tag{2.18}$$

下证 $\{X_i, 1 \leqslant i \leqslant 3\}$ 满足假设 2.2.1*. 事实上, 对于充分大的 $x_0 > 0$, $x \geqslant 2x_0$, 由 (2.18) 可得, 当 $x_0 \leqslant t \leqslant x - x_0$ 时, 有

$$\begin{aligned} P(X_1 > x-t|X_2=t) &= P(\xi_2-\xi_1 > x-t|\xi_1=t) \\ &= \overline{G}_2(x) \\ &= O\left(\overline{F_1}(x-t)\right), \end{aligned}$$

由 X_1+X_2 和 X_3 相互独立, 可得

$$P(X_1+X_2 > x-t|X_3=t) = P(X_1+X_2 > x-t).$$

最后, 由

$$\begin{aligned} P(X_1+X_2+X_3 > x) &= P(\xi_2+\xi_3 > x) \\ &\sim 2\overline{G}_2(x) \\ &= o\left(\overline{F}_1(x)+\overline{F}_2(x)+\overline{F}_3(x)\right), \end{aligned}$$

知此时 (2.11) 不成立.

2.2.2 主要结论的证明

定理 2.2.1 的证明 首先运用数学归纳法证明

$$P(S_n > x) \lesssim \sum_{i=1}^{n} \overline{F}_i(x). \tag{2.19}$$

当 $n=1$ 时, (2.19) 显然成立. 假设当 $n=m-1$ 时, (2.19) 也成立, 接下来证明当 $n=m$ 时, (2.19) 也成立. 若 $F_i \in \mathcal{L}$, $1 \leqslant i \leqslant m$, 则存在 $h \in \bigcap_{i=1}^{m} \mathcal{H}(F_i)$, 使得

$$\begin{aligned} P(S_m > x) &\leqslant P(X_m > x-h(x)) + P(S_{m-1} > x-h(x)) \\ &\quad + P(h(x) < X_m \leqslant x-h(x), S_m > x) \\ &=: \sum_{k=1}^{3} I_k(x). \end{aligned} \tag{2.20}$$

显然有

$$I_1(x) \sim \overline{F}_m(x). \tag{2.21}$$

由归纳假设可得

$$I_2(x) \lesssim \sum_{i=1}^{m-1} \overline{F}_i(x). \tag{2.22}$$

对于 $I_3(x)$, 根据 (2.6) 和归纳假设可知, 存在常数 $C=C(m-1)$ 使得

$$\begin{aligned}I_3(x)=&\int_{h(x)}^{x-h(x)}P(S_{m-1}>x-y|X_m=y)F_m(\mathrm{d}y)\\ \leqslant& C\int_{h(x)}^{x-h(x)}P(S_{m-1}>x-y)F_m(\mathrm{d}y)\\ \lesssim& C\sum_{i=1}^{m-1}\int_{h(x)}^{x-h(x)}\overline{F}_i(x-y)F_m(\mathrm{d}y)\\ =&o\left(\sum_{i=1}^{m-1}\overline{F}_i(x)\right),\end{aligned}\tag{2.23}$$

其中最后一步用到了条件 $F_i*F_m\in\mathcal{S}$, $1<i<m$. 由 (2.20) 至 (2.23) 可知, (2.19) 对 $n=m$ 也成立.

当序列 $\{X_i,1\leqslant i\leqslant n\}$, 不满足假设 2.2.2 或者假设 2.2.2* 时, 再用数学归纳法证明

$$P(S_n>x)\gtrsim\sum_{i=1}^{n}\overline{F}_i(x).\tag{2.24}$$

显然, 当 $n=1$ 时, (2.24) 成立. 假设当 $n=m-1$ 时, (2.24) 也成立, 接下来证明当 $n=m$ 时, (2.24) 也成立. 注意到

$$\begin{aligned}P(S_m>x)\geqslant& P(S_{m-1}>x+h(x),X_m\in[-h(x),h(x)])\\ &+P(X_m>x+(m-1)h(x),S_{m-1}\in[-(m-1)h(x),(m-1)h(x)])\\ =:&J_1(x)+J_2(x).\end{aligned}\tag{2.25}$$

其中 $h\in\bigcap_{i=1}^m\mathcal{H}(F_i)$. 由归纳假设、(2.12) 和 (2.6) 可得

$$\begin{aligned}J_1(x)=&P(S_{m-1}>x+h(x),X_m>-h(x))-P(S_{m-1}>x+h(x),X_m>h(x))\\ \geqslant& P(S_{m-1}>x+h(x))-F_m(-h(x))\\ &-\int_{h(x)}^{\infty}P(S_{m-1}>x+h(x)|X_m=y)F_m(\mathrm{d}y)\\ \gtrsim&\sum_{i=1}^{m-1}\overline{F}_i(x)+o\left(\sum_{i=1}^{m}\overline{F}_i(x)\right)-C\int_{h(x)}^{\infty}P(S_{m-1}>x+h(x))F_m(\mathrm{d}y)\\ \sim&\sum_{i=1}^{m-1}\overline{F}_i(x)+o\left(\sum_{i=1}^{m}\overline{F}_i(x)\right).\end{aligned}\tag{2.26}$$

类似地, 有

$$\begin{aligned}J_2(x) \geqslant & \overline{F}_m(x+(m-1)h(x)) - P(S_{m-1} \leqslant -(m-1)h(x)) \\ & -P(X_m > x+(m-1)h(x), S_{m-1} > (m-1)h(x)) \\ \gtrsim & \overline{F}_m(x) - \sum_{i=1}^{m-1} F_i(-h(x)) - C\int_{x+(m-1)h(x)}^{\infty} P(S_{m-1} > (m-1)h(x))F_m(\mathrm{d}y) \\ \gtrsim & \overline{F}_m(x) - o\left(\sum_{i=1}^{m} \overline{F}_i(x)\right). \end{aligned} \tag{2.27}$$

由 (2.25) 至 (2.27) 可知, 当 $n=m$ 时, (2.24) 也成立. 因此, 结合 (2.19) 和 (2.24), 可得

$$P(S_n > x) \sim \sum_{i=1}^{n} \overline{F}_i(x). \tag{2.28}$$

接下来证明

$$P(X_{(n)} > x) \sim \sum_{i=1}^{n} \overline{F}_i(x). \tag{2.29}$$

一方面, 易见有

$$P(X_{(n)} > x) \leqslant \sum_{i=1}^{n} \overline{F}_i(x), \tag{2.30}$$

另一方面, 由进出公式得

$$P(X_{(n)} > x) \geqslant \sum_{i=1}^{n} \overline{F}_i(x) - \sum_{1\leqslant i<j\leqslant n} P(X_i > x, X_j > x). \tag{2.31}$$

对任意的 $1 \leqslant i < j \leqslant n$, 令 $S_{j-1,i} = \sum_{1\leqslant k\leqslant j-1, k\neq i} X_k$, 选择满足 (2.12) 的 $h \in \bigcap_{i=1}^{n} \mathcal{H}(F_i)$, 由 (2.6) 和 (2.12) 可知, 存在 $C>0$, 使得

$$\begin{aligned}P(X_i > x, X_j > x) = & P(X_i > x, S_{j-1,i} > -(j-2)h(x), X_j > x) \\ & + P(X_i > x, S_{j-1,i} \leqslant -(j-2)h(x), X_j > x) \\ \leqslant & P(S_{j-1} > x-(j-2)h(x), X_j > x) \\ & + P(S_{j-1,i} \leqslant -(j-2)h(x)) \\ \leqslant & \int_x^{\infty} P(S_{j-1} > (x-(j-2)h(x)+y) - y | X_j = y)F_j(\mathrm{d}y)\end{aligned}$$

$$
\begin{aligned}
&+P\left(\bigcup_{1\leqslant k\neq i\leqslant j-1}\{X_k\leqslant -h(x)\}\right)\\
&\leqslant CP(S_{j-1}>x-(j-2)h(x))\overline{F}_j(x)+\sum_{i=1}^{n}F_i(-h(x)).
\end{aligned}
\tag{2.32}
$$

根据 (2.31) 和 (2.32), 可得

$$
\begin{aligned}
P(X_{(n)}>x)\geqslant&\sum_{i=1}^{n}\overline{F}_i(x)-C\max_{1\leqslant j\leqslant n}P(S_{j-1}>x-(j-1)h(x))\sum_{i=1}^{n}\overline{F}_i(x)\\
&+o\left(\sum_{i=1}^{n}\overline{F}_i(x)\right)\\
\sim&\sum_{i=1}^{n}\overline{F}_i(x).
\end{aligned}
\tag{2.33}
$$

结合 (2.30) 和 (2.33), 知 (2.29) 成立.

当序列 $\{X_i,1\leqslant i\leqslant n\}$ 满足假设 2.2.2 或者假设 2.2.2* 时, 由文献 (Geluk and Tang, 2009) 的定理 3.2 和定理 2.2.2 可以证明 (2.24) 成立.

综上, 由 (2.28) 和 (2.29), 可得此时 max-sum 等价式 (2.11) 成立.

定理 2.2.2 的证明 由 (2.8) 易知 (2.29) 成立, 另外在文献 (Geluk and Tang, 2009) 的证明中, 条件 (2.9) 仅用于证明 (2.24) 成立, 因此, 在假设 2.2.2* 的条件下, 只需证明条件 (2.10) 蕴含 (2.24) 即可. 对任意的 $\bigcap_{i=1}^{m}\mathcal{H}(F_i)$, 有

$$
\begin{aligned}
P(S_n>x)\geqslant&\sum_{i=1}^{n}P(S_n>x,X_i>x+h(x))\\
&-\sum_{1\leqslant i<j\leqslant n}P(X_i>x+h(x),X_j>x+h(x))\\
\geqslant&\sum_{i=1}^{n}P(S_{n,i}>-h(x),X_i>x+h(x))\\
&-\sum_{1\leqslant i<j\leqslant n}P(X_i>x+h(x),X_j>x+h(x))\\
=&\sum_{i=1}^{n}\overline{F}(x+h(x))-\sum_{i=1}^{n}P(X_i>x+h(x),S_{n,i}\leqslant -h(x))\\
&-\sum_{1\leqslant i<j\leqslant n}P(X_i>x+h(x),X_j>x+h(x))\\
=:&K_1(x)-K_2(x)-K_3(x),
\end{aligned}
\tag{2.34}
$$

其中 $S_{n,i}:=\sum_{1\leqslant k\leqslant n,k\neq i}X_k$. 显然有

$$K_1(x) \sim \sum_{i=1}^{n} \overline{F}_i(x) \tag{2.35}$$

和

$$K_3(x) \sim o\left(\sum_{i=1}^{n} \overline{F}_i(x)\right) \tag{2.36}$$

成立. 由条件 (2.10) 可得

$$\begin{aligned}
K_2(x) &\leqslant \sum_{i=1}^{n} \sum_{1\leqslant k\neq i\leqslant n} P\left(X_k \leqslant -\frac{h(x)}{n-1}, X_i > x + h(x)\right) \\
&= \sum_{i=1}^{n} \sum_{1\leqslant k\neq i\leqslant n} \int_{x+h(x)}^{\infty} P\left(X_k \leqslant -\frac{h(x)}{n-1}\middle| X_i = t\right) F_i(dt) \\
&\leqslant C \sum_{1\leqslant k\neq i\leqslant n} F_k\left(-\frac{h(x)}{n-1}\right) \sum_{i=1}^{n} \overline{F}_i(x + h(x)) \\
&= \ o\left(\sum_{i=1}^{n} \overline{F}_i(x)\right).
\end{aligned} \tag{2.37}$$

由 (2.34) 至 (2.37), 知 (2.24) 成立.

2.3 条件独立情形下的 max-sum 等价

为了寻求合适的相依性条件, 使得在独立情形下成立的 max-sum 等价 (或一个大跳原理) 仍然成立, 我们首先从概率的视角重新考查两个服从相同次指数分布 (不必独立) 的随机变量 X_1, X_2 之和的尾分布, 分解如下

$$\begin{aligned}
P(X_1 + X_2 > x) &= P(X_1 \vee X_2 > x) + P(X_1 \vee X_2 \leqslant x, X_1 + X_2 > x) \\
&= P(X_1 > x) + P(X_2 > x) - P(X_1 \wedge X_2 > x) \\
&\quad + P(X_1 \vee X_2 \leqslant x, X_1 + X_2 > x) \\
&=: P(X_1 > x) + P(X_2 > x) - P_2(x) + P_1(x),
\end{aligned} \tag{2.38}$$

其中 $X_1 \vee X_2 = \max\{X_1, X_2\}$, $X_1 \wedge X_2 = \min\{X_1, X_2\}$, 如果 $P_1(x)$ 相对于 $P(X_1 > x)$ 是无穷小量, 此时称大跳原理 (the principle of the big jump) 成立. 在此基础上, 如果 $P_2(x)$ 相对于 $P(X_1 > x)$ 也是无穷小量, 则称一个大跳原理 (the principle of the single big jump) 成立. 显然, 如果 X_1, X_2 的相依性太强, 例如 $X_1 = X_2$ a.s., 此时一个大跳原理不成立.

与上一节不同, 本节假设随机变量序列关于某个 σ 代数条件独立, 研究了相依性对部分和的尾分布的影响程度. 该方法由 Foss 和 Richards (2010) 提出, 其新颖之处在于这种条件独立性的假设在贝叶斯统计和精算模型中是常见的, 不需要限定为某个特定的 copula 结构, 研究范围也不需要限定在次指数分布族的某个子族, 并且本节的例子表明定理中的条件是比较容易验证的.

考虑概率空间 $(\Omega,\mathcal{F},P)$, X_i, $i=1,2,\cdots$ 是一列非负随机变量, 边缘分布为 F_i. 引入参照分布 $F\in\mathcal{S}$, 由 1.3.3 小节和 1.3.4 小节的内容可知, F 满足如下的长尾性质:

$$\lim_{x\to\infty}\frac{\overline{F}(x-h(x))}{\overline{F}(x)}=1, \tag{2.39}$$

其中 $h(x)$ 单调递增趋于无穷大, 记所有定义在正半轴上满足该性质的 h 且 $0<h(x)<\dfrac{x}{2}$ 构成的集合为 $\mathcal{H}_F$. 令 σ 代数 $\mathcal{G}\subset\mathcal{F}$, 关于随机变量序列的相依结构, 本节假定如下:

(1) X_i, $i=1,2,\cdots$ 关于 $\mathcal{G}$ 条件独立, 即对于任意有限的指标集 $\{i_1,\cdots,i_r\}$ 以及相应的事件列 $\{B_{i_1}\cdots,B_{i_r}\subset\mathcal{F}\}$, 有

$$P(X_{i_1}\in B_{i_1}\cdots,X_{i_r}\in B_{i_r}\mid\mathcal{G})=P(X_{i_1}\in B_{i_1}\mid\mathcal{G})\cdots P(X_{i_r}\in B_{i_r}\mid\mathcal{G}).$$

(2) 对任意 $i\geqslant 1$, 有 $F_i(x)\sim c_i\overline{F}(x)$, 其中至少有一个 $c_i\neq 0$; 并且对所有 $i\geqslant 1$, 存在 $c>0$ 使得 $F_i(x)\leqslant c_i\overline{F}(x)$ 对于所有 $x>0$ 成立.

(3) 对任意 $i\geqslant 1$, 存在单调不减函数 $r(x)$ 和单调递增事件列 $B_i(x)\in\mathcal{G}$, 当 $x\to\infty$ 时, 有 $B_i(x)\to\Omega$, 使得

$$P(X_i>x|\mathcal{G})\mathbf{1}_{B_i(x)}\leqslant r(x)\overline{F}(x)\mathbf{1}_{B_i(x)} \tag{2.40}$$

几乎处处成立. 并且存在 $h\in\mathcal{H}_F$, 使得当 $x\to\infty$ 时, 关于 i 一致地有

(3.1) $P(\overline{B}_i(h(x)))=o(\overline{F}(x))$;

(3.2) $r(x)(\overline{F}(h(x)))=o(1)$;

(3.3) $r(x)\displaystyle\int_{h(x)}^{x-h(x)}\overline{F}(x-y)F(\mathrm{d}y)=o(\overline{F}(x))$.

本节的主要结果如下.

定理 2.3.1　假设随机变量序列 X_i, $i=1,2,\cdots$, 满足条件 (1)—(3), 那么有

$$P(X_1+\cdots+X_n>x)\sim\sum_{i=1}^{n}P(X_i>x)\sim\left(\sum_{i=1}^{n}c_i\right)\overline{F}_i(x).$$

证明 首先考虑 $n=2$ 的情形, 不失一般性, 假设 $c_1>0$, 设随机变量 Y 服从分布 F, 且与 X_1, X_2 相互独立. 利用不等式

$$\begin{aligned}P(X_1+X_2>x)\leqslant &P(X_1>x-h(x))+P(X_2>x-h(x))\\&+P(h(x)<X_1\leqslant x-h(x),X_2>x-X_1)\end{aligned}$$

和

$$P(X_1+X_2>x)\geqslant P(X_1>x)+P(X_2>x)-P(X_1>x,X_2>x),$$

结合定理假设, 可得

$$\begin{aligned}&P(h(x)<X_1\leqslant x-h(x),X_2>x-X_1)\\&=E(P(h(x)<X_1\leqslant x-h(x),X_2>x-X_1|\mathcal{G}))\\&=E\left(\int_{h(x)}^{x-h(x)}P(X_1\in \mathrm{d}y|\mathcal{G})P(X_2>x-y|\mathcal{G})(\mathbf{1}_{B_2\{x-y\}}+\mathbf{1}_{B_2^c\{x-y\}})\right)\\&\leqslant r(x)E\left(\int_{h(x)}^{x-h(x)}P(X_1\in \mathrm{d}y|\mathcal{G})P(Y>x-y)+E(\mathbf{1}_{B_2^c\{h(x)\}})\right)\\&=r(x)\int_{h(x)}^{x-h(x)}P(X_1\in \mathrm{d}y)\overline{F}(x-y)+o(\overline{F}(x))\\&=o(\overline{F}(x)),\end{aligned}$$

以及

$$\begin{aligned}P(X_1>x,X_2>x)&=E(P(X_1>x,X_2>x|\mathcal{G})(\mathbf{1}_{B_2\{x\}}+\mathbf{1}_{B_2^c\{x\}}))\\&\leqslant E(P(X_1>x|\mathcal{G})P(X_2>x|\mathcal{G})\mathbf{1}_{B_2\{x\}})+E(\mathbf{1}_{B_2^c\{x\}})\\&\leqslant r(x)\overline{F}(x)P(X_1>x)+o(\overline{F}(x))\\&=o(\overline{F}(x)).\end{aligned}$$

因此, $P(X_1+X_2)\sim P(X_1>x)+P(X_2>x)$, 由于 $c_1>0$, 于是有 $P(X_1>x)+P(X_2>x)\sim(c_1+c_2)\overline{F}(x)$. 利用数学归纳法, 可知该命题对任意正整数 n 均成立.

在此指出, 定理条件中引入 $r(x)$ 和 $B_i(x)$ 是为了确保 σ 代数 $\mathcal{G}$ 对相依性的影响不要太强, 这一点在后面的例子中会看得更清楚. 另外, 条件 (3.2) 和条件 (3.3) 的验证并非易事, 接下来的命题给出了使得这些条件成立的一个充分条件.

命题 2.3.1 设 F 是正半轴上的次指数分布, $h(x)$ 满足 (2.39) 式, $r(x)$ 单调不减. $Q(x) := -\log(\overline{F}(x))$ 是 F 的风险函数, 存在 $x_0 < \infty$, 使得 $Q_{(x)}$ 是 $x > x_0$ 时的凹函数. 如果

$$xr(x)\overline{F}(h(x)) \to 0, \quad x \to \infty,$$

那么条件 (3.2) 和 (3.3) 成立.

该命题源自文献 (Foss and Richards, 2010) 的命题 2.3, 证明从略.

运用定理 2.3.1 的关键之处在于选择一个合适的 $h \in \mathcal{H}_F$, 因为函数族 $\mathcal{H}_F$ 如此之大, 对一个特定的 h 找不到满足条件 (3) 的 $r(x)$ 和 $B_i(x)$ 并不意味着对其他的 h 找不到. 但是, 注意到如果 $h_1 \in \mathcal{H}_F$ 满足条件 (3.1)—(3.3), 那么对任意的 $h_2 \in \mathcal{H}_F$, 只要 $h_2(x) > h_1(x)$ 在 $(x_0, +\infty)$ 上成立, 则 h_2 一定满足条件 (3.1)—(3.3). 由于这一性质, Foss 和 Richards(2010) 引入了边界类 (boundary class)$\mathcal{H}$ 的概念, 很大程度上解决了上述问题.

定义 2.3.1 设 F 是长尾分布, 称所有连续非减的函数 $H \in \mathcal{H}$, 如果 $h(x) \in \mathcal{H}_F$ 当且仅当 $h(x) = o(H(x))$.

可以证明, 边界类的所有函数是弱尾等价的, 即如果 $H_1 \in \mathcal{H}$, 那么 $H_2 \in \mathcal{H}$ 当且仅当 $H_2(x) \asymp H_1(X)$. 这意味边界类可以由单个生成元 $H(x)$ 及其所有的倍数得到. 文献 (Foss and Richards, 2010) 的命题 3.2 表明, 条件 (3.1)—(3.3) 对于某个 $h \in \mathcal{H}_F$ 成立, 当且仅当这些条件对于所有 $cH(x)$ 成立, 其中 $c > 0$, $cH(x) < x/2$, $H(x)$ 是 $\mathcal{H}$ 的任一生成元, 这样一来验证的难度就大大降低了.

对于绝大部分长尾分布而言, 边界类总是存在的, 特别地, 如果 F 绝对连续, 其密度 f 连续且严格为正, 风险率函数 $q(x) = f(x)/\overline{F}(x)$, 令 $H(x) = 1/q(x)$, 则 F 的边界类由 $\{cH(x), c \in \mathbb{R}^+, cH(x) < x/2\}$ 生成. 另外, 如果 $\overline{F}(x) = f_1(x)f_2(x)$, 其中 f_1 和 f_2 都是长尾函数, f_i 的边界类 $\mathcal{H}_i$ 由 $H_i(x)$ 生成, $i = 1, 2$, 且 $H_2(x) = c(H_1(x))$, 那么, F 的边界类为 $\mathcal{H}_2$. 如果 $f_1(x)$ 是慢变函数, 那么 F 的边界类仍为 $\mathcal{H}_2$. 但是, 如果 F 本身是慢变函数, 那么 F 没有边界类, 因为所有定义正半轴上的单调不减函数 $h(x)$, 只要当 $0 < h(x) < x/2$ 且 $x \to \infty$ 时有 $h(x) \to \infty$, 都满足 (2.39) 式.

接下来, 我们针对几个例子来验证定理的条件是否满足, 若满足, 则给出相应的 $H(x)$, $r(x)$ 和 $B_i(x)$ 的表达式.

例 2.3.1 设 ξ_i, $i = 1, 2, \cdots, n$ 独立同分布, 其共同分布 $F_\xi \in \mathcal{R}_{-\alpha}$, η 与所有的 ξ_i 相互独立, 其分布 $F_\eta \in \mathcal{R}_{-\beta}$, $\alpha \neq \beta$, 令 $X_i = \xi_i + \eta$, $i = 1, 2, \cdots, n$, 取参照分布为 $\overline{F}(x) = x^{(\alpha\wedge\beta)}$, 易知, 对于所有 $i = 1, 2, \cdots, n$, 都有

$$P(X_i > x) \sim \overline{F}(x).$$

并且 X_i, $i = 1, 2, \cdots, n$ 关于 σ 代数 $\mathcal{G} = \sigma(\eta)$ 条件独立.

对于选定的参照分布, 边界类为 $\mathcal{H}=\{x;0<c<1/2\}$. 如果取 $B_i(x)=\Omega$, $r(x)=\dfrac{1}{\overline{F}(x)}$, 那么, 对于任意 $c>0$,

$$r(x)\overline{F}(H(x))=c^{-(\alpha\wedge\beta)},$$

从而条件 (3.2) 不满足. 接下来, 重新选取 $B_i(x)=\left\{\eta\leqslant\dfrac{x}{2}\right\}$, 由于对任意 $c>0$, 有

$$\frac{P(\overline{B}_i(H(x)))}{\overline{F}(x)}=\frac{P(\eta>cx/2)}{\overline{F}(x)}=(2/c)^{\beta}x^{(\alpha\wedge\beta)-\beta},$$

可知要使 (3.1) 成立当且仅当 $\alpha<\beta$, 此时可取 $r(x)=2^{\beta}$, 不难验证其他条件均成立.

例 2.3.2 设 $\eta\sim U(1,2)$, X_i, $i=1,2,\cdots,n$ 关于 $\mathcal{G}=\sigma(\eta)$ 取条件后, 独立同分布, 且共同分布为

$$\overline{F}_{\xi|\eta}(x)=(1+x)^{-\eta},\quad x>0.$$

例行计算表明

$$P(X_i>x)\sim\frac{1}{x\log(1+x)}=:\overline{F}(x),$$

取 F 为参照分布, 边界类 $\mathcal{H}=\{cx;0<c<1/2\}$.

对于 $x>1$, 有

$$\begin{aligned}\frac{P(X_i>x|\mathcal{G})}{\overline{F}(x)}&\leqslant\frac{P(X_i>x|\eta=1)}{\overline{F}(x)}\\&=\left(1+\frac{1}{x}\right)\log(1+x)\\&\leqslant 2\log(1+x)\end{aligned}$$

几乎必然成立. 于是可取 $r(x)=2\log(1+x)$, $B_i(x)=\Omega$, 例行计算表明此时条件 (3.1)—(3.3) 均成立.

例 2.3.3 设 $\beta\sim U(a,b)$, $0\leqslant a<1$, $a<b$, X_i, $i=1,2,\cdots,n$ 关于参数 β 条件独立, 且共同的分布条件为

$$\overline{F}_{\beta}(x)=\exp(\gamma x^{\beta}),\quad \gamma>0.$$

计算可知 X_i 的无条件分布为

$$\overline{F}_X(x)=\frac{1}{(b-a)\log x}(E_1(\gamma x^a)-E_1(\sigma x^b)),$$

其中 $E_1(x)=\displaystyle\int_x^{\infty}(\mathrm{e}^{-u}/u)\mathrm{d}u$.

下面分布两种情形: (i)$0 < a < 1$ 和 (ii)$a = 0$. 首先讨论情形 (i), 我们有

$$\overline{F}_x(x) \sim \overline{F}(x) = \frac{\exp(-(\gamma x^a))}{(b-a)\gamma x^a \log x},$$

相应的边界类 $\mathcal{H} = \{cx^{1-a}, c > 0\}$. 取 $B_i(x) = \Omega$, $r(x) = \gamma(b-a)x^a \log x$. 注意到 $Q(x) = -\log(\overline{F}(x)) = \log(r(b-a)) + x^a + a\log x + \log\log x$ 是凹函数, 且

$$xr(x)\overline{F}(H(x)) = \frac{x^{1-a^2}\log(x)\exp(-\gamma c^a x^{a(1-a)})}{c^a \log(cx)} \to 0.$$

对所有 $c > 0$, 于是由命题 2.3.1 知, 条件 (3) 满足, 从而一个大跳原理成立.

接下来讨论情形 (ii), 此时 $\beta \sim U(0, b)$, 相应的参照分布为

$$\overline{F}(x) = \frac{E_1(1)}{b\log x} =: \frac{k}{\log x}.$$

显然 $\overline{F} \in \mathcal{R}_0$, 所以此时不存在边界类. 一方面, 对于慢变分布, 满足长尾性质的 $h(x) = O(x)$, 为使条件 (3.2) 成立, 要求选取 $r(x)$ 使得 $\lim_{x\to\infty}(r(x)/\log x) = 0$, 另一方面, 关于 $B(x)$, 可尝试取为 $B(x) = \{\beta \in (a(x), b)\}$, 其中, 当 $x \to +\infty$ 时, $a(x) \to 0$.

为使 (2.40) 式成立, 则要求对所有 $x > 0$ 和 $\beta \in (a(x), b)$, 有

$$\exp(-\gamma x^{a(x)}) < \exp(-\gamma x^{\beta}) \leqslant \frac{k\gamma(x)}{\log x},$$

但由 $a(x) \to 0$ 和 $r(x)/\log x \to 0$ 可知, 上式不可能成立, 因此条件 (3) 不成立.

进一步问, 在这种情形下, 一个大跳原理是否仍然成立? 为明究竟, 我们重新回到 (2.38) 式, 不妨假设 $b = \gamma = 1$. 则有

$$P_1(x) = \int_0^1 \mathrm{d}\beta \int_0^x \beta u^{\beta-1}\exp(-u^{\beta})\mathrm{d}u \int_0^x \beta v^{\beta-1}\exp(-v^{\beta})\mathrm{d}v \mathbf{1}_{\{u+v>x\}}.$$

令 $u = xy$, $v = xz$, 则有

$$\begin{aligned}
P_1(x) &= \int_0^1 \mathrm{d}\beta x^{2\beta} \int_0^1 \int_0^1 \beta^2 y^{\beta-1} z^{\beta-1} \exp(-x^{\beta}(y^{\beta} + z^{\beta}))\mathbf{1}_{\{y+z>1\}}\mathrm{d}y\mathrm{d}z \\
&\leqslant \int_0^1 \mathrm{d}\beta x^{2\beta}\exp(-x^{\beta}) \int_0^1 \int_0^1 \beta^2 y^{\beta-1} z^{\beta-1}\mathbf{1}_{\{y+z>1\}}\mathrm{d}y\mathrm{d}z \\
&= \int_0^1 \mathrm{d}\beta x^{2\beta}\exp(-x^{\beta})J(\beta),
\end{aligned}$$

其中, $J(\beta)=P(Y_1^{1/\beta}+Y_2^{1/\beta}>1)$, $Y_1,Y_2\overset{\text{i.i.d.}}{\sim}U(0,1)$. 当 $\beta\to 0$ 时, $J(\beta)\to 0$. 对任意 $\delta>0$, 存在 $\varepsilon>0$, 使得对任意 $t\leqslant\varepsilon$, 都有 $J(t)\leqslant\delta$. 因此

$$\begin{aligned}P_1(x)&\leqslant\left(\int_0^{\varepsilon}+\int_{\varepsilon}^{1}\right)\mathrm{d}\beta x^{2\beta}\exp(-x^{\beta})J(\beta)\\&\leqslant\int_0^{\varepsilon}\mathrm{d}\beta x^{2\beta}\exp(-x^{\beta})\delta+o(\exp(-x^{\varepsilon/2})).\end{aligned}$$

而且

$$\begin{aligned}\int_0^{\varepsilon}\mathrm{d}\beta x^{2\beta}\exp(-x^{\beta})&\leqslant\int_0^{1}\mathrm{d}\beta x^{2\beta}\exp(-x^{\beta})\\&=\frac{1}{\log x}\int_1^{\infty}t\exp(-t)\mathrm{d}t\\&=\frac{1}{2\log x},\end{aligned}$$

因此

$$P_1(x)=o(\overline{F}(x)),$$

于是大跳原理成立. 但是

$$P_2(x)=\frac{1}{\log x}\int_2^{2x}\frac{\mathrm{e}^{-u}}{u}\mathrm{d}u,$$

从而

$$P(X_1>x,X_2>2)\sim\frac{E_1(1)}{E_1(2)}P(X_1>x),$$

因此一个大跳原理不成立.

例 2.3.4 令 $X_i=\xi_i\eta_1\eta_2\cdots\eta_i$, $i=1,2,\cdots,n$, 其中 $\{\xi_i\}$ 和 $\{\eta_i\}$ 均为独立同分布的随机变量序列, 并且两序列相互独立, 于是 $\{X_i\}$ 关于由 $\{\eta_1,\cdots,\eta_n\}$ 生成的 σ 代数条件独立. 假设 $\{\xi_i\}$ 的共同分布 $F\in\mathcal{L}$, 并取为参照分布, $\{\eta_i\}$ 的共同分布 $F_{\eta_1}\in\mathcal{R}_{-\infty}$.

由 Tang 和 Tsitsiashvili (2003) 可知, $\eta:=\eta_1\eta_2\cdots\eta_i\in\mathcal{R}_{-\infty}$, 且 $X_i=\xi_i\eta$ 的分布 $\overline{F}_{X_i}(x)\asymp\overline{F}(x)$, 此时定理条件 (2) 的渐近等价条件要替换为弱等价条件.

对于上述假设, 边界类 $\mathcal{H}=\{cx,0<c<1/2\}$. 为使 (2.40) 式成立, 需要限制 η 尾分布的快慢, 选取 $\varepsilon>0$, 使得 $\overline{F}_{\eta}(x^{1-\varepsilon})=O(\overline{F}(x))$. 对于上述 ε, 选取 $B(x)=\{\eta\leqslant x^{1-\varepsilon}\}$. 于是

$$P(\overline{B}(H(x)))=\overline{F}_{\eta}((cx)^{1-\varepsilon})=o(\overline{F}_{\eta}((x)^{1-\varepsilon}))=o(\overline{F}(x)),$$

从而条件 (3.1) 成立.

而为使 (2.40) 式成立, 意味着有

$$\frac{P(\xi_i > x/\eta|\eta \leqslant x^{1-\varepsilon})}{\overline{F}(x)} \leqslant \frac{P(\xi_i > x^\varepsilon)}{\overline{F}(x)} = \frac{\overline{F}(x^\varepsilon)}{\overline{F}(x)} \leqslant r(x),$$

于是可取 $r(x) = \overline{F}(x^\varepsilon)/\overline{F}(x)$. 对于 $H(x) = cx \in \mathcal{H}$, 不难验证

$$r(x)\overline{F}(H(x)) = \frac{\overline{F}(x^\varepsilon)}{\overline{F}(x)}\overline{F}(cx) = o(1),$$

以及

$$r(x)\int_{cx}^{(1-c)x} \frac{\overline{F}(x-y)}{\overline{F}(x)}F(\mathrm{d}y) \leqslant \frac{\overline{F}(x^\varepsilon)\overline{F}(cx)}{\overline{F}^2(x)}\overline{F}(cx) = o(1)$$

均成立, 从而一个大跳原理成立.

例 2.3.5 设 $X_i = Y_i, i = 1, 2, \cdots, n$, 具有相同的边缘分布 $F \sim \mathrm{LN}(\mu, \sigma^2)$. 相依结构由 $(Y_1, \cdots, Y_m) \sim \mathrm{MVN}((\mu, \cdots, \mu), \Sigma)$ 所设定, 其中 Σ 为满秩矩阵. 根据因子分析的思想, 将 Y_i 表示成 $t_{i1}Z_1 + \cdots + t_{ik}Z_k + W_i$ 的形式, 这里 $Z_1, \cdots, Z_k \overset{\text{i.i.d.}}{\sim} N(0,1)$, $W_1, \cdots, W_m$ 相互独立, 且 $W_i \sim N(\mu_i, \sigma_i^2)$, $\sigma_i > 0$, $i = 1, \cdots, m$. 记 $S_i^2 = t_{i1}^2 + \cdots + t_{ik}^2$, $\psi_i = e^{t_{i1}Z_1+\cdots+t_{ik}Z_k} \sim \mathrm{LN}(0, S_i^2)$, $\xi_i = e^{W_i} \sim \mathrm{LN}(\mu, \sigma_i^2)$, 于是 $X_i = \psi_i\xi_i$, $\sigma^2 = S_i^2 + \sigma_i^2$.

取 $\mathcal{G} = \sigma(Z_1, \cdots, Z_k)$, 则 $\{X_i\}$ 关于 $\mathcal{G}$ 条件独立. 取共同的边缘分布 F 为参照分布, 则 $H(x) = x/\log x$, 再选取 $B_i(x) = \{\psi_i \leqslant x^\delta\}$, 限定 $\max\limits_i(S_i^2/\sigma^2) < \delta < 1$ 能确保 $P(\overline{B}_i(cH(x))) = o(\overline{F}(x))$ 对于所有 $c > 0$ 成立.

对于给定的 $B_i(x)$, 当 x 充分大时有

$$P(X_i > x|B_i(x)) \leqslant P(\xi_i > x^{1-\delta}) \leqslant \overline{F}(x^{1-\delta}),$$

于是可取 $r(x) = \dfrac{\overline{F}(x^{1-\delta})}{\overline{F}(x)}$.

由于对数正态分布的风险函数最终为凹函数, 于是对所有 $c > 0$,

$$xr(x)\overline{F}(cH(x)) = x\frac{\overline{F}(x^{1-\delta})}{\overline{F}(x)}\overline{F}\left(\frac{cx}{\log x}\right) \to 0.$$

根据命题 2.3.1 可得, 条件 (3.2) 和 (3.3) 成立, 因此

$$P(X_1 + \cdots + X_m > x) \sim mP(X_1 > x).$$

为将该结果推广到实值次指数分布情形, 需要进一步增加条件. 记之为条件 (4): 对所有 $i, j \geqslant 1$, 有

$$P(X_i > x + h(x), X_j < -h(x)) = o(\overline{F}(x)).$$

定理 2.3.2 假设 $X_i, i=1,2,\cdots$ 为实值随机变量, 如果对于非负次指数分布 F 以及 $h\in\mathcal{H}_F$, 条件 (1)—(4) 均成立, 则

$$P(X_1+\cdots+X_n>x)\sim\sum_{i=1}^{n}P(X_i>x).$$

证明 关于 $P(X_1+X_2)>x$ 的上界估计与定理 2.3.1 相同, 关于下界, 我们有

$$\begin{aligned}P(X_1+X_2>x)\geqslant&P(X_1>x+h(x),X_2>-h(x))\\&+P(X_2>x+h(x),X_1>-h(x))\\&-P(X_1>x+h(x),X_2>x+h(x))\\=&P(X_1>x)+P(X_2>x)+o(\overline{F}(x)),\end{aligned}$$

其中用到 X_1 和 X_2 的长尾性质, 条件 (4) 以及 $P(X_1>x+h(x),X_2>x+h(x))=o(\overline{F}(x))$. 因此 $P(X_1+X_2>x)\sim P(X_1>x)+P(X_2>x)$. 利用数学归纳法可将它推广至任意正整数情形, 这里从略.

从证明可以看出, 引入条件 (4) 是为了处理下界, 下边的例子表明, 条件 (4) 是非空且必要的, 即若条件 (4) 不成立, 则一个大跳原理不成立.

例 2.3.6 考虑独立同分布的随机变量序列 $\{Z_i\}$, 共同分布 $\overline{F}_Z(x)=1/x^{\alpha}$, $x\geqslant 1$. $\{Y_i\}$ 是与 $\{Z_i\}$ 独立的另一个独立同分布的随机变量序列, 且 $\overline{F}_Y(x)=1/x^{\beta}$, $x\geqslant 1$, 其中 $\alpha>\beta>1$. 令 $X_i=Z_i-Y_iZ_{i-1}=:Z_i-W_i$, $i\geqslant 1$.

首先验证 $\{X_i\}$ 满足条件 (1)—(3), 取参照分布 $\overline{F}(x)=1/x^{\alpha}$, 对应的边界类 $\mathcal{H}=\{cx;0<c<1/2\}$. 选取 $\mathcal{G}=\sigma(\{W_i\})$, 于是 $\{X_i\}$ 关于 $\mathcal{G}$ 条件独立. 取 $B(x)=\Omega$, 则条件 (3.1) 自动成立. 由于

$$P(X_i>x|Y_{i+1}Z_i=\omega)\leqslant P(Z_i>x|Y_{i+1}Z_i=\omega)=P(Z>x|YZ=\omega),$$

且

$$\frac{P(Z>x|Y=\omega)}{\overline{F}(x)}=x^{\alpha}\left(\frac{x^{-\alpha+\beta}-\omega^{-\alpha+\beta}}{1-\omega^{-\alpha+\beta}}\right)\mathbf{1}_{(1,\omega]}(x)\leqslant x^{\beta},$$

于是可取 $r(x)=x^{\beta}$, 易见对于所有 $0<c<\dfrac{1}{2}$, 有 $r(x)\overline{F}(x)=o(1)$. 另外, $\displaystyle\int_{cx}^{(1-c)x}(\overline{F}(x-y)F(\mathrm{d}y)/\overline{F}(x))=O(x^{-\alpha})$, 因此条件 (3.3) 也成立.

接下来考虑条件 (4). 对于所有 $i\geqslant 1$, 以及所有 $h\in\mathcal{H}_F$, 有

$$\begin{aligned}P(X_i>x+h(x),X_{i+1}<-h(x))=&E(P(Z_1-W>x+h(x),Z_2-Y_2Z_1<h(x)|W))\\\geqslant&E(P(Z_1>x+h(x)+W,Z_2<Z_1-h(x)|W))\end{aligned}$$

$$\geqslant E(P(Z_1 > x + h(x) + W, Z_2 < x + W|W))$$
$$= E(P(Z_1 > x + h(x) + W)P(Z_2 < x + W|W)).$$

由 Fatou 引理得

$$\begin{aligned}
&\liminf_{x\to\infty} \frac{P(X_i > x + h(x), X_{i+1} < -h(x))}{\overline{F}(x)} \\
\geqslant &\liminf_{x\to\infty} E\left(\frac{P(Z_1 > x + h(x) + W|W)}{P(Z_1 > x)} P(Z_2 < x + W|W)\right) \\
\geqslant &E\left(\liminf_{x\to\infty}\left(\frac{P(Z_1 > x + h(x) + W|W)}{P(Z_1 > x)} P(Z_2 < x + W|W)\right)\right) \\
= &1.
\end{aligned}$$

因此条件 (4) 不成立.

最后, 我们说明在该例中一个大跳原理并不成立. 事实上

$$\begin{aligned}
P(X_1 + \cdots + X_n > x) &= P(Z_n + (1 - Y_n)Z_{n-1} + \cdots + (1 - Y_2)Z_1 - Y_1 Z_0 > x) \\
&\leqslant P(Z > x).
\end{aligned}$$

2.4　具有 FGM 相依结构的局部 max-sum 等价

相对于整体的情形, 关于 max-sum 局部等价的研究结果很少. 特别是需要寻求使得如下渐近等价式

$$G_n(x + \Delta_d) \sim H_n(x + \Delta_d) \tag{2.41}$$

成立的若干条件, 其中 $G_n(x + \Delta_d) := P(S_n \in x + \Delta_d)$, $H_n(x + \Delta_d) := P(X_{(n)} \in x + \Delta_d)$, $0 < T \leqslant \infty$. 当 $d < \infty$ 或 $d = \infty$ 时, (2.41) 分别被称为 max-sum 局部或整体等价式. 据我们所知, 文献 (Asmussen et al., 2003) 中的命题 3 假定独立随机变量满足条件: 对某个 $0 < d \leqslant \infty$, 存在 $F \in \mathcal{S}_{\Delta_d}$ 和非负常数 c_i, $1 \leqslant i \leqslant n$, 使得对任意的 $1 \leqslant i \leqslant n$, 有

$$\lim_{x\to\infty} \frac{F_i(x + \Delta_d)}{F(x + \Delta_d)} = c_i,$$

则

$$\lim_{x\to\infty} \frac{F_1 * F_2 * \cdots * F_n(x + \Delta_d)}{F(x + \Delta_d)} = c_1 + c_2 + \cdots + c_n.$$

受 Geluk 和 De Vries (2006) 研究 max-sum 整体等价时提出假设的启发, 文献 (刘希军和王岳宝, 2009) 的定理 1.1 则在更为宽松的条件下得到了非负随机变量序列的 max-sum 局部等价式, 其条件为

$$\text{对任意的 } 1 \leqslant i, j \leqslant n, \text{存在某个 } 0 < d \leqslant \infty, \ F_i * F_j \in \mathcal{S}_{\Delta_d}. \tag{2.42}$$

且此时有 $F_1 * F_2 * \cdots * F_n \in \mathcal{S}_{\Delta_d}$. 一般而言, 该定理的逆命题未必成立, 即 max-sum 局部等价式成立, 此时未必有 (2.42) 成立. 文献 (刘希军和王岳宝, 2009) 的定理 1.2 进一步证明了如果对 $1 \leqslant i, j \leqslant n$, 有 $F_i(x+\Delta_d) \asymp F_j(x+\Delta_d)$, 则 (2.42) 是 (2.41) 成立的必要条件. 但是到目前为止, 我们没有发现关于相依随机变量的局部 max-sum 等价的结果. 这种不相称的状况引起了我们的关注, 本节内容源自文献 (江涛和徐晖, 2016), 主要研究非负随机变量服从 Farlie-Gumbel-Morgenstern (FGM) 联合分布的情形. 希望以此为起点, 得到更多在不同相依结构下的 max-sum 局部等价式. 此外, 希望减弱使得 max-sum 局部等价公式成立的条件 (2.42). 事实上, 容易看出 Liu 和 Wang (2009) 的研究结果仅通过使用下文较弱的条件 (2.47) 即可得到.

2.4.1 主要结论

Johnson 和 Kott (1975) 引入了多元 FGM 分布族的概念: 称非负随机变量 X_i, $1 \leqslant i \leqslant n$ 服从如下 FGM 联合分布. 若对任意的 $x_i \in [0, \infty)$, $1 \leqslant i \leqslant n$, 有

$$P\left(\bigcap_{i=1}^{n} \{X_i \leqslant x_i\}\right) = \prod_{i=1}^{n} F_i(x_i) \left(1 + \sum_{1 \leqslant k < j \leqslant n} a_{kj} \overline{F}_k(x_k) \overline{F}_j(x_j)\right), \tag{2.43}$$

其中, 常数 $a_{kj} \in [-1, 1]$, $1 \leqslant k < j \leqslant n$ 称为相依系数. 特别地, 如果 $a_{kj} = 0$, $1 \leqslant k < j \leqslant n$, 则随机变量 X_i, $1 \leqslant i \leqslant n$ 相互独立. 由下面的引理 2.4.1 的 (2.52), 可知对任意的 $x_i \in (-\infty, \infty)$, $1 \leqslant i \leqslant n$, 有

$$P\left(\bigcap_{i=1}^{n} \{X_i > x_i\}\right) = \prod_{i=1}^{n} \overline{F}_i(x_i) \left(1 + \sum_{1 \leqslant k < j \leqslant n} a_{kj} F_k(x_k) F_j(x_j)\right). \tag{2.44}$$

由 (2.43) 或 (2.44), 显然可得相依系数 a_{kj}, $1 \leqslant k < j \leqslant n$ 应当满足如下条件

$$1 - \sum_{1 \leqslant k < j \leqslant n} |a_{kj}| \geqslant 0. \tag{2.45}$$

FGM 联合分布刻画了随机变量之间一种重要的相依情形. 关于该分布的详细介绍和相关应用, 请参见文献 (Nelsen, 2006; Geluk and Tang, 2009; Chen et al., 2010; Wang et al., 2013; Yang and Li, 2014; Jiang et al., 2014) 等.

在不至于混淆的情况下, 我们用 $x + \Delta$ 代替 $x + \Delta_d$. 下面给出本节的主要结果.

定理 2.4.1　设非负随机变量序列 $\{X_i|1 \leqslant i \leqslant n\}$, 服从形如 (2.43) 的 FGM 联合分布.

(1) 若存在 $d \in (0, \infty]$, $x_0 > 0$, 使得对任意的 $x > x_0$, $1 \leqslant i \leqslant n$, 有 $F_i(x+\Delta) > 0$, 则

$$H_n(x+\Delta) \sim \sum_{i=1}^{n} F_i(x+\Delta). \tag{2.46}$$

(2) 若存在 $d \in (0, \infty]$, 使得

$$F_i \in \mathcal{L}_\Delta,\ 1 \leqslant i \leqslant n,\ \text{及}\ F_i * F_j \in \mathcal{S}_\Delta,\ 1 \leqslant i < j \leqslant n, \tag{2.47}$$

则

$$G_n(x+\Delta) \sim \sum_{i=1}^{n} F_i(x+\Delta). \tag{2.48}$$

因此 (2.41) 成立.

(3) 在情形 (2) 下, 若条件 (2.47) 被条件 (2.42) 替代, 则 $G_n \in \mathcal{S}_\Delta$.

2.4.2　关于假设条件的几点说明

本节从以下三个方面说明出条件 (2.47) 的合理性: 第一, 注意到 (2.47) 的条件略弱于 (2.42); 第二 (2.47) 不可由

$$F_i \in \mathcal{S}_\Delta, \quad 1 \leqslant i \leqslant n \tag{2.49}$$

得出; 第三, 对结论 (2.48) 而言, 条件 (2.47) 某种程度上是本质的. 因而, 由条件 (2.49) 一般无法得出 (2.48).

说明 2.4.1　条件 (2.47) 和条件 (2.42) 的关系: 当 $d = \infty$ 时, 相关说明请见文献 (Jiang et al., 2014) 中的注 1.1. 因此, 以下仅考虑 $0 < d < \infty$ 的情形.

Wang 等 (2018) 发现了一些新的重尾分布, 其中一个如下所述. 对任意的正整数 $m \geqslant 2$, 取常数 $\alpha \in (m^{-1}, 1+m^{-1})$ 和 $x_1 > 2^{(1-(m\alpha)^{(-1)})^{-1}}$. 对任一整数 $n \geqslant 1$, 定义 $x_{n+1} = x_n^{2-(m\alpha)^{-1}}$. 显然当 $n \to \infty$ 时, 有 $x_{n+1} > 2x_n$, $n \geqslant 1$, $x_n \to \infty$. 定义尾分布

$$\begin{aligned}\overline{G}(x) = &\sum_{n=1}^{\infty}(x^{-\alpha} + (x_n^{-2\alpha-1+m^{-1}} - x_n^{\alpha-1})(x - x_n))\mathbf{1}_{\{x_n < x \leqslant 2x_n\}} \\ &+ x_n^{-2\alpha+m^{-1}}\mathbf{1}_{\{2x_n < x \leqslant x_n+1\}} + (x_1^{-1}(x_1^{-\alpha} - 1)x + 1)\mathbf{1}_{\{0 < x \leqslant x_1\}} + \mathbf{1}_{\{x \leqslant 0\}}.\end{aligned}$$

进而定义

$$\overline{G}_m(x) = \overline{G}^m(x), \quad x \in (-\infty, \infty).$$

显然, G_m 具有有限的正均值 μ_1, 且

$$\overline{G}_m(x) \leqslant 2^{m\alpha}x^{-m\alpha}, \quad x \geqslant x_1.$$

相应地, G_m 的积分尾分布定义为

$$\overline{F}_1(x) = \mu_1^{-1}\int_x^\infty \overline{G}_m(y)\mathrm{d}y.$$

此外, 定义

$$\overline{H}_m(x) = x^{-m\alpha}\mathbf{1}_{\{x>x_1\}} + (x_1^{-1}(x_1^{-\alpha}-1)x+1)\mathbf{1}_{\{0<x\leqslant x_1\}} + \mathbf{1}_{\{x\leqslant 0\}}.$$

由于 H_m 具有有限的正均值 μ_2, 定义其积分尾分布为

$$\overline{F}_2(x) = \mu_2^{-1}\int_x^\infty \overline{H}_m(y)\mathrm{d}y.$$

可以证明, 对任意的 $0<d<\infty$, 均有 $F_2 \in \mathcal{S}_\Delta$, 且

$$F_1(x+\Delta) = O(F_2(x+\Delta)).$$

进一步地, 文献 (Wang et al., 2018) 的例 2.3 构造了两个重尾分布 F_1 和 F_2, 使得对任意的 $0<d<\infty$, 均有 $F_1 \in \mathcal{L}_\Delta \setminus \mathcal{S}_\Delta$, $F_2 \in \mathcal{S}_\Delta$ 且 $F_1(x+\Delta) = O(F_2(x+\Delta))$, 但是 $F_1(x+\Delta) = o(F_2(x+\Delta))$ 不成立. 下证 $F_1 * F_2 \in \mathcal{S}_\Delta$. 由文献 (Asmussen et al., 2003) 中的命题 1 知

$$F_2(x+\Delta) = O(F_1 * F_2(x+\Delta)). \tag{2.50}$$

另一方面, 由于对任意的 $0<d<\infty$, 均有 $F_1 \in \mathcal{L}_\Delta$, $F_2 \in \mathcal{S}_\Delta$, 于是对任意的 $h \in \mathcal{H}_\Delta(F_1)\bigcap\mathcal{H}_\Delta(F_2)$, 有

$$\begin{aligned}\int_{h(x)}^{x-h(x)} \overline{F}_1(x-y+\Delta)F_2(\mathrm{d}y) &= O\left(\int_{h(x)}^{x-h(x)} F_2(x-y+\Delta)F_2(\mathrm{d}y)\right)\\ &= o(F_2(x+\Delta)).\end{aligned}$$

因此, 由引理 2.4.2 可得

$$F_1 * F_2(x+\Delta) \sim F_1(x+\Delta) + F_2(x+\Delta) = O(F_2(x+\Delta)). \tag{2.51}$$

由 (2.50), (2.51) 和文献 (Asmussen et al., 2003) 中的引理 1 知 $F_1 * F_2 \in \mathcal{S}_\Delta$. 最后, 设 X_i, $i=1,2$ 服从形如 (2.43) 的 FGM 联合分布, 边缘分布分别为 F_1 和 F_2. 由定理 2.4.1 可得

$$P(S_2 \in x+\Delta) \sim P(X_{(2)} \in x+\Delta) \sim F_1(x+\Delta) + F_2(x+\Delta),$$

然而 $F_1 \notin \mathcal{S}_\Delta$.

如果使用条件 (2.42), 则它要求 $F_1^{*2} \in \mathcal{S}_\Delta$, 则由文献 (Wang et al., 2005) 的推论 2.1 知 $F_1 \in \mathcal{S}_\Delta$. 这说明了条件 (2.42) 强于条件 (2.47).

说明 2.4.2　条件 (2.47) 和条件 (2.49) 的关系：由 (2.49) 易得 (2.47), 为说明条件 (2.47) 严格弱于条件 (2.49), 首先给出一些概念. 对某个 $\gamma \geqslant 0$, 称 D 上的分布 F 属于指数分布族, 记作 $F \in \mathcal{L}(\gamma)$, 如果对任意的 $x \in (-\infty, \infty)$, $\overline{F}(x) > 0$, 以及对任意的 $t \in (-\infty, \infty)$,

$$\overline{F}(x+t) \sim \mathrm{e}^{-\gamma t}\overline{F}(x).$$

称 D 上的分布 F 属于卷积等价分布族, 记作 $F \in \mathcal{S}(\gamma)$, 如果 $F \in \mathcal{L}(\gamma)$,

$$M_F(\gamma) \equiv \int_{-\infty}^{\infty} \mathrm{e}^{\gamma y}\mathrm{d}F(y) < \infty,$$

且

$$\overline{F^{2*}}(x) \sim 2M_F(\gamma)\overline{F}(x).$$

进而, 对 D 上的分布 F, 若对某个 $\gamma > 0$ 有 $M_F(\gamma) < \infty$, 则定义 F 的 γ-变换, 或 Esscher 变换

$$F_\gamma(x) = (M_F(\gamma))^{-1}\int_{-\infty}^{x} \mathrm{e}^{\gamma y}F(\mathrm{d}y), \quad x \in (-\infty, \infty).$$

文献 (Klüppelberg and Villasenor, 1991) 的定理 2 指出, $\mathcal{S}(\gamma)$ 族关于卷积运算不封闭, 即存在 $D = [0, \infty)$ 上的两个分布 $G_i \in \mathcal{S}(\gamma)$, $i = 1, 2$, 使得 $G := G_1 * G_2 \notin \mathcal{S}(\gamma)$. 而 $\mathcal{L}(\gamma)$ 族关于卷积运算封闭, 参见文献 (Embrechts and Goldie, 1980) 的定理 3(b). 因此, 分布 $G \in \mathcal{L}(\gamma)\backslash\mathcal{S}(\gamma)$ 且 $M_G(\gamma) = M_{G_1}(\gamma)M_{G_1}(\gamma) < \infty$.

最后, 文献 (Chen et al., 2013) 中的命题 2.1 证明了对任意的 $0 < d < \infty$, 有 $G_\gamma := G_{1\gamma} * G_{2\gamma} \notin \mathcal{S}_\Delta$. 记 $F_i = G_{i\gamma}$, $i = 1, 2$, 根据文献 (Wang Y and Wang K, 2011) 的命题 2.1, 可知对任意的 $0 < d < \infty$, 有 $F_i \in \mathcal{S}_\Delta$, $i = 1, 2$. 即对于 $n = 2$ 的情形, 条件 (2.49) 满足但对任意的 $0 < d < \infty$, 有 $F_1 * F_2 \notin \mathcal{S}_\Delta$, 亦即, 条件 (2.47) 不满足. 这说明了条件 (2.49) 强于条件 (2.47).

说明 2.4.3　条件 (2.47) 和结论 (2.48) 的关系：在上文中, 由于对任意的 $0 < d < \infty$ 有 $F_i \in \mathcal{S}_\Delta$, $i = 1, 2$, 以及对任意的 $0 < d < \infty$ 有 $F_1 * F_2 \notin \mathcal{S}_\Delta$, 可得 (2.48) 不成立. 否则, 假设 (2.48) 成立, 则根据引理 2.4.3, 可知对任意的 $0 < d < \infty$ 有 $F_1 * F_2 \in \mathcal{S}_\Delta$, 这与上边的结论矛盾. 因此对于结论 (2.48) 而言, 条件 (2.47) 在某种意义下是必要的.

2.4.3 引理及其证明

本小节将介绍一些引理, 对于任意给定的 $d_i \in (0,\infty]$, 若 $0 < d_i < \infty$, 记 $\Delta_i = (0, d_i]$; 若 $d_i = \infty$, 记 $\Delta_i = (0,\infty)$, $1 \leqslant i \leqslant n$.

引理 2.4.1 如果非负随机变量序列 $\{X_i, 1 \leqslant i \leqslant n\}$ 服从形如 (2.43) FGM 联合分布, 则

$$\begin{aligned}&P\left(\bigcap_{i=1}^{n}\{X_i \in x_i + \Delta_i\}\right)\\&=\prod_{i=1}^{n} F_i(x_i+\Delta_i)\\&\quad\cdot\left(1+\sum_{1\leqslant k<j\leqslant n} a_{kj}(1-\overline{F_k}(x_k+d_k)-\overline{F_k}(x_k))(1-\overline{F_j}(x_j+d_j)-\overline{F_j}(x_j))\right).\end{aligned}\tag{2.52}$$

对任意 $x_i \in [0,\infty)$, $1 \leqslant i \leqslant n$, $\{i : 1 \leqslant i \leqslant n\}$ 的任意两个非空不交子集 A 和 B 以及任意的 $u_i \in [0,\infty)$, $1 \leqslant i \leqslant n$, 有

$$\begin{aligned}&P\left(\bigcap_{i\in A}\{X_i \in x_i + \Delta_i\}\middle| X_j = u_j,\ j\in B\right)\\&=\prod_{i\in A} F_i(x_i+\Delta_i)\\&\quad\cdot\left(1+\frac{\sum\limits_{k,l\in A,\ k<l} a_{kl}(1-\overline{F}_k(x_k+d_k)-\overline{F}_k(x_k))(1-\overline{F}_l(x_l+d_l)-\overline{F}_l(x_l))}{1+\sum\limits_{j,s\in B,\ j<s} a_{js}(1-2\overline{F}_j(u_j))(1-2\overline{F}_s(u_s))}\right.\\&\quad\left.+\frac{\sum\limits_{k\in A,\ t\in B} a_{kt}(1-\overline{F}_k(x_k+d_k)-\overline{F}_k(x_k))(1-2\overline{F}_t(x_t))}{1+\sum\limits_{j,s\in B,\ j<s} a_{js}(1-2\overline{F}_j(u_j))(1-2\overline{F}_s(u_s))}\right).\end{aligned}\tag{2.53}$$

特别地, 当 $n = 2$ 时, (2.53) 即为

$$\begin{aligned}&P(X_1 \in x_1 + \Delta_1 | X_2 = u_2)\\&=F_1(x_1+\Delta_1)(1+a_12(1-\overline{F}_1(x_1+d_1)-\overline{F}(x_1))(1-2\overline{F}_2(u_2))),\end{aligned}$$

当 $n = 3$ 时, 分别有

$$
\begin{aligned}
&P\left(\bigcap_{i=1}^{2}\{X_i \in x_i+\Delta_i\}|X_3=u_3\right)\\
=&\prod_{i=1}^{2}F_i(x_i+\Delta_i)\\
&\cdot\Big(1+a_{12}(1-\overline{F}_1(x_1+d_1)-\overline{F}_1(x_1))(1-\overline{F}_2(x_2+d_2)-\overline{F}_2(x_2)\Big)\\
&+a_13(1-\overline{F}_1(x_1+d_1)-\overline{F}_1(x_1))(1-2\overline{F}_3(u_3))\\
&+a_23(1-\overline{F}_2(x_2+d_2)-\overline{F}_2(x_2))(1-2\overline{F}_3(u_3))
\end{aligned}
$$

和

$$
\begin{aligned}
&P(X_1 \in x_1+\Delta_1|X_2=u_2,X_3=u_3)\\
=&F_1(x_1+\Delta_1)\\
&\cdot\left(1+\frac{(1-\overline{F}_1(x_1+d_1)-\overline{F}_1(x_1))(a_{12}(1-2\overline{F}_2(u_2))+a_{13}(1-2\overline{F}_3(u_3)))}{1+a_{23}(1-2\overline{F}_2(u_2))(1-2\overline{F}_3(u_3))}\right).
\end{aligned}
$$

证明 首先证明 (2.52). 为此, 对 (2.43) 两侧进行 n 次差分, 并使用如下两个等式: 对任意的 $1 \leqslant i \leqslant n$,

$$
F_i(x_i+d_i)\overline{F}_i(x_i+d_i)-F_i(x_i)\overline{F}_i(x_i)=-F_i(x_i+\Delta_i)\big(1-\overline{F}_i(x_i+d_i)-\overline{F}_i(x_i)\big)
$$

和

$$
\begin{aligned}
&P\left(\bigcap_{i=1}^{n}\{X_i \leqslant x_i\}\right)\\
=&\prod_{i=1}^{n}F_i(x_i)+\sum_{1\leqslant k<j\leqslant n}\left(\prod_{1\leqslant l\neq k,\ j\leqslant n}F_l(x_l)\right)a_{kj}F_k(x_k)\overline{F}_k(x_k)F_j(x_j)\overline{F}_j(x_j),
\end{aligned}
$$

即可得 (2.52) 成立.

现在证明 (2.53). 为方便起见, 不失一般性, 设 $\max\{i: i \in A\} < \min\{j: j \in B\}$. 由 (2.52) 可得

$$
\begin{aligned}
&P\left(\bigcap_{i\in A}\{X_i \in x_i+\Delta_i\}\right)\\
=&\prod_{k\in A}F_k(x_i+\Delta_i)\\
&\cdot\left(1+\sum_{k,l\in A,\ k<l}a_{kl}(1-\overline{F_k}(x_k+d_k)-\overline{F}_k(x_k))(1-\overline{F_l}(x_l+d_l)-\overline{F_l}(x_l))\right)
\end{aligned}
\tag{2.54}
$$

和

$$
\begin{aligned}
&P\left(\bigcap_{i\in A}\{X_i\in x_i+\Delta_i\},\ \bigcap_{j\in B}\{X_j\in x_j+\Delta_j\}\right)\\
&=\prod_{i\in A\cup B}F_i(x_i+\Delta_i)\\
&\quad\cdot\left(1+\sum_{k,l\in A,\ k<l}a_{kl}(1-\overline{F_k}(x_k+d_k)-\overline{F}_k(x_k))(1-\overline{F_l}(x_l+d_l)-\overline{F_l}(x_l))\right.\\
&\quad+\sum_{j,s\in B,\ j<s}a_{js}(1-\overline{F_j}(x_j+d_j)-\overline{F}_j(x_j))(1-\overline{F_s}(x_s+d_s)-\overline{F_s}(x_s)\\
&\quad\left.+\sum_{k\in A,\ s\in B}a_{ks}(1-\overline{F_k}(x_k+d_k)-\overline{F}_k(x_k))(1-\overline{F_s}(x_s+d_s)-\overline{F_s}(x_s))\right).
\end{aligned}\tag{2.55}
$$

而

$$
\begin{aligned}
&P\left(\bigcap_{i\in A}\{X_i\in x_i+\Delta_i\}\,|X_j=u_j,j\in B\right)\\
&=\lim_{d_j\downarrow 0,\ j\in B}\frac{P\left(\bigcap_{i\in A}\{X_i\in x_i+\Delta_i\},\ \bigcap_{j\in B}\{X_j\in x_j+\Delta_j\}\right)}{P\left(\bigcap_{j\in B}\{X_j\in x_j+\Delta_j\}\right)}.
\end{aligned}\tag{2.56}
$$

由 (2.54)—(2.56), 可得 (2.53).

在给出引理 2.4.2 之前, 先回顾一些已知事实. 若 $F\in\mathcal{L}_\Delta$, 则

$$
\begin{aligned}
&\mathcal{H}_\Delta(F)=\{h:h(x)\uparrow\infty,h(x)=o(x),\\
&F(x+t+\Delta)\sim F(x+\Delta)\ \text{对所有的}|t|\leqslant h(x)\text{一致成立}\}\neq\varnothing.
\end{aligned}
$$

进而, 如果 $h_1\in\mathcal{H}_\Delta(F)$, $h_2(x)\leqslant h_1(x)$, $x\in[0,\infty)$ 且 $h_2(x)\uparrow\infty$, 则 $h_2\in\mathcal{H}_\Delta(F)$. 因此, 如果 $F_i\in\mathcal{L}_\Delta$, $i=1,2$, 则 $\mathcal{H}_\Delta(F_1)\cap\mathcal{H}_\Delta(F_2)\neq\varnothing$.

引理 2.4.2 对任意的 $0<d\leqslant\infty$, 如果支撑为 $[0,\infty)$ 上的分布 $F_i\in\mathcal{L}_\Delta$, $i=1,2$, 则对任意的 $h\in\mathcal{H}_\Delta(F_1)\cap\mathcal{H}_\Delta(F_2)$, 以下两个结论

$$F_1*F_2(x+\Delta)\sim F_1(x+\Delta)+F_2(x+\Delta)\tag{2.57}$$

和

$$\int_{h(x)}^{x-h(x)}\overline{F_1}(x-y+\Delta)F_2(\mathrm{d}y)=o(F_1(x+\Delta)+F_2(x+\Delta))\tag{2.58}$$

相互等价.

证明　任取 $h \in \mathcal{H}_\Delta(F_1) \cap \mathcal{H}_\Delta(F_2)$, 将 $F_1 * F_2$ 作如下分割

$$\begin{aligned} F_1 * F_2(x+\Delta) &= P(S_2^* \in x+\Delta, X_1^* \leqslant h(x)) + P(S_2^* \in x+\Delta, X_2^* \leqslant h(x)) \\ &\quad + P(S_2^* \in x+\Delta, X_1^* > h(x), X_2^* > h(x)) \\ &=: P_1(x) + P_2(x) + P_3(x), \end{aligned} \tag{2.59}$$

其中 X_1^* 和 X_2^* 相互独立且分别服从分布 F_1 和 F_2, 且 $S_2^* = X_1^* + X_2^*$. 由 $F_i \in \mathcal{L}_\Delta$ 知

$$P_1(x) \sim F_2(x+\Delta), \quad P_2(x) \sim F_1(x+\Delta). \tag{2.60}$$

而

$$\begin{aligned} P_3(x) &= P(S_2^* \in x+\Delta, X_1^* > h(x), h(x) < X_2^* \leqslant x - h(x) + d) \\ &\geqslant \int_{h(x)}^{x-h(x)} F_1(x-y+\Delta) F_2(\mathrm{d}y). \end{aligned} \tag{2.61}$$

因此, 根据 (2.59)—(2.61), 由 (2.57) 可以推出 (2.58).

另一方面

$$\begin{aligned} P_3(x) &\leqslant P(S_2^* \in x+\Delta,\ X_1^* > h(x) - d,\ h(x) < X_2^* \leqslant x - h(x) + d) \\ &\leqslant \int_{h(x)}^{x-h(x)} F_1(x-y+\Delta) F_2(\mathrm{d}y) + o(F_2(x+\Delta)). \end{aligned} \tag{2.62}$$

于是, 根据 (2.59), (2.60) 和 (2.62), 由 (2.58) 可以推出 (2.57).

引理 2.4.3　在引理 2.4.2 的条件下. 进一步假设 $F_1 * F_2 \in \mathcal{S}_\Delta$, 则 (2.57) 成立. 反之, 如果 $F_i \in \mathcal{S}_\Delta$, $i = 1, 2$, 则由 (2.60) 可以推出 $F_1 * F_2 \in \mathcal{S}_\Delta$.

证明　由 $F_i \in \mathcal{L}_\Delta$, $i = 1, 2$, 以及文献 (Asmussen et al., 2003) 的命题 1, 可得 $F_1 * F_2 \in \mathcal{L}_\Delta$. 假设 $F_1 * F_2 \in \mathcal{S}_\Delta$, 对任意 $h \in \mathcal{H}_\Delta(F_1) \bigcap \mathcal{H}_\Delta(F_2) \bigcap \mathcal{H}_\Delta(F_1 * F_2)$, 设 $h_1(x) = h(x) - d$, 则 $h_1 \in \mathcal{H}_\Delta(F_1) \bigcap \mathcal{H}_\Delta(F_2) \bigcap \mathcal{H}_\Delta(F_1 * F_2)$. 由 $F_1 * F_2 \in \mathcal{S}_\Delta$, 文献 (Asmussen et al., 2003) 的命题 1 和命题 2 知

$$\begin{aligned} &\int_{h_1(x)}^{x-h_1(x)} \sum_{i=1}^{2} F_i(x-y+\Delta) F_1 * F_2(\mathrm{d}y) \\ &\lesssim \int_{h_1(x)}^{x-h_1(x)} F_1 * F_2(x-y+\Delta) F_1 * F_2(\mathrm{d}y) \\ &= o(F_1 * F_2(x+\Delta)). \end{aligned} \tag{2.63}$$

又设随机向量 (Y_1, Y_2) 是 (X_1^*, X_2^*) 的独立复制, 则

$$
\begin{aligned}
&\int_{h_1(x)}^{x-h_1(x)} F_2(x-y+\Delta)F_1*F_2(\mathrm{d}y)\\
&=P\Big(S_2^*+Y_2\in x+\Delta, h_1(x)<S_2^*\leqslant x-h_1(x)+d,\ h_1(x)<Y_2\leqslant x-h_1(x)+d\Big)\\
&\quad -P\Big(S_2^*+Y_2\in x+\Delta,\ x-h_1(x)<S_2^*\leqslant x-h_1(x)+d,\\
&\quad h_1(x)<Y_2\leqslant x-h_1(x)+d\Big)\\
&=: P_1(x)-P_2(x),
\end{aligned}
\tag{2.64}
$$

其中

$$
\begin{aligned}
P_1(x)&\geqslant P\big(S_2^*+Y_2\in x+\Delta,\ h_1(x)<Y_2\leqslant x-h_1(x)\big)\\
&=\int_{h_1(x)}^{x-h_1(x)} F_1*F_2(x-y+\Delta)F_2(\mathrm{d}y),
\end{aligned}
\tag{2.65}
$$

且

$$
\begin{aligned}
P_2(x)&=P\Big(S_2^*+Y_2\in x+\Delta,\ x-h_1(x)<S_2^*\leqslant x-h_1(x)+d,\\
&\qquad h_1(x)<Y_2\leqslant h_1(x)+d\Big)\\
&\leqslant \int_{h_1(x)}^{h_1(x)+d} F_1*F_2(x-y+\Delta)F_2(\mathrm{d}y).
\end{aligned}
\tag{2.66}
$$

回顾 $h_1(x)=h(x)-d$, 结合 (2.65), (2.66) 及文献 (Asmussen et al., 2003) 的命题 1 知

$$
\begin{aligned}
P_1(x)-P_2(x)&\geqslant \int_{h(x)}^{x-h(x)} F_1*F_2(x-y+\Delta)F_2(\mathrm{d}y)\\
&\gtrsim \int_{h(x)}^{x-h(x)} \Big(F_1(x-y+\Delta)+F_2(x-y+\Delta)\Big)F_2(\mathrm{d}y),
\end{aligned}
$$

再根据 (2.63) 和 (2.64), 可得

$$
\int_{h(x)}^{x-h(x)} F_1(x-y+\Delta)F_2(\mathrm{d}y)=o(F_1*F_2(x+\Delta)). \tag{2.67}
$$

于是, 根据 (2.62) 和 (2.67), (2.57) 得证.

反之, 若 (2.57) 成立, 由引理 2.4.2 可以得到 (2.58). 进而, 由 $F_i\in\mathcal{S}_\Delta$, $i=1,2$, 及文献 (Asmussen et al., 2003) 的命题 2 知, 对任意的 $h\in\mathcal{H}_\Delta(F_1)\cap\mathcal{H}_\Delta(F_2)\cap\mathcal{H}_\Delta(F_1*F_2)$, 有

$$
\int_{h(x)}^{x-h(x)} F_i(x-y+\Delta)F_i(\mathrm{d}y)=o(F_i(x+\Delta)),\quad i=1,2. \tag{2.68}
$$

由 (2.57), (2.58), (2.68) 知, 对任意的 $h \in \mathcal{H}_\Delta(F_1) \cap \mathcal{H}_\Delta(F_2) \cap \mathcal{H}_\Delta(F_1 * F_2)$,

$$\begin{aligned}
&\int_{h(x)}^{x-h(x)} F_i(x-y+\Delta) F_1 * F_2(\mathrm{d}y) \\
&\leqslant P\Big(S_2^* + Y_i \in x+\Delta, h(x)-d < S_2^* \leqslant x-h(x)+d,\ h(x) < Y_i \leqslant x-h(x)+d\Big) \\
&\leqslant P\Big(S_2^* + Y_i \in x+\Delta,\ h(x) < Y_i \leqslant x-h(x)+d\Big) \\
&\lesssim \int_{h(x)}^{x-h(x)} \Big(F_1(x-y+\Delta) + F_2(x-y+\Delta)\Big) F_i(\mathrm{d}y) \\
&\quad + \overline{F_1 * F_2}(h(x)-d) F_i(x-h(x)+\Delta) \\
&= o\Big(F_1 * F_2(x+\Delta)\Big).
\end{aligned} \tag{2.69}$$

由 (2.57) 和 (2.69) 知

$$\begin{aligned}
&\int_{h(x)}^{x-h(x)} F_1 * F_2(x-y+\Delta) F_1 * F_2(\mathrm{d}y) \\
\sim &\int_{h(x)}^{x-h(x)} \sum_{i=1}^{2} F_i(x-y+\Delta) F_1 * F_2(\mathrm{d}y) \\
= &\, o(F_1 * F_2(x+\Delta)).
\end{aligned}$$

因此, 根据文献 (Asmussen et al., 2003) 中的命题 2, 知 $F_1 * F_2 \in \mathcal{S}_\Delta$.

2.4.4　定理 2.4.1 的证明

首先证明定理 2.4.1 (1), 将 $H_n(x+\Delta)$ 作如下分解:

$$\begin{aligned}
H_n(x+\Delta) = &\sum_{i=1}^{n} P(X_i \in x+\Delta, X_l \leqslant x, 1 \leqslant l \neq i \leqslant n) \\
&+ \sum_{1 \leqslant i_1 < i_2 \leqslant n} P(X_{i_1} \in x+\Delta,\ X_{i_2} \in x+\Delta,\ X_l \leqslant x, \\
&l \in \{1,2,\cdots,n\} \setminus \{i_1, i_2\}) + \cdots + P(X_i \in x+\Delta, 1 \leqslant i \leqslant n) \\
=: &\sum_{i=1}^{n} P_i(x) + \sum_{1 \leqslant i_1 < i_2 \leqslant n} P_{i_1,i_2}(x) + \cdots + P_{1,2,\cdots,n}(x).
\end{aligned} \tag{2.70}$$

先处理 $P_i(x)$, $1 \leqslant i \leqslant n$, 注意到

$$P_i(x) = P(X_i \in x+\Delta) - P\left(X_i \in x+\Delta, \bigcup_{1 \leqslant l \neq i \leqslant n} \{X_l > x\}\right). \tag{2.71}$$

根据 (2.52), 对任意的 $1 \leqslant i \leqslant n$, 有

$$
\begin{aligned}
&P\Big(X_i \in x+\Delta, \bigcup_{1\leqslant l\neq i\leqslant n} \{X_l > x\}\Big)\\
\leqslant &\sum_{1\leqslant l\neq i\leqslant n}\sum_{s=1}^{\infty} P(X_i \in x+\Delta, X_l \in x+(s-1)d+\Delta)\\
\leqslant &\sum_{1\leqslant l\neq i\leqslant n}(1+|a_{\min\{i,l\},\max\{i,l\}}|)\sum_{s=1}^{\infty} P(X_i \in x+\Delta)P(X_l \in x+(s-1)d+\Delta)\\
=&\,o\Big(\sum_{i=1}^{n} F_i(x+\Delta)\Big),
\end{aligned}
$$

结合 (2.71), 可得

$$
\sum_{i=1}^{n} P_i(x) \sim \sum_{i=1}^{n} F_i(x+\Delta). \tag{2.72}
$$

显然, 对任意的 $1 \leqslant i_1 < i_2 < \cdots < i_l \leqslant n$, $2 \leqslant l \leqslant n$, 有

$$
P_{i_1,\cdots,i_l}(x) \leqslant P(X_{i_1} \in x+\Delta,\ X_{i_2} \in x+\Delta) = o\Big(\sum_{i=1}^{n} F_i(x+\Delta)\Big). \tag{2.73}
$$

综合 (2.70)、(2.72) 和 (2.73), (2.46) 得证.

其次证明定理 2.4.1 (2). 首先, 运用数学归纳法证明 (2.48). 当 $n=2$ 时, 任取 $h \in \mathcal{H}_\Delta(F_1)\bigcap\mathcal{H}_\Delta(F_2)$. 按 (2.59) 的方法划分

$$
P(S_2 \in x+\Delta) = P_1(x) + P_2(x) + P_3(x).
$$

对 $P_1(x)$, 由 (2.53), 并注意 $\overline{F}_1(X_1) \sim U(0,1)$, 有

$$
\begin{aligned}
P_1(x) =& \int_0^{h(x)} F_2(x-u+\Delta \mid X_1 = u) F_1(\mathrm{d}u)\\
=& \int_0^{h(x)} F_2(x-u+\Delta)\Big(1+a_{12}(1-\overline{F}_2(x-u+d)-\overline{F}_2(x-u))\\
&\cdot(1-2\overline{F}_1(u))\Big)F_1(\mathrm{d}u)\\
\sim& F_2(x+\Delta)\int_0^{\infty}\Big(1+a_{12}(1-2\overline{F}_1(u))\Big)F_1(\mathrm{d}u)\\
=& F_2(x+\Delta)\Big(1+a_{12}(1-2E\big(\overline{F}_1(X_1)\big))\Big)\\
=& F_2(x+\Delta).
\end{aligned} \tag{2.74}
$$

类似地, 有

$$P_2(x) \sim F_1(x+\Delta). \tag{2.75}$$

对 $P_3(x)$, 由 $F_1 * F_2 \in \mathcal{S}_\Delta$、引理 2.4.3 和引理 2.4.2 可得

$$\begin{aligned} P_3(x) =& P(S_2 \in x+\Delta,\ X_1 > h(x),\ h(x) < X_2 \leqslant x - h(x) + d) \\ \leqslant& \int_{h_1(x)}^{x-h_1(x)} F_1(x-v+\Delta \mid X_2 = v) F_2(\mathrm{d}v) \\ =& \int_{h_1(x)}^{x-h_1(x)} F_1(x-v+\Delta)\Big(1 + a_{12}(1 - \overline{F}_1(x-v+\Delta) - \overline{F}_1(x-v)) \\ & \cdot(1-2\overline{F}_2(v))\Big) F_2(\mathrm{d}v) \\ =& O\left(\int_{h_1(x)}^{x-h_1(x)} F_1(x-v+\Delta) F_2(\mathrm{d}v)\right) \\ =& o(F_1(x+\Delta) + F_2(x+\Delta)), \end{aligned} \tag{2.76}$$

其中 $h_1(x) = h(x) - d$. 因此, 结合 (2.59), (2.74) 至 (2.76), 可得当 $k=2$ 时, (2.48) 成立.

设 (2.48) 对 $n = m-1$ 成立, 下证 (2.48) 对 $n = m$ 也成立. 如果 $a_{ij} = 0$, $1 \leqslant i < j \leqslant m$, 则 X_i, $1 \leqslant i \leqslant m$ 相互独立, 因此由文献 (刘希军和王岳宝, 2009) 的定理 1.1, 仅需条件 (2.47) 就得到 (2.48). 所以在下面的证明中, 均设 a_{ij} 不全为 0. 由任意的 $h \in \bigcap_{i=1}^m \mathcal{H}_\Delta(F_i)$ 及充分大的 x, 分割

$$\begin{aligned} P(S_m \in x+\Delta) =& \sum_{l=0}^{m-1} \sum_{1 \leqslant i_1 < \cdots < i_l \leqslant m} P\Big(S_m \in x+\Delta,\ X_{i_j} \leqslant h(x),\ 1 \leqslant j \leqslant l, \\ & X_s > h(x),\ s \in \{1,2,\cdots,m\} \setminus \{i_1, i_2, \cdots, i_l\}\Big) \\ =:& \sum_{l=0}^{m-1} \sum_{1 \leqslant i_1 < \cdots < i_l \leqslant m} P_{i_1,\cdots,i_l}(x). \end{aligned} \tag{2.77}$$

首先考虑 $P_{2,\cdots,m}(x)$. 为简洁起见, 记 $u_1 = x - \sum_{j=2}^m u_j$, $E_1 = [0, h(x)]^{m-1}$, $\mathbb{R}_+^{m-1} = [0,+\infty)^{m-1}$. 由引理 2.4.1 中的 (2.53) 以及 $F_1 \in \mathcal{L}_\Delta$ 知

$$\begin{aligned} P_{2,\cdots,m}(x) =& P(S_m \in x+\Delta, X_j \leqslant h(x), j = 2, \cdots, m) \\ =& \int_{E_1} P(X_1 \in u_1 + \Delta | X_j = u_j, 2 \leqslant j \leqslant m) P(X_j \in \mathrm{d}u_j, 2 \leqslant j \leqslant m) \end{aligned}$$

$$= \int_{E_1} F_1(u_1+\Delta)\left(1+\frac{\sum_{j=2}^{m} a_{1j}(1-\overline{F}_1(u_1+d)-\overline{F}_1(u_1))(1-2\overline{F}_j(u_j))}{1+\sum_{2\leqslant i<j\leqslant m} a_{ij}(1-2\overline{F}_i(u_i))(1-2\overline{F}_j(u_j))}\right)$$

$$\cdot\prod_{i=2}^{m} P(X_j\in \mathrm{d}u_j)$$

$$\sim F_1(x+\Delta)\left(1+\int_{\mathbb{R}_+^{m-1}}\frac{\sum_{j=2}^{m} a_{1j}(1-2\overline{F}_j(u_j))}{1+\sum_{2\leqslant i<j\leqslant m} a_{ij}(1-2\overline{F}_i(u_i))(1-2\overline{F}_j(u_j))}\right.$$

$$\left.\cdot\prod_{i=2}^{m} P(X_j\in \mathrm{d}u_j)\right). \tag{2.78}$$

如果 $a_{1j}=0$, $2\leqslant j\leqslant m$, 那么有 $P_{2,\cdots,m}(x)\sim F_1(x+\Delta)$. 下面假设 a_{1j}, $2\leqslant j\leqslant m$, 不全为 0. 由 (2.45) 可得

$$b_* = b_*(2,\cdots,m)\equiv 1-\sum_{2\leqslant i<j\leqslant m}|a_{ij}|>0.$$

此外记

$$b^* = b^*(2,\cdots,m)\equiv 1+\sum_{2\leqslant i<j\leqslant m}|a_{ij}|.$$

注意到 $F_j(X_j)$, $2\leqslant j\leqslant m$, 服从 $[0,1]$ 上的均匀分布, 因此有

$$\int_{\mathbb{R}_+^{m-1}}\frac{\sum_{j=2}^{m} a_{1j}(1-2\overline{F}_j(u_j))}{1+\sum_{2\leqslant i<j\leqslant m} a_{ij}(1-2\overline{F}_i(u_i))(1-2\overline{F}_j(u_j))}\prod_{i=2}^{m} P(X_j\in \mathrm{d}u_j)$$

$$\leqslant \sum_{j=2}^{m}\max\left\{\frac{a_{1j}(1-2E(\overline{F}_j(X_j)))}{b_*},\frac{a_{1j}(1-2E(\overline{F}_j(X_j)))}{b^*}\right\}=0.$$

类似地, 可以证明上述积分不小于 0, 于是该积分等于 0. 因此, 由 (2.78) 可得 $P_{2,\cdots,m}(x)\sim F_1(x+\Delta)$. 类比上面的证明, 令 $i=\{1,\cdots,m\}\setminus\{i_1,\cdots,i_{m-1}\}$, 则有

$$P_{i_1,\cdots,i_{m-1}}(x)\sim F_i(x+\Delta),\quad 1\leqslant i\leqslant m. \tag{2.79}$$

接下来考虑 $l=0$ 的情形. 记 $u_m = x-\sum_{i=1}^{m-1} u_i$, $E_2=[h(x), x-h(x)+T]^{m-1}$. 对充分大的 x, 有

$$
\begin{aligned}
&P_{1,\cdots,m}(x)\\
&\leqslant \int_{E_2} P(X_m\in u_m+\Delta|X_i=u_i, 1\leqslant i\leqslant m-1)\prod_{i=1}^{m-1}P(X_j\in \mathrm{d}u_j)\\
&=\int_{E_2} F_m(u_m+\Delta)\left(1+\frac{\sum\limits_{i=1}^{m-1}a_{in}(1-\overline{F}_m(u_m+d)-\overline{F}_m(u_m))(1-2\overline{F}_i(u_i))}{1+\sum\limits_{1\leqslant i<j\leqslant m-1}a_{ij}(1-2\overline{F}_i(u_i))(1-2\overline{F}_j(u_j))}\right)\\
&\quad\cdot\prod_{i=1}^{m-1}P(X_j\in \mathrm{d}u_j).
\end{aligned}
$$

设 X_m^* 是 X_m 的独立复制, 且与 $X_i(1\leqslant i\leqslant m-1)$ 相互独立. 使用 (2.79) 的证明方法, 则有

$$
\begin{aligned}
P_{1,\cdots,m}(x)&=O\left(\int_{E_2} F_m(u_m+\Delta)P(X_i\in \mathrm{d}u_i,\ 1\leqslant i\leqslant m-1)\right)\\
&=O(P(S_{m-1}+X_m^*\in x+\Delta,\ h(x)<X_i\leqslant x-h(x)+d,\ 1\leqslant i\leqslant m-1))\\
&=O(P(S_{m-1}+X_m^*\in x+\Delta,\ h(x)-d<S_{m-1}\leqslant x-h(x)+d))\\
&=O\left(\int_{h_1(x)}^{x-h_1(x)} P(S_{m-1}\in x-v_m+\Delta)P(X_m^*\in \mathrm{d}v_m)\right).
\end{aligned}
\tag{2.80}
$$

因此, 由 (2.80) 和归纳假设可得, 对充分大的 x,

$$
\begin{aligned}
P_{1,\cdots,m}(x)&=O\left(\sum_{i=1}^{m-1}\int_{h_1(x)}^{x-h_1(x)} F_i(x-v_m+\Delta)F_m(\mathrm{d}v_m)\right)\\
&=o\left(\sum_{i=1}^{m}\overline{F_i}(x+\Delta)\right),
\end{aligned}
\tag{2.81}
$$

其中最后一步用到了 (2.47), 引理 2.4.2 和引理 2.4.3. 结合 (2.79) 和 (2.81) 的证明方法可知, 对任意的 $1\leqslant l\leqslant m-1$, 均有

$$
P_{i_1,\cdots,i_l}(x)=o\left(\sum_{i=1}^{m}F_i(x+\Delta)\right)
\tag{2.82}
$$

成立. 因此, 根据 (2.77), (2.79), (2.81) 和 (2.82), (2.48) 式得证.

由 (2.46) 和 (2.48) 即可得到 (2.41).

最后证明定理 2.4.1 (3). 设 $X_m^*(1 \leqslant i \leqslant m)$ 是 $X_m(1 \leqslant i \leqslant m)$ 的独立复制. 记 $S_m^* = \sum_{i=1}^m X_i^*$. 由 (2.48) 可知 $G_m \in \mathcal{L}_\Delta$. 任取 $h \in \bigcap_{1\leqslant i,j\leqslant m} \mathcal{H}_\Delta(F_i * F_j) \cap \mathcal{H}_\Delta(G_m)$, 由 (2.48) 和 (2.42) 可得

$$\begin{aligned}
&\int_{h(x)}^{x-h(x)} G_m(x-y+\Delta)G_m(\mathrm{d}y)\\
\sim&\sum_{i=1}^m \int_{h(x)}^{x-h(x)} F_i(x-y+\Delta)G_m(\mathrm{d}y)\\
\leqslant&\sum_{i=1}^m P(X_i^*+S_m\in x+\Delta, h(x)<X_i^*\leqslant x-h(x)+d)\\
\leqslant&\sum_{i=1}^m \int_{h_1(x)}^{x-h_1(x)} G_m(x-y+\Delta)F_i(\mathrm{d}y)\\
\sim&\sum_{i=1}^m\sum_{j=1}^m \int_{h_1(x)}^{x-h_1(x)} F_j(x-y+\Delta)F_i(\mathrm{d}y)\\
=&\,o\left(\sum_{i=1}^m F_i(x+\Delta)\right)\\
=&\,o(G_m(x+\Delta)).
\end{aligned}$$

因此, 由文献 (Asmussen et al., 2003) 的命题 2 知 $G_m \in \mathcal{S}_\Delta$. 至此, 定理 2.4.1 证毕.

第 3 章　二维常利率相依更新风险模型中的一致渐近估计

本章首先分别对不带利率的和带常利率的两种风险模型的破产理论的研究进展进行了文献梳理, 在相关文献的基础上, 将保险产品的多维性和相依性纳入模型中, 并刻画了这些相依结构对渐近估计所产生的影响. 3.2 节主要建立了二维常利率相依更新风险模型中的有限时间破产概率的一致渐近估计. 3.3 节则建立了该模型中二维索赔折现过程的一致渐近局部估计.

3.1　现状和发展趋势

破产理论, 作为保险精算尤其风险理论的核心内容, 起始于瑞典精算师 Filip Lundberg 于 1903 年发表的博士论文, 至今已有百年的历史. 破产理论既有其实际应用的背景, 也有概率论上的研究基础. Lundberg 在这篇论文中提出非寿险精算的核心是 Poisson 过程. 不过, Lundberg 的研究不符合现代数学的严格标准. 20 世纪 50 年代, 以 Harold Cramér 为首的瑞典学派发展了严格的随机过程理论, 与此同时, 将 Lundberg 的成果建立在坚实的数学基础之上. 现已公认, Cramér-Lundberg 模型为破产理论的经典模型. 注意到在 Cramér-Lundberg 模型中, 索赔次数过程是一个强度为 λ 的齐次 Poisson 过程. 若将之推广到更一般的更新计数过程, 即将 Cramér-Lundberg 模型中的条件 (4) 减弱为：索赔时间间隔 $\{\theta_n, n \geqslant 1\}$ 是一列独立同分布 (i.i.d.) 的非负随机变量, 具有有限均值 μ_θ. 其他条件不变, 即得到更一般的更新风险模型. 该模型由 Spare 和 Anderson 于 1957 年提出, 所以又称为 Spare-Anderson 模型.

若记保险公司的初始资本为 $x \geqslant 0$, 则保险公司的盈余过程定义为

$$U(t) = x + ct - S(t), \quad t \geqslant 0,$$

其中 $S(t) = \sum_{i=1}^{N(t)} X_i$ 表示累积到时刻 t 为止的全部索赔额. 在保险风险管理领域, 理论工作者和实务工作者共同关心的问题主要包括：保险公司破产的可能性有多大, 若可能破产则何时发生破产, 破产的亏空有多大, 以及破产之前的盈余情况; 影响这些事情的因素有哪些, 如何控制这些因素而控制破产的发生 (张博, 2005). 下用数学语言进行严格的界定, 定义破产时刻 $\tau(x) = \inf\{t \geqslant 0 : U(t) < 0\}$, 根据盈余

过程的定义, 破产只能在索赔时刻发生, 于是无限时间破产概率 (或最终破产概率) 为

$$\psi(x)=P(\tau(x)<\infty)=P\left(\inf_{t>0}U(t)>0\right)=P\left(\sup_{n\geqslant 1}\sum_{k=1}^{n}(X_k-c\theta_k)>x\right).$$

由于 $E(X-c\theta)<0$, 所以无限时间破产概率本质上可视为增量独立同分布且均值为负的随机游动的极大值上穿门限值 x 的概率, 有关破产概率与随机游动的关系可以参考文献 (Asmussen et al., 2003). 有限时间破产概率为

$$\psi(x,t)=P(\tau(x)\leqslant t)=P\left(\inf_{0<s\leqslant t}U(s)>0\right)=P\left(\sup_{0\leqslant s\leqslant t}\sum_{k=1}^{N(t)}(X_k-c\theta_k)>x\right).$$

显然二者之间有如下关系

$$\psi(x)=\psi(x,\infty)=\lim_{t\to\infty}\psi(x,t).$$

此外, 利用上述记号, 则破产前盈余为 $U(\tau(x)-)-x$, 破产时赤字为 $x-U(\tau(x))$, 引发破产的索赔为 $U(\tau(x)-)-U(\tau(x))$. 长期以来, 关于风险模型, 学者们集中研究的主要问题包括破产概率 (特别是有限时间破产概率) 满足的微积分方程、渐近估计以及上下界估计, 见文献 (Grandell, 1991). Gerber 和 Shiu (1998) 将破产概率的相关问题 (如破产前盈余的分布、破产后盈余的分布、破产前后盈余的联合分布、破产时间的分布等) 纳入了 Gerber-Shiu 函数的框架进行研究.

在 Cramér-Lundberg 模型中, 假定净利润条件成立, 根据 Winner-Hopf 定理 (Feller,1971), 无限时间破产概率有如下几何和 (geometric sum) 表示:

$$1-\psi(x)=\frac{\rho}{1-\rho}\sum_{n=1}^{\infty}(1+\rho)^{-n}\overline{F_e^{n*}}(x),\quad x\geqslant 0,$$

其中 $F_e(x)$ 为索赔额的均衡分布. 当索赔额服从轻尾分布时, 则利用更新方程技巧和关键更新定理 (Ross,1983), 得到破产概率的 Lundburg 上界估计和破产概率的指数阶渐近式 (Grandell,1991). 关于有限时间破产概率的渐近估计最早由 Cramér (1954) 和 Segerdahl (1955) 研究, Grandell (1977) 利用泛函中心极限定理系统研究了有限时间破产概率的扩散逼近, Asmussen (1982) 刻画了与破产概率紧密相关的几个精算量 (破产前盈余、破产后赤字以及破产时刻等) 的渐近性质.

当索赔额的分布属于重尾分布时, Embrechts 和 Veraverbeke (1982) 根据次指数分布族的 Kesten 不等式, 利用控制收敛定理和无限时间破产概率的几何和表示, 在假设索赔额均衡分布服从次指数分布以及安全负荷条件成立的条件下, 对于充分

大的初始资本 x, 最终破产概率的尾部形态取决于均衡分布的尾分布. Su 等 (2002) 进一步推广到延迟更新风险过程. 江涛和陈宜清 (2004) 则建立了平稳更新模型中最终破产概率的一个局部等价式. 由此说明, 与轻尾情形相比, 破产概率的渐近性质有着本质的差异, 关于破产时刻以及导致破产的索赔额的渐近性质的研究参见文献 (Asmussen and Klüppelberg, 1996).

与无限时间破产概率相比, 有限时间破产概率更具实用性但处理难度更大, Tang (2004) 利用文献 (Korshunov, 2002) 中随机游动大偏差的结果, 假设索赔额服从一致变换尾分布, 在相当一般的条件下建立了有限时间破产概率的一致渐近估计

$$\psi(x,t) \sim \frac{1}{\mu}\int_{x}^{x+\mu\lambda(t)} \overline{F}(u)\mathrm{d}u.$$

在风险率函数满足一定条件下, Leipus 和 Šiaulys (2007, 2009) 进一步将文献 (Tang, 2004) 的结果推广到了强次指数分布族. 江涛 (2008) 则在复合 Possion 模型中将之推广到了强次指数分布族, 并且证明了有限时间破产概率的一致性在 $t \in [f(x), \infty)$ 上成立, 其中 $f(x)$ 为满足 $f(x) \to \infty$ 的任何正函数.

博尔奇 (1999) 形象地将该模型中的保险公司比喻成一座有保险费流进又有赔款流出的坝. 巩馥洲 (2012) 指出, 经典模型中的风险理论是在忽略投资回报、利率和通货膨胀等金融因素的前提下, 从理赔的角度研究破产风险对保险公司偿付能力的影响. 因此不带利率的经典风险模型的框架设定有待进一步扩展, 特别是保险资金的投资盈亏对保险公司偿付能力的影响进行模型设定和定量分析, 已经成为精算理论界和实务界亟待解决的问题. 如果进一步假设保险公司将盈余存入银行, 利息力 $\delta \geqslant 0$, 则累积到 t 时刻的资金盈余为

$$U(t) = x + c\int_0^t \mathrm{e}^{\delta(t-s)}\mathrm{d}s - \int_0^t \mathrm{e}^{\delta(t-s)}S(\mathrm{d}s), \quad t \geqslant 0.$$

显然 $\delta = 0$ 时, 即为无利率的情形. 为显示利率对盈余过程的影响, 以记号 $\psi_\delta(x,t)$ 和 $\psi_\delta(x)$ 分别表示常利率风险模型中的有限时间破产概率和最终破产概率.

关于带常利率风险模型中有限时间或无限时间破产概率的研究, 与不带利率的模型有着本质的区别, 并且需要更加精致的处理技巧. 关于带常利率独立重尾风险模型破产概率渐近性的研究, 始于 Sundt 和 Teugels (1995) 在正则变换尾分布的条件下得到的积分方程, 在 Cramér-Lundberg 模型中, Klüppelberg 和 Stadtmüller (1998) 利用 L_p 变换得到了索赔额服从正则分布的条件下无限时间破产概率的渐近表达式

$$\psi_\delta(x) \sim \frac{\lambda}{\delta\alpha}\overline{F}(x), \quad x \to \infty.$$

Kalashnikov 和 Konstantinides (2000)、Konstantinides 等 (2002) 利用文献 (Sundt and Teugels, 1995) 中得到的关于无限时间破产概率的上下界估计, 并假定索赔额

积分尾分布满足一定条件, 用一个简单的处理方法得到了无限时间破产概率的渐近表达式:

$$\psi_\delta(x) \sim \frac{\lambda}{\delta}\int_x^\infty \frac{\overline{F}(y)}{y}\mathrm{d}y, \quad x\to\infty.$$

Tang (2004) 进一步考虑了带利率的更新风险模型情形. 在索赔额服从次指数分布族的条件下, 对任意给定 $t>0$, Tang (2005) 得到了有限时间破产概率的渐近公式:

$$\psi_\delta(x,t) \sim \frac{\lambda}{\delta}\int_x^{x\mathrm{e}^{\delta t}} \frac{\overline{F}(y)}{y}\mathrm{d}y, \quad x\to\infty.$$

Jiang 和 Yan (2006) 证明了在上述模型中加入了扰动项 $\sigma W(t)$ 之后得到的跳扩散模型上述结果仍然成立, 其中 $\{W(t), t\geqslant 0\}$ 是标准布朗运动, $\sigma>0$ 是扰动项的波动系数, 此时 t 时刻的资金盈余为

$$U(t) = x + c\int_0^t \mathrm{e}^{\delta(t-s)}\mathrm{d}s - \int_0^t \mathrm{e}^{\delta(t-s)}S(\mathrm{d}s) + \sum_{k=1}^{N(t)} \mathrm{e}^{\delta(t-s)}\mathrm{d}W(s), \quad t\geqslant 0.$$

跳扩散模型最早是由 Dufresne 和 Gerber (1991) 引入风险模型中的, 扰动项用来对除索赔额之外的其他随机因素进行建模. Tang (2005) 进一步指出在索赔额服从正则变换分布族时, 有限时间破产概率的渐近估计关于 $t\in(0,\infty]$ 是一致的. 由于估计的一致性, 我们可以允许破产时刻是初始盈余的函数, 并且可以用 Fubini 定理计算保险公司在某个随机时刻之前的破产概率, 以及关于破产时刻 Laplace 变换的渐近表示, 这些都大大加强了之前的结论. Tang (2007) 将之推广到在更新风险模型, 并假设索赔额分布属于更广的广义正则变换分布族, 利用文献 (Tang, 2004) 关于随机加权和一致估计的结论和截尾的技巧, 他首先建立了累积索赔总额折现值的渐近估计

$$P(D_\delta(t)>x) \sim \int_0^t \overline{F}(x\mathrm{e}^{\delta s})\mathrm{d}\lambda_s, \quad x\to\infty.$$

该渐近估计关于 $t\in\Lambda := \{t:\lambda_t>0\}$ 是一致的, 其中 λ_t 为索赔次数过程的更新函数, 在此基础上得到有限时间破产概率的一致渐近估计

$$\psi_\delta(x,t) \sim \int_0^t \overline{F}(x\mathrm{e}^{\delta s})\mathrm{d}\lambda_s, \quad x\to\infty.$$

Hao 和 Tang (2008) 进一步指出, 在更新风险模型中, 假定索赔额服从次指数分布, 该一致渐近估计关于有限时间区间 $\Lambda_T=\Lambda\cap[0,T]$ 成立, Wang (2008) 则将该结果进一步推广到延迟更新过程和更一般的计数过程的情形. 在这些模型中, 索赔额 $\{X_k,\ k\in\mathbb{N}\}$ 构成了一个独立同分布的随机变量序列, 时间间隔 $\{\theta_k,\ k\in\mathbb{N}\}$ 也形成了一列独立同分布的随机变量序列, 其中 X_k 和 θ_k 分别来源于随机变量 X 和 θ.

此外, 研究人员对索赔额之间或到达时间之间满足某些相依结构下的常利率一维更新风险模型展开了研究. 例如, 文献 (Chen and Ng, 2007; Kong and Zong, 2008; Li et al., 2009; 江涛, 2009; Liu et al., 2012; Wang et al., 2013) 等. 在上述模型中, 只要索赔额及其到达时间是相互独立的, 则索赔额之间和到达时间之间的依赖结构对破产概率的渐近估计没有影响.

然而, 保险实践证明, 索赔额和到达时间之间或多或少存在相依关系, 这促使许多精算研究人员考虑在 X 和 θ 之间具有一定相依结构的风险模型中的破产相关问题. 例如, 文献 (Albrecher and Teugels, 2006; Boudreault et al., 2006; Badescu et al., 2009; Asimit and Badescu, 2010; Li et al., 2010; Dong and Wang, 2011) 等等. 研究结果表明, 破产概率确实与提出的索赔额和到达时间之间的相依结构有关. 值得注意的是, Asimit 和 Badescu (2010) 在复合泊松风险模型中引入了 (X, θ) 的相依结构, Li 等 (2010) 将他们的结果推广到更新风险模型, 其中假设索赔额相互独立且具有相同的次指数分布. 之后, Dong 和 Wang (2011) 在上尾渐近独立情形下对服从广义正则尾分布的索赔额得到了类似的结果.

鉴于保险公司在实践中通常经营多个保险业务, 精算研究人员开始研究多维风险模型. 有关多维风险模型的文献多侧重于连续时间模型, 例如文献 (Chan et al., 2003; Yuen et al., 2006; Li et al., 2007; Chen et al., 2011; Chen et al., 2013; Yang and Li, 2014). 最近离散时间框架下的多维风险模型的研究参见文献 (Huang et al., 2014). 所有这些工作都一致假定索赔额与到达时间间隔独立, 相依关系仅存于索赔额序列和索赔时间间隔序列自身. 正如一维情形声称的那样, 考虑这两个序列之间的相依性是很有必要的. 例如, 汽车事故可能导致车损险以及人身伤害险的索赔同时发生. 显然, 这两种索赔额是相关的. 如果保险公司提高了车辆损坏和人身伤害的免赔额, 那么小的索赔将被排除在外, 从而导致增加索赔时间间隔增加. 此外, 如果两个索赔要求同时出现, 那么两个索赔额之间也应该存在一定的依赖结构. 其后续研究参见文献 (Li, 2018). 在此指出的是, 已经有一些文献开始利用多元重尾分布研究多维风险模型破产概率的渐近估计. 如 Hult 和 Lindskog (2006) 首先定义了破产集 (ruin set) 的概念, 它可以将大部分情形的破产概率问题放在统一的框架下研究. 并在索赔额服从多元正则变换分布的假设下得到不带利率的多维风险模型无限时和有限时间破产概率的渐近估计, 该结论被文献 (Samorodnitsky and Sun, 2016) 的定理 5.2 推广到了 $F_I \in \mathcal{S}_A$ 的情形 ($\mathcal{S}_A$ 的定义参见定义 1.6.4). Li 等 (2015) 则在所有险种的索赔额分布尾等价以及渐近独立的假设下研究了保险公司初始盈余在各类保险中的最优配置问题. Konstantinides 和 Li (2016) 假定多维风险服从多元正则变换分布, 在一定条件下用边缘分布、Radon 测度、利息率以及更新函数刻画了常利率多维风险模型的有限时间破产概率的渐近估计. 这些结果退化到一元情形均与经典结论完全吻合.

3.2 二维相依重尾更新风险模型破产概率的一致渐近估计

最近, Yang 和 Li (2014) 研究了一类二维更新风险模型有限时间破产概率的逐点渐近估计, 其中二维索赔额向量的相依结构假定为 FGM copula (定义见 2.4.1 小节的 (2.43) 式), 而边缘分布服从不同的次指数分布, 在他们的工作中, 假设索赔额向量独立于相应的到达时间间隔. 本节将 Yang 和 Li (2014) 的结果推广到索赔额向量和到达时间间隔之间具有某种特定相依结构的情形, 并建立了有限时间破产概率的一致渐近估计. 为表达方便, 仅着眼于二维情形, 但所得结果可以平行地推广到多维情形.

本章余下部分, 定义向量 $\boldsymbol{a}=(a_1,a_2)^{\mathrm{T}}$ 和 $\boldsymbol{b}=(b_1,b_2)^{\mathrm{T}}$, 如果 $a_1\leqslant b_1$ 且 $a_2\leqslant b_2$, 则记作 $\boldsymbol{a}\leqslant\boldsymbol{b}$; 如果 $a_1<b_1$ 且 $a_2<b_2$, 则记作 $\boldsymbol{a}<\boldsymbol{b}$.

3.2.1 模型设定和相依性假设

本节研究的模型源于 Yang 和 Li (2014), Jiang 等 (2015) 的工作, 该模型假设:

(1) 保险公司经营两种业务, 随机向量 $\boldsymbol{X}_k=(X_k^{(1)},X_k^{(2)})^{\mathrm{T}}$, $k\in\mathbb{N}$ 表示第 k 个索赔, 对于所有的 $k\in\mathbb{N}$, $X_k^{(1)}$ 和 $X_k^{(2)}$ 同时发生. 随机向量序列 $\{\boldsymbol{X}_k,k\in\mathbb{N}\}$ 独立同分布, 其边缘分布为支撑在 $[0,\infty)$ 上的 F_i, $i=1,2$.

(2) 到达时间间隔 $\{\theta_k,\ k\in\mathbb{N}\}$ 构成独立同分布的非负随机变量序列, 其分布为支撑在 $[0,\infty)$ 上的 G, 则连续索赔依次到达的时间定义为 $\sigma_n=\sum_{k=1}^{n}\theta_k$, $n\in\mathbb{N}$, 由此得到一个普通更新计数过程

$$N(t)=\sum_{n=1}^{\infty}\mathbf{1}_{\{\sigma_n\leqslant t\}},\quad t\in\mathbb{R}^+\cup\{0\}.$$

记更新函数 $\lambda(t)=EN(t)$, 支撑为 $t\in\mathbb{R}^+\cup\{0\}$, 其中 $\lambda(0)=0$. 定义

$$\Lambda=\{t:\lambda(t)>0\}=\{t:P(\sigma_1\leqslant t)>0\}.$$

记 $\underline{t}=\inf\{t:P(\sigma_1\leqslant t)>0\}$, 则当 $P(\sigma_1=\underline{t})>0$ 时, $\Lambda=[\underline{t},\infty]$; 当 $P(\sigma_1=\underline{t})=0$ 时, $\Lambda=(\underline{t},\infty]$.

(3) 令 $\delta\geqslant 0$ 为常利息力, $C_i(t)$, $i=1,2$ 表示到时间 t 为止两类险种各自所积累的保险费, 构成了两个单调不减的非负随机过程且 $C_i(0)=0$, $C_i(t)<\infty$ 几乎必然成立. 其向量形式为 $\boldsymbol{C}(t)=(C_1(t),C_2(t))^{\mathrm{T}}$.

记初始盈余向量为 $\boldsymbol{x}=(x_1,x_2)^{\mathrm{T}}$, 则到达时刻为 t 的二维总净盈余 $\boldsymbol{U}(\boldsymbol{x},t)=(U_1(x_1,t),U_2(x_2,t))^{\mathrm{T}}$ 满足

$$\boldsymbol{U}(\boldsymbol{x},t)=\boldsymbol{x}\mathrm{e}^{\delta t}+\int_{0-}^{t}\mathrm{e}^{\delta(t-y)}\boldsymbol{C}(\mathrm{d}y)-\int_{0-}^{t}\mathrm{e}^{\delta(t-y)}\boldsymbol{S}(\mathrm{d}y).\tag{3.1}$$

则 $\{-\boldsymbol{U}(\boldsymbol{x},t):t\in\Lambda\}$ 称作总净损失过程, 它们与二维折现索赔过程

$$\left\{\boldsymbol{D}_\delta(t)=\int_{0-}^{t}\mathrm{e}^{-\delta y}\boldsymbol{S}(\mathrm{d}y)=\sum_{k=1}^{N(t)}\boldsymbol{X}_k\mathrm{e}^{-\delta\sigma_k}:t\in\Lambda\right\} \tag{3.2}$$

密切相关.

在该模型中, 定义以下两类破产时间:

$$\tau_{\max}(x_1,x_2)=\inf\{t:\max\{U_1(x_1,t),U_2(x_2,t)\}<0|U_i(x_i,0)=x_i,\ i=1,2\}$$

和

$$\tau_{\min}(x_1,x_2)=\inf\{t:\min\{U_1(x_1,t),U_2(x_2,t)\}<0|U_i(x_i,0)=x_i,\ i=1,2\}.$$

参见文献 (Chan et al., 2003). 相应的有限时间破产概率分别为

$$\begin{aligned}\psi_{\max}(x_1,x_2;t)&=P(\tau_{\max}(x_1,x_2)\leqslant t)\\&=P\left(\exists 0\leqslant s\leqslant t\ \text{s.t.}\bigcap_{i=1}^{2}\{U_i(x_i,s)<0\}\right)\end{aligned} \tag{3.3}$$

和

$$\begin{aligned}\psi_{\min}(x_1,x_2;t)&=P(\tau_{\min}(x_1,x_2)\leqslant t)\\&=P\left(\exists 0\leqslant s\leqslant t\ \text{s.t.}\bigcup_{i=1}^{2}\{U_i(x_i,s)<0\}\right).\end{aligned} \tag{3.4}$$

在介绍本节主要结果之前, 对要用到的记号作如下说明. 本节余下部分, 除非另做说明, 所有的极限关系均表示 $x\to\infty$ 或 $(x_1,x_2)\to(\infty,\infty)$. 对两个三元正值函数 $a(\cdot,\cdot,\cdot)$ 和 $b(\cdot,\cdot,\cdot)$, 称 $a(x_1,x_2,t)\sim b(x_1,x_2,t)$ 关于所有的 $t\in\Delta\neq\varnothing$ 一致成立, 如果 $\sup_{t\in\Delta}\left|\dfrac{a(x_1,x_2,t)}{b(x_1,x_2,t)}-1\right|\to 0$.

在本节中, 我们假设 $\{(X_k^{(1)},X_k^{(2)},\theta_k):k\in\mathbb{N}\}$ 是与随机向量 $(X^{(1)},X^{(2)},\theta)$ 独立同分布的随机向量序列. 基于文献 (Asimit and Badescu, 2010) 的思想, 下给出三元情形下的时依结构条件, 其中所有涉及函数均为正值可测函数.

条件 1 存在函数 h_i, $i=1,2$, 使得对于所有 $s\geqslant 0$, 一致地有

$$P(X^{(i)}>x|\theta=s)\sim\overline{F}_i(x)h_i(s).$$

且对任意固定的 $T\in\Lambda$, 有

$$0<b_*=b_*(T):=\min\left\{\inf_{s\in[0,T]}h_i(s):i=1,2\right\}$$

$$\leqslant \max\left\{\sup_{s\in[0,T]} h_i(s) : i=1,2\right\} =: b^*(T) = b^* < \infty.$$

条件 2 存在函数 g, 使得对于所有 $s \geqslant 0$, 一致地有

$$P(\boldsymbol{X} > \boldsymbol{x} | \theta = s) \sim \overline{F}_1(x_1)\overline{F}_2(x_2)g(s).$$

且对任意固定的 $T \in \Lambda$,

$$0 < d_* = d_*(T) =: \inf_{s\in[0,T]} g(s) \leqslant \sup_{s\in[0,T]} g(s) =: d_*(T) = d_* < \infty.$$

条件 3 存在二元函数 g_{ij}, $i,j=1,2$, $i \neq j$, 使得对于所有 $z, s \geqslant 0$, 一致地有

$$P(X^{(i)} > y | X^{(j)} = z, \theta_k = s) \sim \overline{F}_i(y) g_{ij}(z,s).$$

且对任意固定的 $T \in \Lambda$,

$$\begin{aligned} 0 < a_* = a_*(T) &=: \min\left\{\inf_{z\geqslant 0, s\in[0,T]} g_{ij}(z,s) : i=1,2, i\neq j\right\} \\ &\leqslant \max\left\{\sup_{z\geqslant 0, s\in[0,T]} g_{ij}(z,s) : i=1,2, i\neq j\right\} \\ &=: a^*(T) = a^* < \infty. \end{aligned}$$

当 s 不是 θ 的可能取值时, 条件概率应理解为无条件概率, 此时 $h_i(s) = g(s) = g_{ij}(z,s) = 1$, $i,j=1,2$, $i\neq j$, $z,s \geqslant 0$.

条件 4 存在常数 $\alpha \geqslant 0$, 使得

$$P(X^{(1)} \in \mathrm{d}u, X^{(2)} \in \mathrm{d}v) \leqslant (1+\alpha) F_1(\mathrm{d}u) F_2(\mathrm{d}v).$$

3.2.2 主要结果及相关说明

下面给出本节的主要结果.

定理 3.2.1 假设二维折现索赔过程 (3.2) 满足条件 1 至条件 4, $F_i \in \mathcal{S}$, $i=1,2$, 且存在 $T \in \Lambda$ 和 $\beta > \alpha$, 使得 $E\mathrm{e}^{\beta N(T)} < \infty$. 进一步假设 $\{C_i(t) : 0 \leqslant t < \infty\}$, 独立于 $\{X_k^{(i)} : k \in \mathbb{N}\}$, 以及 $\{N(t) : t \geqslant 0\}$, $i=1,2$, 则对所有 $t \in \Lambda \cap [0,T]$ 一致地有

$$\begin{aligned} \psi_{\max}(x_1,x_2;t) \sim & \int_{0-}^{t}\int_{0-}^{t-u} \Big(\overline{F}_1(x_1\mathrm{e}^{\delta(u+v)})\overline{F}_2(x_2\mathrm{e}^{\delta v}) \\ & + \overline{F}_1(x_1\mathrm{e}^{\delta u})\overline{F}_2(x_2\mathrm{e}^{\delta(u+v)})\Big)\widetilde{\lambda}_2(\mathrm{d}v)\widetilde{\lambda}_1(\mathrm{d}u) \\ & + \int_{0-}^{t} \overline{F}_1(x_1\mathrm{e}^{\delta u})\overline{F}_2(x_2\mathrm{e}^{\delta u})\widetilde{\widetilde{\lambda}}(\mathrm{d}u) \end{aligned} \tag{3.5}$$

和

$$\psi_{\min}(x_1, x_2; t) \sim \sum_{i=1}^{2} \int_{0-}^{t} \overline{F}_i(x_i \mathrm{e}^{\delta u}) \widetilde{\lambda}_i(\mathrm{d}u), \tag{3.6}$$

其中

$$\widetilde{\lambda}_i(t) = \int_{0-}^{t} (1 + \lambda(t-u)) h_i(u) G(\mathrm{d}u), \quad i = 1, 2$$

和

$$\widetilde{\widetilde{\lambda}}(t) = \int_{0-}^{t} (1 + \lambda(t-u)) g(u) G(\mathrm{d}u).$$

说明 3.2.1 众所周知, 对任意给定的 $T \in \Lambda$, 都存在常数 $\beta_0 > 0$, 使得 $E\mathrm{e}^{\beta_0 N(T)} < \infty$. 因此, 如果 $\beta_0 > \alpha$, 则对任意 $\beta \in (\alpha, \beta_0)$, 都有 $E\mathrm{e}^{\beta N(T)} < \infty$.

说明 3.2.2 正如 Li 等 (2010) 所讨论的那样, 对于 $i = 1, 2$ 和任意的 $T \in \Lambda$, 可以构造随机变量 θ_i^*, 其适正分布为

$$P(\theta_i^* \in \mathrm{d}t) =: \frac{h_i(t)}{E h_i(\theta) \mathbf{1}_{\{\theta \leqslant T\}}} G(\mathrm{d}t), \quad t \in [0, T]. \tag{3.7}$$

设 $\{\theta_{i,k}^* : k \in \mathbb{N}\}$ 是共同分布为 (3.7) 的独立同分布随机变量序列, $i = 1, 2$. 则由到达时间间隔 $\{\theta_{i,1}^*,\ \theta_k,\ k \geqslant 2\}$ 可构造一个延迟更新计数过程 $\{N_i^*(t) : t \geqslant 0\}$, 相应的更新函数为 $\lambda_i^*(t) = E N_i^*(t)$, $t \geqslant 0$, $i = 1, 2$. 易见

$$\widetilde{\lambda}_i(\mathrm{d}t) = \lambda_i^*(\mathrm{d}t) E h_i(\theta) \mathbf{1}_{\{\theta \leqslant T\}}, \quad t \in \Lambda \cap [0, T], \quad i = 1, 2. \tag{3.8}$$

也就是说, $\widetilde{\lambda}_i(t)$, $i = 1, 2$ 与上述延迟更新计数过程的更新函数成正比.

类似地, 可定义有如下适正分布的随机变量 θ_1^{**},

$$P(\theta_1^{**} \in \mathrm{d}t) =: \frac{g(t)}{E g(\theta) \mathbf{1}_{\{\theta \leqslant T\}}} G(\mathrm{d}t), \quad t \in \Lambda \cap [0, T]. \tag{3.9}$$

令独立同分布随机变量序列 $\{\theta_k^{**} k \in \mathbb{N}\}$ 与 θ_1^{**} 同分布, 则到达时间 $\{\theta_1^{**},\ \theta_k,\ k \geqslant 2\}$ 也生成了延迟更新计算过程 $\{N^{**}(t) : t \geqslant 0\}$, 相应的更新函数 $\lambda^{**}(t) = E N^{**}(t)$, $t \geqslant 0$ 满足

$$\begin{aligned} \widetilde{\widetilde{\lambda}}(\mathrm{d}t) &= \lambda^{**}(\mathrm{d}t) E g(\theta) \mathbf{1}_{\{\theta \leqslant T\}} \\ &\geqslant P(\theta_1^{**} \in \mathrm{d}t) E g(\theta) \mathbf{1}_{\{\theta \leqslant T\}} \\ &= g(t) G(\mathrm{d}t), \quad t \in \Lambda \cap [0, T]. \end{aligned} \tag{3.10}$$

说明 3.2.3 在定理 3.2.1 中, 若将条件 $F_i \in \mathcal{S}$ 替代为 $F_i \in \mathcal{L} \cap \mathcal{D}$, $i = 1, 2$, 则 (3.5) 和 (3.6) 依然成立, 此时利用文献 (Bingham et al., 1987) 的命题 2.2.1 或者文献 (Tang and Tsitsiashvili, 2003) 的引理 3.5 可以将条件 4 和指数矩条件 (即对某个 $T \in \Lambda$, $\beta > \alpha$, $E\mathrm{e}^{\beta N(T)} < \infty$) 做进一步减弱.

说明 3.2.4 如果对所有 $s>0$, 一致地有 $\lim_{z\to\infty} g_{i,j}(z,s)=g_i(s)$, $i,j=1,2$, $i\neq j$, 那么如果条件 1 和 条件 3 成立, 则条件 2 自然成立.

3.2.3 满足条件 1 至条件 4 的 copula 例子及验证

为了说明条件 1 至条件 4 涵盖了大量的相依结构, 本小节将给出一些满足该条件的具体的 copula.

例 3.2.1 对任意的 $u,v,w\in[0,1]$, 构造一个三维函数

$$C(u,v,w)=C_\gamma(\Pi(u,v),w)=uvw\Big(1+\gamma(1-uv)(1-w)\Big), \tag{3.11}$$

其中, $\Pi(u,v)=uv$, $u,v\in[0,1]$ 表示乘积 copula; $C_\gamma(\kappa,w)=\kappa w+\gamma\kappa w(1-\kappa)(1-w)$, $\kappa,w\in[0,1]$, $\gamma\in[-1,1]$ 表示二元 FGM copula. 可以验证当参数 $\gamma\in\left[-\frac{1}{3},\frac{1}{3}\right]$ 时, 函数 $C(u,v,w)$ 是一个三维 copula, 记为 copula 3.2.1. 且当 $\gamma\in\left[-\frac{1}{3},\frac{1}{3}\right)$ 时, 该 copula 满足条件 1 至条件 4, 此时 $\alpha=0$. 因此, 对于 copula 3.2.1 而言, 定理 3.2.1 成立.

下验证当参数 $\gamma\in\left[-\frac{1}{3},\frac{1}{3}\right]$ 时, 函数 $C(u,v,w)$ 是一个三维 copula. 首先, 容易验证 $C(u,v,w)$ 满足文献 (Nelsen, 2006) 的 (2.10.4a) 和 (2.10.4b), 即

$$C(u,1,1)=u,\quad C(1,v,1)=v,\quad C(1,1,w)=w.$$

其次, 将该三维函数在矩形 $B=[u_1,u_2]\times[v_1,v_2]\times[w_1,w_2]$ 上的 C-volume 化简, 得到

$$V_C(B)=(u_2-u_1)(v_2-v_1)(w_2-w_1)(1+\gamma(1-(u_1+u_2)(v_1+v_2))(1-w_1-w_2)).$$

注意到, 对任意取值在 $[0,1]$ 上的 u_1,u_2,v_1,v_2,w_1,w_2, $(1-(u_1+u_2)(v_1+v_2))(1-w_1-w_2)$ 的值总属于 $[-3,3]$. 因此, $C(u,v,w)$ 是一个三维 copula 当且仅当 $\gamma\in\left[-\frac{1}{3},\frac{1}{3}\right]$.

接下来验证该 copula 满足时间相依结构条件. 显然条件 4 满足, 此时 $\alpha=0$. 根据 (3.11), 对任意的 $k\geqslant 1$, $i=1,2$, $(X_k^{(i)},\theta_k)$ 有共同的二元 FGM copula

$$C(u,w)=uw(1+\gamma(1-u)(1-w)).$$

因此

$$P(X_k^{(i)}>x|\theta_k=s)=\lim_{T\downarrow 0}\frac{P(X_k^{(i)}>x,\theta_k\in[s,s+T))}{P(\theta_k\in[s,s+T))}$$

$$= \overline{F_i}(x)\,(1-\gamma F_i(x)(1-2G(s)))$$
$$\sim \overline{F}_i(x)h_i(s), \tag{3.12}$$

其中 $h_i(s)=h(s)=:1+\gamma(2G(s)-1),\ i=1,2$. 进而有

$$P(\boldsymbol{X}_k>\boldsymbol{x}|\ \theta_k=s)\sim \overline{F_1}(x_1)\overline{F_2}(x_2)\Big(1+\gamma(6G(s)-3)\Big)$$
$$=\overline{F_1}(x_1)\overline{F_2}(x_2)(3h(s)-2) \tag{3.13}$$

和

$$P(X_k^{(1)}>x|X_k^{(2)}=z,\theta_k=s_k)\sim \overline{F_1}(x)\frac{1+\gamma(1-4F_2(z))(1-2G(s))}{1+\gamma(1-2F_2(z))}(1-2G(s)) \tag{3.14}$$

成立. 对每一个给定的 $T\in\Lambda$, 由于 $b_*:=\inf_{s\in[0,T]}h(s)$ 和 $b^*:=\sup_{s\in[0,T]}h(s)$. 注意到 $\gamma\in\left[-\frac{1}{3},\frac{1}{3}\right]$, $G(T)<1$, 于是有

$$0<b_*\leqslant b^*<\infty \tag{3.15}$$

成立. 另外

$$d^*:=\sup_{s\in[0,T]}(1+\gamma(6G(s)-3))<\infty. \tag{3.16}$$

进一步, 取 $\gamma\in\left[-\frac{1}{3},\frac{1}{3}\right)$, 则

$$d_*:=\inf_{s\in[0,T]}(1+\gamma(6G(s)-3))$$
$$\geqslant \min\{1-3\gamma,1+\gamma(6G(T)-3)\}>0. \tag{3.17}$$

类似地, 对于 $\gamma\in\left[-\frac{1}{3},\frac{1}{3}\right]$, 有

$$a^*:=\sup_{z\geqslant 0,s\in[0,T]}\frac{1+\gamma(1-4F_2(z))(1-2G(s))}{1+\gamma(1-2F_2(z))(1-2G(s))}<\infty \tag{3.18}$$

和

$$a_*:=\inf_{z\geqslant 0,s\in[0,T]}\frac{1+\gamma(1-4F_2(z))(1-2G(s))}{1+\gamma(1-2F_2(z))(1-2G(s))}>0 \tag{3.19}$$

成立. 由 (3.12) 至 (3.19) 可知, 当 $\gamma\in\left[-\frac{1}{3},\frac{1}{3}\right)$ 时, copula 3.2.1 满足条件 1 至条件 4, 且此时 $\alpha=0$. 因此, 对于 copula 3.2.1 而言, 定理 3.2.1 成立.

接下来考虑 $X_k^{(1)}$ 和 $X_k^{(2)}$ 并非对任意的 $k\geqslant 1$ 都独立的情形.

例 3.2.2 假设对所有的 $k \geqslant 1$, $(X_k^{(1)}, X_k^{(2)}, \theta_k)$ 服从三维 Sarmanov copula, 即

$$\begin{aligned}&P(X_k^{(1)} \in \mathrm{d}y, X_k^{(2)} \in \mathrm{d}z, \theta_k \in \mathrm{d}s)\\&=(1+\gamma_{12}\phi_1(y)\phi_2(z)+\gamma_{13}\phi_1(y)\phi_3(s)+\gamma_{23}\phi_2(z)\phi_3(s))F_1(\mathrm{d}y)F_2(\mathrm{d}z)G(\mathrm{d}s),\end{aligned}$$

其中 γ_{ij} 是常数, $1 \leqslant i < j \leqslant 3$, $\phi_i(\cdot)$ 是连续函数, $1 \leqslant i \leqslant 3$, 且满足条件

$$1+\gamma_{12}\phi_1(y)\phi_2(z)+\gamma_{13}\phi_1(y)\phi_3(s)+\gamma_{23}\phi_2(z)\phi_3(s) \geqslant 0, \quad y, z, s \in (-\infty, \infty)$$

和

$$E\phi_1(X_k^{(1)}) = E\phi_2(X_k^{(2)}) = E\phi_3(\theta_k) = 0.$$

参见文献 (Kotz et al., 2000). 因此, 存在常数 y_0, z_0 和 s_0 使得

$$\phi_1(y_0) = \phi_2(z_0) = \phi_3(s_0) = 0. \tag{3.20}$$

此外, 为使定理 3.2.1 成立, 联合分布还需满足以下条件: 对任何 $T \in \Lambda$, 有

$$\inf_{y,z\in(-\infty,\infty),s\in[0,T]}(1+\gamma_{12}\phi_1(y)\phi_2(z)+\gamma_{13}\phi_1(y)\phi_3(s)+\gamma_{23}\phi_2(z)\phi_3(s)) > 0. \tag{3.21}$$

以及存在正常数 ϕ_i, 使得对 $i = 1, 2$, 有

$$\lim_{x\to\infty} \phi_i(x) = \phi_i. \tag{3.22}$$

将之记为 copula 3.2.2.

如果取 $\phi_1(y) = 1 - 2F_1(y)$, $y \in D_{X_1^{(1)}}$, $\phi_2(z) = 1 - 2F_2(z)$, $z \in D_{X_1^{(2)}}$ 和 $\phi_3(s) = 1 - 2G(s)$, $s \in D_{\theta_1}$, 就得到三维 FGM copula, 即对任意固定的 $\gamma_{12}, \gamma_{13}, \gamma_{23} \in [-1, 1]$, $u, v, w \in [0, 1]$, 有

$$C(u, v, w) = uvw(1 + \gamma_{12}(1-u)(1-v) + \gamma_{13}(1-u)(1-w) + \gamma_{23}(1-v)(1-w)).$$

这里, 对某个随机变量 X, 记号 $D_X = \{x \in (-\infty, \infty) : P(X \in (x-\delta, x+\delta)) > 0, \delta > 0\}$. 此时, 条件 4 中的 $\alpha = \gamma_{12}^+ =: \gamma_{12}\mathbf{1}_{\{\gamma_{12}>0\}}$. 特别地, 对于 FGM 联合分布, 条件 (3.21) 减弱为

$$1 + \gamma_{12} + \gamma_{13} + \gamma_{23} > 0.$$

进一步, 如果 $\gamma_{12} = 0$, $\gamma_{13} = \gamma_{23} = \gamma$, 则

$$C(u, v, w) = uvw(1 + \gamma(2 - u - v)(1 - w))).$$

将该 copula 与 (3.11) 比较, 可以看出 copula 3.2.1 并非 FGM copula. 因此, copula 3.2.1 和 copula 3.2.2 表示了两种不同的相依结构, 这点也可从 (3.13) 和 (3.24) 的比较中看出.

另外, 对任意的 $y \in D_{X_1^{(1)}}$, $z \in D_{X_1^{(2)}}$, $s \in D_{\theta_1}$, 也可以取 $\phi_1(y) = \mathrm{e}^{-y} - E\mathrm{e}^{-X_1^{(1)}}$, $\phi_2(z) = \mathrm{e}^{-z} - E\mathrm{e}^{-X_1^{(2)}}$ 和 $\phi_3(s) = \mathrm{e}^{-s} - E\mathrm{e}^{-\theta_1}$, 或 $\phi_1(y) = y^p - E(X_1^{(1)})^p$, $\phi_2(z) = z^p - E(X_1^{(2)})^p$ 和 $\phi_3(s) = s^p - E\theta_1^p$ 等, 其中 p 是某个正常数.

对于 copula 3.2.2, 在条件 (3.21) 和 (3.22) 下, 对所有 $s,\ z \geqslant 0$, 直接计算可得如下一致渐近表达式:

$$\begin{aligned} P(X^{(i)} > x|\theta = s) &\sim \overline{F}_i(x)(1 + \gamma_{i3}\phi_3(s)\phi_i) \\ &=: \overline{F}_i(x)h_i(s), \quad i = 1,2, \end{aligned} \tag{3.23}$$

$$\begin{aligned} P(\boldsymbol{X} > \boldsymbol{x}|\theta = s) &\sim \prod_{i=1}^{2}\overline{F}_i(x_i)(1 + \gamma_{12}\phi_1\phi_2 + \gamma_{13}\phi_1\phi_3(s) + \gamma_{23}\phi_2\phi_3(s)) \\ &= \prod_{i=1}^{2}\overline{F}_i(x_i)(\gamma_{12}\phi_1\phi_2 - 1 + h_1(s) + h_2(s)) \\ &=: \prod_{i=1}^{2}\overline{F}_i(x_i)g(s) \end{aligned} \tag{3.24}$$

和

$$\begin{aligned} P(X^{(1)} > x|X^{(2)} = z, \theta = s) &\sim \overline{F}_1(x)\Big(1 + \frac{\gamma_{12}\phi_1\phi_2(z) + \gamma_{13}\phi_1\phi_3(s)}{1 + \gamma_{23}\phi_2(z)\phi_3(s)}\Big) \\ &=: \overline{F}_1(x)g_{12}(z,s). \end{aligned} \tag{3.25}$$

由文献 (Yang and Wang, 2013) 的命题 1.1 可知, 存在某个正常数 C_i, 使得对任意的 $x \in (-\infty, +\infty)$, 都有 $|\phi_i(x)| \leqslant C_i$, $i = 1,2,3$. 因此, $\max\{\sup_{s\geqslant 0} h_i(s) : i = 1,2,3\} < \infty$. 根据 (3.20) 和 (3.21) 可得, $\min\{\inf_{s\geqslant 0} h_i(s) :\ i = 1,2,3\} > 0$. 因此, 对每一个固定的 $T \in \Lambda$, 有 (3.15) 也成立. 类似地, 可得

$$d^* := \sup_{s\in[0,T)}\Big(1 + \gamma_{12}\phi_1\phi_2 + \gamma_{13}\phi_1\phi_3(s) + \gamma_{23}\phi_2\phi_3(s)\Big) < \infty, \tag{3.26}$$

$$d_* := \inf_{s\in[0,T)}\Big(1 + \gamma_{12}\phi_1\phi_2 + \gamma_{13}\phi_1\phi_3(s) + \gamma_{23}\phi_2\phi_3(s)\Big) > 0, \tag{3.27}$$

$$a^* := \sup_{z\in(-\infty,\infty),\ s\in[0,T)}\Big(1 + \frac{\gamma_{12}\phi_1\phi_2(z) + \gamma_{13}\phi_1\phi_3(s)}{1 + \gamma_{23}\phi_2(z)\phi_3(s)}\Big) < \infty, \tag{3.28}$$

以及

$$a_* := \inf_{z\in(-\infty,\infty),\ s\in[0,T)}\Big(1 + \frac{\gamma_{12}\phi_1\phi_2(z) + \gamma_{13}\phi_1\phi_3(s)}{1 + \gamma_{23}\phi_2(z)\phi_3(s)}\Big) > 0 \tag{3.29}$$

成立. 由 (3.23) 至 (3.29) 知, copula 3.2.2 也满足条件 1 至条件 3. 根据 copula 3.2.2 和文献 (Yang and Wang, 2013) 的命题 1.1, 得条件 4 也成立. 因此, 定理 3.2.1 对该 copula 结构也适用.

例 3.2.3 假设对所有的 $k \geqslant 1$, $(X_k^{(1)}, X_k^{(2)}, \theta_k)$ 服从三维 Frank copula:

$$C(u,v,w) = -\frac{1}{\gamma}\ln\left(1 + \frac{(\mathrm{e}^{-\gamma u}-1)(\mathrm{e}^{-\gamma v}-1)(\mathrm{e}^{-\gamma w}-1)}{(\mathrm{e}^{-\gamma}-1)^2}\right), \quad u,v,w \in [0,1],$$

其中 γ 是正常数. 记之为 copula 3.2.3.

用类似的流程可以验证 copula 3.2.3 满足条件 1 至条件 4, 具体细节此处省略, 这里只列出条件 1 至 3 中出现的函数表达式:

$$h_i(s) = \gamma \mathrm{e}^{\gamma G(s)}(\mathrm{e}^{\gamma}-1)^{-1}, \quad i = 1,2$$

$$g(s) = \gamma^2(2\mathrm{e}^{2\gamma G(s)} - \mathrm{e}^{\gamma G(s)})(\mathrm{e}^{\gamma}-1)^{-2},$$

以及

$$g_{ij}(z,s) = \frac{\gamma}{\mathrm{e}^{\gamma}-1}\cdot\frac{(\mathrm{e}^{-\gamma}-1)-(\mathrm{e}^{-\gamma F_j(z)}-1)(\mathrm{e}^{-\gamma G(s)}-1)}{(\mathrm{e}^{-\gamma}-1)+(\mathrm{e}^{-\gamma F_j(z)}-1)(\mathrm{e}^{-\gamma G(s)}-1)}, \quad i,j = 1,2, i \neq j.$$

3.2.4 引理及其证明

本小节给出在证明定理 3.2.1 过程中用到的两个关键引理, 其中引理 3.2.1 是对文献 (Tang, 2007) 的引理 3.2 的重述, 进一步的扩展可参见文献 (Wang et al., 2013; Yu et al., 2015).

引理 3.2.1 考虑满足定理假设的更新计数过程 $\{N(t); t \in \Lambda\}$, 其均值函数为 $\lambda(t)$, 则对任意的 $T \in \Lambda$ 和 $v > 0$, 有

$$\limsup_{t \in \Lambda \cap [0,T]} (\lambda(t))^{-1} E(N(t))^v \mathbf{1}_{\{N(t) > x\}} = 0. \tag{3.30}$$

引理 3.2.2 考虑满足条件 1 和条件 3 的二维风险模型 (3.1), 如果 $F_i \in \mathcal{S}$, $i = 1,2$, 则对任意 $T \in \Lambda$ 和任意给定的 $n \geqslant 1$, 有

$$\begin{aligned} &P\left(\sum_{k=1}^{n} \boldsymbol{X}_k \mathrm{e}^{-\delta\sigma_k} > \boldsymbol{x}, N(t) = n\right) \\ \sim &\sum_{k=1}^{n}\sum_{j=1}^{n} P(X_k^{(1)}\mathrm{e}^{-\delta\sigma_k} > x_1, X_j^{(2)}\mathrm{e}^{-\delta\sigma_j} > x_2, N(t) = n) \end{aligned} \tag{3.31}$$

关于所有的 $t \in \Lambda \cap [0,T]$ 一致成立.

证明　对任意的 $t \in \Lambda \cap [0,T]$ 和 $n \geqslant 1$, 记

$$\Omega_n(t) = \left\{(s_1, \cdots, s_n) \in [0,t]^n : t_n := \sum_{k=1}^{n} s_k \leqslant t\right\}.$$

首先用数学归纳法证明, 对任意给定的 $n \geqslant 1$,

$$\begin{aligned} & P\left(\sum_{k=1}^{n} X_k^{(1)} \mathrm{e}^{-\delta t_k} > x_1 \middle| X_l^{(2)} = z_l, \theta_l = s_l, 1 \leqslant l \leqslant n\right) \\ \sim & \sum_{k=1}^{n} P(X_k^{(1)} \mathrm{e}^{-\delta t_k} > x_1 | X_k^{(2)} = z_k, \theta_k = s_k) \end{aligned} \tag{3.32}$$

关于所有的 $(s_1, \cdots, s_n) \in \Omega_n(t)$ 和 $t \in \Lambda \cap [0,T]$ 一致成立. 当 $n = 1$ 时显然成立, 假设当 $n = m - 1$ 时也成立, 下证当 $n = m$ 时成立即可.

当 $n = m$ 时, 由于 $F_1 \in \mathcal{S} \subset \mathcal{L}$, 于是存在函数 $a_{F_1}(\cdot) : [0, \infty) \mapsto (0, \infty)$, 使得 $a_{F_1}(x) \to \infty$, $a_{F_1}(x)x^{-1} \to 0$, 及对任意 $|y| \leqslant a_{F_1}(x)$ 一致地有 $\overline{F_1}(x + y) \sim \overline{F_1}(x)$, 参见文献 (Cline and Samorodnitsky, 1994). 按照标准方法, 记

$$A_1(a_{F_1}(x_1)) = \left\{\sum_{k=1}^{m-1} X_k^{(1)} \mathrm{e}^{-\delta t_k} \leqslant a_{F_1}(x_1)\right\},$$

$$A_2(a_{F_1}(x_1)) = \left\{\sum_{k=1}^{m-1} X_k^{(1)} \mathrm{e}^{-\delta t_k} > x_1 - a_{F_1}(x_1)\right\},$$

$$A_3(a_{F_1}(x_1)) = \left\{a_{F_1}(x_1) < \sum_{k=1}^{m-1} X_k^{(1)} \mathrm{e}^{-\delta t_k} \leqslant x_1 - a_{F_1}(x_1)\right\}.$$

则有如下分解

$$\begin{aligned} & P\left(\sum_{k=1}^{m} X_k^{(1)} \mathrm{e}^{-\delta t_k} > x_1 \middle| X_l^{(2)} = z_l, \theta_l = s_l, 1 \leqslant l \leqslant m\right) \\ = & \sum_{i=1}^{3} P\left(\sum_{k=1}^{m} X_k^{(1)} \mathrm{e}^{-\delta t_k} > x_1, A_i(a_{F_1}(x_1)) \middle| X_l^{(2)} = z_l, \theta_l = s_l, 1 \leqslant l \leqslant m\right) \\ =: & I_1(x_1, m) + I_2(x_1, m) + I_3(x_1, m). \end{aligned} \tag{3.33}$$

对于 $I_1(x_1, m)$, 由 $F_1 \in \mathcal{S} \subset \mathcal{L}$ 和条件 3 可知, 关于所有 $(s_1, \cdots, s_m) \in \Omega_m(t)$ 和 $t \in \Lambda \cap [0,T]$, 一致地有

$$\begin{aligned} I_1(x_1, m) & \leqslant P(X_m^{(1)} \mathrm{e}^{-\delta t_m} > x_1 - a_{F_1}(x_1) | X_m^{(2)} = z_m, \theta_m = s_m) \\ & \sim P(X_m^{(1)} \mathrm{e}^{-\delta t_m} > x_1 | X_m^{(2)} = z_m, \theta_m = s_m) \end{aligned} \tag{3.34}$$

和

$$\begin{aligned}I_1(x_1,m) \geqslant & P(X_m^{(1)}\mathrm{e}^{-\delta t_m} > x_1|X_m^{(2)}=z_m,\theta_m=s_m) \\ & \cdot\left(1-\sum_{k=1}^{m-1}P\left(X_k^{(1)} > \frac{a_{F_1}(x_1)}{m-1}\middle|X_k^{(2)}=z_k,\theta_k=s_k\right)\right) \\ \sim & P(X_m^{(1)}\mathrm{e}^{-\delta t_m} > x_1|X_m^{(2)}=z_m,\theta_m=s_m)\end{aligned} \tag{3.35}$$

成立. 对于 $I_2(x_2,m)$, 由归纳假设和条件 3, 则

$$\begin{aligned}I_2(x_1,m) \leqslant & P\left(A_2(a_{F_1}(x_1))|X_l^{(2)}=z_l,\theta_l=s_l,1\leqslant l\leqslant m-1\right) \\ \sim & \sum_{k=1}^{m-1}P\Big(X_k^{(1)}\mathrm{e}^{-\delta t_k} > x_1|X_k^{(2)}=z_k,\theta_k=s_k\Big)\end{aligned} \tag{3.36}$$

和

$$\begin{aligned}I_2(x_1,m) \geqslant & P\left(\sum_{k=1}^{m-1}X_k^{(1)}\mathrm{e}^{-\delta t_k} > x_1\middle|X_l^{(2)}=z_l,\theta_l=s_l,1\leqslant l\leqslant m-1\right) \\ \sim & \sum_{k=1}^{m-1}P\Big(X_k^{(2)}\mathrm{e}^{-\delta t_k} > x_1|X_k^{(2)}=z_k,\theta_k=s_k\Big)\end{aligned} \tag{3.37}$$

对于所有的 $(s_1,\cdots,s_m)\in\Omega_m(t)$ 和 $t\in\Lambda\cap[0,T]$ 一致成立. 接下来分析 $I_3(x_1,m)$, 依次利用分部积分、归纳假设、条件 3 和 $F_1\in\mathcal{S}$ 可知, 对所有的 $(s_1,\cdots,s_m)\in\Omega_m(t)$ 和 $t\in\Lambda\cap[0,T]$, 其一致渐近上界满足下式:

$$\begin{aligned}& P(X_m^{(1)}\mathrm{e}^{-\delta t_m} > x_1-a_{F_1}(x_1)|X_m^{(2)}=z_m,\theta_m=s_m) \\ & \cdot P\Big(A_1(a_{F_1}(x_1))^c|X_l^{(2)}=z_l,\theta_l=s_l,1\leqslant l\leqslant m-1\Big) \\ & +\int_{a_{F_1}(x_1)}^{x_1-a_{F_1}(x_1)}P\Big(A_2(y)|X_l^{(2)}=z_l,\theta_l=s_l,1\leqslant l\leqslant m-1\Big) \\ & \cdot P(X_m^{(1)}\mathrm{e}^{-\delta t_m}\in\mathrm{d}y|X_m^{(2)}=z_m,\theta_m=s_m) \\ \sim & \sum_{k=1}^{m-1}\int_{a_{F_1}(x_1)}^{x_1-a_{F_1}(x_1)}P(X_k^{(1)}\mathrm{e}^{-\delta t_k} > x_1-y|X_k^{(2)}=z_k,\theta_k=s_k) \\ & \cdot P\Big(X_m^{(1)}\mathrm{e}^{-\delta t_m}\in\mathrm{d}y|X_m^{(2)}=z_m,\theta_m=s_m\Big) \\ \leqslant & a^*\sum_{k=1}^{m-1}\int_{a_{F_1}(x_1)}^{x_1-a_{F_1}(x_1)}P(X_k^{(1)}\mathrm{e}^{-\delta t_k} > x_1-y) \\ & \cdot P\Big(X_m^{(1)}\mathrm{e}^{-\delta t_m}\in\mathrm{d}y|X_m^{(2)}=z_m,\theta_m=s_m\Big)\end{aligned}$$

$$\sim a^* \sum_{k=1}^{m-1} \int_{a_{F_1}(x_1)}^{x_1-a_{F_1}(x_1)} P(X_m^{(1)}\mathrm{e}^{-\delta t_m} > x_1 - y | X_m^{(2)} = z_m, \theta_m = s_m) P(X_k^{(1)}\mathrm{e}^{-\delta t_k} \in \mathrm{d}y)$$
$$= o\left(\sum_{k=1}^{m-1} P(X_k^{(1)}\mathrm{e}^{-\delta t_k} > x_1 | X_k^{(2)} = y_k, \theta_k = s_k)\right). \tag{3.38}$$

因此, 结合 (3.33) 至 (3.38), 得到 (3.32) 的一致渐近性.

类似地, 按照上面的方法, 应用条件 1 和条件 3 可得如下结论: 任意给定 $1 \leqslant k \leqslant n$, 有

$$P\left(\sum_{j=1}^{n} X_j^{(2)}\mathrm{e}^{-\delta t_j} > x_2 | X_k^{(1)} = y_k, \theta_l = s_l, 1 \leqslant l \leqslant n\right)$$
$$\sim \sum_{j=1}^{n} P(X_j^{(2)}\mathrm{e}^{-\delta t_j} > x_2 | X_k^{(1)} = y_k, \theta_j = s_j), \tag{3.39}$$

关于所有的 $(s_1, \cdots, s_n) \in \Omega_n(t)$ 和 $t \in \Lambda \cap [0, T]$ 一致成立.

最后, 对任意给定的 $n \geqslant 1$, 由 (3.32) 和 (3.39) 以及它们的一致渐近性质可知, 对所有的 $t \in \Lambda \cap [0, T]$, 一致地有

$$P\left(\sum_{k=1}^{n} \boldsymbol{X}_k \mathrm{e}^{-\delta\sigma_k} > \boldsymbol{x}, N(t) = n\right)$$
$$\sim \int \cdots \int_{\Omega_n(t)} \int \cdots \int_{\{\sum_{j=1}^n z_j \mathrm{e}^{-\delta t_j} > x_2\}} \sum_{k=1}^{n} P\Big(X_k^{(1)}\mathrm{e}^{-\delta t_k} > x_1 | X_k^{(1)} = z_k, \theta_k = s_k\Big)$$
$$\cdot \prod_{k=1}^{n} P(X_k^{(2)} \in \mathrm{d}z_k | \theta_k = s_k) \overline{G}(t - t_n) \prod_{l=1}^{n} G(\mathrm{d}s_l)$$
$$\sim \sum_{k=1}^{n}\sum_{j=1}^{n} \int \cdots \int_{\Omega_n(t)} \int_{x_1 \mathrm{e}^{\delta t_k}}^{\infty} P\Big(X_j^{(2)}\mathrm{e}^{-r t_j} > x_2 | X_k^{(1)} = y_k, \theta_j = s_j\Big)$$
$$\cdot P(X_k^{(1)} \in \mathrm{d}y_k, \theta_k = s_k) \overline{G}(t - t_n) \prod_{l=1}^{n} G(\mathrm{d}s_l)$$
$$= \sum_{k=1}^{n}\sum_{j=1}^{n} P\Big(X_k^{(1)}\mathrm{e}^{-\delta\sigma_k} > x_1, X_j^{(2)}\mathrm{e}^{-\delta\sigma_j} > x_2, N(t) = n\Big).$$

至此, 引理 3.2.2 证毕.

3.2.5 定理 3.2.1 的证明

首先证明 $\boldsymbol{D}_\delta(t)$ 的一致渐近结果 (其定义见 (3.2)), 即给定 $T \in \Lambda$, 对所有的

$t \in \Lambda \cap [0, T]$, 一致地有

$$P(\boldsymbol{D}_\delta(t) > \boldsymbol{x}) \sim \int_{0-}^{t} \int_{0-}^{t-u} \left(\overline{F_1}(x_1 \mathrm{e}^{\delta(u+v)})\overline{F_2}(x_2 \mathrm{e}^{\delta v}) + \overline{F_1}(x_1 \mathrm{e}^{\delta u})\overline{F_2}(x_2 \mathrm{e}^{\delta(u+v)})\right) \cdot\tilde{\lambda}_2(\mathrm{d}v)\tilde{\lambda}_1(\mathrm{d}u) + \int_{0-}^{t} \overline{F_1}(x_1 \mathrm{e}^{\delta u})\overline{F_2}(x_2 \mathrm{e}^{\delta u})\tilde{\tilde{\lambda}}(\mathrm{d}u) \tag{3.40}$$

成立. 事实上, 对任意整数 $N \geqslant 1$,

$$\begin{aligned} P(\boldsymbol{D}_\delta(t) > \boldsymbol{x}) &= \left(\sum_{n=1}^{N} + \sum_{n=N+1}^{\infty}\right) P\left(\sum_{k=1}^{n} \boldsymbol{X}_k \mathrm{e}^{-\delta\sigma_k} > \boldsymbol{x}, N(t) = n\right) \\ &=: J_1(\boldsymbol{x}, t) + J_2(\boldsymbol{x}, t). \end{aligned} \tag{3.41}$$

根据引理 3.2.2, 对于所有的 $t \in \Lambda \cap [0, T]$, 一致地有

$$\begin{aligned} J_1(\boldsymbol{x}, t) &\sim \left(\sum_{n=1}^{\infty} - \sum_{n=N+1}^{\infty}\right) \sum_{k=1}^{n}\sum_{j=1}^{n} P\Big(X_k^{(1)} \mathrm{e}^{-\delta\sigma_k} > x_1, X_j^{(2)} \mathrm{e}^{-\delta\sigma_j} > x_2, N(t) = n\Big) \\ &=: J_{11}(\boldsymbol{x}, t) - J_{12}(\boldsymbol{x}, t). \end{aligned} \tag{3.42}$$

而且

$$\begin{aligned} J_{11}(\boldsymbol{x}, t) &= \sum_{k=1}^{\infty}\sum_{j=1}^{k-1} P(X_k^{(1)} \mathrm{e}^{-\delta\sigma_k} > x_1, X_j^{(2)} \mathrm{e}^{-\delta\sigma_j} > x_2, \sigma_k \leqslant t) \\ &\quad + \sum_{j=1}^{\infty}\sum_{k=1}^{j-1} P(X_k^{(1)} \mathrm{e}^{-\delta\sigma_k} > x_1, X_j^{(2)} \mathrm{e}^{-\delta\sigma_j} > x_2, \sigma_j \leqslant t) \\ &\quad + \sum_{k=1}^{\infty} P(X_k^{(1)} \mathrm{e}^{-\delta\sigma_k} > x_1, X_k^{(2)} \mathrm{e}^{-\delta\sigma_k} > x_2, \sigma_k \leqslant t) \\ &=: \sum_{i=1}^{3} J_{11i}(\boldsymbol{x}, t). \end{aligned} \tag{3.43}$$

这里约定 $\sum_{k=1}^{0} = \sum_{j=1}^{0} = 0$.

记 $c_1 = Eh_1(\theta)\mathbf{1}_{\{\theta \leqslant T\}}Eh_2(\theta)\mathbf{1}_{\{\theta \leqslant T\}}$. 根据条件 1, (3.7) 和 (3.8), 并注意到当 $k \geqslant j+1$, $j \geqslant 1$ 时, $\theta_{1,k}^* + \sigma_{k-1} - \sigma_j, \theta_{1,k-j}^* + \sigma_{k-j-1}$ 和 $\theta_{1,1}^* + \sigma_{k-j} - \theta_1$ 同分布, 则对所有的 $t \in \Lambda \cap [0, T]$, 一致地有

$$\begin{aligned} &J_{111}(\boldsymbol{x}, t) \\ &= \sum_{k=1}^{\infty}\sum_{j=1}^{k-1} \int_{0-}^{t} \int_{0-}^{t-u} \int_{0-}^{t-u-v} \int_{0-}^{t-u-v-w} P(X_k^{(1)} \mathrm{e}^{-\delta(u+v+w+z)} > x_1 | \theta_k = u) \end{aligned}$$

$$\cdot P(X_j^{(2)}\mathrm{e}^{-\delta(w+z)}>x_2|\theta_j=w)P(\sigma_{j-1}\in \mathrm{d}z)P(\theta_j\in \mathrm{d}w)$$
$$\cdot P(\sigma_{k-1}-\sigma_j\in \mathrm{d}v)P(\theta_k\in \mathrm{d}u)$$
$$\sim\sum_{k=1}^{\infty}\sum_{j=1}^{k-1}\int_{0-}^{t}\int_{0-}^{t-u}\int_{0-}^{t-u-v}\int_{0-}^{t-u-v-w}P(X_k^{(1)*}\mathrm{e}^{-\delta(u+v+w+z)}>x_1)h_1(u)$$
$$\cdot P(X_j^{(2)*}\mathrm{e}^{-\delta(w+z)}>x_2)h_2(w)P(\sigma_{j-1}\in \mathrm{d}z)P(\theta_j\in \mathrm{d}w)$$
$$\cdot P(\sigma_{k-1}-\sigma_j\in \mathrm{d}v)P(\theta_k\in \mathrm{d}u)$$
$$=c_1\int_{0-}^{t}\int_{0-}^{t-u}\overline{F_1}(x_1\mathrm{e}^{\delta(u+v)})\overline{F_2}(x_2\mathrm{e}^{\delta v})\sum_{j=1}^{\infty}\left(\sum_{k=j+1}^{\infty}P(\theta_{1,k}^{*}+\sigma_{k-1}-\sigma_j\in \mathrm{d}u)\right)$$
$$\cdot P(\theta_{2,j}^{*}+\sigma_{j-1}\in \mathrm{d}v)$$
$$=c_1\int_{0-}^{t}\int_{0-}^{t-u}\overline{F_1}(x_1\mathrm{e}^{\delta(u+v)})\overline{F_2}(x_2\mathrm{e}^{\delta v})\sum_{j=1}^{\infty}\left(\sum_{l=1}^{\infty}P(\theta_{1,l}^{*}+\sigma_{l-1}\in \mathrm{d}u)\right)$$
$$\cdot P(\theta_{2,j}^{*}+\sigma_{j-1}\in \mathrm{d}v)$$
$$=\int_{0-}^{t}\int_{0-}^{t-u}\overline{F_1}(x_1\mathrm{e}^{\delta(u+v)})\overline{F_2}(x_2\mathrm{e}^{\delta v})\tilde{\lambda}_2(\mathrm{d}v)\tilde{\lambda}_1(\mathrm{d}u).\tag{3.44}$$

这里 $X_k^{(1)*}\overset{d}{=}X_k^{(1)}$, $X_k^{(2)*}\overset{d}{=}X_k^{(2)}$, 且 $X_k^{(1)*}$ 和 $X_k^{(2)*}$ 相互独立, $k\geqslant 1$. 类似可证, 对于所有的 $t\in\Lambda\cap[0,T]$, 一致地有

$$J_{112}(\boldsymbol{x},t)\sim\int_{0-}^{t}\int_{0-}^{t-u}\overline{F_1}(x_1\mathrm{e}^{\delta u})\overline{F_2}(x_2\mathrm{e}^{\delta(u+v)})\tilde{\lambda}_2(\mathrm{d}v)\tilde{\lambda}_1(\mathrm{d}u).\tag{3.45}$$

接下来分析 $J_{113}(\boldsymbol{x},t)$. 记 $c_2=Eg(\theta)\mathbf{1}_{\{\theta\leqslant T\}}$, 根据条件 2 和 (3.9), 对所有的 $t\in\Lambda\cap[0,T]$, 一致地有

$$J_{113}(\boldsymbol{x},t)\sim\sum_{k=1}^{\infty}\int_{0-}^{t}\int_{0-}^{t-u}P\Big(\boldsymbol{X}_k^{*}\mathrm{e}^{-\delta(u+v)}>\boldsymbol{x}\Big)g(u)P(\sigma_{k-1}\in \mathrm{d}v)G(\mathrm{d}u)$$
$$=c_2\sum_{k=1}^{\infty}\int_{0-}^{t}P\Big(\boldsymbol{X}_k^{*}\mathrm{e}^{-\delta u}>\boldsymbol{x}\Big)P(\theta_{1,k}^{**}+\sigma_{k-1}\in \mathrm{d}u)$$
$$=\int_{0-}^{t}\overline{F_1}(x_1\mathrm{e}^{\delta u})\overline{F_2}(x_2\mathrm{e}^{\delta u})\tilde{\tilde{\lambda}}(\mathrm{d}u).\tag{3.46}$$

接下来处理 $J_{12}(\boldsymbol{x},t)$. 根据 (3.42), 有

$$J_{12}(\boldsymbol{x},t)\leqslant\sum_{n=N+1}^{\infty}\sum_{1\leqslant k,j\leqslant n}\int_{0-}^{t}P(X_k^{(1)}\mathrm{e}^{-\delta u}>x_1,X_j^{(2)}\mathrm{e}^{-\delta u}>x_2|\theta_1=u)$$
$$\cdot P(N(t-u)>n-1)G(\mathrm{d}u).\tag{3.47}$$

记 $P_{k,j}(\boldsymbol{x},u) =: P(X_k^{(1)}\mathrm{e}^{-\delta u} > x_1, X_j^{(2)}\mathrm{e}^{-\delta u} > x_2|\theta_1 = u)$. 根据条件 1 或条件 2, 在 $k=j=1$, $k=1\neq j$, $j=1\neq k$, $k=j\neq 1$, $k\neq j$, $k\neq 1$, $j\neq 1$ 各种情形下, 对任意的 $u\in[0,t]$, $t\in\Lambda\cap[0,T]$, 都一致地有

$$P_{k,j}(\boldsymbol{x},u) \lesssim (b^*+d^*)\overline{F_1}(x_1\mathrm{e}^{\delta u})\overline{F_1}(x_2\mathrm{e}^{\delta u}) \tag{3.48}$$

成立. 于是由 (3.47), (3.48), (3.9) 和 (3.10) 知, 对任意的 $t\in\Lambda\cap[0,T]$, 一致地有

$$\begin{aligned} J_{12}(\boldsymbol{x},t) &\lesssim (b^*+d^*)\int_{0-}^{t}\overline{F_1}(x_1\mathrm{e}^{\delta u})\overline{F_1}(x_2\mathrm{e}^{\delta u})G(\mathrm{d}u)\sum_{n=N+1}^{\infty}n^2P(N(T)>n-1) \\ &\leqslant (b^*+d^*)(d_*)^{-1}\int_{0-}^{t}\overline{F_1}(x_1\mathrm{e}^{\delta u})\overline{F_1}(x_2\mathrm{e}^{\delta u})\tilde{\tilde{\lambda}}(\mathrm{d}u)\sum_{n=N+1}^{\infty}n^2P(N(T)>n-1). \end{aligned} \tag{3.49}$$

再由 (3.47), (3.49) 和 $E(N(T))^2<\infty$, 可得

$$\lim_{N\to\infty}\limsup\sup_{t\in\Lambda\cap[0,T]}\frac{J_{12}(\boldsymbol{x},t)}{J_{113}(\boldsymbol{x},t)} = 0. \tag{3.50}$$

将上述结果与 (3.42) 至 (3.46) 结合知, 对任意的 $t\in\Lambda\cap[0,T]$, 一致地有

$$\begin{aligned} J_1(\boldsymbol{x},t) \sim &\int_{0-}^{t}\int_{0-}^{t-u}\left(\overline{F_1}(x_1\mathrm{e}^{\delta(u+v)})\overline{F_2}(x_2\mathrm{e}^{\delta v})+\overline{F_1}(x_1\mathrm{e}^{\delta u})\overline{F_2}(x_2\mathrm{e}^{\delta(u+v)})\right) \\ &\cdot\tilde{\lambda}_2(\mathrm{d}v)\tilde{\lambda}_1(\mathrm{d}u)+\int_{0-}^{t}\overline{F_1}(x_1\mathrm{e}^{\delta u})\overline{F_2}(x_2\mathrm{e}^{\delta u})\tilde{\tilde{\lambda}}(\mathrm{d}u). \end{aligned} \tag{3.51}$$

接下来处理 $J_2(\boldsymbol{x},t)$. 根据条件 2 可知, 对所有的 $s>0$ 和 $x_1\in(-\infty,\infty)$, $i=1,2$, 存在常数 $C\geqslant 1$, 使得

$$P(\boldsymbol{X}>\boldsymbol{x}|\theta=s)\leqslant C\overline{F_1}(x_1)\overline{F_2}(x_2). \tag{3.52}$$

于是根据条件 4 和 (3.52), 对满足 $(1+\alpha)(1+\varepsilon)<1+\beta$ 的 $\varepsilon>0$, 记

$$D=\left\{\sum_{k=2}^{n}u_k^{(1)}>\mathrm{e}^{\delta s}(x_1-u_1),\sum_{j=2}^{n}v_j^{(2)}>\mathrm{e}^{\delta s}(x_2-v_1)\right\}.$$

则有

$$\begin{aligned} J_2(x,t) \leqslant &\sum_{n=N+1}^{\infty}\int_{0-}^{t}\int_{0}^{\infty}\int_{0}^{\infty}\int\cdots\int_{D}\prod_{k=2}^{n}P\Big(X_k^{(1)}\in\mathrm{d}u_k,X_k^{(2)}\in\mathrm{d}v_k\Big) \\ &\cdot P(N(t-s)\geqslant n-1)P(X_1^{(1)}\in\mathrm{d}u_1,X_1^{(2)}\in\mathrm{d}v_1,\theta_1\in\mathrm{d}s) \\ \leqslant &\sum_{n=N+1}^{\infty}\int_{0-}^{t}\int_{0}^{\infty}\int_{0}^{\infty}\overline{F_1^{(n-1)*}}((x_1-u_1)\mathrm{e}^{\delta s})\overline{F_2^{(n-1)*}}((x_2-v_1)\mathrm{e}^{\delta s}) \end{aligned}$$

$$\begin{aligned}
&\cdot P(X_1^{(1)}\in \mathrm{d}u_1, X_2^{(2)}\in \mathrm{d}v_1, \theta_1\in \mathrm{d}s)(1+\alpha)^{n-1}P(N(T)\geqslant n-1)\\
&\leqslant C\int_{0-}^{t}\int_{0}^{\infty}\int_{0}^{\infty}\overline{F_1}(\mathrm{e}^{\delta s}x_1-u_1)\overline{F_2}(\mathrm{e}^{\delta s}x_2-v_1)P\left(\sum_{k=2}^{n}X_k^{(1)*}\in \mathrm{d}u_1\right)\\
&\cdot P\left(\sum_{j=2}^{n}X_j^{(2)*}\in \mathrm{d}v_1\right)G(\mathrm{d}s)\sum_{n=N+1}^{\infty}(1+\alpha)^{n-1}P(N(T)\geqslant n-1)\\
&\leqslant C\int_{0-}^{t}\overline{F_1}(\mathrm{e}^{\delta s}x_1)\overline{F_2}(\mathrm{e}^{\delta s}x_2)G(\mathrm{d}s)E\mathrm{e}^{\beta N(T)}\mathbf{1}_{\{N(T)\geqslant n-1)\}}.
\end{aligned}$$

因此

$$\lim_{N\to\infty}\limsup\sup_{t\in\Lambda\cap[0,T]}\frac{J_2(\boldsymbol{x},t)}{J_{113}(\boldsymbol{x},t)}=0. \tag{3.53}$$

结合 (3.41), (3.51) 和 (3.53) 可得, 对任意 $t\in\Lambda\cap[0,T]$, 一致地有 (3.40) 成立.

现在证明最终结果. 根据 (3.1) 易见, 对所有的 $t\in\Lambda\cap[0,T]$, 有不等式

$$P(\boldsymbol{D}_\delta(t)>\boldsymbol{x}+\widetilde{\boldsymbol{C}}(t))\leqslant\psi_{\max}(x_1,x_2;t)\leqslant P(\boldsymbol{D}_\delta(t)>\boldsymbol{x}) \tag{3.54}$$

成立, 其中 $\widetilde{\boldsymbol{C}}(t)=(\widetilde{C}_1(t),\widetilde{C}_2(t))^{\mathrm{T}}$, $\widetilde{C}_i(t)=\int_{0-}^{t}\mathrm{e}^{-\delta s}\mathrm{d}C_i(s)$, $t\in(0,\infty]$, $i=1,2$. 设 $\boldsymbol{s}=(s_1,s_2)^{\mathrm{T}}$, 根据 (3.40), 以及 $F_i\in\mathcal{S}$, $i=1,2$, 则对所有的 $t\in\Lambda\cap[0,T]$, 一致地有

$$\begin{aligned}
&\psi_{\max}(x_1,x_2;t)\geqslant\int_{0-}^{\infty}\int_{0-}^{\infty}P(\boldsymbol{D}_\delta(t)>\boldsymbol{x}+\boldsymbol{s})P(\widetilde{\boldsymbol{C}}(T)\in \mathrm{d}\boldsymbol{s})\\
&\sim\int_{0-}^{t}\int_{0-}^{t-u}\left(\overline{F_1}(x_1\mathrm{e}^{\delta(u+v)})\overline{F_2}(x_2\mathrm{e}^{\delta v})+\overline{F_1}(x_1\mathrm{e}^{\delta u})\overline{F_2}(x_2\mathrm{e}^{\delta(u+v)})\right)\tilde{\lambda}_2(\mathrm{d}v)\tilde{\lambda}_1(\mathrm{d}u)\\
&\quad+\int_{0-}^{t}\overline{F_1}(x_1\mathrm{e}^{\delta u})\overline{F_2}(x_2\mathrm{e}^{\delta u})\tilde{\tilde{\lambda}}(\mathrm{d}u).
\end{aligned} \tag{3.55}$$

另一方面, 根据 (3.40), 则对任意的 $t\in\Lambda\cap[0,T]$, 一致有

$$\begin{aligned}
&\psi_{\max}(x_1,x_2;t)\leqslant P(\boldsymbol{D}_\delta(t)>\boldsymbol{x})\\
&\sim\int_{0-}^{t}\int_{0-}^{t-u}\left(\overline{F_1}(x_1\mathrm{e}^{\delta(u+v)})\overline{F_2}(x_2\mathrm{e}^{\delta v})+\overline{F_1}(x_1\mathrm{e}^{\delta u})\overline{F_2}(x_2\mathrm{e}^{\delta(u+v)})\right)\tilde{\lambda}_2(\mathrm{d}v)\tilde{\lambda}_1(\mathrm{d}u)\\
&\quad+\int_{0-}^{t}\overline{F_1}(x_1\mathrm{e}^{\delta u})\overline{F_2}(x_2\mathrm{e}^{\delta u})\tilde{\tilde{\lambda}}(\mathrm{d}u).
\end{aligned} \tag{3.56}$$

因此, 结合 (3.54) 至 (3.56), 意味着 (3.5) 对所有的 $t\in\Lambda\cap[0,T]$ 一致成立.

下证 (3.6). 根据 (3.4), 有如下关系

$$\psi_{\min}(x_1,x_2;t)=\sum_{i=1}^{2}P(\tau_i(x_i)\leqslant t)-P(\tau_{\max}(x_1,x_2)\leqslant t) \tag{3.57}$$

成立. 根据文献 (Li et al., 2010) 的定理 2.1, 对所有的 $t\in\Lambda\cap[0,T]$, 一致地有

$$\sum_{i=1}^{2}P(\tau_i(x_i)\leqslant t)\sim\sum_{i=1}^{2}\int_{0-}^{t}\overline{F_i}(x_i\mathrm{e}^{\delta u})\tilde{\lambda}_i(\mathrm{d}u). \tag{3.58}$$

进而得到

$$\begin{aligned}&\int_{0-}^{t}\int_{0-}^{t-u}\left(\overline{F_1}(x_1\mathrm{e}^{\delta(u+v)})\overline{F_2}(x_2\mathrm{e}^{\delta v})+\overline{F_1}(x_1\mathrm{e}^{\delta u})\overline{F_2}(x_2\mathrm{e}^{\delta(u+v)})\right)\tilde{\lambda}_2(\mathrm{d}v)\tilde{\lambda}_1(\mathrm{d}u)\\&\leqslant 2\int_{0-}^{T}\overline{F_1}(x_1\mathrm{e}^{\delta u})\tilde{\lambda}_1(\mathrm{d}u)\int_{0-}^{T}\overline{F_2}(x_2\mathrm{e}^{\delta v})\tilde{\lambda}_2(\mathrm{d}v).\end{aligned} \tag{3.59}$$

再根据条件 1 和条件 3, 有

$$\int_{0-}^{t}\overline{F_1}(x_1\mathrm{e}^{\delta u})\overline{F_2}(x_2\mathrm{e}^{\delta u})\tilde{\tilde{\lambda}}(\mathrm{d}u)=O\left(\overline{F_2}(x_2)\int_{0-}^{t}\overline{F_1}(x_1\mathrm{e}^{\delta u})\tilde{\lambda}_1(\mathrm{d}u)\right). \tag{3.60}$$

结合 (3.58) 至 (3.60) 知, (3.6) 对所有的 $t\in\Lambda\cap[0,T]$ 一致成立.

3.3 二维折现索赔过程的一致渐近局部估计

本节在 3.2 节的基础上, 进一步研究该模型中二维折现索赔过程的一致渐近局部估计, 记号与 3.2 节保持一致. 更确切地说, 是考虑了两种保险业务的局部风险, 即

$$\sup_{t\in[0,T]}P(\boldsymbol{D}_\delta(t)\in(\boldsymbol{0},\boldsymbol{d}])$$

的渐近行为, 其中 $\boldsymbol{d}\in(\boldsymbol{0},\boldsymbol{\infty})$, $T\in\mathbb{R}^+$. 该问题的重要性在于: 在量化风险管理中, 仅仅知道这两类险种导致的破产的可能性是不够的, 还要量化相应的损失额度在某个给定区间的可能性.

在保险精算实务中, 两个索赔额 $X_k^{(1)}$ 和 $X_k^{(2)}$ 对所有的 $k\in\mathbb{N}$ 同时发生是很普遍的. 例如车祸导致的理赔往往会涉及两类险种: 人寿保险 (记为 $X^{(1)}$) 和财产保险 (记为 $X^{(2)}$). 显然这两类索赔是同时发生的, 且具有一定的相依性, 因为人寿保险和财产保险有不同的支付规则, 我们不应该以处理一维的方式处理 $X^{(1)}+X^{(2)}$, 由文献 (Wang et al., 2018) 的例 2.4 可知, $X^{(1)}$ 和 $X^{(2)}$ 服从不同的局部次指数分布, 但是 $X^{(1)}+X^{(2)}$ 可能不服从任何局部次指数分布. 因此, 在二维风险模型中以向量形式考虑 $\boldsymbol{X}=(X^{(1)},X^{(2)})^{\mathrm{T}}$ 是合理的. 目前为止, 我们还没有发现关于连续时间多维风险模型中某些对象的局部分布的结果. 由于多维情形可以直接从二维情形推得, 因此二维情形是本节的主要探讨内容. 当上述研究目标具有重尾分布时, 它的局部分布往往是尾分布的高阶无穷小, 因此局部分布的研究具有独特的研究价

值, 不能被尾分布的研究所替代. 而当上述目标具有轻尾分布时, 情况则有本质的区别. 这时它们的局部分布与尾分布往往是同阶的, 所以它们的局部分布的研究可以被尾分布的研究所替代. 另一方面, 累积贴现索赔过程局部分布的估计的一致渐近性反映了保险公司的初始资本的大小与其经营时间的长短无关的规律. 而非一致渐近性的结果则不能反映这一规律. 此外, 从数学技术层面上讲, 一致渐近性的研究通常难于非一致渐近性的研究.

最后, 过去随机变量的相依结构是基于尾分布建立的, 为研究累积贴现索赔过程的局部分布, 我们必须构造一个迄今所没有的. 基于随机变量的局部分布的相依结构. 3.3.3 小节将举例说明该结构具有相当大的适用范围.

本节内容源自文献 (江涛等, 2020), 在该二维更新风险模型中, 假定每种险种的索赔额服从局部次指数分布, 并考虑索赔额向量和索赔时刻间隔具有 Asimit (2010) 提出的相依结构的推广形式, 举出三个具体的 copula 函数例子, 并验证它们均满足该时依结构假设. 在此基础上, 得到了该模型折现总索赔额过程和总净索赔额过程的一致渐近局部估计. 接下来, 本节将具体描述所用的局部时间相依结构假定.

3.3.1 局部时间相依结构条件

除非特别说明, 本节所有的函数都是正值可测的, 所有的极限关系为 $\boldsymbol{x} \to \infty$ 或 $x_i \to \infty$, $i = 1, 2$. 除此之外, 对于 $i = 1, 2$, 记 $\Delta^{(i)} = (0, d_i]$, 其中 $d_i \in \mathbb{R}^+$, T 是任意一个正数.

基于 Asimit 和 Badesca (2010) 和 Jiang 等 (2015) 的研究, 本书建立一个局部时间相依结构 $(X^{(1)}, X^{(2)}, \theta)$, 该结构满足下述三个条件.

条件 1 对于 $i = 1, 2$, 存在函数 h_i, 使得对所有 $s \in \mathbb{R}^+ \cup \{0\}$ 和所有满足 $F_i(x_i + \Delta^{(i)}) > 0$ 的 $d_i \in \mathbb{R}^+$, 一致地有

$$P(X^{(i)} \in x_i + \Delta^{(i)} \,|\theta = s) \sim F_i(x_i + \Delta^{(i)}) h_i(s), \tag{3.61}$$

且

$$\begin{aligned} 0 < b_* &:= b_*(T, h_1, h_2) = \min\left\{ \inf_{s \in [0,T]} h_i(s) : i = 1, 2 \right\} \\ &\leqslant \max\left\{ \sup_{s \in [0,T]} h_i(s) : i = 1, 2 \right\} = b^*(T, h_1, h_2) =: b^* < \infty. \end{aligned} \tag{3.62}$$

条件 2 对于 $i = 1, 2$, 存在函数 g, 使得对所有 $s \in \mathbb{R}^+ \cup \{0\}$ 和所有满足 $F_i(x_i + \Delta^{(i)}) > 0$ 的 $d_i \in \mathbb{R}^+$, 一致地有

$$P(\boldsymbol{X} \in \boldsymbol{x} + \boldsymbol{\Delta} \,|\theta = s) \sim \prod_{i=1}^{2} F_i(x_i + \Delta^{(i)}) g(s), \tag{3.63}$$

且

$$0 < d_* := d_*(T,g) = \inf_{s\in[0,T]} g(s) \leqslant \sup_{s\in[0,T]} g(s) = d^*(T,g) =: d^* < \infty. \tag{3.64}$$

条件 3 对于 $1 \leqslant i \neq j \leqslant 2$, 存在二元函数 g_{ij}, 使得对所有 $z, s \in \mathbb{R}^+ \cup \{0\}$ 和满足 $F_i(x_i + \Delta^{(i)}) > 0$ 的 $d_i \in \mathbb{R}^+$, 一致地有

$$P(X^{(i)} \in x_i + \Delta^{(i)} \big| X^{(j)} = z, \theta = s) \sim F_i(x_i + \Delta^{(i)}) g_{ij}(z,s), \tag{3.65}$$

且

$$\begin{aligned} 0 < a_* &:= a_*(T, g_{1,2}, g_{2,1}) = \min\left\{ \inf_{z\geqslant 0, s\in[0,T]} g_{ij}(z,s) : 1 \leqslant i \neq j \leqslant 2 \right\} \\ &\leqslant \max\left\{ \sup_{z\geqslant 0, s\in[0,T]} g_{ij}(z,s) : 1 \leqslant i \neq j \leqslant 2 \right\} = a^*(T, g_{1,2}, g_{2,1}) =: a^* < \infty. \end{aligned} \tag{3.66}$$

在上述条件中, 如果 s 不在使得 (3.61), (3.63) 和 (3.65) 成立的 θ 的范围内, 那么, 相应的条件概率应该理解为无条件概率, 即对于所有 $1 \leqslant i \neq j \leqslant 2$ 和 $z \in \mathbb{R}^+ \cup \{0\}$, 有 $h_i(s) = g(s) = g_{ij}(z,s) = 1$. 上述条件可理解为 3.2 节中条件 1 至 3 对应的局部版本.

如果对于 $1 \leqslant i \neq j \leqslant 2$, $\lim_{z\to\infty} g_{i,j}(z,s) = g_i(s)$ 关于所有 $s \in \mathbb{R}^+ \cup \{0\}$ 和一致成立, 那么在条件 1 和条件 3 成立的前提下, 条件 2 自动满足.

3.3.2 二维折现索赔过程的一致渐近局部估计

为保证本节的主要结论成立, 还需满足如下的条件.

条件 4 对于 $i = 1, 2$, 存在常数 $x_0 = x_0(F_1, F_2) \in \mathbb{R}^+$ 和 $C_4 = C_4(F_1, F_2, x_0) \in \mathbb{R}^+ \cup \{0\}$, 使得对所有 $x_i \geqslant x_0$ 和 $d_i \in \mathbb{R}^+$, 有 $F_i(x_i + \Delta^{(i)}) > 0$, 并且满足

$$\sup_{x_0\leqslant x_i\leqslant y_i<\infty, i=1,2} \frac{F_i(y_i + \Delta^{(i)})}{F_i(x_i + \Delta^{(i)})} = 1 + C_4. \tag{3.67}$$

说明 3.3.1 对于 $i = 1, 2$, 如果条件 1 和条件 4 满足, 那么存在常数 $C_1 = C_1(F_1, F_2, x_0) \in \mathbb{R}^+ \cup \{0\}$, 使得对所有 $s \in \mathbb{R}^+ \cup \{0\}$ 和 $d_i \in \mathbb{R}^+$, 有

$$\sup_{x_i\geqslant x_0, i=1,2} \frac{P(X^{(i)} \in x_i + \Delta^{(i)} \,|\theta = s)}{F_i(x_i + \Delta^{(i)})} = 1 + C_1. \tag{3.68}$$

同理, 对于 $i = 1, 2$, 如果条件 2 和条件 4 满足, 那么存在常数 $C_2 = C_2(F_1, F_2, x_0) \in \mathbb{R}^+ \cup \{0\}$, 使得对所有 $s \in \mathbb{R}^+ \cup \{0\}$ 和 $d_i \in \mathbb{R}^+$, 有

$$\sup_{x_i\geqslant x_0, i=1,2} \frac{P(\boldsymbol{X} \in \boldsymbol{x} + \boldsymbol{\Delta} \,|\theta = s)}{\prod\limits_{1\leqslant i\leqslant 2} F_i(x_i + \Delta^{(i)})} = 1 + C_2. \tag{3.69}$$

更进一步, 对于 $i=1,2$, 当 $x_i>x_0$ 时, 根据 (3.68) 和 (3.69), 有

$$P(X^{(1)}\in \mathrm{d}x_1, X^{(2)}\in \mathrm{d}x_2|\theta=s)\leqslant (1+C_2)\prod_{i=1}^{2}F_i(\mathrm{d}x_i) \tag{3.70}$$

和

$$P(X^{(1)}\in \mathrm{d}x_1, X^{(2)}\in \mathrm{d}x_2, \theta\in \mathrm{d}s)\leqslant (1+C_2)\prod_{i=1}^{2}F_i(\mathrm{d}x_i) \tag{3.71}$$

成立. 最后, 如果条件 3 和条件 4 对于 $i=1,2$ 都成立, 那么存在常数 $C_3=C_3(F_1,F_2,x_0)\in\mathbb{R}^+\cup\{0\}$, 使得对所有的 $s,z\in\mathbb{R}^+\cup\{0\}$ 和 $d_i\in\mathbb{R}^+$, 有

$$\sup_{x_i\geqslant x_0, 1\leqslant i\neq j\leqslant 2}\frac{P(X^{(i)}\in x_i+\Delta^{(i)}\,|X^{(j)}=z,\theta=s)}{F_i(x_i+\Delta^{(i)})}=1+C_3. \tag{3.72}$$

说明 3.3.2 在一维情形中, 条件 4 被文献 (Denisov et al., 2008) 的引理 2.3 和推论 2.1 及文献 (Wang Y and Wang K, 2011) 的命题 6.1 所使用. 根据文献 (Bingham et al., 1987) 的术语, 该条件意味着该分布的局部分布几乎递减 (almost decrease). 关于该性质更深入的讨论见 1.5.2 小节.

为了简便, 本节设 $\underline{t}=\inf\{t: P(\sigma_1\leqslant t)>0\}=0$ 和 $P(\sigma_1=0)=0$, 因此 $\Lambda=\mathbb{R}^+$. 对 $t\in\Lambda=\mathbb{R}^+$ 和 $\boldsymbol{x}\in[\mathbf{0},\boldsymbol{\infty})$, 我们用 $F_{\boldsymbol{D}_r(t)}$ 和 $F_{-\boldsymbol{U}(\boldsymbol{x},t)}$ 分别表示随机向量 $\boldsymbol{D}_r(t)$ 和 $-\boldsymbol{U}(\boldsymbol{x},t)$ 的二维联合分布. 下面给出本节的主要结论.

定理 3.3.1 考虑上述满足条件 1 至条件 4 的二维风险模型. 假设 $F_i\in\mathcal{S}_{\mathrm{loc}}$, $i=1,2$, 并且存在 $T\in\mathbb{R}^+$ 和 $\beta>C_2$ 使得 $E\mathrm{e}^{\beta N(T)}<\infty$ 成立, 其中 C_2 的定义见 (3.69). 那么

$$\begin{aligned}
&F_{\boldsymbol{D}_\delta(t)}(\boldsymbol{x}+\boldsymbol{\Delta})\\
&\sim\int_{0-}^{t}\int_{0-}^{t-u}(P(X^{(1)}\mathrm{e}^{-\delta(u+v)}\in x_1+\Delta^{(1)})P(X^{(2)}\mathrm{e}^{-\delta v}\in x_2+\Delta^{(2)})\\
&\quad+P(X^{(1)}\mathrm{e}^{-\delta u}\in x_1+\Delta^{(1)})P(X^{(2)}\mathrm{e}^{-\delta(u+v)}\in x_2+\Delta^{(2)}))\tilde{\lambda}_2(\mathrm{d}v)\tilde{\lambda}_1(\mathrm{d}u)\\
&\quad+\int_{0-}^{t}\prod_{i=1}^{2}(PX_k^{(i)}\mathrm{e}^{-\delta u}\in x_i+\Delta^{(i)})\tilde{\tilde{\lambda}}(\mathrm{d}u)
\end{aligned} \tag{3.73}$$

关于 $t\in(0,T]$ 一致成立. 其中

$$\tilde{\lambda}_i(t)=\int_{0-}^{t}(1+\lambda(t-u))h_i(u)G(\mathrm{d}u),\quad i=1,2$$

和

$$\tilde{\tilde{\lambda}}(t)=\int_{0-}^{t}(1+\lambda(t-u))g(u)G(\mathrm{d}u).$$

更进一步地, 若 $\{C_i(t): t \geqslant 0\}$ 与 $\{X_k^{(i)}: k \in \mathbb{N}\}$ 和 $\{N(t): t \geqslant 0\}$ 独立, $i = 1, 2$, 则

$$P\big(-\boldsymbol{U}(\boldsymbol{x}, t) \in \boldsymbol{\Delta}\big) = P\big(\boldsymbol{U}(\boldsymbol{x}, t) \in -\boldsymbol{\Delta}\big) \sim F_{\boldsymbol{D}_\delta(t)}(\boldsymbol{x} + \mathrm{e}^{-\delta t}\boldsymbol{\Delta}) \tag{3.74}$$

对所有 $t \in (0, T]$ 一致成立.

说明 3.3.3 关于定理 3.3.1 中更新函数 $\widetilde{\lambda}_i(\mathrm{d}t)$, $i = 1, 2$ 和 $\widetilde{\widetilde{\lambda}}(\mathrm{d}t)$ 的概率解释已在说明 3.2.2 详细讨论过, 这里不再赘述. 另外, 周知对于 $T \in \mathbb{R}^+$, 存在 $\beta_0 = \beta_0(T, \theta) > 0$, 使得 $E\mathrm{e}^{\beta_0 N(T)} < \infty$ 成立. 因此, 如果 $C_2 < \beta$, 则对任一 $\beta \in (C_2, \beta_0)$, $E\mathrm{e}^{\beta N(T)} < \infty$ 成立. 特别地, 如果 $(X^{(1)}, X^{(2)}, \theta)$ 服从三维 FGM copula, 其中 $-1 < \gamma_{12} \leqslant 0$, 那么条件 1 至条件 4 满足, 此时 $C_2 = 0$, 于是对所有 $\beta \in (0, \beta_0)$ 有 $E\mathrm{e}^{\beta N(T)} < \infty$.

3.3.3 满足条件 1 至条件 3 的 copula 例子及其验证

本小节将给出几个关于 $(X^{(1)}, X^{(2)}, \theta)$ 的 copula 函数, 它们均满足条件 1 至条件 3, 并得到相关的函数和指标, 由此说明本小节提出的局部时间相依结构假设涵盖了一个较大的范围. 这些例子可参考文献 (Kotz et al., 2000; Nelsen, 2006).

例 3.3.1 在乘积 copula 和二维 Fank copula 的基础上, 构造如下三维函数 (记之为 copula 3.3.1): 对任一常数 $\gamma > 0$,

$$C(u, v, w) = C_\gamma\left(\prod(u, v), w\right) = -\frac{1}{\gamma}\ln\left(1 + \frac{(\mathrm{e}^{-\gamma uv} - 1)(\mathrm{e}^{-\gamma w} - 1)}{\mathrm{e}^{-\gamma} - 1}\right),$$

其中

$$\prod(u, v) = uv, \quad u, v \in [0, 1].$$

表示乘积 copula, 且

$$C_\gamma(k, w) = -\gamma^{-1}\ln\left(1 + \frac{(\mathrm{e}^{-\gamma k} - 1)(\mathrm{e}^{-\gamma w} - 1)}{\mathrm{e}^{-\gamma} - 1}\right), \quad k, w \in [0, 1].$$

表示二维 Fank copula. 当 $0 < \gamma < 1$ 时, copula 3.3.1 满足定理 3.3.1 的条件 1 至条件 3.

此外, 例 3.2.2 和例 3.2.3 中的 copula 均满足定理 3.3.1 的条件 1 至条件 3. 由于验证流程大同小异, 而且这两个 copula 已在 3.2.3 小节讨论过, 因此仅就 copula 3.3.1 做详细说明.

首先证明函数 $C(\cdot, \cdot, \cdot)$ 的确是三维 copula. 容易验证 $C(\cdot, \cdot, \cdot)$ 满足文献 (Nelsen, 2006) 的条件 (2.10.4a) 和 (2.10.4b), 即

$$C(0, v, w) = C(u, 0, w) = C(u, v, 0) = 0$$

和

$$C(u,1,1)=u,\quad C(1,v,1)=v,\quad C(1,1,w)=w.$$

接下来, 化简之后得到该三元函数在矩形 $B=[u_1,u_2]\times[v_1,v_2]\times[w_1,w_2]$ 上的 C-volume 表达式:

$$V_C(B)=-\gamma^{-1}\ln\left(1+\frac{Q_1(u_1,u_2,v_1,v_2,w_1,w_2)}{Q_2(u_1,u_2,v_1,v_2,w_1,w_2)}\right)=-\gamma^{-1}\ln\left(1+\frac{Q_1}{Q_2}\right),$$

其中

$$\begin{aligned}Q_1=&(\mathrm{e}^{-\gamma}-1)^3(\mathrm{e}^{-\gamma\omega_2}-\mathrm{e}^{-\gamma\omega_1})(l_{11}-l_{12}-l_{21}+l_{22})\\&+(\mathrm{e}^{-\gamma}-1)^2(\mathrm{e}^{-\gamma\omega_2}-\mathrm{e}^{-\gamma\omega_1})(\mathrm{e}^{-\gamma\omega_1}+\mathrm{e}^{-\gamma\omega_2}-2)(l_{11}l_{22}-l_{12}l_{21})\\&+(\mathrm{e}^{-\gamma}-1)(\mathrm{e}^{-\gamma\omega_1}-1)(\mathrm{e}^{-\gamma w_2}-1)(\mathrm{e}^{-\gamma\omega_2}-\mathrm{e}^{-\gamma\omega_1})l_{11}l_{12}l_{21}l_{22}\\&\cdot(l_{21}^{-1}-l_{22}^{-1}-l_{11}^{-1}+l_{12}^{-1}),\\Q_2=&\prod_{k=1}^{2}((\mathrm{e}^{-\gamma}-1)+l_{kk}(\mathrm{e}^{-\gamma\omega_1}-1))\prod_{1\leqslant i\neq j\leqslant 2}((\mathrm{e}^{-\gamma}-1)+l_{ij}(\mathrm{e}^{-\gamma w_2}-1))\end{aligned}$$

且对 $1\leqslant i,j\leqslant 2$ 有 $l_{ij}=\mathrm{e}^{-\gamma u_i v_j}-1$. 注意到由 $l_{12}l_{21}>l_{11}l_{22}$ 和 $(1+l_{11})(1+l_{22})<(1+l_{12})(1+l_{21})$ 可得

$$\begin{aligned}Q_1\leqslant&(\mathrm{e}^{-\gamma}-1)^3(\mathrm{e}^{-\gamma\omega_2}-\mathrm{e}^{-\gamma\omega_1})(l_{11}-l_{12}-l_{21}+l_{22}+2l_{11}l_{22}-2l_{12}l_{21}\\&+l_{11}l_{12}l_{21}l_{22}(l_{21}^{-1}-l_{22}^{-1}-l_{11}^{-1}+l_{12}^{-1}))\\=&(\mathrm{e}^{-\gamma}-1)^3(\mathrm{e}^{-\gamma\omega_2}-\mathrm{e}^{-\gamma\omega_1})((1-l_{12}l_{21})(1+l_{11})(1+l_{22})\\&-(1-l_{11}l_{22})(1+l_{12})(1+l_{21}))<0\end{aligned}$$

及 $Q_2>0$. 因此, 当且仅当 $\gamma>0$ 时, $C(u,v,w)$ 是一个三维 copula.

下面验证 $0<\gamma<1$ 时, copula 3.3.1 满足条件 1 至条件 3. 由于 $(X^{(i)},\theta)$ 是二维 Frank copula, $i=1,2$, 从而有

$$\begin{aligned}&P(X_k^{(i)}\in x_i+\Delta^{(i)}|\theta_k=s)\\=&\lim_{d\downarrow 0}\frac{P(X_k^{(i)}\in x_i+\Delta^{(i)},\theta_k\in[s,s+d))}{P(\theta_k\in[s,s+d)}\\\sim&\frac{F_i(x_i+\Delta^{(i)})\gamma\mathrm{e}^{\gamma G(s)}}{\mathrm{e}^{\gamma}-1}\\=:&F_i(x_i+\Delta^{(i)})h_i(s)\end{aligned}$$

直接计算表明

$$P(\boldsymbol{X}_k\in\boldsymbol{x}+\boldsymbol{\Delta}|\ \theta_k=s)$$

$$
\begin{aligned}
&= \lim_{d\downarrow 0} P(\boldsymbol{X}_k \in \boldsymbol{x}+\boldsymbol{\Delta}, \theta_k \in [s,s+d))\big(P(\theta_k \in [s,s+d))\big)^{-1} \\
&\sim \prod_{i=1}^{2} F_i(x_i+\Delta^{(i)})\big(\gamma(\mathrm{e}^{-\gamma}-\mathrm{e}^{-2\gamma})\mathrm{e}^{\gamma G(s)}+\gamma^2(\mathrm{e}^{-\gamma}+\mathrm{e}^{-2\gamma})(\mathrm{e}^{\gamma G(s)}-1)\big)(1-\mathrm{e}^{-\gamma})^{-2} \\
&=: \prod_{i=1}^{2} F_i(x_i+\Delta^{(i)})g(s)
\end{aligned}
$$

成立. 同理对 $1 \leqslant i \neq j \leqslant 2$, 有

$$
\begin{aligned}
& P(X_k^{(i)} \in x_i+\Delta^{(i)} | X_k^{(j)}=z, \theta_k=s_k) \\
&\sim F_i(x_i+\Delta^{(i)})\left(1+\frac{\gamma F_j(z)((1-\mathrm{e}^{-\gamma})+(\mathrm{e}^{-\gamma F_j(z)}+1)(\mathrm{e}^{-\gamma G(s)}-1))}{(\mathrm{e}^{-\gamma}-1)+(\mathrm{e}^{-\gamma F_j(z)}-1)(\mathrm{e}^{-\gamma G(s)}-1)}\right) \\
&=: F_i(x_i+\Delta^{(i)})g_{ij}(z,s),
\end{aligned}
$$

其中 $g(s) \leqslant \big(\gamma+\gamma^2(1+\mathrm{e}^{-\gamma})\big)(1-\mathrm{e}^{-\gamma})^{-1}$ 及 $g_{ij}(z,s) \leqslant 1+\gamma(1+\mathrm{e}^{\gamma})$. 注意到 $\gamma>0$, 以及对每一个给定的 $T \in \Delta$, 有 $G(T)<1$, 可知

$$
0 < b_* \leqslant b^* < \infty \tag{3.75}
$$

成立. 此外, 当 $\gamma>0$ 时, 不难证明

$$
d^* = d^*(T) = \sup_{s\in[0,T]} \frac{\gamma(\mathrm{e}^{-\gamma}-\mathrm{e}^{-2\gamma})\mathrm{e}^{\gamma G(s)}+\gamma^2(\mathrm{e}^{-\gamma}+\mathrm{e}^{-2\gamma})(\mathrm{e}^{\gamma G(s)}-1)}{(1-\mathrm{e}^{-\gamma})^2} < \infty,
$$

$$
d_* = d_*(T) = \inf_{s\in[0,T]} \frac{\gamma(\mathrm{e}^{-\gamma}-\mathrm{e}^{-2\gamma})\mathrm{e}^{\gamma G(s)}+\gamma^2(\mathrm{e}^{-\gamma}+\mathrm{e}^{-2\gamma})(\mathrm{e}^{\gamma G(s)}-1)}{(1-\mathrm{e}^{-\gamma})^2} > 0,
$$

$$
a^* = \sup_{z\geqslant 0, s\in[0,T]} \left(1+\frac{\gamma F_j(z)\left((1-\mathrm{e}^{-\gamma})+(\mathrm{e}^{-\gamma F_j(z)}+1)(\mathrm{e}^{-\gamma G(s)}-1)\right)}{(\mathrm{e}^{-\gamma}-1)+(\mathrm{e}^{-\gamma F_j(z)}-1)(\mathrm{e}^{-\gamma G(s)}-1)}\right) < \infty.
$$

当 $0<\gamma<1$ 时, 有

$$
a_* = \inf_{z\geqslant 0, s\in[0,T]} \left(1+\frac{\gamma F_j(z)\left((1-\mathrm{e}^{-\gamma})+(\mathrm{e}^{-\gamma F_j(z)}+1)(\mathrm{e}^{-\gamma G(s)}-1)\right)}{(\mathrm{e}^{-\gamma}-1)+(\mathrm{e}^{-\gamma F_j(z)}-1)(\mathrm{e}^{-\gamma G(s)}-1)}\right) > 0.
$$

3.3.4 引理及其证明

本小节给出证明主要结论所需的引理. 其中引理 3.3.1 在文献 (Asmussen et al., 2003) 的方法的基础上略有加强, 文献 (Asmussen et al., 2003) 仅要求有 $h(x)x^{-1} \to 0$. 另外当 $d=\infty$ 时, 该结论源自文献 (Cline and Samorodnitsky, 1994) 的推论 2.5.

引理 3.3.1 如果对某个给定 $d \in \mathbb{R}^+ \cup \{\infty\}$, 有 $F \in \mathcal{L}_{\Delta_d}$, 那么存在函数 $h(\cdot): \mathbb{R}^+ \cup \{0\} \mapsto \mathbb{R}^+$, 满足 $h(x) \uparrow \infty$, $h(x)x^{-1} \downarrow 0$, 且对所有 $|y| \leqslant h(x)$, 一致地有

$$
F(x+y+\Delta_d) \sim F(x+\Delta_d). \tag{3.76}
$$

证明 因为 $F\in\mathcal{L}_{\Delta_d}$, 从而对每个整数 $n\geqslant 1$ 和所有 $|s|\leqslant n$, 存在 $x_n>\max\{2x_{n-1},n^2\}$ 使得当 $x>x_n$ 时, 有

$$(1-n^{-1})F(x+\Delta_d)<F(x+y+\Delta_d)<(1+n^{-1})F(x+\Delta_d),$$

其中约定 $x_0=1$. 定义连续线性函数 $h(\cdot):[0,\infty)\mapsto(0,\infty)$ 如下:

$$h(x)=\mathbf{1}_{[0,1)}(x)+\sum_{n=1}^{\infty}\left(\frac{x}{x_{n+1}-x_n}+\left(n-\frac{x_{n+1}}{x_{n+1}-x_n}\right)\right)\cdot\mathbf{1}_{[x_n,x_{n+1})}(x).$$

显然 $h(x)\uparrow\infty$, 且对所有的 $x\in\mathbb{R}^+\cup\{0\}$, 有

$$h(x)\leqslant l_0(x):=\mathbf{1}_{[0,1)}(x)+\sum_{n=1}^{\infty}n\mathbf{1}_{[x_n,x_{n+1})}(x).$$

易见有 $l_0(x)x^{-1}\to 0$ 和 $l_0(x)\uparrow\infty$, 且对所有 $|y|\leqslant l_0(x)$ 一致地有 $\overline{F}(x+y+\Delta_d)\sim\overline{F}(x+\Delta_d)$. 当 $x_n\leqslant x\leqslant x_{n+1}$ 时, 有

$$h(x)x^{-1}=(x_{n+1}-x_n)^{-1}+\big(n-x_{n+1}(x_{n+1}-x_n)^{-1}\big)x^{-1}\downarrow 0.$$

于是 (3.76) 成立.

引理 3.3.2 $F\in\mathcal{L}_{\rm loc}$ 当且仅当对任意 $g>0$ 和 $b>a>0$, 有

$$\sup_{|y|\leqslant g,\ d,s\in(a,b]}\left|\frac{F(x+y+\Delta_d)}{F(x+\Delta_s)}-\frac{d}{s}\right|\to 0. \tag{3.77}$$

证明 由于 $F\in\mathcal{L}_{\rm loc}$, 因此只需证明 $s=1$ 时, (3.77) 成立即可. 任意给定整数 $n\geqslant 2$, 当 $1\leqslant k\leqslant n$ 时, 记 $d_k=a+k(b-a)n^{-1}$. 由文献 (Wang et al., 2018) 的引理 2.1 和 $\mathcal{L}_{\rm loc}$ 的定义, 对所有给定的 $h>0$, 有

$$\sup_{|y|\leqslant h,\ 1\leqslant k\leqslant n}\left|F(x+y+\Delta_{d_k})\big(F(x+y+\Delta_1)\big)^{-1}-d_k\right|\to 0. \tag{3.78}$$

对任意 $d\in(a,b]$, 存在整数 $1\leqslant k\leqslant n$ 使得 $d\in(d_{k-1},d_k]$. 对任意 $0<\varepsilon<1$, 取足够大的 n 使得

$$\sqrt{1-\varepsilon}d<d_{k-1}<d_k<\sqrt{1+\varepsilon}d.$$

于是由 (3.78) 知, 存在常数 $x_0=x_0(F,\varepsilon,h,d_k,1\leqslant k\leqslant n)>0$, 使得对所有 $x\geqslant x_0$ 和 $|\,y\,|\leqslant h$, 有

$$F(x+y+\Delta_d)\big(F(x+y+\Delta_1)\big)^{-1}\leqslant F(x+y+\Delta_{d_k})\big(F(x+y+\Delta_1)\big)^{-1}$$

$$\leqslant \sqrt{1+\varepsilon} d_k \leqslant (1+\varepsilon) d$$

及

$$\begin{aligned}F(x+y+\Delta_d)\big(F(x+y+\Delta_1)\big)^{-1} &\geqslant F(x+y+\Delta_{d_k})\big(F(x+y+\Delta_1)\big)^{-1}\\&\geqslant \sqrt{1-\varepsilon} d_{k-1} \geqslant (1-\varepsilon) d\end{aligned}$$

成立. 根据 ε 的任意性知 (3.77) 成立.

引理 3.3.3 考虑满足条件 1、条件 3 和条件 4 的二维风险模型, 如果对于 $F_i \in \mathcal{S}_{\text{loc}}$, $i=1,2$, 那么对任意 $T \in \mathbb{R}^+$ 及 $n \in \mathbb{N}$, 关于所有 $t \in (0,T]$ 一致地有

$$\begin{aligned}&P\left(\sum_{k=1}^{n} \boldsymbol{X}_k \mathrm{e}^{-\delta\sigma_k} \in \boldsymbol{x}+\boldsymbol{\Delta}, N(t)=n\right)\\&\sim \sum_{k=1}^{n}\sum_{j=1}^{n} P(X_k^{(1)}\mathrm{e}^{-\delta\sigma_k} \in x_1+\Delta^{(1)}, X_j^{(2)}\mathrm{e}^{-\delta\sigma_j} \in x_2+\Delta^{(2)}, N(t)=n).\end{aligned} \tag{3.79}$$

证明 对任意给定整数 n 和 $t \in (0,T]$, 记

$$\Omega_n(t) = \left\{(s_1,\cdots,s_n) \in [0,t]^n : t_n = \sum_{k=1}^{n} s_k \leqslant t\right\}.$$

首先, 用归纳法证明, 对所有 $(s_1,\cdots,s_n) \in \Omega_n(t)$, $z_l \geqslant 0$, $1 \leqslant l \leqslant n$ 和 $t \in (0,T]$, 一致地有

$$\begin{aligned}I(x_1,n) :&= P\left(\sum_{k=1}^{n} X_k^{(1)}\mathrm{e}^{-\delta t_k} \in x_1+\Delta^{(1)} \middle| X_l^{(2)}=z_l, \theta_l=s_l, 1\leqslant l\leqslant n\right)\\&\sim \sum_{k=1}^{n} P(X_k^{(1)}\mathrm{e}^{-\delta t_k} \in x_1+\Delta^{(1)} | X_k^{(2)}=z_k, \theta_k=s_k).\end{aligned} \tag{3.80}$$

显然, 当 $n=1$ 时该命题成立. 假设当 $n=m-1$ 时命题也成立, 下面只需证明当 $n=m$ 时命题成立即可. 当 $n=m$ 时, 由 $F_1 \in \mathcal{S}_{\text{loc}} \subset \mathcal{L}_{\text{loc}}$ 和引理 3.3.1, 存在函数 $h(\cdot) : \mathbb{R}^+ \cup \{0\} \mapsto \mathbb{R}^+$ 使得 $h(x) \to \infty$, $h(x)x^{-1} \downarrow 0$, 且 $F_1(x_1+y+\Delta^{(1)}) \sim F_1(x_1+\Delta^{(1)})$ 对所有 $|y| \leqslant \mathrm{e}^{\delta T}h(x)$ 一致成立. 因此

$$\begin{aligned}&I(x_1,m)\\&= P\left(\sum_{k=1}^{m} X_k^{(1)}\mathrm{e}^{-rt_k} \in x_1+\Delta^{(1)}, A_1(h(x_1)) \middle| X_l^{(2)}=z_l, \theta_l=s_l, 1\leqslant l\leqslant m\right)\\&\quad +P\left(\sum_{k=1}^{m} X_k^{(1)}\mathrm{e}^{-\delta t_k} \in x_1+\Delta^{(1)}, A_2(h(x_1)) \middle| X_l^{(2)}=z_l, \theta_l=s_l, 1\leqslant l\leqslant m\right)\end{aligned}$$

$$+P\left(\sum_{k=1}^{m}X_k^{(1)}\mathrm{e}^{-\delta t_k}\in x_1+\Delta^{(1)},A_3(h(x_1))\middle|X_l^{(2)}=z_l,\theta_l=s_l,1\leqslant l\leqslant m\right)$$
$$=:I_1(x_1,m)+I_2(x_1,m)+I_3(x_1,m). \tag{3.81}$$

其中记号 $A_i(h(x_1))$ 的意义与引理 3.2.2 中的相同. 关于 $I_1(x_1,m)$, 由 $F_1\in\mathcal{S}_{\mathrm{loc}}\subset\mathcal{L}_{\mathrm{loc}}$, (3.65) 和引理 3.3.2, 对所有 $(s_1,\cdots,s_m)\in\Omega_m(t)$, $z_l\geqslant 0$, $1\leqslant l\leqslant n$ 和 $t\in(0,T]$ 一致地有

$$\begin{aligned}I_1(x_1,m)=&\int_{0-}^{h(x_1)}P(X_m^{(1)}\in\mathrm{e}^{\delta t_m}x_1-\mathrm{e}^{\delta t_m}y+\mathrm{e}^{\delta t_m}\Delta^{(1)}|X_m^{(2)}=z_m,\theta_m=s_m)\\&\cdot P\left(\sum_{k=1}^{m-1}X_k^{(1)}\mathrm{e}^{-\delta t_k}\in\mathrm{d}y\middle|X_l^{(2)}=z_l,\theta_l=s_l,1\leqslant l\leqslant m-1\right)\\&\sim g_{1,2}(z_m,s_m)\mathrm{e}^{\delta t_m}\int_{0-}^{h(x_1)}P(X_m^{(1)}\in\mathrm{e}^{\delta t_m}x_1-\mathrm{e}^{\delta t_m}y+\Delta^{(1)})\\&\cdot P\left(\sum_{k=1}^{m-1}X_k^{(1)}\mathrm{e}^{-\delta t_k}\in\mathrm{d}y\middle|X_l^{(2)}=z_l,\theta_l=s_l,1\leqslant l\leqslant m-1\right)\\&\sim g_{1,2}(z_m,s_m)\mathrm{e}^{rt_m}P(X_m^{(1)}\in\mathrm{e}^{\delta t_m}x_1+\Delta^{(1)})\\&\cdot\Big(1-P\Big(A_1(h(x_1))^c|X_l^{(2)}=z_l,\theta_l=s_l,1\leqslant l\leqslant m-1\Big)\Big)\\&\sim P(X_m^{(1)}\mathrm{e}^{-\delta t_m}\in x_1+\Delta^{(1)}|X_m^{(2)}=z_m,\theta_m=s_m).\end{aligned} \tag{3.82}$$

其中最后一步是依据归纳假设和 (3.66).

同理, 对所有 $(s_1,\cdots,s_m)\in\Omega_m(t)$, $z_l\geqslant 0$, $1\leqslant l\leqslant n$ 和 $t\in(0,T]$, 一致地有

$$\begin{aligned}&I_2(x_1,m)\\=&P\Bigg(\sum_{k=1}^{m}X_k^{(1)}\mathrm{e}^{-\delta t_k}\in x_1+\Delta^{(1)},X_m^{(1)}\mathrm{e}^{-\delta t_m}\leqslant h(x_1)+d_1,\\&x_1-h(x_1)<\sum_{k=1}^{m-1}X_k^{(1)}\mathrm{e}^{-\delta t_k}\leqslant x_1+d_1\middle|X_l^{(2)}=z_l,\theta_l=s_l,1\leqslant l\leqslant m\Bigg)\\\leqslant&\int_0^{h(x_1)+d_1}P\left(\sum_{k=1}^{m-1}X_k^{(1)}\mathrm{e}^{-\delta t_k}\in x_1-y+\Delta^{(1)}\middle|X_l^{(2)}=z_l,\theta_l=s_l,1\leqslant l\leqslant m-1\right)\\&\cdot P(X_m^{(1)}\mathrm{e}^{-\delta t_m}\in\mathrm{d}y\mid X_m^{(2)}=z_m,\theta_m=s_m)\\\sim&\sum_{k=1}^{m-1}P\Big(X_k^{(1)}\mathrm{e}^{-\delta t_k}\in x_1+\Delta^{(1)}|X_k^{(2)}=z_k,\theta_k=s_k\Big)\end{aligned} \tag{3.83}$$

和

$$I_2(x_1,m)$$

$$
\begin{aligned}
&\geqslant P\Bigg(\sum_{k=1}^{m} X_k^{(1)}\mathrm{e}^{-\delta t_k} \in x_1+\Delta^{(1)}, X_m^{(1)}\mathrm{e}^{-\delta t_m} \leqslant h(x_1),\\
&\quad x_1-h(x_1)<\sum_{k=1}^{m-1} X_k^{(1)}\mathrm{e}^{-\delta t_k} \leqslant x_1+d_1 | X_l^{(2)}=z_l, \theta_l=s_l, 1\leqslant l\leqslant m\Bigg)\\
&=P\Bigg(\sum_{k=1}^{m} X_k^{(1)}\mathrm{e}^{-\delta t_k} \in x_1+\Delta^{(1)}, X_m^{(1)}\mathrm{e}^{-\delta t_m} \leqslant h(x_1)\Bigg| X_l^{(2)}=z_l, \theta_l=s_l, 1\leqslant l\leqslant m\Bigg)\\
&\sim \sum_{k=1}^{m-1} P\Big(X_k^{(1)}\mathrm{e}^{-\delta t_k} \in x_1+\Delta^{(1)} | X_k^{(2)}=z_k, \theta_k=s_k\Big) \qquad (3.84)
\end{aligned}
$$

成立.

现在分析 $I_3(x_1,m)$. 定义函数 $h^*(\cdot)=\max\{0,h(\cdot)-d_1\}$, $h^{**}(\cdot)=\max\{0,h^*(\cdot)-d_1\}$. 首先注意到有

$$
\begin{aligned}
&I_3(x_1,m)\\
&=P\Bigg(\sum_{k=1}^{m} X_k^{(1)}\mathrm{e}^{-\delta t_k} \in x_1+\Delta^{(1)}, h(x_1)<\sum_{k=1}^{m-1} X_k^{(1)}\mathrm{e}^{-\delta t_k} \leqslant x_1-h(x_1),\\
&\quad h(x_1)<X_m^{(1)}\mathrm{e}^{-\delta t_m} \leqslant x_1-h(x_1)+d_1 | X_l^{(2)}=z_l, \theta_l=s_l, 1\leqslant l\leqslant m\Bigg)\\
&\leqslant \int_{h^*(x_1)}^{x_1-h^*(x_1)} P\left(\sum_{k=1}^{m-1} X_k^{(1)}\mathrm{e}^{-\delta t_k} \in x_1-y+\Delta^{(1)}\Bigg| X_l^{(2)}=z_l, \theta_l=s_l, 1\leqslant l\leqslant m-1\right)\\
&\quad \cdot P(X_m^{(1)}\mathrm{e}^{-\delta t_m} \in \mathrm{d}y | X_m^{(2)}=z_m, \theta_m=s_m).
\end{aligned}
$$

再根据归纳假设, $F_1\in\mathcal{S}_{\text{loc}}$, (3.72)、(3.67) 和引理 3.3.2, 可知当 x_1 足够大时, 对所有 $(s_1,\cdots,s_m)\in\Omega_m(t)$, $z_l\geqslant 0$, $1\leqslant l\leqslant n$ 和 $t\in(0,T]$, 得到 $I_3(x_1,m)$ 的一致渐近上界估计满足

$$
\begin{aligned}
&I_3(x_1,m)\\
&\lesssim \sum_{k=1}^{m-1} \int_{h^*(x_1)}^{x_1-h^*(x_1)} P(X_k^{(1)}\mathrm{e}^{-\delta t_k} \in x_1-y+\Delta^{(1)} | X_k^{(2)}=z_k, \theta_k=s_l)\\
&\quad \cdot P(X_m^{(1)}\mathrm{e}^{-\delta t_m} \in \mathrm{d}y | X_m^{(2)}=z_m, \theta_m=s_m)\\
&\leqslant (1+C_3)\sum_{k=1}^{m-1} \int_{h^*(x_1)}^{x_1-h^*(x_1)} P(X_k^{(1)}\mathrm{e}^{-\delta t_k} \in x_1-y+\Delta^{(1)})\\
&\quad \cdot P(X_m^{(1)}\mathrm{e}^{-r t_m} \in \mathrm{d}y | X_m^{(2)}=z_m, \theta_m=s_m)\\
&=(1+C_3)\sum_{k=1}^{m-1} P\big(X_k^{(1)}\mathrm{e}^{-\delta t_k}+X_m^{(1)}\mathrm{e}^{-\delta t_m} \in x_1+\Delta^{(1)}, X_k^{(1)}\mathrm{e}^{-\delta t_k} \in (h^*(x_1), x_1
\end{aligned}
$$

$$
\begin{aligned}
&-h^{**}(x_1)], X_m^{(1)}\mathrm{e}^{-\delta t_m} \in (h^*(x_1), x_1 - h^*(x_1)] | X_m^{(2)} = z_m, \theta_m = s_m) \\
&\leqslant (2+C_3)\mathrm{e}^{\delta t_m} \sum_{k=1}^{m-1} \int_{h^{**}(x_1)}^{x_1 - h^{**}(x_1)} P\big(X_m^{(1)} \in \mathrm{e}^{\delta t_m}(x_1 - y) + \Delta^{(1)}\big) P\big(X_k^{(1)}\mathrm{e}^{-\delta t_k} \in \mathrm{d}y\big) \\
&\leqslant (2+C_3)(1+C_4)\mathrm{e}^{\delta T} \sum_{k=1}^{m-1} \int_{h^{**}(x_1)}^{x_1 - h^{**}(x_1)} P\big(X_k^{(1)} \in \mathrm{e}^{\delta t_k}(x_1 - y) + \Delta^{(1)}\big) \\
&\quad \cdot P\big(X_k^{(1)}\mathrm{e}^{-\delta t_k} \in \mathrm{d}y\big) \\
&=: (2+C_3)(1+C_4)\mathrm{e}^{\delta T} \widetilde{I}_3(x_1, m).
\end{aligned}
$$

注意到, 对任意固定的 $a > 1$, 有 $x^{-1}h^{**}(x) \downarrow 0$, $ah^{**}(x) \geqslant h^{**}(ax)$. 因此, 由 $F_1 \in \mathcal{S}_{\mathrm{loc}}$, 引理 3.3.2 和条件 3, 对所有 $(s_1, \cdots, s_m) \in \Omega_m(t)$, $z_l \geqslant 0$, $1 \leqslant l \leqslant n$ 和 $t \in \Lambda \cap [0, T]$, 一致地有

$$
\begin{aligned}
\widetilde{I}_3(x_1, m) &\leqslant \sum_{k=1}^{m-1} \int_{h^{**}(\mathrm{e}^{\delta t_k} x_1)}^{\mathrm{e}^{\delta t_k} x_1 - h^{**}(\mathrm{e}^{\delta t_k} x_1)} P(X_k^{(1)} \in \mathrm{e}^{\delta t_k} x_1 - u + \Delta^{(1)}) P(X_k^{(1)} \in \mathrm{d}u) \\
&= o\left(\sum_{k=1}^{m-1} P(X_k^{(1)}\mathrm{e}^{-\delta t_k} \in x_1 + \Delta^{(1)})\right) \\
&= o\left(\sum_{k=1}^{m} P(X_k^{(1)}\mathrm{e}^{-\delta t_k} \in x_1 + \Delta^{(1)} | X_k^{(2)} = y_k, \theta_k = s_k)\right). \qquad (3.85)
\end{aligned}
$$

结合 (3.81) 至 (3.85), 可知对所有 $(s_1, \cdots, s_m) \in \Omega_m(t)$, $z_l \geqslant 0$, $1 \leqslant l \leqslant n$ 和 $t \in (0, T]$, (3.80) 一致成立.

接下来, 用同样的方法, 运用条件 3、条件 4 和引理 3.3.2 可得下述结论: 对任意给定的 $1 \leqslant k \leqslant n$, 所有 $(s_1, \cdots, s_n) \in \Omega_n(t)$, $y_k \geqslant 0$ 及 $t \in (0, T]$, 一致地有

$$
\begin{aligned}
&P\left(\sum_{j=1}^{n} X_j^{(2)}\mathrm{e}^{-\delta t_j} \in x_2 + \Delta^{(2)} \middle| X_j^{(1)} = y_j, \theta_l = s_l, 1 \leqslant l \leqslant n\right) \\
&\sim \sum_{j=1}^{n} P(X_j^{(2)}\mathrm{e}^{-\delta t_j} \in x_2 + \Delta^{(2)} | X_j^{(1)} = y_j, \theta_j = s_j). \qquad (3.86)
\end{aligned}
$$

最后, 对所有 $n \in \mathbb{N}$, 由 (3.80) 和 (3.86) 知, 对所有的 $t \in (0, T]$ 一致地有

$$
\begin{aligned}
&P\left(\sum_{k=1}^{n} \boldsymbol{X}_k \mathrm{e}^{-\delta\sigma_k} \in \boldsymbol{x} + \boldsymbol{\Delta}, N(t) = n\right) \\
&= P\left(\sum_{k=1}^{n} \boldsymbol{X}_k \mathrm{e}^{-\delta\sigma_k} \in \boldsymbol{x} + \boldsymbol{\Delta}, \sigma_n \leqslant t, \sigma_{n+1} > t\right)
\end{aligned}
$$

$$
\begin{aligned}
&\sim\sum_{j=1}^{n}\int\cdots\int_{\Omega_n(t)}\int\cdots\int_{\{z_j\mathrm{e}^{-\delta t_j}\in x_2+\Delta^{(2)}\}}\sum_{k=1}^{n}P\left(X_k^{(1)}\mathrm{e}^{-\delta t_k}\in x_1+\Delta^{(1)}|X_k^{(2)}=z_k,\theta_k=s_k\right)\\
&\quad\cdot\prod_{k=1}^{n}P(X_k^{(2)}\in\mathrm{d}z_k|\theta_k=s_k)\overline{G}(t-t_n)\prod_{l=1}^{n}G(\mathrm{d}s_l)\\
&=\sum_{j=1}^{n}P\left(X_k^{(1)}\mathrm{e}^{-\delta t_k}\in x_1+\Delta^{(1)},\sum_{k=1}^{n}X_k^{(2)}\mathrm{e}^{-\delta\sigma_k}\in x_2+\Delta^{(2)},\sigma_n\leqslant t,\sigma_{n+1}>t\right)\\
&\sim\sum_{k=1}^{n}\sum_{j=1}^{n}\int\cdots\int_{\Omega_n(t)}\int_{x_1\mathrm{e}^{\delta t_k}}^{(x_1+d_1)\mathrm{e}^{\delta t_k}}P\Big(X_j^{(2)}\mathrm{e}^{-\delta t_j}\in x_2+\Delta^{(2)}|X_k^{(1)}=y_k,\theta_j=s_j\Big)\\
&\quad\cdot P(X_k^{(1)}\in\mathrm{d}y_k\mid\theta_k=s_k)\overline{G}(t-t_n)\prod_{l=1}^{n}G(\mathrm{d}s_l)\\
&=\sum_{k=1}^{n}\sum_{j=1}^{n}P\Big(X_k^{(1)}\mathrm{e}^{-\delta\sigma_k}\in x_1+\Delta^{(1)},X_j^{(2)}\mathrm{e}^{-\delta\sigma_j}\in x_2+\Delta^{(2)},N(t)=n\Big).
\end{aligned}
$$

引理 3.3.3 证毕.

3.3.5 定理 3.3.1 的证明

对充分大的 $\boldsymbol{x}$ 和任意固定的 $N\in\mathbb{N}$, 有

$$
\begin{aligned}
F_{\boldsymbol{D}_\delta(t)}(\boldsymbol{x}+\boldsymbol{\Delta})&=\left(\sum_{n=1}^{N}+\sum_{n=N+1}^{\infty}\right)P\left(\sum_{k=1}^{n}\boldsymbol{X}_k\mathrm{e}^{-\delta\sigma_k}\in\boldsymbol{x}+\boldsymbol{\Delta},N(t)=n\right)\\
&=:J_1(\boldsymbol{x},t)+J_2(\boldsymbol{x},t).
\end{aligned}\tag{3.87}
$$

首先处理 $J_1(\boldsymbol{x},t)$. 由引理 3.3.3, 对所有 $t\in[0,T]$ 一致地有

$$
\begin{aligned}
J_1(\boldsymbol{x},t)&\sim\left(\sum_{n=1}^{\infty}-\sum_{n=N+1}^{\infty}\right)\sum_{k=1}^{n}\sum_{j=1}^{n}P\Big(X_k^{(1)}\mathrm{e}^{-\delta\sigma_k}\in x_1+\Delta^{(1)},\\
&\qquad X_j^{(2)}\mathrm{e}^{-\delta\sigma_j}\in x_2+\Delta^{(2)},N(t)=n\Big)\\
&=:J_{11}(\boldsymbol{x},t)-J_{12}(\boldsymbol{x},t).
\end{aligned}\tag{3.88}
$$

约定 $\sum_{k=1}^{0}=\sum_{j=1}^{0}=0$, 于是

$$
\begin{aligned}
J_{11}(\boldsymbol{x},t)=&\sum_{k=1}^{\infty}\sum_{j=1}^{k-1}P(X_k^{(1)}\mathrm{e}^{-\delta\sigma_k}\in x_1+\Delta^{(1)},X_j^{(2)}\mathrm{e}^{-\delta\sigma_j}\in x_2+\Delta^{(2)},\sigma_k\leqslant t)\\
&+\sum_{j=1}^{\infty}\sum_{k=1}^{j-1}P(X_k^{(1)}\mathrm{e}^{-\delta\sigma_k}\in x_1+\Delta^{(1)},X_j^{(2)}\mathrm{e}^{-\delta\sigma_j}\in x_2+\Delta^{(2)},\sigma_j\leqslant t)
\end{aligned}
$$

$$
\begin{aligned}
&+\sum_{k=1}^{\infty} P(\boldsymbol{X}_k \mathrm{e}^{-\delta\sigma_k} \in \boldsymbol{x}+\boldsymbol{\Delta}, \sigma_k \leqslant t)\\
=:&\sum_{i=1}^{3} J_{11i}(\boldsymbol{x},t),
\end{aligned}\tag{3.89}
$$

首先, 对于 $J_{111}(\boldsymbol{x},t)$, 根据全概率公式得

$$
\begin{aligned}
&J_{111}(\boldsymbol{x},t)\\
=&\sum_{k=1}^{\infty}\sum_{j=1}^{k-1}\int_0^t\int_0^{t-u}\int_0^{t-u-v}\int_0^{t-u-v-w} P(X_k^{(1)}\mathrm{e}^{-\delta(u+v+w+z)} \in x_1+\Delta^{(1)}|\theta_k=u)\\
&\cdot P(X_j^{(2)}\mathrm{e}^{-\delta(w+z)}\in x_2+\Delta^{(2)}|\theta_j=w)P(\sigma_{j-1}\in \mathrm{d}z)P(\theta_j\in \mathrm{d}w)\\
&\cdot P(\sigma_{k-1}-\sigma_j\in \mathrm{d}v)P(\theta_k\in \mathrm{d}u).
\end{aligned}
$$

记 $c_1=Eh_1(\theta)\mathbf{1}_{\{\theta\leqslant T\}}Eh_2(\theta)\mathbf{1}_{\{\theta\leqslant T\}}$. 因为当 $k\geqslant j+1, j\in\mathbb{N}$ 时, $\sigma_{k-1}-\sigma_j+\theta_{1,k}^*$, $\sigma_{k-j-1}+\theta_{1,k-j}^*$ 和 $\theta_{1,1}^*+\sigma_{k-j}-\theta_1$ 是同分布的随机变量, 根据 (3.61), (3.7) 和 (3.8), 对所有 $t\in\Lambda\cap(0,T]$ 一致地有

$$
\begin{aligned}
&J_{111}(\boldsymbol{x},t)\\
\sim&\sum_{k=1}^{\infty}\sum_{j=1}^{k-1}\int_0^t\int_0^{t-u}\int_0^{t-u-v}\int_0^{t-u-v-w} P(X_k^{(1)}\mathrm{e}^{-\delta(u+v+w+z)} \in x_1+\Delta^{(1)})h_1(u)\\
&\cdot P(X_j^{(2)}\mathrm{e}^{-\delta(w+z)}\in x_2+\Delta^{(2)})h_2(w)P(\sigma_{j-1}\in \mathrm{d}z)P(\theta_j\in dw)\\
&\cdot P(\sigma_{k-1}-\sigma_j\in \mathrm{d}v)P(\theta_k\in \mathrm{d}u)\\
=&c_1\sum_{k=1}^{\infty}\sum_{j=1}^{k-1}P(X_k^{(1)}\mathrm{e}^{-\delta(\sigma_{j-1}+\theta_{2,j}^*+\sigma_{k-1}-\sigma_j+\theta_{1,k}^*)}\in x_1+\Delta^{(1)},\\
&X_j^{(2)}\mathrm{e}^{-\delta(\sigma_{j-1}+\theta_{2,j}^*)}\in x_2+\Delta^{(2)}, \sigma_{j-1}+\theta_{2,j}^*+\sigma_{k-1}-\sigma_j+\theta_{1,k}^*\leqslant t)\\
=&c_1\int_0^t\int_0^{t-u}P\big(X^{(1)}\mathrm{e}^{-\delta(u+v)}\in x_1+\Delta^{(1)}\big)P\big(X^{(2)}\mathrm{e}^{-\delta v}\in x_2+\Delta^{(2)}\big)\\
&\cdot\sum_{j=1}^{\infty}\left(\sum_{k=j+1}^{\infty}P(\sigma_{k-1}-\sigma_j+\theta_{1,k}^*\in \mathrm{d}u)\right)P(\sigma_{j-1}+\theta_{2,j}^*\in \mathrm{d}v)\\
=&c_1\int_0^t\int_0^{t-u}P(X^{(1)}\mathrm{e}^{-\delta(u+v)}\in x_1+\Delta^{(1)})P(X^{(2)}\mathrm{e}^{-\delta v}\in x_2+\Delta^{(2)})\\
&\cdot\sum_{j=1}^{\infty}\left(\sum_{l=1}^{\infty}P(\sigma_{l-1}+\theta_{1,l}^*\in \mathrm{d}u)\right)P(\sigma_{j-1}+\theta_{2,j}^*\in \mathrm{d}v)
\end{aligned}
$$

$$= \int_0^t \int_0^{t-u} P(X^{(1)} \mathrm{e}^{-\delta(u+v)} \in x_1 + \Delta^{(1)}) P(X^{(2)} \mathrm{e}^{-\delta v} \in x_2 + \Delta^{(2)}) \tilde{\lambda}_2(\mathrm{d}v) \tilde{\lambda}_1(\mathrm{d}u). \tag{3.90}$$

同理, 对所有 $t \in \Lambda \cap [0, T]$ 一致地有

$$J_{112}(\boldsymbol{x}, t) \sim \int_0^t \int_0^{t-u} P(X^{(1)} \mathrm{e}^{-\delta u} \in x_1 + \Delta^{(1)}) P(X^{(2)} \mathrm{e}^{-\delta(u+v)} \in x_2 + \Delta^{(2)}) \cdot \tilde{\lambda}_2(\mathrm{d}v) \tilde{\lambda}_1(\mathrm{d}u). \tag{3.91}$$

对于 $J_{113}(\boldsymbol{x}, t)$, 令 $c_2 = Eg(\theta)\mathbf{1}_{\{\theta \leqslant T\}}$, 由条件 2 和 (3.71), 对所有 $t \in (0, T]$ 一致地有

$$\begin{aligned} J_{113}(\boldsymbol{x}, t) &\sim \sum_{k=1}^{\infty} \int_0^t \int_0^{t-u} \prod_{i=1}^{2} P\big(X_k^{(i)} \mathrm{e}^{-\delta u} \in x_i + \Delta^{(i)}\big) g(u) P\big(\sigma_{k-1} \in \mathrm{d}v\big) G(\mathrm{d}u) \\ &= c_2 \sum_{k=1}^{\infty} \int_0^t \prod_{i=1}^{2} P\big(X_k^{(i)} \mathrm{e}^{-\delta u} \in x_i + \Delta^{(i)}\big) P\big(\sigma_{k-1} + \theta_{1,k}^{**} \in \mathrm{d}u\big) \\ &= \int_0^t \prod_{i=1}^{2} P(X_k^{(i)} \mathrm{e}^{-\delta u} \in x_i + \Delta^{(i)}) \tilde{\tilde{\lambda}}(\mathrm{d}u). \end{aligned} \tag{3.92}$$

现分析 $J_{12}(\boldsymbol{x}, t)$, 将其表示为

$$\begin{aligned} & J_{12}(\boldsymbol{x}, t) \\ &= \sum_{n=N+1}^{\infty} \sum_{1 \leqslant k, j \leqslant n} \int_0^t \cdots \int_0^{t - \sum_{i=1}^{n-1} u_i} P(X_k^{(1)} \mathrm{e}^{-\delta \sum_{i=1}^{k} u_i} \in x_1 + \Delta^{(1)}, \\ & \quad X_j^{(2)} \mathrm{e}^{-\delta \sum_{i=1}^{j} u_i} \in x_2 + \Delta^{(2)} | \theta_k = u_k, \theta_j = u_j) P(N(t - u_1) > n - 1) \prod_{i=1}^{n} G(\mathrm{d}u_i) \\ &=: \sum_{n=N+1}^{\infty} \sum_{1 \leqslant k, j \leqslant n} \int_0^t \cdots \int_0^{t - \sum_{i=1}^{n-1} u_i} P_{k,j}(\boldsymbol{x}, \boldsymbol{u}) P\big(N(t - u_1) > n - 1\big) \prod_{i=1}^{n} G(\mathrm{d}u_i). \end{aligned} \tag{3.93}$$

对 $P_{k,j}(\boldsymbol{x}, \boldsymbol{u})$, 分别考虑 $k = j$ 和 $k \neq j$ 这两种情形, 由 (3.69) 或 (3.72), 再由条件 4 和引理 3.3.2 得, 对所有 $u_i \in [0, t]$, $1 \leqslant i \leqslant n$ 和 $t \in (0, T]$ 一致地有

$$P_{k,j}(\boldsymbol{x}, \boldsymbol{u}) = O\Big(P(X_k^{(1)} \mathrm{e}^{-\delta u_1} \in x_1 + \Delta^{(1)}) P(X_j^{(2)} \mathrm{e}^{-\delta u_1} \in x_2 + \Delta^{(2)})\Big). \tag{3.94}$$

由 (3.93), (3.94), (3.9) 和 (3.10), 对所有 $t \in (0, T]$ 一致地有

$$J_{12}(\boldsymbol{x}, t) = O\left(\int_0^t \prod_{i=1}^{2} P(X_k^{(i)} \mathrm{e}^{-\delta u} \in x_i + \Delta^{(i)}) G(\mathrm{d}u) \sum_{n=N+1}^{\infty} n^2 P(N(T) > n - 1)\right)$$

$$= O\left(\int_0^t \prod_{i=1}^{2} P(X_k^{(i)}\mathrm{e}^{-\delta u} \in x_i + \Delta^{(i)})\tilde{\tilde{\lambda}}(\mathrm{d}u) \sum_{n=N+1}^{\infty} n^2 P(N(T) > n-1)\right). \tag{3.95}$$

由 (3.92), (3.95) 和 $E(N(T))^3 < \infty$ 可得

$$\lim_{N\to\infty} \limsup \sup_{t\in(0,T]} \frac{J_{12}(\boldsymbol{x},t)}{J_{113}(\boldsymbol{x},t)} = 0. \tag{3.96}$$

接下来处理 $J_2(\boldsymbol{x},t)$. 对于充分大的 $\boldsymbol{x}$, 由 (3.71)、条件 4、Kesten 不等式和引理 3.3.2, 对满足 $(1+\alpha)(1+\varepsilon) < 1+\beta$ 的 $\varepsilon > 0$, 有

$$\begin{aligned}
&J_2(\boldsymbol{x},t)\\
&\leqslant (1+C_2) \sum_{n=N+1}^{\infty} \int\cdots\int_{0\leqslant s_k\leqslant t-\sum_{i=1}^{k-1}s_i, 1\leqslant k\leqslant n} \int\cdots\int_{\sum_{k=1}^{n} u_k \mathrm{e}^{-\delta\sum_{i=1}^{k}s_i}\in x_1+\Delta^{(1)}}\\
&\quad \int\cdots\int_{\sum_{j=2}^{n} v_j \mathrm{e}^{-\delta\sum_{i=1}^{j}s_i}\in x_2+\Delta^{(2)}} \prod_{k=1}^{n} P(X_k^{(1)}\in du_k)P(X_k^{(2)}\in \mathrm{d}v_k)P(\theta_k\in \mathrm{d}s_k)\\
&\leqslant (1+C_2) \sum_{n=N+1}^{\infty} \int\cdots\int_{0\leqslant s_k\leqslant t-\sum_{i=1}^{k-1}s_i, 1\leqslant k\leqslant n} \int\cdots\int_{\sum_{k=2}^{n} u_k \mathrm{e}^{-\delta\sum_{i=1}^{k}s_i}\in x_1+\Delta^{(1)}}\\
&\quad \cdot P\left(X_1^{(1)}\mathrm{e}^{-\delta s_1} \in x_1 - \sum_{k=2}^{n} u_k \mathrm{e}^{\delta\sum_{i=1}^{k}s_i} + \Delta^{(1)}\right) \int\cdots\int_{\sum_{j=2}^{n} v_j \mathrm{e}^{-\delta\sum_{i=2}^{j}s_i}\in x_2+\Delta^{(2)}}\\
&\quad \cdot P\left(X_1^{(2)}\mathrm{e}^{-\delta s_1} \in x_2 - \sum_{k=2}^{n} v_k \mathrm{e}^{-\delta\sum_{i=1}^{k}s_i} + \Delta^{(2)}\right) \prod_{k=1}^{n} F_1(\mathrm{d}u_k)F_2(\mathrm{d}v_k)G(\mathrm{d}s_k)\\
&= O\left(\sum_{n=N+1}^{\infty} \int\cdots\int_{0\leqslant s_k\leqslant t-\sum_{i=1}^{k-1}s_i, 1\leqslant k\leqslant n} \int\cdots\int_{\sum_{k=2}^{n} u_k \mathrm{e}^{r\sum_{i=1}^{k}s_i}\in x_1+\Delta^{(1)}}\right.\\
&\quad \cdot P\left(X_1^{(1)}\mathrm{e}^{-\delta s_1} \in x_1 - \sum_{k=2}^{n} u_k \mathrm{e}^{-\delta s_1} + \Delta^{(1)}\right) \int\cdots\int_{\sum_{j=2}^{n} v_j \mathrm{e}^{\delta\sum_{i=2}^{j}s_i}\in x_2+\Delta^{(2)}}\\
&\quad \left.\cdot P\left(X_1^{(2)}\mathrm{e}^{-\delta s_1} \in x_2 - \sum_{k=2}^{n} v_k \mathrm{e}^{-\delta s_1} + \Delta^{(2)}\right) \prod_{k=2}^{n} F_1(\mathrm{d}u_k)F_2(\mathrm{d}v_k)G(\mathrm{d}s_k)\right)\\
&= O\left(\sum_{n=N+1}^{\infty} \int_{0-}^{t} F_1^{*n}((x_1+\Delta^{(1)})\mathrm{e}^{\delta s})F_2^{*n}((x_2+\Delta^{(2)})\mathrm{e}^{rs})G(\mathrm{d}s)P(N(T)\geqslant n-1)\right)\\
&= O\Bigg(\int_{0-}^{t} F_1((x_1+\Delta^{(1)})\mathrm{e}^{\delta s})F_2((x_2+\Delta^{(2)})\mathrm{e}^{\delta s})G(\mathrm{d}s) \sum_{n=N+1}^{\infty} (1+\alpha)^n\\
&\quad \cdot P(N(T)\geqslant n-1)\Bigg)
\end{aligned}$$

$$=O\left(\int_{0-}^{t}\prod_{i=1}^{2}P(X_k^{(i)}\mathrm{e}^{-\delta u}\in x_i+\Delta^{(i)})\tilde{\tilde{\lambda}}(\mathrm{d}u)E\mathrm{e}^{\beta N(T)}\mathbf{1}_{\{N(T)\geqslant N-1)\}}\right).$$

因此

$$\lim_{N\to\infty}\limsup\sup_{t\in\Lambda\cap[0,T]}\frac{J_2(\boldsymbol{x},t)}{J_{113}(\boldsymbol{x},t)}=0. \tag{3.97}$$

结合 (3.87), (3.90)—(3.92), (3.96) 和 (3.97), 可知 (3.73) 关于所有 $t\in(0,T]$ 一致成立. 最后注意到

$$F_{-\boldsymbol{U}(\boldsymbol{x},t)}(\boldsymbol{\Delta})=P\big(\boldsymbol{U}(\boldsymbol{x},t)\in-\boldsymbol{\Delta}\big)=F_{\boldsymbol{D}_\delta(t)}\left(\boldsymbol{x}+\int_{0-}^{t}\mathrm{e}^{-\delta y}\boldsymbol{C}(\mathrm{d}y)+\mathrm{e}^{-\delta t}\boldsymbol{\Delta}\right).$$

进而可知 (3.74) 关于 $t\in(0,T]$ 一致成立.

第 4 章 相依综合风险模型中的一致渐近估计

本章主要讨论相依综合风险模型中破产概率的一致渐近估计问题. 其结构安排如下：4.1 节在固定混合投资的策略下引入了连续时间综合风险模型, 讨论了有关文献对该模型下的一些问题的研究结果, 并对相关记号进行说明. 4.2 节是关于连续时间时依综合风险模型的破产渐近分析, 首先通过具体的 copula 函数说明时依结构假设的合理性, 在其基础上给出本章的主要结论; 其次对本章主要结果进行一些说明并给出在风险管理中的一些应用; 再次针对不同情形下的参数设定做了相应的数值模拟; 最后在一系列引理的基础上对主要结果进行了证明. 4.3 节对离散时间综合风险模型的破产问题进行了研究综述. 在此基础上, 4.4 节讨论了金融风险与保险风险相互作用下相依离散时间风险模型的破产渐近分析.

4.1 连续时间综合风险模型研究综述

第 3 章所考虑的带常利率的风险模型仅考虑保险公司将盈余存入银行, 事实上随着金融一体化的进展, 保险公司将一部分盈余资金也投入到了债券市场和股票市场中去, 近十多年来, 研究者开始关注带金融风险的风险模型, 如同巨灾造成的大额索赔一样, 高风险投资也可能危及保险公司的偿付能力. Klüppelberg 和 Kostadinova (2008) 假设保险公司按一定的比例将公司盈余投入到无风险的货币市场和有风险的证券市场, 并假设风险投资的对数收益率过程为一个 Lévy 过程, 该模型称为综合风险模型, 也称为考虑投资风险收益的更新风险模型, 它综合考虑了保险公司承受的金融风险和保险风险, 并用 Lévy 过程刻画资产组合的对数收益率, 这使得该模型具有极大的普适性和解释能力. 特别地, 带常利率的更新风险模型可理解为将盈余全部投入到无风险的货币市场的情形, 因此该模型是带金融风险的风险模型的一个特例.

更新风险模型中, 设索赔额 $\{X_k, k \geqslant 1\}$ 是与 X 独立同分布的一列非负随机变量, X 的分布函数为 $F(x) = 1 - \overline{F}(x)$. 索赔时间间隔 $\{\theta_k, k \geqslant 1\}$ 是与 θ 独立同分布的一列非负随机变量, θ 的分布函数为 $G(x)$. 记 $\tau_k = \sum_{i=1}^{k} \theta_i, k = 1, 2, \cdots$, 则 τ_k 为第 k 次索赔到达的时间. 对任意 $t \geqslant 0$, 记

$$N_t = \sup\{n \geqslant 1, \tau_n \leqslant t\}.$$

则 N_t 为到 t 时刻为止的索赔次数. $\{N_t, t \geqslant 0\}$构成了更新计数过程, 对应的更新函

数如下：

$$\lambda_t = EN_t = \sum_{k=1}^{\infty} P(\tau_k \leqslant t).$$

分别记 $\underline{t} = \inf\{t : P(\theta \leqslant t) > 0\}$, $\Lambda = \{t : 0 < \lambda_t \leqslant \infty\}$, $\Lambda_{T_0,T} = \Lambda \cap [T_0, T]$, $\Lambda_T = \Lambda \cap [0, T]$, 其中 T_0 和 T 满足 $\underline{t} < T_0 < T < \infty$. 易见, 如果 $P(\theta = \underline{t}) > 0$, 那么 $\Lambda = [\underline{t}, \infty]$; 如果 $P(\theta = \underline{t}) = 0$, 那么 $\Lambda = (\underline{t}, \infty]$.

假设保险公司以 $(1-\pi):\pi$ 的比例将其财富源源不断地投资到无风险资产和风险资产上, 它们各自的价格过程满足

$$X_0(t) = \mathrm{e}^{\delta t}, \quad X_1(t) = \mathrm{e}^{R_1(t)}, \quad t \geqslant 0,$$

其中常数 $\delta \geqslant 0$ 为无风险利率, $\{R_1(t), t \geqslant 0\}$ 是初始值为 0 的 Lévy 过程. 本章进一步假设 $\{R_1(t), t \geqslant 0\}$ 独立于 $\{X_k, k = 1, 2, \cdots\}$ 及 $\{\theta_k, k = 1, 2, \cdots\}$, 且 $\{R_1(t), t \geqslant 0\}$ 的轨道右连左极. 需要指出的是, 将投资组合的价格过程假定为几何 Lévy 过程是数理金融中通常的假设, 关于这个假设的细节可参见文献 (Cont and Tankov, 2004) 以及 (Paulsen, 2002, 2008). 利用 Itô 公式可得价格过程满足如下微分方程 (Emmer 等, 2001):

$$\begin{aligned} \mathrm{d}X_0(t) &= \delta X_0(t)\mathrm{d}t, \quad t > 0,\ X_0(0) = 1, \\ \mathrm{d}X_1(t) &= X_1(t-)\mathrm{d}\hat{R}_1(t), \quad t > 0, \quad X_1(0) = 1, \end{aligned}$$

其中过程 $\hat{R}_1$ 满足

$$\mathrm{e}^{R_1(t)} = \mathcal{E}(\hat{R}_1(t)), \quad t \geqslant 0.$$

关于随机指数 $\mathcal{E}$ 的意义见命题 1.7.3. 于是整个投资组合收益率过程服从如下随机微分方程:

$$\mathrm{d}X_\pi(t) = X_\pi(t-)((1-\pi)\delta\mathrm{d}t + \pi\mathrm{d}\hat{R}_1(t)), \quad t > 0,\ X_\pi(0) = 1.$$

从而投资组合价格为

$$X_\pi(t) = \mathcal{E}((1-\pi)\delta t + \pi\hat{R}_1(t)) = \mathrm{e}^{R_\pi(t)}, \quad t \geqslant 0.$$

根据微元法, 保险公司在 $[t, t+\mathrm{d}t]$ 内的盈余等于该时间段内保费收入减去索赔损失再加上投资组合收益, 从而盈余过程满足下列随机微分方程

$$\mathrm{d}U_\pi(t) = c\mathrm{d}t - \mathrm{d}S(t) + U_\pi(t-)((1-\pi)\delta\mathrm{d}t + \pi\mathrm{d}\hat{R}_1(t)), \quad t > 0.$$

初值条件为 $U_\pi(0) = x$, 其中 $x \geqslant 0$ 是保险公司的初始资本, $c \geqslant 0$ 是常值保费收入率. 利用命题 1.7.2, 得该随机微分方程的解为

$$U_\pi(t) = \mathrm{e}^{R_\pi(t)}\left(x + \int_0^t \mathrm{e}^{-R_\pi(v)}(c\mathrm{d}s - \mathrm{d}S(v))\right), \quad t \geqslant 0.$$

上述模型称为综合风险模型 (integrated risk model), 特别地, 当 $\pi = 0$ 时, 该模型退化为带常利率的风险模型.

记

$$D_\pi(t) = \int_0^t \exp(-R_\pi(v))\mathrm{d}(S(v)) = \sum_{k=1}^{\infty} X_k \mathrm{e}^{-R_{\tau_k}} \mathbf{1}_{\{\tau_k \leqslant t\}}, \quad t \geqslant 0.$$

则 $D_\pi(t)$ 为到时刻 t 为止总索赔额的折现值. 并记

$$V_\pi(t) = x - \exp(-R_\pi(t))U_\pi(t) = \int_0^t \exp(-R_\pi(v))\mathrm{d}(S(v) - c\mathrm{d}v), \quad t \geqslant 0.$$

则 $V_\pi(t)$ 为到时刻 t 为止净索赔额的折现值. 定义保险公司在时刻 t 内的破产概率为

$$\psi_\pi(x,t) = P\left(\inf_{s\in(0,t]} U_\pi(s) < 0 \middle| U(0) = x\right), \quad t \geqslant 0. \tag{4.1}$$

易见有

$$\psi_\pi(x,t) = P\left(\sup_{s\in(0,t]} V_\pi(s) > x \middle| U(0) = x\right), \quad t \geqslant 0.$$

为简洁记, 当 $\pi = 1$ 时, 我们也用记号 $R(t)$ 或 R_t 来代替 $R_1(t)$. 关于 $D_\pi(t)$, $V_\pi(t)$ 和 $\psi_\pi(x,t)$ 也做类似的约定. 定义 Lévy 过程 $\{R_\pi(t),\ \ t \geqslant 0\}$ 的 Laplace 指数为

$$\phi_\pi(z) = \log E(\mathrm{e}^{-zR_\pi(1)}), \quad z \in (-\infty, \infty).$$

若 $\phi_\pi(z)$ 为有限值, 由 Lévy-Khintchin 表示可知

$$\phi_\pi(z) = \Psi_\pi(iz) = -\gamma_\pi z + \frac{\sigma_\pi^2}{2} z^2 + \int_{\mathbb{R}} (\mathrm{e}^{-zx} - 1 + zx\mathbf{1}_{\{|x|\leqslant 1\}})\nu_\pi(\mathrm{d}x),$$

其中 $(\gamma_\pi, \sigma_\pi, \nu_\pi)$ 是 $\{R_\pi(t), t \geqslant 0\}$ 的特征三元组. 关于过程 $\{R_\pi(t), t \geqslant 0\}$ 和 $\{R_1(t), t \geqslant 0\}$ 之间的关系作如下注记.

(1) 由文献 (Emmer and Klüppelberg, 2004) 的引理 2.5 知, 该特征三元组与 $\{R_1(t), t \geqslant 0\}$ 的特征三元组 (γ, σ, ν) 之间满足如下关系

$$\begin{aligned}
\gamma_\pi =& \gamma\pi + (1-\pi)\left(\delta + \frac{\sigma^2}{2}\pi\right) \\
&+ \int_{\mathbb{R}} (\log(1+\pi(\mathrm{e}^x - 1))\mathbf{1}_{\{|\log(1+\pi(\mathrm{e}^x-1))|\leqslant 1\}} - \pi x\mathbf{1}_{\{|x|\leqslant 1\}})\nu(\mathrm{d}x), \\
\sigma_\pi^2 =& \pi^2\sigma^2, \\
\nu_\pi(A) =& \nu(x \in \mathbb{R} : \log(1+\pi(\mathrm{e}^x - 1)) \in A).
\end{aligned}$$

由此可知, R_1 幅度为 ΔR_1 的跳跃将导致 R_π 幅度为 $\log(1+\pi(\mathrm{e}^{\Delta R_1}-1))$ 的跳跃.

(2) 由文献 (Sato, 1999) 的定理 25.17 知, 若 $\phi_\pi(z)<\infty$, 则对所有的 $t\geqslant 0$, 有 $E(\mathrm{e}^{-zR_\pi(t)})=\mathrm{e}^{t\phi_\pi(z)}<\infty$, 此外由文献 (Klüppelberg and Kostadinova, 2008) 的引理 A.1 知, 若 $E(\mathrm{e}^{-zR_1(1)})<\infty$, 则对所有的 $\pi\in[0,1]$, 有 $E(\mathrm{e}^{-zR_\pi(1)})<\infty$.

(3) 由文献 (Klüppelberg and Kostadinova, 2008) 的引理 4.1 及其证明得, 任意给定 $\pi\in(0,1)$, $\phi_\pi(z)$ 关于所有的 $z\geqslant 0$ 均有限, 进一步地, 如果 $0<E(R_1(1))<\infty$, 且 $\sigma>0$ 或者 $\nu((-\infty,0))>0$ 成立, 则方程 $\phi_\pi(z)=0$ 存在唯一正根 κ_π. 在此条件下, 注意到 $\phi_\pi(\cdot)$ 是凸函数且 $\phi_\pi(0)=0$ 以及 $\phi_\pi'(0)=-E(R_\pi(1))<0$, 于是对所有的 $0<z<\kappa_\pi$, 有 $\phi_\pi(z)<0$. 为形式上统一, 当 $\pi=0$ 时, 定义 $\kappa_0=\infty$. 在此指出的是, 指数 κ_π 的大小刻画了金融风险的程度, 投资在风险资产上的资金比例越小该指数越大 (Klüppelberg and Kostadinova, 2008), 相应的金融风险越小, 特别地考虑将盈余资产全部存入银行的极端情况, 即 $\pi=0$, 此时金融风险最小, 这与直观是完全吻合的.

利用随机迭代方程理论, Klüppelberg 和 Kostadinova (2008) 在索赔次数过程为齐次泊松过程的假设下, 分别得到了在金融风险和保险风险分别为首要风险的情形下无限时净索赔折现值的极限行为, 并研究了与其相应的离散骨架间的关系. 粗略地讲:

(1) 如果存在 $\beta>0$ 使得 $E(X^{\kappa+\beta})<\infty$, 则存在 $C_+(\pi)>0$, 使得

$$P(V_\pi(\infty)>x)\sim C_+(\pi)x^{-\kappa},\quad x\to\infty.$$

此时保险风险决定了净损失折现过程最终综合风险的尾部性质.

(2) 如果索赔额分布 $F\in\mathcal{R}_{-\alpha}$ 且 $\alpha\in(1,\kappa)$, 那么有

$$P(V_\pi(\infty)>x)\sim\frac{-\lambda}{\phi_\pi(\alpha)}P(X>x).$$

此时金融风险决定了净损失折现过程最终综合风险的尾部性质.

在此基础上, Konstadinova (2007) 考虑了保险公司在均值 –VaR 准则下的最优投资策略问题, 并给出了金融风险和保险风险为主要风险的情形下的数值计算结果; Brokate 等 (2008) 进一步研究了净损失过程的尾分布所满足的微积分方程 (PIDE), 利用并在对数收益率过程为跳扩散过程的框架下给出了该方程的数值解; 在索赔过程为复合泊松过程和 $\overline{F}\in\mathcal{L}\cap\mathcal{D}$ 的条件下, Heyde 和 Wang (2009) 则考虑了当 $\pi\in(0,1)$ 时, 有限时间破产概率的渐近估计

$$\psi_\pi(x,t)\sim\frac{-\lambda}{\phi_\pi(\alpha)}(1-\exp(\phi_\pi(\alpha)t))P(X>x).$$

该结论成立并没有假设 κ_π 的存在性, 上式表明, 即使在最终破产风险主要因素为金融风险的情形, 其有限时间破产概率仍受保险风险控制, 而随着时间的累积, 金

融风险最终会超越保险风险, 成为主要风险因素. 事实上, 由上式可知, 当 $t \to \infty$ 时, 有

$$\frac{-\lambda}{\phi_\pi(\alpha)}(1 - \exp(\phi_\pi(\alpha)t)) \to \infty.$$

Guo 和 Wang (2013a) 进一步在更新风险模型下考虑了 $F \in \mathcal{L} \cap \mathcal{D}$ 的情形. Guo 和 Wang(2013b) 允许索赔额序列是上尾相依的, 并且投资过程是几何 Cádlág 过程, 但仍要求索赔到达过程是齐次泊松过程.

对上述更新风险模型, Tang 等 (2010) 在假定 $\{X_k, k = 1, 2, \cdots\}$ 和 $\{\theta_k, k = 1, 2, \cdots\}$ 相互独立的条件下研究了 $\pi = 1$ 情形下 D_t 的尾概率的一致渐近估计. 他们在 $F \in \mathcal{R}_{-\alpha}$ 且对某个 $\alpha^* > \alpha$ 有 $\phi(\alpha^*) < 0$ 的条件下, 证明了

$$P(D_t > x) \sim \overline{F}(x) \int_{0-}^{t} \mathrm{e}^{s\phi(\alpha)} \mathrm{d}\lambda_s \tag{4.2}$$

关于所有的 $t \in \Lambda$ 一致成立, 由此进一步得到有限时间破产概率的一致渐近估计. 利用这一结论, 他们考虑如下约束条件下的最优投资组合策略问题, 其中约束条件为有限时间破产概率, 目标函数为保险公司的期望盈余. Li (2012) 将 Tang 等 (2010) 的结果推广到时间相依的情形 (即索赔额 X_k 与相应的索赔时间间隔 θ_k 相依), 并考虑索赔额分布 $F \in \mathrm{ERV}(-\alpha, -\beta)$, Li (2012) 证明了如果对某个 $\beta^* > \beta$ 有 $\phi(\beta^*) < 0$, 那么

$$P(D_t > x) \sim \int_{0-}^{t} P(X\mathrm{e}^{-R_s} > x) \mathrm{d}\lambda_s^* \tag{4.3}$$

关于 $t \in \Lambda$ 一致成立, 其中 λ_t^* 的定义将在 4.2.1 小节给出. Li (2012) 中的相依结构由

$$P(X > x | \theta = t) \sim \overline{F}(x) h(t), \quad t \geqslant 0 \tag{4.4}$$

给出, 该相依结构最先由 Asimit 和 Badescu (2010) 提出, 其中 $h(\cdot) : [0, \infty) \mapsto (0, \infty)$ 是某个可测函数, 记号 $\sim$ 表示当 $x \to \infty$ 时, 两边式子之比的极限为 1.

除此之外, 关于该模型的一些变形和推广版本也引起了学界的关注. Kalashnikov 和 Noberg (2002) 假设净保费过程和资产收益率过程为两个相互独立的 Lévy 过程. 当投资收益可能为负值时, 证明了无限时间破产概率的上下界估计均为初始盈余的幂函数形式, 相关讨论可见文献 (Paulsen, 2002); Yuen 等 (2006) 则进一步研究了该模型中的 Gerber-Shiu 罚函数的表达式和所满足的积分方程; Hao 和 Tang (2012) 假定损失过程的归一化 Lévy 测度属于广义正则分布族, 得到了该模型下有限时间破产概率的渐近估计. Li (2016) 则在索赔额服从多元正则变换的假设下得到了 Tang 等 (2010) 结果的多元版本.

一般地, 对于两个二元正值函数 $a(x,t)$ 和 $b(x,t)$ 以及一非空集合 Δ, 称 $a(x,t) \sim b(x,t)$ 关于 $t \in \Delta$ 一致成立, 意指

$$\lim_{x\to\infty} \sup_{t\in\Delta} \left| \frac{a(x,t)}{b(x,t)} - 1 \right| = 0. \tag{4.5}$$

显然, (4.5) 等价于

$$\limsup_{x\to\infty} \sup_{t\in\Delta} \frac{a(x,t)}{b(x,t)} \leqslant 1 \tag{4.6}$$

和

$$\liminf_{x\to\infty} \inf_{t\in\Delta} \frac{a(x,t)}{b(x,t)} \geqslant 1 \tag{4.7}$$

同时成立. 为行文简洁, 分别将 (4.6) 和 (4.7) 记为 $a(x,t) \lesssim b(x,t)$ 和 $a(x,t) \gtrsim b(x,t)$. 此外, 称 $a(x,t) = o(1)b(x,t)$ 关于 $t \in \Delta$ 一致成立, 意指

$$\lim_{x\to\infty} \sup_{t\in\Delta} \frac{a(x,t)}{b(x,t)} = 0.$$

在本章的余下部分将沿用这些记号.

4.2 时依综合风险模型中的一致渐近估计

本节将在 $F \in \mathcal{L} \cap \mathcal{D}$ 以及 (4.4) 成立的条件下, 研究索赔额折现值尾概率的一致渐近估计和有限时间破产概率的一致渐近估计. 所得结果一方面将文献 (Li, 2012) 的结果从 $F \in \mathrm{ERV}(-\alpha, -\beta)$ 推广到 $F \in \mathcal{L} \cap \mathcal{D}$; 另一方面, 与文献 (Guo and Wang, 2013a) 相比, 考虑了索赔额和索赔时间间隔的相依结构. 本节的主要结果出自文献 (崔盛, 2016), 也可参见文献 (崔盛等, 2014), 数值模拟部分源自文献 (Yang et al., 2015).

4.2.1 主要结论

在给出本章主要结果前, 先列出关于 (X, θ) 相依结构所需的两条假设.

(1) 可测函数 $h(\cdot) : [0,\infty) \mapsto (0,\infty)$ 使得 (4.4) 关于 $t \in \Lambda$ 一致成立;

(2) 要么有 $\underline{t} \in \Lambda$, 若不然, 则存在某个 $t^* > \underline{t}$ 使得 $\inf_{t\in(\underline{t},t^*]} h(t) > 0$, 且 $h(t)$ 在 Λ 上有上界.

上述假设中, 假设 (2) 是一个技术性条件, 下面对假设 (1) 的合理性做详细说明. 首先指出的是, 利用 copula 函数可以给出 $h(\cdot)$ 更加清晰的表示. 为简便计, 不妨假设 (X, θ) 的联合分布为 H , 且具有连续的边缘分布 F 和 G. 由 Sklar 定理可

知, 存在唯一的连接函数 $C(u,v):[0,1]^2\mapsto[0,1]$, 使得 $H(x,t)=C(F(x),G(t))$, 相应的生存 copula 为

$$\hat{C}(u,v)=u+v-1+C(1-u,1-v),\quad (u,v)\in[0,1]^2.$$

假设 $C(u,v)$ 绝对连续, 则 $\hat{C}(u,v)$ 也绝对连续, 其相应的密度记为 $\hat{c}(u,v)$. 于是 (4.4) 中的 $h(t)$ 可重新表示为

$$h(t)=\lim_{u\to0+}\left.\frac{\dfrac{\partial}{\partial v}\hat{C}(u,v)}{u}\right|_{v=\bar{G}(t)}=\hat{c}(0+,\bar{G}(t)),\quad t>0. \tag{4.8}$$

本节的余下部分, 变量 t 和变量 v 通过等式 $v=\bar{G}(t)$ 联系到一起. 在此基础上, 利用生存 copula 函数 $\hat{C}(u,v)$, 假设 (1) 要求的 (4.4) 的一致收敛性可表为

$$\lim_{u\to0+}\sup_{v\in(0,1]}\left|\frac{\dfrac{\partial}{\partial v}\hat{C}(u,v)}{uh(t)}-1\right|=\lim_{u\to0+}\sup_{v\in(0,1]}\left|\frac{\displaystyle\int_0^u\hat{c}(s,v)\mathrm{d}s}{u\hat{c}(0+,v)}-1\right|=0. \tag{4.9}$$

事实上, 许多常见的二元 copula 函数均满足此相依结构. 阿基米德 coupla 函数族具有如下形式:

$$C(u,v)=\varphi^{[-1]}(\varphi(u)+\varphi(v)),\quad (u,v)\in[0,1]^2,$$

其中 $\varphi(\cdot):[0,1]\mapsto[0,1]$ 称为阿基米德 copula 的生成元, $\varphi(\cdot)$ 是严格单调减少的凸函数, 且满足 $0<\varphi(0)\leqslant\infty$ 及 $\varphi(1)=0$, $\varphi^{[-1]}(\cdot)$ 是 $\varphi(\cdot)$ 的伪拟 (pseudo-inverse), 当 $0\leqslant t\leqslant\varphi(0)$ 时, 取值为 $\varphi^{-1}(t)$, 当 $t\notin[0,\varphi(0)]$ 时, 取值为 0. 众所周知, 阿基米德 copula 函数族当生成元 $\varphi(\cdot)$ 二次可微时, 其 copula 密度有简洁的表达式, 参见文献 (Nelsen, 2006), 由此可得

$$h(t)=\hat{c}(0+,v)=-\frac{\varphi'(1-)\varphi''(1-v)}{(\varphi'(1-v))^2}.$$

下面通过几个具体的阿基米德 coupla 函数族的例子说明假设 (1) 成立的条件, 更多细节参见文献 (Asimit and Badescu, 2010; Li et al., 2010).

(1) Ali-mikhail-Haq copula:

$$C(u,v)=\frac{uv}{1-\gamma(1-u)(1-v)},\quad \gamma\in[-1,1).$$

由 (4.8) 可得 $h(t)=1+\gamma(1-2v)$, 简单计算表明, 当 $\gamma\in(-1,1)$ 时 (4.9) 成立.

(2) Frank copula:

$$C(u,v) = -\frac{1}{\gamma}\ln\left(1+\frac{(\mathrm{e}^{-\gamma u}-1)(\mathrm{e}^{-\gamma v}-1)}{\mathrm{e}^{-\gamma}-1}\right), \quad \gamma \neq 0.$$

与上例类似, 有 $h(t) = \dfrac{\gamma \mathrm{e}^{\gamma(1-v)}}{\mathrm{e}^{-\gamma}-1}$, 当 $\gamma \neq 0$ 时 (4.9) 成立.

(3) Farlie-Gumbel-Mogenstern copula:

$$C(u,v) = uv + \gamma uv(1-u)(1-v), \quad \gamma \in [-1,1].$$

相应地有 $h(t) = 1+\gamma(1-2v)$, 当 $\gamma \in (-1,1)$ 时 (4.9) 成立.

其次, 假设 (1) 蕴含了对任意给定的 $\varepsilon > 0$, 对所有的 $t \in \Lambda$, 存在 A_0 使得当 $x > A_0$ 时, 有

$$(1-\varepsilon)P(X>x)h(t) \leqslant P(X \in I(x)|\theta = t) \leqslant (1+\varepsilon)P(X>x)h(t). \tag{4.10}$$

由 (4.10) 有

$$\overline{F}(x) = \int_{0-}^{\infty} P(X>x|\theta=t)G(\mathrm{d}t) \sim \overline{F}(x)E(h(\theta)).$$

易见 $E(h(\theta)) = 1$, 现构造随机变量 θ^*, 分布为

$$G^*(\mathrm{d}t) = h(t)G(\mathrm{d}t).$$

且该随机变量独立于 $\{X_k, k=1,2,\cdots\}$, $\{\theta_k, k=1,2,\cdots\}$ 以及 $\{R_t, t \geqslant 0\}$. 在此基础上构造延迟更新过程 $\{N_t^*, t \geqslant 0\}$, 其索赔到达时刻为 $\tau_1^* = \theta^*$, $\tau_k^* = \theta^* + \sum_{i=2}^{k}\theta_i, k=2,3,\cdots$. 相应的更新函数记为 λ_t^*, 则有

$$\lambda_t^* = \int_{0-}^{t}(1+\lambda_{t-u})h(u)G(\mathrm{d}u) = \int_{0-}^{t}(1+\lambda_{t-u})G^*(\mathrm{d}u), \quad t \geqslant 0.$$

在上述讨论的基础上, 下面给出本节的主要结果. 首先考虑 $\pi = 1$ 的情形, 我们有如下结论.

定理 4.2.1 考虑满足假设 (1) 和假设 (2) 的带随机收益的时间相依更新风险模型. 如果 $F \in \mathcal{D} \cap \mathcal{L}$, 且对某个 $p^* > \mathbb{J}_F^+$ 有 $\phi(p^*) < 0$, 则 (4.6) 关于 $t \in \Lambda$ 一致成立.

定理 4.2.2 在定理 4.2.1 的条件下, 关于 $t \in \Lambda$ 一致地有

$$\psi(x,t) \sim \int_{0-}^{t} P(X\mathrm{e}^{-R_s} > x)\mathrm{d}\lambda_s^*.$$

其次考虑 $0 < \pi < 1$ 的情形, 我们有如下结论.

定理 4.2.3 考虑满足假设 (1) 和假设 (2) 的带随机收益的时间相依更新风险模型. 如果 $F\in\mathcal{D}\cap\mathcal{L}$, 则

$$\psi_\pi(x,t)\sim\int_{0-}^{t}P(X\mathrm{e}^{-R_\pi(s)}>x)\mathrm{d}\lambda_s^*$$

关于 $t\in\Lambda_{T_0,T}$ 一致成立.

4.2.2 关于主要结论的说明及其应用

本节首先对定理 4.2.2 和定理 4.2.3 的条件和结论做以下说明: 从条件上看, 在完全风险投资的情形, 定理 4.2.2 在保险风险为首要风险的前提下得到破产概率的一致渐近估计. 而在混合投资的情形, 为得到有限时间破产概率的渐近估计, 无须限定主要风险因素究竟是保险风险还是金融风险, 这与文献 (Heyde and Wang, 2009) 的结论是吻合的. 其主要原因在于混合投资策略情形下, 由风险投资产生的跳跃导致整个投资组合的跳跃有下界 $\log(1-\pi)$, 并且风险投资比例越小, 下界越大. 从结论上, 一方面所得渐近表达式刻画了时依结构对破产概率尾部行为的影响, 这主要体现在延迟更新过程的更新函数 λ_s^* 这一项; 另一方面, 在完全风险投资的情形一致性成立的区间是无限区间 Λ, 在混合投资策略情形一致性成立的区间是无限区间 $\Lambda_{T_0,T}$.

其次, 在定理 4.2.2 的条件下, 如果 $F\in\mathcal{R}_{-\alpha}$, 那么关于 $t\in\Lambda$ 一致地有

$$\psi(x,t)\sim\overline{F}(x)\int_{0-}^{t}\mathrm{e}^{s\phi(\alpha)}\mathrm{d}\lambda_s^*.$$

特别地, 对上式取 $t=\infty$, 则得到无限时间破产概率的如下渐近表示:

$$\psi(x,\infty)\sim\overline{F}(x)\frac{E(h(\theta)\mathrm{e}^{\phi(\alpha)\theta})}{1-E(\mathrm{e}^{\phi(\alpha)\theta})}.$$

进而得到破产时刻 $\tau(x)$ 的 Laplcae 变换渐近表示: 对于任意的 $r\geqslant 0$, 有

$$E(\mathrm{e}^{-r\tau(x)}1_{(\tau(x)<\infty)})\sim\overline{F}(x)\frac{E(h(\theta)\mathrm{e}^{(\phi(\alpha)-r)\theta})}{1-E(\mathrm{e}^{(\phi(\alpha)-r)\theta})}.$$

事实上, 当 $r=0$ 时, $E(\mathrm{e}^{-r\tau(x)}1_{(\tau(x)<\infty)})$ 即为 $\psi(x,\infty)$. 下只需考虑 $r>0$ 的情形, 此时可将示性函数 $\mathbf{1}_{\{\tau(x)<\infty\}}$ 去掉. 由渐近估计的一致性, 有

$$\begin{aligned}E(\mathrm{e}^{-r\tau(x)})&=r\int_{0-}^{\infty}\psi(x,t)\mathrm{e}^{-rt}\mathrm{d}t\\&\sim\overline{F}(x)\int_{0-}^{\infty}\left(\int_{0-}^{t}\mathrm{e}^{s\phi(\alpha)}\mathrm{d}\lambda_s^*\right)\mathrm{e}^{-rt}\mathrm{d}t.\end{aligned}$$

再利用 Fubini 定理交换积分次序, 得

$$\int_{0-}^{\infty}\left(\int_{0-}^{t}\mathrm{e}^{s\phi(\alpha)}\mathrm{d}\lambda_s^*\right)\mathrm{e}^{-rt}\mathrm{d}t=\int_{0-}^{\infty}\left(\int_{s}^{\infty}\mathrm{e}^{-rt}\mathrm{d}t\right)\mathrm{e}^{s\phi(\alpha)}\mathrm{d}\lambda_s^*$$
$$=\frac{E(h(\theta)\mathrm{e}^{(\phi(\alpha)-r)\theta})}{r(1-E(\mathrm{e}^{(\phi(\alpha)-r)\theta}))}.$$

从而得证.

最后, 在此指出, 关于 $P(D_t>x)$ 的渐近行为在风险理论中起到了至关重要的作用, 一些常见的风险测度诸如在险价值 (VaR)、预期亏空 (ES) 以及条件尾期望 (CTE) 的测算均与尾部概率有关, 参见文献 (Rolski et al., 1999; McNeil et al., 2005). 其中, 置信水平为 p 的在险价值表示某种风险 L 造成的损失分布的 p 分位数, 定义如下:

$$\mathrm{VaR}_p(L):=\inf\{x\in\mathbb{R}:P(L>x)\leqslant 1-p\}.$$

损失变量的预期亏空则表示在最糟糕的 $p\%$ 情形下的平均损失, 其定义如下:

$$\mathrm{ES}_p(L)=E(L|L>\mathrm{VaR}_p(D_t)).$$

作为一个示意性的例子, 我们回顾一下 Asimit 和 Badescu (2010) 考虑的在完全无风险投资情形 (即 $\pi=0$) 下关于索赔额现值 $D_0(t)$ 的在险价值和预期亏空的相关结论. 利用文献 (Asimit and Badescu, 2010) 的定理 3.1 和定理 3.2 可得偿付能力资本要求 (SCR) 的如下渐近表示:

$$\mathrm{VaR}_{1-p}(D_0(t))\sim\mathrm{VaR}_{1-p/K_\delta}(X_1),\quad p\downarrow 0,$$

其中, K_δ 的具体形式参见文献 (Asimit and Badescu, 2010). 此外, 如果 $F\in\mathcal{R}_{-\alpha}$ 且 $\alpha>1$, 则

$$\mathrm{ES}_p(D_0(t))\sim\frac{\alpha}{\alpha-1}\mathrm{VaR}_p(D_0(t)),\quad p\uparrow 1.$$

4.2.3 模拟研究

4.2.3.1 盈余过程的路径模拟分析

为了从直观上把握不同的情景设定对保险公司盈余过程的影响, 本小节分别选取较为典型的投资收益率过程、索赔额分布以及投资组合比例制定相应的算法进行模拟研究, 并通过 R 语言编程实现. 具体而言, 本节考虑的风险投资收益率过程包括:

(1) 带漂移的布朗运动: $R(t)=\xi t+\sigma W(t)$, $t\geqslant 0$, 其中 $\xi\in\mathbb{R}$, $\sigma>0$, W 是标准布朗运动, 则其对应的投资组合收益率过程

$$R_\pi(t)=\xi_\pi t+\sigma_\pi W(t),\quad t\geqslant 0$$

仍为带漂移的布朗运动, 其中参数 $\xi_\pi = \xi\pi + (1-\pi)\left(\delta + \frac{\pi\sigma^2}{2}\right)$, $\sigma_\pi^2 = (\pi\sigma)^2$, R_π 的 Laplace 指数为

$$\phi_\pi(s) = -\xi_\pi s + \sigma_\pi^2 \frac{s^2}{2}.$$

(2) Merton 模型：$R(t) = \xi t + \sigma W(t) + C(t)$, $t \geqslant 0$, 其中 $\xi \in \mathbb{R}$, $\sigma > 0$, W 是标准布朗运动, $C(t) = \sum_{j=1}^{M(t)} Z_j$, $t \geqslant 0$ 是强度为 η 的复合泊松过程, 跳跃尺度为随机变量 Z 的独立复制, 则对应的投资组合收益率过程

$$R_\pi(t) = \xi_\pi t + \sigma_\pi W(t) + C_\pi(t), \quad t \geqslant 0$$

仍为跳扩散过程, 其中 ξ_π 和 σ_π^2 意义同上, C_π 仍是强度为 η 的复合泊松过程, 不过跳跃尺度为随机变量 $\log(1+\pi(\mathrm{e}^Z - 1))$ 的独立复制, R_π 的 Laplace 指数为

$$\phi_\pi(s) = -\xi_\pi s + \sigma_\pi^2 \frac{s^2}{2} + \eta(E[(1+\pi(\mathrm{e}^Z-1))^{-s}] - 1).$$

(3) VG 过程是由 Madan 和 Seneta (1990) 提出的一种正态混合模型, 该过程通过对布朗运动作随机时变得到, 时变过程 S_Γ 为伽马过程, 其中 $S_\Gamma(1)$ 服从参数 $r, \eta > 0$ 的伽马分布, 密度函数为 $f_\Gamma(x) = r^\eta x^{\eta-1}\mathrm{e}^{-rx}/\Gamma(\eta)\mathbf{1}_{\{x>0\}}$, 非对称 VG 过程由下式给出：

$$R(t) = \xi t + W_{a,b}(S_\Gamma(t)), \quad t \geqslant 0,$$

其中 $\xi > 0$, $W_{a,b}$ 是漂移系数为 $a < 0$、方差为 b^2 的布朗运动, R 的 Laplace 指数为

$$\phi(s) = -\xi s - \eta \log\left(1 - \frac{1}{r}\left(b^2\frac{s^2}{2} - sa\right)\right), \quad s \in \mathbb{R},$$

Lévy 测度为

$$\nu(\mathrm{d}x) = \frac{r^2}{\eta|x|}\exp\left(\frac{r^2}{\eta|x|} - \frac{\sqrt{a^2 + 2b^2r^2/\eta}}{b^2}|x|\right)\mathrm{d}x.$$

因此, VG 过程是有限变差的纯跳过程, 同时也是无限活动过程, 这意味着 VG 过程在任意有限闭区间上都会发生无穷次跳跃. 当 $\pi < 1$ 时, 则对应的投资组合收益率过程不再是 VG 过程, 但仍然是有限变差过程, Laplace 指数为

$$\phi_\pi(s) = -\xi_\pi s + \sigma_\pi^2\frac{s^2}{2} + \int_{x>\log(1-\theta)} \big((1+\theta(\mathrm{e}^x - 1))^{-s} - 1\big)\nu(\mathrm{d}x).$$

为了比较索赔额尾部大小对盈余过程的影响, 本节选取指数分布、对数正态分布以及帕累托分布作为索赔额的分布, 这三个分布分别来自轻尾分布族、轻度重尾分布族和重度重尾分布族; 为了比较不同的投资比例对盈余过程的影响, 本节选取

风险投资的比例分别为 $\pi=0,0.5,1$, 对应保守型、稳健型和激进型的投资风格; 此外, 时间区间长度定为 $t=1$.

参数设定如下.

(1) 投资收益率过程的参数.

跳扩散过程: $\xi=0.15$, $\sigma=0.2$, $\eta=9$, $\mu_2=0.5$, $\sigma_2=0.75$; VG 过程: $\xi=0.15$, $a=-0.01$, $b^2=0.04-a^2$, $\eta=1$, $r=1$.

(2) 索赔额分布的参数.

指数分布: $\theta=0.1$; 帕累托分布: $\alpha=11$; 对数正态分布: $\mu_3=0$, $\sigma_3=2\ln 10$.

(3) 其他参数.

索赔强度 $\lambda=9$, 初始盈余 $x=10$, 保费率 $c=1$, 无风险利率 $\delta=0.05$.

随机模拟算法如下.

(1) 跳扩散过程随机模拟的算法步骤.

步骤 1. 模拟产生服从参数为 ηT 泊松分布的随机变量, 得到跳跃次数 N;

步骤 2. 模拟生成 N 个服从区间 $[0,T]$ 上均匀分布的随机变量, 相应的顺序统计量对应到达时刻;

步骤 3. 模拟产生 N 个服从分布为 F 的跳跃尺度变量 Z_i, $i=1,\cdots,N$;

步骤 4. 模拟复合泊松过程 $C(t)=\sum_{i=1}^{N}Z_i\mathbf{1}_{\{U_i\leqslant t\}},t\in[0,T]$;

步骤 5. 在 $[0,T]$ 上生成 $n+1$ 个节点, 其中 $t_0=0$, $t_n=T$, 这些节点需包含第 2 步中泊松过程模拟产生的到达时刻;

步骤 6. 模拟 $n+1$ 个标准正态变量 $N_1,\cdots,N_n+1$;

步骤 7. 计算得到 $\Delta W_i=\sigma N_i\sqrt{t_i-t_{i-1}}$, $i=1,\cdots,n+1$;

步骤 8. 得到跳扩散过程在节点上的取值: $R(0)=0$, $R(t_i)=\xi t_i+\sum_{k=1}^{i}\Delta W_i+C(t_i)$, $i=1,\cdots,n+1$.

(2) VG 过程随机模拟的算法步骤.

步骤 1. 模拟 $n+1$ 个标准正态变量 $N_1,\cdots,N_n+1$;

步骤 2. 模拟从属过程的增量 $\Delta C_i=\sigma(C(t_i)-C(t_{i-1}))$, $i=1,\cdots,n+1$;

步骤 3. 计算得到 $\Delta W_i=a\Delta C_i+b\sqrt{\Delta C_i}N_i$, $i=1,\cdots,n+1$;

步骤 4. 计算得到 VG 过程在节点上的取值: $R(0)=0$, $R(t_i)=\xi t_i+\sum_{k=1}^{i}\Delta W_i$, $i=1,\cdots,n+1$.

(3) 盈余过程在区间 $[0,T]$ 上路径模拟算法描述.

步骤 1. 运用跳扩散过程的前四步模拟索赔过程 $S(t)=\sum_{i=1}^{N(t)}Y_i,t\in[0,T]$;

步骤 2. 在 $[0,T]$ 上生成 $n+1$ 个节点, 其中 $t_0=0$, $t_n=T$, 这些节点需包含第 1 步中泊松过程模拟产生的到达时刻 T_j, $j=1,\cdots,N(T)$;

步骤 3. 利用算法 (1) 或算法 (2) 得到对数收益率过程在节点的取值;

步骤 4. 计算得到盈余过程在节点 $i=1,\cdots,n+1$ 的取值

$$U_\pi(t_i) = \mathrm{e}^{R_\pi(t_i)} \left(u + \sum_{j=1}^{i} c(t_j - t_{j-1}) \right) e^{-R_\pi(t_j)} - \sum_{j=1}^{N_{t_i}} Y_i e^{-R_\pi(T_j)}.$$

图 4.2.1—图 4.2.3 在给定风险投资收益率过程为布朗运动的前提下, 分别模拟得到了索赔额服从指数分布、对数正态分布和帕累托分布以及不同的投资比例 (图中用 π 表示) 下的盈余过程路径.

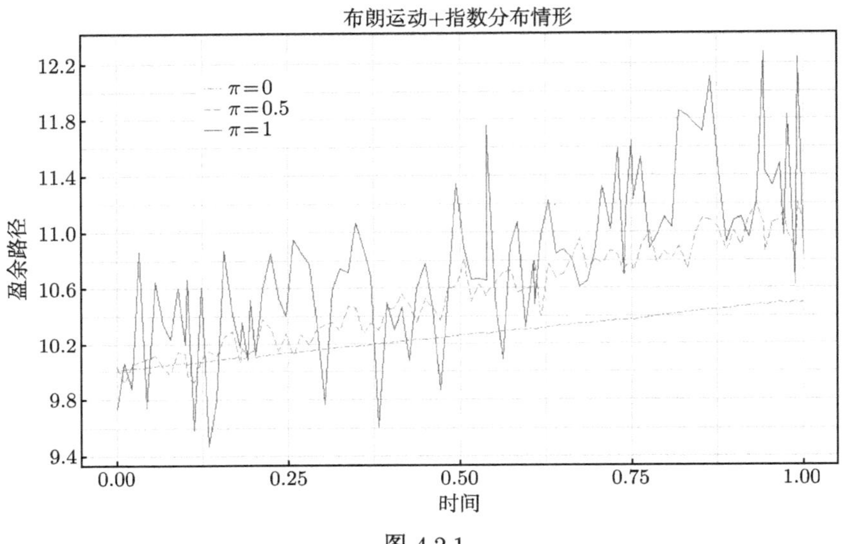

图 4.2.1

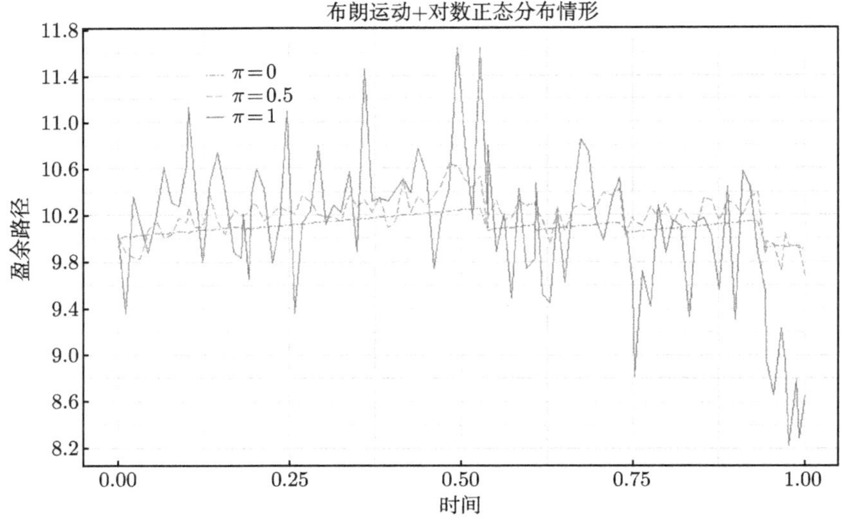

图 4.2.2

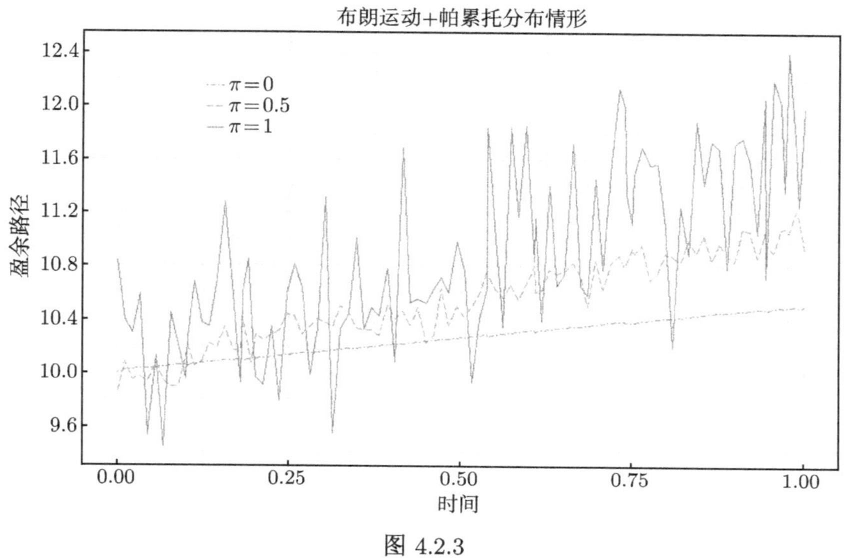

图 4.2.3

图 4.2.4—图 4.2.6 则假定风险投资收益率过程为跳扩散过程, 分别模拟得到了索赔额服从指数分布、对数正态分布和帕累托分布以及不同的投资比例下的盈余过程路径.

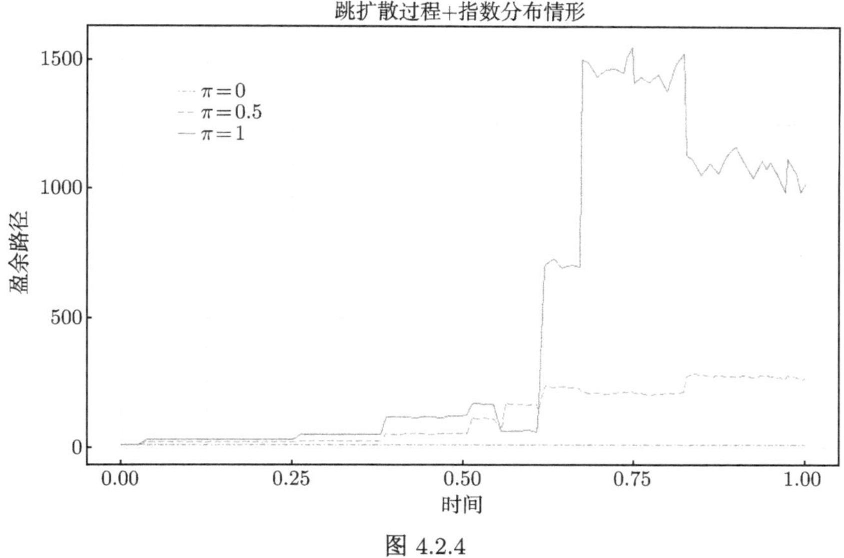

图 4.2.4

图 4.2.7—图 4.2.9 假定风险投资收益率过程为 VG 运动, 索赔额分别服从指数分布、对数正态分布和帕累托分布, 由于当 $\pi < 1$ 时, 投资组合对数收益率过程不

再是 VG 过程, 只对 $\pi = 1$ 情形下的盈余过程路径进行了模拟分析.

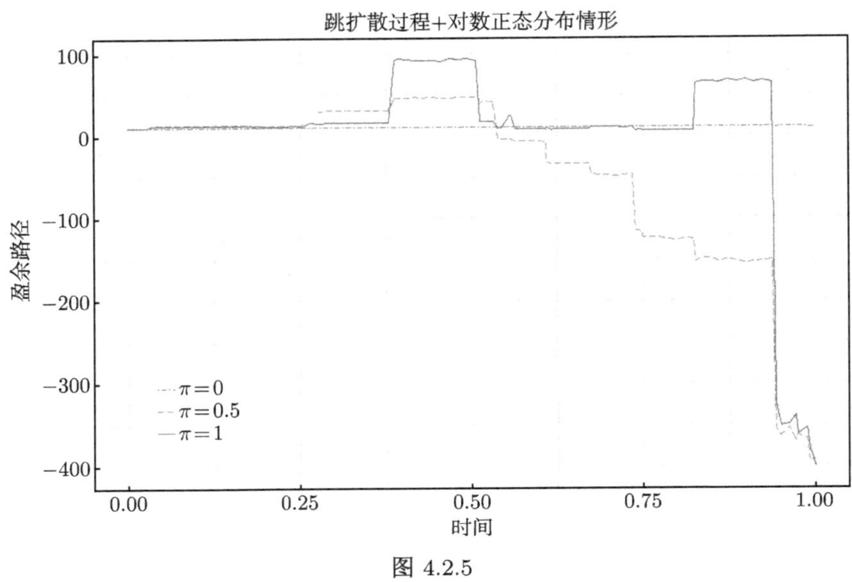

图 4.2.5

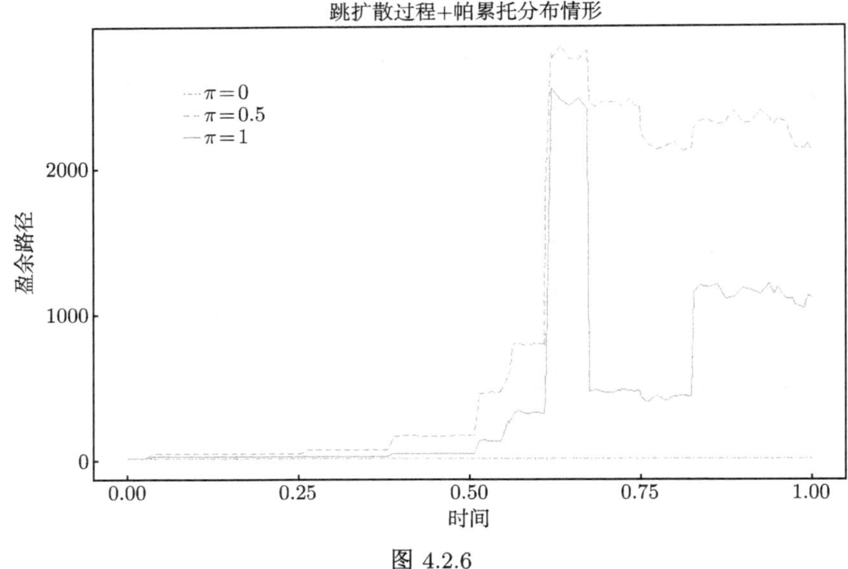

图 4.2.6

由以上不同情景下的盈余过程模拟路径图示, 我们得到如下几点结论.

(1) 同一索赔额分布情形下比较投资策略对盈余过程路径的影响: 其他因素不变, 投资策略风格越偏向于激进, 则保险公司获得较大盈余的可能性越大, 但同时路径波动幅度随之较大, 意味着风险也随之增加.

(2) 纵向比较投资对数收益率过程对盈余过程路径的影响: 无论是跳扩散过程还是 VG 过程, 由于其中存在跳过程部分, 因此在其他因素不变的前提下, 相对于布朗运动的设定, 其盈余过程出现大幅震荡.

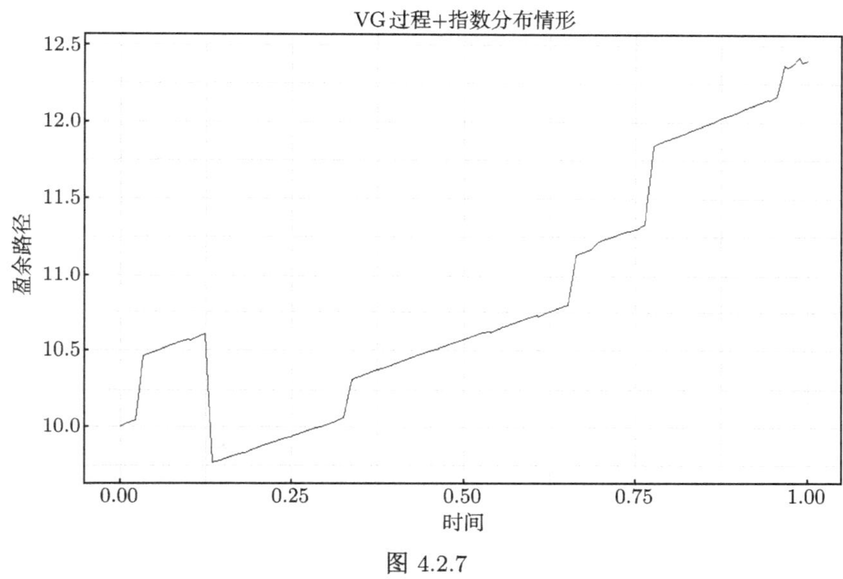

图 4.2.7

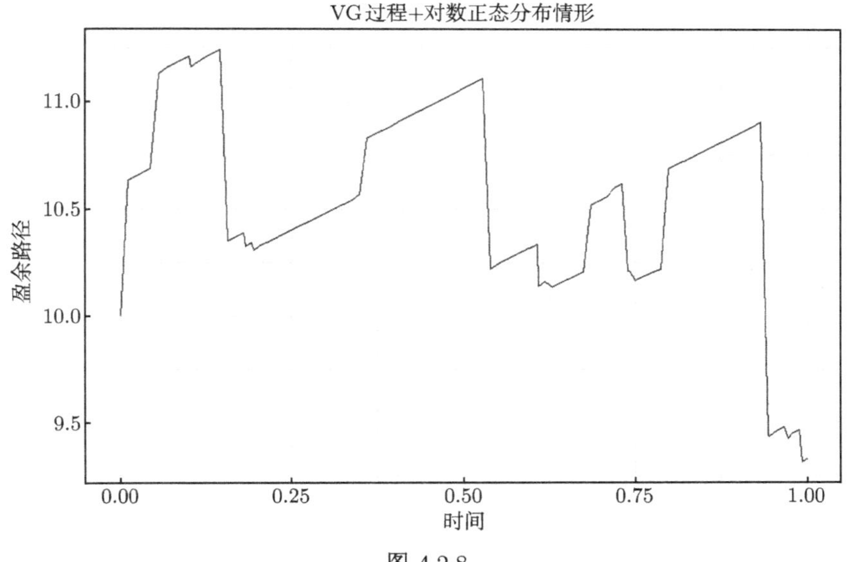

图 4.2.8

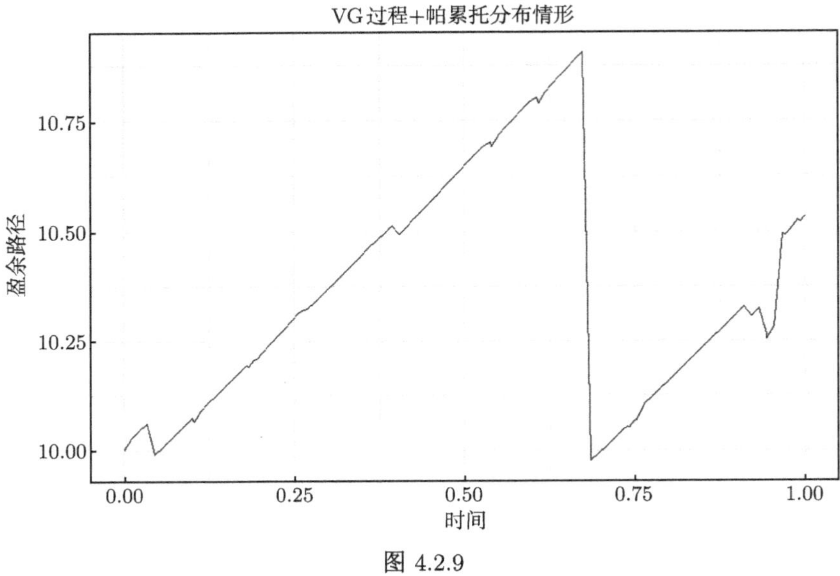

图 4.2.9

(3) 横向比较索赔额分布的影响：与属于轻尾分布族的指数分布相比, 可以看到无论是对数正态分布还是帕累托分布, 一次大索赔往往使得盈余过程出现剧烈的下跌, 甚至使得盈余为负, 这在图 4.2.5 体现尤为明显, 此外图 4.2.6 说明帕累托分布的尾部较对数正态分布更重.

4.2.3.2　破产概率的数值模拟分析

本小节通过模拟仿真来验证定理 4.2.2 中的有限时间和无限时间的破产概率渐近估计的精确性. 注意到, 在定理 4.2.2 的条件下, 如果 $F \in \mathcal{R}_{-\alpha}$, $0<\alpha<\infty$, 则由 Breiman 定理, 进一步得到

$$P(D_\infty > x) \sim \psi(x,\infty) \sim \overline{F}(x)\frac{Eh(\theta_1)\mathrm{e}^{\phi(\alpha)\theta_1}}{1-E\mathrm{e}^{\phi(\alpha)\theta_1}} \tag{4.11}$$

和对任意的 $t>0$,

$$P(D_t > x) \sim \psi(x,t) \sim \overline{F}(x)\int_{0-}^{t} \mathrm{e}^{s\phi(\alpha)}\lambda^*(\mathrm{d}s). \tag{4.12}$$

为了方便起见, 在本小节中仅考虑保险公司进行固定利率 $\delta>0$ 的无风险投资, 比如银行存款, 此时 Lévy 过程 R_t, $t>0$ 简化为线性过程 δt, $t>0$. 设 $c>0$ 为常保费率, 利率 δ 和保险费率 c 分别设为 0.5 和 10.

首先, 对无限时间破产概率 (4.11) 进行模拟分析. 假设索赔额 $X_1, X_2, \cdots$ 独立

同分布, 共同分布为参数 $\alpha=2$, $\kappa=1$ 的帕累托分布,

$$F(x;\alpha,\kappa)=1-\left(\frac{\kappa}{\kappa+x}\right)^{\alpha},\quad x\geqslant 0. \tag{4.13}$$

显然, 该分布属于 $\mathcal{R}_{-\alpha}$ 族. 假设到达时间间隔 $\theta_1,\theta_2,\cdots$ 是独立同分布的随机变量序列, 共同分布为参数 $\lambda=0.5$ 的指数分布 $E(x;\lambda)$, 于是更新计数过程 $N(t)$ 是一个强度参数为 λ 的齐次泊松过程. 假设 (X,θ) 的相依结构由 Frank copula 刻画, 其形式为

$$C(u,v)=-\frac{1}{\gamma}\ln\left(1+\frac{(\mathrm{e}^{\gamma u}-1)(\mathrm{e}^{\gamma v}-1)}{\mathrm{e}^{-\gamma}-1}\right), \tag{4.14}$$

这里设定参数 $\gamma=1$. 在文献 (Li et al., 2010) 的例 3.3 中已经验证了 Frank copula 满足时间相依结构假设, 且 $h(t)=\exp\{1-\mathrm{e}^{-\lambda t}\}\setminus(\mathrm{e}-1)$. 依次设定初始资本 $x=10,10^2,5\times10^2,10^3$. 则 (4.11) 中无限时间破产概率 $\psi(x,\infty)$ 的模拟程序如下:

步骤 1. 为变量 x 赋值, 并设置 $l=0$;

步骤 2. 随机生成独立同分布的索赔额 $X_1,X_2,\cdots$, 其中 $n=10^7$;

步骤 3. 根据 (4.14) 生成独立同分布的到达时间间隔 $\theta_1,\cdots,\theta_n$, 其中 $n=10^7$;

步骤 4. 当 $n=10^4$ 时, 计算

$$W_n=\sum_{k=1}^{n}X_k\mathrm{e}^{-\delta(\theta_1+\cdots+\theta_n)}; \tag{4.15}$$

步骤 5. 比较 W_n 和 x 的大小, 如果 $W_n>x$, 则置 $l=l+1$;

步骤 6. 将步骤 2 至步骤 5 重复 $N=10^9$ 次;

步骤 7. 计算无限时间破产概率的矩估计, 即 l/N;

步骤 8. 将步骤 1 到步骤 7 重复 10 次, 得到 10 个估计值. 然后用这十个估计值的均值作为无限时间破产概率的模拟值.

对于 x 的每个值, 无限时间破产概率的模拟值及理论值 $\overline{F}(x)Eh(\theta_1)\mathrm{e}^{-\alpha\delta\theta_1}/(1-E\mathrm{e}^{-\alpha\delta\theta_1})$ 均列在表 4.2.1 中, 并在模拟值后面的括号中给出了用蒙特卡罗方法计算的估计的标准误 (即无限时间破产概率矩估计的标准差). 由表 4.2.1 可以看出, x 越大, 模拟值与理论值的差值就越小, 估计的标准误也随之越小. 因此, 模拟结果表明渐近估计式 (4.11) 是合理的.

表 4.2.1 (4.11) 中模拟值和理论值的比较

x	理论值	模拟值
10	3.1×10^{-3}	$3.32\times10^{-3}(4.532\times10^{-4})$
10^2	3.736×10^{-5}	$4.209\times10^{-5}(5.022\times10^{-6})$
5×10^2	1.5184×10^{-6}	$1.2971\times10^{-6}(6.2216\times10^{-7})$
10^3	3.8035×10^{-7}	$3.6632\times10^{-7}(4.1637\times10^{-8})$

为了模拟 (4.12) 中的有限时间破产概率, 我们将初始盈余、保费率以及所有的分布及其参数的设定均与上一部分中保持相同. 此外, 将有限时间 t 设置为 $t=1$, 则 (4.12) 中有限时间破产概率 $\psi(x,t)$ 的模拟过程为:

步骤 1. 为变量 x 赋值, 并设置 $l=0$;

步骤 2. 将闭区间 $[0,t]$ 划分为 $m=100$ 小段, 将每个时间点表示为 $t_1,\cdots,t_m$;

步骤 3. 对于每个 t_i, 生成服从泊松分布 $P(\lambda t_i)$ 的一个随机数 n_i, 并将 n_i 设置为索赔的样本量;

步骤 4. 根据来自均匀分布 $U(0,\lambda t_i)$ 的独立同分布随机变量序列对应的顺序统计量, 生成索赔到达时间 $\tau_1^i,\cdots,\tau_n^i$, 从而得到索赔到达时间 $\theta_k^i=\tau_k^i-\tau_{k-1}^i$, $k=1,\cdots,n_i$;

步骤 5. 根据 (4.14) 生成索赔额 $X_1^i,\cdots,X_{n_i}^i$;

步骤 6. 对每一个 $i=1,\cdots,m$, 计算

$$Q_i=\sum_{k=1}^{n_i}X_k^i\mathrm{e}^{-\delta\tau_k^i}-c\int_0^{t_i}\mathrm{e}^{-\delta s}\mathrm{d}s,\quad i=1,\cdots,m, \tag{4.16}$$

其中 δ 和 c 的赋值与之前一致;

步骤 7. 选出 $Q_1,\cdots,Q_m$ 的最大值, 并记作 Q^*, 比较 Q^* 和 x 的大小, 如果 $Q^*>x$, 则 $l=l+1$;

步骤 8. 将步骤 2 至步骤 7 重复 $N=10^9$ 次;

步骤 9. 计算有限时间破产概率的矩估计, 即 l/N;

步骤 10. 将步骤 1 到步骤 9 重复 10 次, 得到 10 个估计值. 然后选择这十个估计值的均值作为有限时间破产概率的模拟值.

对于 x 的每个值, 有限时间破产概率的模拟值及理论值 $\overline{F}(x)\int_{0-}^{t}\mathrm{e}^{s\phi(x)}\lambda^*(\mathrm{d}s)=\overline{F}(x)\int_{0-}^{t}\mathrm{e}^{-\delta\alpha s}(1+(t-s)\lambda)h(s)P(\theta_1\in\mathrm{d}s)$ 均列在表 4.2.2 中, 并在模拟值后面的括号中给出用蒙特卡罗方法计算的估计的标准误. 结果显示, 初始盈余越大, 模拟值与理论值越好.

表 4.2.2　(4.12) 中模拟值和理论值的比较

x	理论值	模拟值
10	1.8×10^{-3}	$1.18\times10^{-3}(3.944\times10^{-4})$
10^2	2.1244×10^{-5}	$2.5011\times10^{-5}(4.3174\times10^{-6})$
5×10^2	8.6337×10^{-7}	$10.6273\times10^{-7}(6.0272\times10^{-8})$
10^3	2.1627×10^{-7}	$2.3027\times10^{-7}(3.2272\times10^{-8})$

4.2.4 考虑有限时间破产概率约束的保险公司最优投资策略

本节在综合风险模型的框架下, 考虑保险公司最优投资策略问题, 其目标为保险公司在某个给定的时间段内 (比如说一年或一个季度) 终期盈余的期望最大化, 但另一方面, 由于风险与收益成正比, 期望财富越大, 意味着投资风险越大, 再加上保险公司本身了汇集大量承保风险, 因此考虑相应的约束条件来控制保险公司的风险. 本节考虑以有限时间破产概率为约束条件, 即保险公司在该时间段内出现破产的概率, 它也是保险监管部门所关注的重要指标.

模型设定如下: 假定保险公司初始盈余为 x, 考虑一个给定的时间点 $T>0$ 和一个很小的概率 p, 比如说 $p=0.01$, 我们的目标是在约束条件

$$\psi_\pi(x,T)<p$$

下选取投资策略 $\pi^*\in[0,1]$, 使得终期财富的期望值最大化

$$\max_{\pi\in[0,1]} E[U_\pi(T)].$$

为了得到更一般性的结论, 本节假定索赔次数过程为更新过程, 索赔额分布 $F\in\mathcal{R}_{-\alpha}$, 其中 $1<\alpha<\infty$, 索赔额序列和索赔次数过程相互独立, 简单计算表明

$$E[U_\pi(T)]=x\mathrm{e}^{\phi_\pi(-1)T}+\int_0^T \mathrm{e}^{\phi_\pi(-1)(T-s)}\mathrm{d}(cs-\mu\lambda_s).$$

为将该优化问题作进一步简化, 我们假定 λ_s 关于 Lebesgue 测度绝对连续, 即存在非负可测函数 λ'_s 使得 $\lambda_s-\lambda_0=\displaystyle\int_0^s\lambda'_u\mathrm{d}u$, 并假设如下安全负载条件 $c-\mu\lambda'_s\geqslant 0$ 成立, 在上述条件下, 期末预期财富 $E[U_\pi(T)]$ 关于 $\phi_\pi(-1)$ 递增.

通常情况下很难得到有限时间破产概率 $\psi_\pi(x,T)$ 的解析表达式, 此时考虑相应的渐近估计, 如果定理 4.2.3 的条件成立, 那么关于 $t\in\Lambda_{T_0,T}$, 一致地有

$$\psi_\pi(x,T)\sim\overline{F}(x)\int_0^T \mathrm{e}^{\phi_\pi(\alpha)s}\mathrm{d}\lambda_s\leqslant p.$$

对于给定的 $x>0$, $\alpha>1$, $T>0$ 以及 $0<p<1$, 定义

$$\Pi=\left\{\pi:\pi\in[0,1]\ \text{且}\ \overline{F}(x)\int_0^T \mathrm{e}^{\phi_\pi(\alpha)s},\mathrm{d}\lambda_s\leqslant p\right\},$$

因此该优化问题进一步化为

$$\max_{\pi\in\Pi}\phi_\pi(-1).$$

在保险风险为主要风险的前提下, 可得到更进一步的结果. 假设 $\varnothing \neq \Pi \subset \{\pi : \phi_\pi(\alpha) < 0\}$, 称任一 $\pi \in \Pi$ 为允许投资策略, 对于给定的 $\alpha > 1$, $\phi_\pi(\alpha)$ 作为 π 的函数, 在区间 $[0,1]$ 上是下凸函数, 且 $\phi_0(\alpha) = -\delta\alpha < 0$, 因此, 集合 Π 是 $[0,1]$ 上的闭区间, 不妨记为 $\Pi = [a_x, b_x] \subset [0,1]$. 由于 $\phi_\pi(-1) = \delta + \pi\left(\gamma_{\hat{R}} - \delta + \int_1^\infty x\hat{\nu}(\mathrm{d}x)\right)$, 其中 $\gamma_{\hat{R}}$ 和 $\hat{\nu}$ 是风险投资对数收益率过程对应随机指数的漂移系数和 Lévy 测度, 记

$$\xi = \gamma_{\hat{R}} - \delta + \int_1^\infty x\hat{\nu}(\mathrm{d}x),$$

则当 $\xi > 0$ 时, $\phi_\pi(-1)$ 在 $\pi \in [0,1]$ 时单调递增, 从而最优投资策略为 $\pi^* = b_x$, 当 $\xi < 0$ 时, $\phi_\pi(-1)$ 在 $\pi \in [0,1]$ 时单调递减, 从而最优投资策略为 $\pi^* = a_x$, 当 $\xi = 0$ 时, $\phi_\pi(-1)$ 在 $\pi \in [0,1]$ 时取值恒为 δ, 因此从理论上讲, 任一允许投资策略 $\pi \in \Pi$ 均可作为优化问题的解, 从实务角度讲, 应遵循国家保险法规对于投资比例的规定, 在法律允许的范围内将风险投资的比例最大化. 上述问题的解与直观是吻合的, 因为 $\gamma_{\hat{R}} + \int_1^\infty x\hat{\nu}(\mathrm{d}x)$ 反映了 Lévy 过程在单位时间内的整体趋势, 条件 $\xi > 0$ 意味着风险投资的预期收益率高于无风险投资的收益率, 从而在允许范围内尽可能最大化投资在风险资产的比例, 反之意味着风险投资是高度危险的, 从而尽可能较少风险投资的比例.

接下来对具体的例子进行数值计算, 我们用 Merton 模型对风险投资建模, 其参数设定与前面相同, 索赔额服从帕累托分布, 表 4.2.3 给出了 Laplace 指数 $\phi_\pi(\alpha)$ 在不同的风险投资比例和不同的正则变换指数下的取值, 由该表可以看出, 对于相同的 α, π 越大, 则相应的 Laplace 指数关于 α 单调递增, 并且当 $\pi = 0.75$ 时, 从 $\alpha \geqslant 4$ 起, $\phi_\pi(\alpha)$ 均为正数, 说明此时金融风险处于主导地位, 与之形成鲜明对比的是 $\pi = 0.25$ 的情形, 此时保险风险处于主导地位; 另一方面, 对于给定的 π, 由于

表 4.2.3　Laplace 指数 $\phi_\pi(\alpha)$ 的取值

α	$\pi = 0$	$\pi = 0.25$	$\pi = 0.5$	$\pi = 0.75$
2	−0.1	−2.407132049	−2.790685594	−2.176746549
3	−0.15	−2.931362628	−2.75055603	−0.337207017
4	−0.2	−3.216645807	−2.113418411	4.144445627
5	−0.25	−3.328399117	−0.844693082	13.77008793
6	−0.3	−3.300935648	1.226802733	34.52858169
7	−0.35	−3.151122063	4.420465316	80.74692476
8	−0.4	−2.884976748	9.259832685	187.5647436
9	−0.45	−2.50096921	16.57756349	443.5534487
10	−0.5	−1.991639954	27.69174931	1077.776672

$\phi_\pi(\alpha)$ 是关于 α 的凸函数, 注意到 $\phi_\pi(0)=0$ 以及 $\mathrm{d}\phi_\pi(\alpha)/\mathrm{d}\alpha<0$ 这一事实, 意味着对于小的 α 值, 保险风险为主要风险, 当 α 的值大于 κ_π 时, 金融风险就会取代保险风险的主导地位.

接下来, 分别考虑不同参数的设定对有限时破产概率的影响, 反过来对于给定破产概率的阈值, 可用来确定最优投资策略. 本节做了四种情况的比较, 分别包括初始盈余 x、正则变化指数 α、Merton 模型的波动率 σ, 以及跳过程部分的标准差 σ_2, 计算结果见图 4.2.10—图 4.2.13, 对于该结果我们作如下说明.

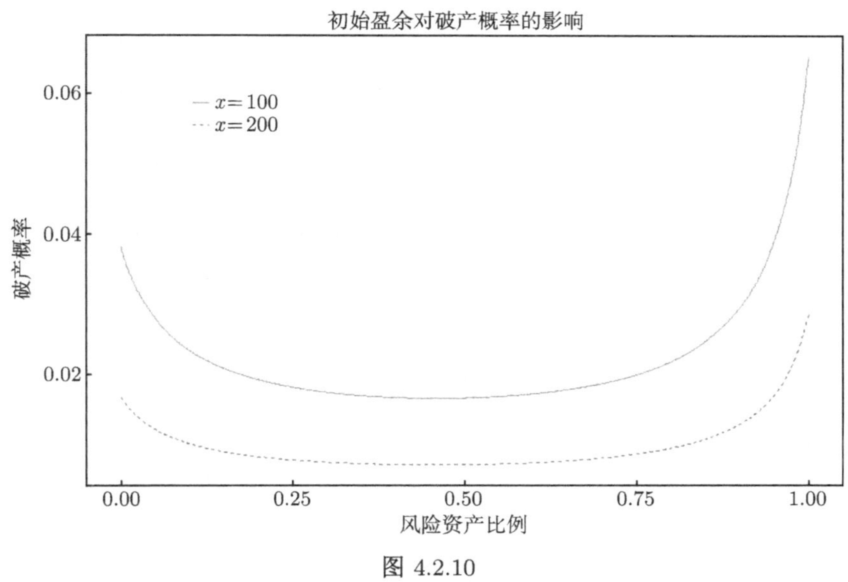

图 4.2.10

(1) 在四种情况下, 大致而言, 破产概率与风险投资的比例之间呈抛物线关系, 意味着随着风险投资的比例, 破产概率曲线先下降, 而后再上升, 说明适当增加风险投资的比例, 可以降低破产概率, 但如果风险投资比例过大, 则高投资带来的风险超过收益, 使得破产可能性增加.

(2) 如图 4.2.10 和图 4.2.11 所示, 其他因素不变, 初始盈余越大, 则相应的破产概率越小, 正则变换指数越大, 意味着索赔额尾概率越小, 从而导致发生破产的可能性越小, 这与直观是相符的.

(3) 如图 4.2.12 所示, 当波动率 $\sigma=1.5$ 时, 在风险投资比例不超过 0.8 时, 则对应的破产概率小于 $\sigma=0.1$ 的情形, 意味着在该范围内承担高风险的代价是值得的, 而一旦投资比例超过 0.8, 则意味着过于激进的投资策略得不偿失.

(4) 图 4.2.13 给出了跳过程部分的标准差 σ_2 对破产概率的影响, 首先较大的标准差意味着市场跳跃幅度更大, 因此破产可能性随之增加, 其次在本节参数的设定下, 较小的标准差 $\sigma_2 = 0.1$ 意味着投资市场风险是可控的, 因此可将全部盈余放在风险投资上来赚取利润.

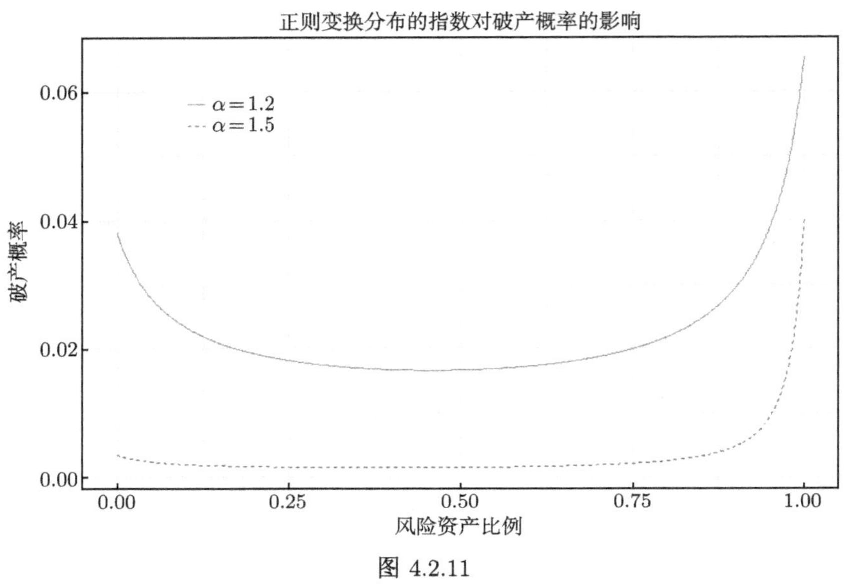

图 4.2.11

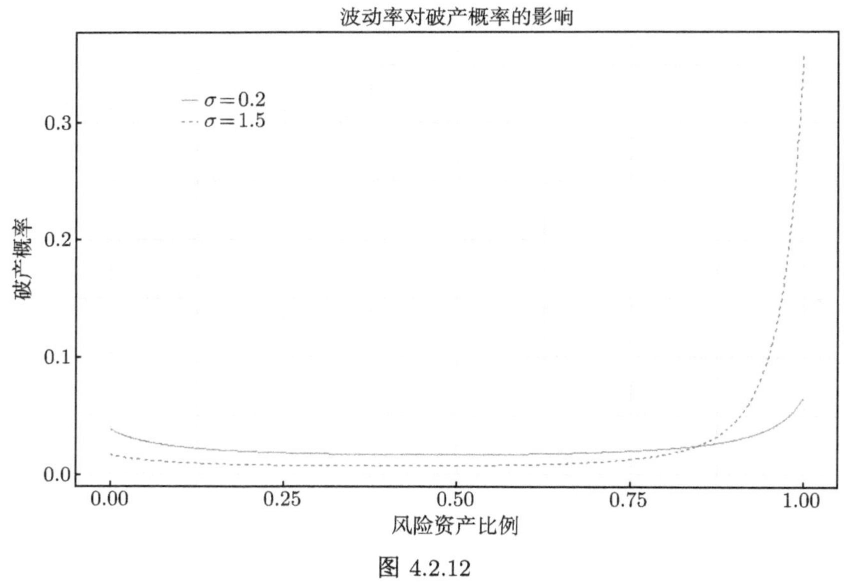

图 4.2.12

最后, 我们来说明一下该优化策略相对于以险公司终期盈余的方差为约束条件的最优投资策略的优势所在. 在后者的模型假设中, 投资组合优化问题的风险用方差来指代. 它源于微观金融学中著名的马科维茨均值方差模型, 但与经典的均值方差模型相比, 该优化问题考虑的风险除了投资风险, 还包括保险风险, 这是由保险公司本身的社会职能决定的. 该模型设定如下: 在某个既定的时间段内, 比如说一年或一个季度, 给定常数 $C \geqslant 0$ 以及 $\Pi = [0, 1]$, 我们在约束条件

$$\mathrm{var}[(U_\pi(t))] \leqslant C$$

下考虑如下优化问题

$$\max_{\pi \in \Pi} E[U_\pi(T)].$$

因此该模型中的风险指双侧风险, 但实际上只有在期望下侧的那部分才是通常意义下的风险, 这往往导致偏于保守的投资策略.

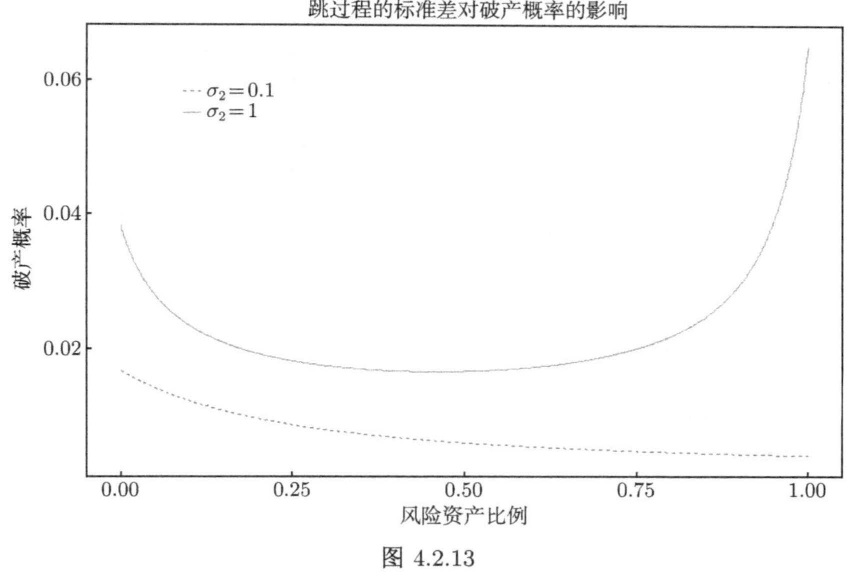

图 4.2.13

为求解该优化问题, 假定索赔次数过程为齐次泊松过程, Kostadinova (2007) 给出了终期盈余 $U_\pi(T)$ 的期望和方差与风险投资对数收益率过程的 Laplace 指数以及索赔额分布之间的关系, 我们将之罗列如下, 这些结果为求解该优化问题提供了理论基础.

考虑综合风险过程 U_π, 假设 $\pi \in [0, 1]$, ϕ 是 R 的 Laplace 指数, 则有

(1) 如果 $\phi(-1) < \infty$, 那么对所有的 $t \geqslant 0$, $X_\pi(t) := \exp(R_\pi(t))$ 的期望存在, 且

$$E(X_\pi(t)) = \exp(t(\delta + \pi(\phi(-1) - \delta))).$$

(2) 如果 $\phi(-2) < \infty$, 那么对所有的 $t \geqslant 0$, $X_\pi(t)$ 的方差存在, 且

$$E[(X_\pi(t))^2] = \exp(t(2\delta + 2\pi(\phi(-1) - \delta)) + \pi^2(\phi(-2) - 2\phi(-1))),$$

从而有

$$\mathrm{var}[(X_\pi(t))] = \mathrm{e}^{2t(\delta+\pi(\phi(-1)-\delta))}(\mathrm{e}^{(t\pi^2(\phi(-2)-2\phi(-1)))} - 1),$$

对所有的 $0 \leqslant v < t$,

$$\mathrm{cov}(X_\pi(t), X_\pi(v)) = \mathrm{e}^{(t+v)(\delta+\pi(\phi(-1)-\delta))}(\mathrm{e}^{v\pi^2(\phi(-2)-2\phi(-1))} - 1).$$

进一步, 假设索赔额期望存在, 即有 $E(X) = \mu < \infty$, 那么有

(1) 如果 $\phi(-1) < \infty$, 那么对所有的 $t \geqslant 0$, $U_\pi(t)$ 的期望存在, 且

$$E(U_\pi(t)) = xE(X_\pi(t)) + (c - \lambda\mu)\int_0^t E(X_\pi(v))\mathrm{d}v.$$

(2) 如果 $\phi(-2) < \infty$, 且 $E(X^2) = \mu_2 < \infty$ 那么对所有的 $t \geqslant 0$, $U_\pi(t)$ 的方差存在, 且

$$\begin{aligned}\mathrm{var}[(U_\pi(t))] =& x^2\mathrm{var}[(X_\pi(t))] + 2x(c - \lambda\mu)\int_0^t \mathrm{cov}(X_\pi(t), X_\pi(v))\mathrm{d}v \\ &+ \lambda\mu_2\int_0^t E[(X_\pi(v))^2]\mathrm{d}v + (c - \lambda\mu)^2\int_0^t\int_0^t \mathrm{cov}(X_\pi(w), X_\pi(v))\mathrm{d}w\mathrm{d}v.\end{aligned}$$

(3) 如果 $\phi(-2) < \infty$, 且 $E(X^2) = \mu_2 < \infty$, 那么对所有的 $0 \leqslant v < t$, $\mathrm{cov}(U_\pi(t), U_\pi(v))$ 存在, 且

$$\mathrm{cov}(U_\pi(t), U_\pi(v)) = \mathrm{var}[(U_\pi(v))]\mathrm{e}^{(t-v)(\delta+\pi(\phi(-1)-\delta))}.$$

在此基础上, 得到如下命题.

命题 4.2.1　假设安全负载条件 $c - \lambda\mu > 0$ 成立且 $\phi(-1) > \delta$, 那么综合风险过程 U_π 的均值、方差和协方差均关于 $\pi \in [0, 1]$ 单调增加.

在此指出的是, 命题 4.2.1 的条件在正常的保险市场和投资市场环境下都是满足的, 其中条件 $c - \lambda\mu > 0$ 意味着保险公司安全负载系数为正, 条件 $\phi(-1) > \delta$ 意味着风险投资的期望对数收益率要高于无风险投资的对数收益率, 因此该命题的适用面很广. 由上述命题可知, 关于均值方差模型的最优投资策略等价于求如下优化问题

$$\max\{\pi : \mathrm{var}[(U_\pi(t))] \leqslant C\}.$$

特别地, 如果 $f(\pi) := \mathrm{var}[(U_\pi(t))]$ 是连续函数, 那么最优投资策略

$$\pi^* = \min\{f^{-1}(C), 1\}.$$

通过分析与 $E[U_\pi(t)]$ 和 $\mathrm{var}[(U_\pi(t))]$ 有关的影响因素, 我们得出以下结论:

(1) 索赔额尾部的轻重对于最优投资策略没有直接影响, 其原因在于均值方差模型中, 索赔额对于目标函数和约束条件的影响是通过期望和方差来间接实现的, 换言之, 无论索赔额分布是重尾还是轻尾, 只要具有相同的均值和方差, 那么在其他因素不变的前提下, 最优投资比例是一样的. 因此从这点看, 该模型与实践相去甚远.

(2) 相对于索赔额分布, 投资收益率过程对于最优投资策略的影响是通过 Laplace 指数 $\phi(-1)$ 和 $\phi(-2)$ 来实现的. 在其他因素不变的前提下, VG 模型造成的终期盈余的波动要小于 Kou 模型, 其主要原因是在混合投资策略下, VG 模型的向下波动的幅度是有限的.

(3) 在其他因素不变的前提下, 初始盈余越大, 相应的投资策略越保守, 其原因在于初始盈余对方差的影响程度要大于对期望的影响, 因此对于相同的约束条件, 投资在风险资产的比例越小. 这一点也与现实环境中的投资策略并非完全吻合.

4.2.5 与定理 4.2.1 相关的引理及其证明

由于技术处理的需要, 引入一辅助随机变量 X^*, 该随机变量与 X 同分布, 并独立于 θ^*, $\{\theta_k, k=1,2,\cdots\}$ 以及 $\{R_t, t\geqslant 0\}$. 相应地记 $\{X_k^*, k=1,2,\cdots\}$ 为与 X^* 独立同分布的随机变量列.

引理 4.2.1 假设两非负随机变量 X 和 Y 相互独立. 如果 $X\in\mathcal{L}\cap\mathcal{D}$, 且对某个 $p>\mathbb{J}_F^+$ 有 $EY^p<\infty$, 则 $XY\in\mathcal{L}\cap\mathcal{D}$, 且 $0<\liminf_{x\to\infty}P(XY>x)/P(X>x)\leqslant\limsup_{x\to\infty}P(XY>x)/P(X>x)<\infty$. 进而对任意给定的 $\delta>0$, 存在一与 δ 和 Y 无关的正数 C, 使得对所有充分大的 x, 有

$$P(XY>\delta x|Y)\leqslant C\overline{F}(x)(\delta^{-p}Y^p\mathbf{1}_{\{Y\geqslant\delta\}}+\mathbf{1}_{\{Y<\delta\}}). \tag{4.17}$$

证明 分别由文献 (Cline and Samorodnitsky, 1994) 的定理 3.3 (或文献 (Tang and Tsitsiashvili, 2003) 的引理 3.8) 和文献 (Heyde and Wang, 2009) 的引理 3.2 可得该引理.

引理 4.2.2 和引理 4.2.3 在 $F\in\mathrm{ERV}$ 的条件下由 Li (2012) 得到, 本节将证明在 $F\in\mathcal{L}\cap\mathcal{D}$ 的条件下该结论仍然成立.

引理 4.2.2 在定理 4.2.1 的条件下, 对 $k=1,2,\cdots$, 存在某个 $0<L<\infty$, 使得

$$\overline{F}(x)P(\tau_k\leqslant t)\leqslant L\overline{F}(x)P(\tau_k^*\leqslant t)\lesssim C\,P(X_k^*\mathrm{e}^{-R_{\tau_k^*}}\mathbf{1}_{\{\tau_k^*\leqslant t\}}>x) \tag{4.18}$$

关于 $t\in\Lambda$ 一致成立.

证明　显然 (4.18) 的第一式可由文献 (Li, 2012) 的引理 3.1 得到. 下只需证明 (4.18) 的第二式. 易见有

$$
\begin{aligned}
&P(X_k^*\mathrm{e}^{-R_{\tau_k^*}}\mathbf{1}_{\{\tau_k^*\leqslant t\}}>x)\\
\geqslant &P\left(X_k^*\mathrm{e}^{-R_{\tau_k^*}}\mathbf{1}_{\{\tau_k^*\leqslant t\}}>x,\mathrm{e}^{-R_{\tau_k^*}}\leqslant\frac{x}{x_0}\right)\\
=&\int_{0-}^{t}\int_{0-}^{x/x_0}\overline{F}(x/r)P(\mathrm{e}^{-R_s}\in\mathrm{d}r)P(\tau_k^*\in\mathrm{d}s).
\end{aligned}
$$

再由 (1.16) 有

$$
\begin{aligned}
&P(X_k^*\mathrm{e}^{-R_{\tau_k^*}}\mathbf{1}_{\{\tau_k^*\leqslant t\}}>x)\\
\geqslant &C\overline{F}(x)\int_{0-}^{t}\int_{0-}^{x/x_0}(r^{p_1}\wedge r^{p_2})P(\mathrm{e}^{-R_s}\in\mathrm{d}r)P(\tau_k^*\in\mathrm{d}s)\\
=&C\overline{F}(x)E(\mathrm{e}^{-p_1R_{\tau_k^*}}\wedge\mathrm{e}^{-p_2R_{\tau_k^*}})\mathbf{1}_{\{\tau_k^*\leqslant t\}}\\
&-C\overline{F}(x)E(\mathrm{e}^{-p_1R_{\tau_k^*}}\wedge\mathrm{e}^{-p_2R_{\tau_k^*}})\mathbf{1}_{\{\tau_k^*\leqslant t,\mathrm{e}^{-R_{\tau_k^*}}>x/x_0\}}\\
=:&C\overline{F}(x)(I_1(x,k,t)-I_2(x,k,t)).
\end{aligned}
$$

从而有

$$
\begin{aligned}
\frac{\overline{F}(x)P(\tau_k^*\leqslant t)}{P(X_k^*\mathrm{e}^{-R_{\tau_k^*}}\mathbf{1}_{\{\tau_k^*\leqslant t\}}>x)}\leqslant&\frac{CP(\tau_k^*\leqslant t)}{I_1(x,k,t)-I_2(x,k,t)}\\
=&\frac{\dfrac{CP(\tau_k^*\leqslant t)}{I_1(x,k,t)}}{1-\dfrac{I_2(x,k,t)}{P(\tau_k^*\leqslant t)}\cdot\dfrac{P(\tau_k^*\leqslant t)}{I_1(x,k,t)}}.
\end{aligned}\tag{4.19}
$$

选取一个充分大的 $T_k\in\Lambda$, 使得 $P(\tau_k^*>T_k)\leqslant P(\tau_k^*\leqslant T_k)$. 注意到 $P\left(\sup\limits_{s\in[0,T_k]}R_s=\infty\right)=0$, 因此有

$$
\begin{aligned}
&\inf_{s\in[0,T_k]}E(\mathrm{e}^{-p_1R_s}\wedge\mathrm{e}^{-p_2R_s})\\
\geqslant &E(\mathrm{e}^{-p_1\sup_{s\in[0,T_k]}R_s}\wedge\mathrm{e}^{-p_2\sup_{s\in[0,T_k]}R_s})>0.
\end{aligned}
$$

于是对所有的 $t\in\Lambda$, 有

$$
\frac{P(\tau_k^*\leqslant t)}{I_1(x,k,t)}\leqslant\frac{\displaystyle\int_{0-}^{t\wedge T_k}P(\tau_k^*\in\mathrm{d}s)+\int_{t\wedge T_k}^{t}P(\tau_k^*\in\mathrm{d}s)\mathbf{1}_{\{T_k<t\}}}{\displaystyle\int_{0-}^{t\wedge T_k}E(\mathrm{e}^{-p_1R_s}\wedge\mathrm{e}^{-p_2R_s})P(\tau_k^*\in\mathrm{d}s)}
$$

$$\leqslant \frac{1}{\inf\limits_{s\in[0,T_k]} E(\mathrm{e}^{-p_1 R_s}\wedge \mathrm{e}^{-p_2 R_s})}\left(1+\frac{P(\tau_k^*>T_k)\mathbf{1}_{\{T_k<t\}}}{P(\tau_k^*\leqslant T_k)}\right)$$
$$\leqslant \frac{2}{\inf\limits_{s\in[0,T_k]} E(\mathrm{e}^{-p_1 R_s}\wedge \mathrm{e}^{-p_2 R_s})}<\infty. \tag{4.20}$$

在 $(\mathbb{J}_F^+, p^*)$ 中选取 p_2, 利用 Hölder 不等式, Chebyshev 不等式以及 $\phi(p^*)<0$, 对所有 $x>x_0$ 和所有 $t\in\Lambda$, 有

$$\begin{aligned}
I_2(x,k,t) &\leqslant \int_{0-}^{t} E(\mathrm{e}^{-p_2 R_s}\mathbf{1}_{\{\mathrm{e}^{-R_s}>x/x_0\}})P(\tau_k^*\in \mathrm{d}s)\\
&\leqslant \int_{0-}^{t} (E(\mathrm{e}^{-p^* R_s}))^{p_2/p^*}(P(\mathrm{e}^{-R_s}>x/x_0))^{1-p_2/p^*}P(\tau_k^*\in \mathrm{d}s)\\
&\leqslant \int_{0-}^{t} (E(\mathrm{e}^{-p^* R_s}))^{p_2/p^*}((x/x_0)^{-p^*}E(\mathrm{e}^{-p^* R_s}))^{1-p_2/p^*}P(\tau_k^*\in \mathrm{d}s)\\
&= (x/x_0)^{p_2-p^*}\int_{0-}^{t} \mathrm{e}^{s\phi(p^*)}P(\tau_k^*\in \mathrm{d}s)\\
&\leqslant (x/x_0)^{p_2-p^*}P(\tau_k^*\leqslant t).
\end{aligned}\tag{4.21}$$

由 (4.19) 至 (4.21) 知引理 4.2.2 成立.

引理 4.2.3 在定理 4.2.1 的条件下, 关于 $t\in\Lambda$ 一致地有

$$P(X_k \mathrm{e}^{-R_{\tau_k}}\mathbf{1}_{\{\tau_k\leqslant t\}}>x)\sim P(X_k^* \mathrm{e}^{-R_{\tau_k^*}}\mathbf{1}_{\{\tau_k^*\leqslant t\}}>x).$$

证明 选取 μ, 使得 $0<\mu<1$ 且 $\mu p^*>\mathbb{J}_F^+$. 根据事件 $\mathrm{e}^{-R_{\tau_k}}>x^{\mu}$ 发生与否, 将 $P(X_k \mathrm{e}^{-R_{\tau_k}}\mathbf{1}_{\{\tau_k\leqslant t\}}>x)$ 分成两块, 并记为 $I_1(x,k,t)$ 和 $I_2(x,k,t)$. 一方面, 由 Chebyshev 不等式, 命题 1.3.5 以及引理 4.2.2, 对所有 $k=1,2,\cdots$, 有

$$\begin{aligned}
I_1(x,k,t) &\leqslant P(\mathrm{e}^{-R_{\tau_k}}\mathbf{1}_{\{\tau_k\leqslant t\}}>x^{\mu})\\
&\leqslant x^{-\mu p^*}\int_{0-}^{t} \mathrm{e}^{s\phi(p^*)}P(\tau_k\in \mathrm{d}s)\\
&= o(1)\overline{F}(x)P(\tau_k\leqslant t)\\
&= o(1)P(X_k^* \mathrm{e}^{-R_{\tau_k^*}}\mathbf{1}_{\{\tau_k^*\leqslant t\}}>x)
\end{aligned}\tag{4.22}$$

关于 $t\in\Lambda$ 一致成立. 同理可得

$$P(\mathrm{e}^{-R_{\tau_k^*}}\mathbf{1}_{\{\tau_k^*\leqslant t\}}>x^{\mu})=o(1)P(X_k^* \mathrm{e}^{-R_{\tau_k^*}}\mathbf{1}_{\{\tau_k^*\leqslant t\}}>x) \tag{4.23}$$

关于 $t\in\Lambda$ 一致成立. 另一方面, 关于 $t\in\Lambda$ 一致地有

$$I_2(x,k,t) \tag{4.24}$$

$$\begin{aligned}
&=\int_{0-}^{t}\int_{0-}^{t-v}\int_{0-}^{x^{\mu}} P(X_k>x/r|\theta_k=v)P(\mathrm{e}^{-R_{u+v}}\in \mathrm{d}r)P(\tau_{k-1}\in \mathrm{d}u)P(\theta_k\in \mathrm{d}v)\\
&\sim\int_{0-}^{t}\int_{0-}^{t-v} P(X^*\mathrm{e}^{-R_{u+v}}>x,\mathrm{e}^{-R_{u+v}}\leqslant x^{\mu})h(v)P(\tau_{k-1}\in \mathrm{d}u)P(\theta_k\in \mathrm{d}v)\\
&=\int_{0-}^{t}\int_{0-}^{t-v} P(X^*\mathrm{e}^{-R_{u+v}}>x,\mathrm{e}^{-R_{u+v}}\leqslant x^{\mu})P(\tau_{k-1}\in \mathrm{d}u)P(\theta^*\in \mathrm{d}v)\\
&=P(X_k^*\mathrm{e}^{-R_{\tau_k^*}}\mathbf{1}_{\{\tau_k^*\leqslant t\}}>x)-P(X_k^*\mathrm{e}^{-R_{\tau_k^*}}\mathbf{1}_{\{\tau_k^*\leqslant t\}}>x,\mathrm{e}^{-R_{\tau_k^*}}>x^{\mu})\\
&\sim P(X_k^*\mathrm{e}^{-R_{\tau_k^*}}\mathbf{1}_{\{\tau_k^*\leqslant t\}}>x).
\end{aligned}\tag{4.25}$$

上述推导的第二步和第五步分别用到了假设 (1) 和 (4.23), 由 (4.22) 与 (4.25) 知引理成立.

引理 4.2.4 设 $\{(X_k,\theta_k),k=1,2\}$ 满足假设 (1) 和假设 (2), 且 $X\in\mathcal{L}\cap\mathcal{D}$. 则

$$P(X_1+X_2>x|\theta_1=v_1,\theta_2=v_2)\sim P(X^*>x)(h(v_1)+h(v_2))\tag{4.26}$$

关于 $(v_1,v_2)\in\Lambda^2$ 一致成立.

证明 将 $P(X_1+X_2>x|\theta_1=v_1,\theta_2=v_2)$ 分成如下三部分:

$$\begin{aligned}
&P(X_1+X_2>x,X_1>x-a_F(x)|\theta_1=v_1,\theta_2=v_2)\\
&\quad+P(X_1+X_2>x,a_F(x)<X_1\leqslant x-a_F(x)|\theta_1=v_1,\theta_2=v_2)\\
&\quad+P(X_1+X_2>x,0\leqslant X_1\leqslant a_F(x)|\theta_1=v_1,\theta_2=v_2)\\
&=:I_1+I_2+I_3,
\end{aligned}$$

其中 $a_F(x)$ 是 F 的辅助函数, 其满足当 $x\to\infty$ 时, $a_F(x)\uparrow\infty$, $\dfrac{a_F(x)}{x}\downarrow 0$.

显然有

$$P(X_1>x|\theta_1=v_1)\leqslant I_1\leqslant P(X_1>x-a_F(x)|\theta_1=v_1).$$

因此

$$\lim_{x\to\infty}\sup_{(v_1,v_2)\in\Lambda^2}\left|\frac{I_1}{P(X^*>x)h(v_1)}-1\right|=0.\tag{4.27}$$

由假设 (1) 知, 关于 $(v_1,v_2)\in\Lambda^2$ 一致成立地有

$$\begin{aligned}
I_2&=\int_{a_F(x)}^{x-a_F(x)} P(X_2>x-t|\theta_2=v_2)P(X_1\in \mathrm{d}t|\theta_1=v_1)\\
&\leqslant P(X_1+X_2>x,X_1>a_F(x),X_2>a_F(x)|\theta_1=v_1,\theta_2=v_2)\\
&\leqslant P(X_1>x/2,X_2>a_F(x)|\theta_1=v_1,\theta_2=v_2)\\
&\quad+P(X_2>x/2,X_1>a_F(x)|\theta_1=v_1,\theta_2=v_2)
\end{aligned}$$

$$\sim P(X_1 > x/2)P(X_2 > a_F(x))h(v_1)h(v_2)$$
$$+P(X_2 > x/2)P(X_1 > a_F(x))h(v_1)h(v_2).$$

注意到 X_1, X_2 独立同分布, 且均属于 $\mathcal{L}\cap\mathcal{D}$, 由假设 (2) 知

$$\lim_{x\to\infty}\sup_{(v_1,v_2)\in\Lambda^2}\left|\frac{I_2}{P(X^*>x)(h(v_1)+h(v_2))}\right|=0. \tag{4.28}$$

当 $t\in[0,a_F(x)]$ 时, 有

$$P(X_2>x|\theta_2=v_2)\leqslant P(X_2>x-a_F(x)|\theta_2=v_2).$$

从而可得

$$\lim_{x\to\infty}\sup_{(v_1,v_2)\in\Lambda^2}\left|\frac{I_3}{P(X^*>x)h(v_2)}-1\right|=0. \tag{4.29}$$

由 (4.27) 至 (4.29) 知, 引理 4.2.4 成立.

引理 4.2.5 设 $\{(X_k,\theta_k),k=1,2\}$ 满足假设 (1) 和假设 (2), 且 $X\in\mathcal{L}\cap\mathcal{D}$. 则

$$P(X_1+cX_2>x|\theta_1=v_1,\theta_2=v_2)\sim P(X_1^*>x)h(v_1)+P(cX_2^*>x)h(v_2) \tag{4.30}$$

关于 $c\in[a,b]$ 和 $(v_1,v_2)\in\Lambda^2$ 一致成立, 其中 $0<a<1<b<\infty$.

证明 首先考虑 $c\in[a,1]$ 的情形. 由引理 4.2.4 知对任意给定的 $\varepsilon>0$, 存在 $A_1>0$ 使得当 $x\geqslant A_1$ 时, 有

$$P(X_1\leqslant a_F(x)|\theta_1=v_1)\geqslant 1-\varepsilon \tag{4.31}$$

和

$$\int_{a_F(x)}^{x-a_F(x)}P(X_2>x-t|\theta_2=v_2)P(X_1\in \mathrm{d}t|\theta_1=v_1)$$
$$\leqslant\varepsilon P(X^*>x)(h(v_1)+h(v_2)) \tag{4.32}$$

同时成立.

记 (4.30) 的左边为 I, 将 I 关于 X_2 取条件, 有

$$I=\int_0^\infty P(cX_2>x-t|\theta_2=v_2)P(X_1\in \mathrm{d}t|\theta_1=v_1). \tag{4.33}$$

并根据积分变量取值分别属于区间 $[0,a_F(x))$, $[a_F(x),x-a_F(x))$ 和 $[x-a_F(x),\infty)$ 将该积分式分成三部分, 分别记为 I_1, I_2 和 I_3. 一方面, 由 (4.31) 和 (4.10) 可得, 存在 A_1 使得当 $x\geqslant A_1$ 时, 有

$$I_1\geqslant P(cX_2>x|\theta_2=v_2)P(X_1\leqslant a_F(x)|\theta_1=v_1)$$

$$\begin{aligned}&\geqslant (1-\varepsilon)P(cX_2 > x|\theta_2 = v_2)\\&\geqslant (1-\varepsilon)^2 P(cX^* > x)h(v_2).\end{aligned}\tag{4.34}$$

另一方面, 存在 $A_2 > 0$, 使得当 $x \geqslant A_2$ 时, 有

$$\begin{aligned}I_1 &\leqslant P\left(X_2 > \frac{x}{c} - \frac{a_F(x)}{c}\middle|\theta_2 = v_2\right)\\&\leqslant P\left(X_2 > \frac{x}{c} - \frac{a_F(x)}{a}\middle|\theta_2 = v_2\right)\\&\leqslant (1+\varepsilon)P\left(X^* > \frac{x}{c} - \frac{a_F(x)}{a}\right)h(v_2)\\&\leqslant (1+\varepsilon)^2 P(cX^* > x)h(v_2).\end{aligned}\tag{4.35}$$

关于 I_2, 由 (4.32) 可得, 当 $x \geqslant A_1$ 时, 有

$$0 \leqslant I_2 \leqslant \varepsilon P(X^* > x)(h(v_1) + h(v_2)).\tag{4.36}$$

注意到

$$P(X_1 > x|\theta_1 = v_1) \leqslant I_3 \leqslant P(X_1 > x - a_F(x)|\theta_1 = v_1).$$

可知存在 $A_3 > 0$, 当 $x \geqslant A_3$ 时, 有

$$(1-\varepsilon)P(X^* > x)h(v_1) \leqslant I_3 \leqslant (1+\varepsilon)P(X^* > x)h(v_1).\tag{4.37}$$

将 (4.34) 至 (4.37) 代入 (4.33), 当 $x \geqslant \max\{A_1, A_2, A_3\}$ 时, 有

$$I \geqslant (1-\varepsilon)P(X^* > x)h(v_1) + (1-\varepsilon)^2 P(cX^* > x)h(v_2)$$

和

$$I \leqslant P(X^* > x)((1+2\varepsilon)h(v_1) + \varepsilon h(v_2)) + (1+\varepsilon)^2 P(cX^* > x)h(v_2)$$

成立. 由 ε 的任意性得, 当 $c \in [a, 1]$ 时, 有 (4.30) 成立.

当 $c \in [1, b]$ 时, 令 $c' = \dfrac{1}{c}$ 和 $x' = \dfrac{x}{c}$, 有

$$\frac{P(X_1 + cX_2 > x|\theta_1 = v_1, \theta_2 = v_2)}{P(X_1^* > x)h(v_1) + P(cX_2^* > x)h(v_2)} = \frac{P(c'X_1 + X_2 > x'|\theta_1 = v_1, \theta_2 = v_2)}{P(c'X_1^* > x')h(v_1) + P(X_2^* > x')h(v_2)}.$$

从而转化成 $c' \in \left[\dfrac{1}{b}, 1\right]$ 的情形, 于是引理 4.2.5 得证.

引理 4.2.6 设 $\{(X_k,\theta_k),k=1,\cdots,n\}$ 满足假设 (1) 和假设 (2), 且 $X\in\mathcal{L}\cap\mathcal{D}$. 则对任意固定的 $0<a<b<\infty$,

$$P\left(\sum_{k=1}^{n}c_kX_k>x\,\middle|\,\bigcap_{k=1}^{n}\{\theta_k=v_k\}\right)\sim\sum_{k=1}^{n}P(c_kX_k^*>x)h(v_k) \tag{4.38}$$

关于 $(c_1,c_2,\cdots,c_n)\in[a,b]^n$ 和 $(v_1,v_2,\cdots,v_n)\in\Lambda^n$ 一致成立.

证明 将 (4.38) 写成

$$P\left(\sum_{k=1}^{n-1}c_k'X_k+X_n>x'\,\middle|\,\bigcap_{k=1}^{n}\{\theta_k=v_k\}\right)\sim\sum_{k=1}^{n}P(c_k'X_k^*>x')h(v_k), \tag{4.39}$$

其中 $c_k'=\dfrac{c_k}{c_n}\in\left[\dfrac{a}{b},\dfrac{b}{a}\right]$, $1\leqslant k\leqslant n-1$, 且当 $x\to\infty$ 时, 有 $x'=\dfrac{x}{c_n}\to\infty$. 因此, 不失一般性地可假设 (4.38) 中的 $c_n=1$. 下只需证明

$$\begin{aligned}&P\left(\sum_{k=1}^{n-1}c_kX_k+X_n>x\,\middle|\,\bigcap_{k=1}^{n}\{\theta_k=v_k\}\right)\\&\sim\sum_{k=1}^{n-1}P(c_kX_k^*>x)h(v_k)+P(X_n^*>x)h(v_n)\end{aligned} \tag{4.40}$$

关于 $(c_1,c_2,\cdots,c_{n-1})\in[a,b]^{n-1}$ 和 $(v_1,v_2,\cdots,v_n)\in\Lambda^n$ 一致成立.

现用数学归纳法证明. 首先由引理 4.2.5 知, 当 $n=2$ 时 (4.40) 成立. 假设当 $n=m\geqslant2$ 时 (4.40) 成立, 这蕴含了任意给定 $\varepsilon>0$, 对所有 $(c_1,c_2,\cdots,c_m)\in[a,b]^m$ 和 $(v_1,v_2,\cdots,v_m)\in\Lambda^m$, 存在 $B_1>0$, 当 $x\geqslant B_1$ 时, 有

$$1-\varepsilon\leqslant\frac{P\left(\sum\limits_{k=1}^{m}c_kX_k>x\,\middle|\,\bigcap\limits_{k=1}^{m}\{\theta_k=v_k\}\right)}{\sum\limits_{k=1}^{m}P(c_kX_k^*>x)h(v_k)}\leqslant1+\varepsilon. \tag{4.41}$$

当 $n=m+1$ 时, 记 $P(\sum_{k=1}^{m+1}c_kX_k>x|\bigcap_{k=1}^{m}\{\theta_k=v_k\})$ 为 I, 并作如下分解:

$$\begin{aligned}&\left(\int_0^{x-B_1}+\int_{x-B_1}^{\infty}\right)P\left(\sum_{k=1}^{m}c_kX_k>x-t\,\middle|\,\bigcap_{k=1}^{m}\{\theta_k=v_k\}\right)\\&\cdot P(X_{m+1}\in\mathrm{d}t|\theta_{m+1}=v_{m+1})\\&=:I_1+I_2,\end{aligned} \tag{4.42}$$

记

$$I_{11}=\sum_{k=1}^{m}h(v_k)P(c_kX_k^*+X_{m+1}>x|\theta_{m+1}=v_{m+1}),$$

$$I_{12}=\sum_{k=1}^{m}h(v_k)P(X_{m+1}>x|\theta_{m+1}=v_{m+1}),$$

$$I_{13}=\sum_{k=1}^{m}h(v_k)P(X_{m+1}>x-B_1|\theta_{m+1}=v_{m+1}).$$

由 (4.40) 得到

$$I_1\leqslant(1+\varepsilon)(I_{11}-I_{12}),\tag{4.43}$$

以及

$$I_1\geqslant(1-\varepsilon)(I_{11}-I_{13}).\tag{4.44}$$

由引理 4.2.5, 假设 (1) 和 $F\in\mathcal{S}\subset\mathcal{L}$ 可知, 存在 $B_2>0$, 使得当 $x\geqslant B_2$ 时, 有

$$1-\varepsilon\leqslant\frac{I_{11}}{\sum\limits_{k=1}^{m}h(v_k)(P(c_kX_k^*>x)+P(X_{m+1}^*>x)h(v_{m+1}))}\leqslant 1+\varepsilon,\tag{4.45}$$

$$I_{12}\geqslant(1-\varepsilon)h(v_{m+1})P(X_{m+1}^*>x)\sum_{k=1}^{m}h(v_k),\tag{4.46}$$

以及

$$I_{13}\leqslant(1+\varepsilon)^2h(v_{m+1})P(X_{m+1}^*>x)\sum_{k=1}^{m}h(v_k)\tag{4.47}$$

同时成立. 下面来处理 I_2, 易见对所有的 $\theta_{m+1}\in\Lambda$ 和 $x>B_2$, 有

$$\begin{aligned}I_2&\leqslant P(X_{m+1}>x-B_1|\theta_{m+1}=v_{m+1})\\&\leqslant(1+\varepsilon)^2P(X_{m+1}^*>x)h(v_{m+1}),\end{aligned}\tag{4.48}$$

同时有

$$\begin{aligned}I_2&\geqslant P(X_{m+1}>x|\theta_{m+1}=v_{m+1})\\&\geqslant(1-\varepsilon)P(X_{m+1}^*>x)h(v_{m+1}).\end{aligned}\tag{4.49}$$

由 (4.43) 至 (4.49) 可知, 当 $x>\max\{B_1,B_2\}$ 时, 有

$$I\geqslant(1-\varepsilon)^2\left(\sum_{k=1}^{m}h(v_k)P(c_kX_k^*>x)\right)$$

$$+\left(1-\varepsilon+\varepsilon(\varepsilon-1)(\varepsilon+3)\sum_{k=1}^{m}h(v_k)\right)h(v_{m+1})P(X_{m+1}^*>x)$$

和

$$\begin{aligned}I\leqslant&(1+\varepsilon)^2\left(\sum_{k=1}^{m}h(v_k)(P(c_kX_k^*>x)\right)\\&+\left((1+\varepsilon)^2+2\varepsilon(1+\varepsilon)\sum_{k=1}^{m}h(v_k)\right)h(v_{m+1})P(X_{m+1}^*>x)\end{aligned}$$

成立, 再由 ε 的任意性可知 (4.38) 成立, 于是引理 4.2.6 得证.

引理 4.2.7 在定理 4.2.1 的条件下, 对所有 $n=1,2,\cdots$, 关于 $t\in\Lambda_T$ 一致地有

$$P\left(\sum_{k=1}^{n}X_k\mathrm{e}^{-R_{\tau_k}}\mathbf{1}_{\{\tau_k\leqslant t\}}>x\right)\sim\sum_{k=1}^{n}P(X_k^*\mathrm{e}^{-R_{\tau_k^*}}\mathbf{1}_{\{\tau_k^*\leqslant t\}}>x).$$

证明 首先估计上界. 任意给定 $0<a<1<b<\infty$, 分别记

$$D=\left\{(v_1,v_2,\cdots,v_n)\middle|0\leqslant v_k\leqslant t,t_k=:\sum_{i=1}^{k}v_i\leqslant t,k=1,2,\cdots,n\right\},$$

$$E=\{(r_1,r_2,\cdots,r_n)|a^k\leqslant r_k\leqslant b^k,k=1,2,\cdots,n\},$$

$$I_i(n,x,t)=P\left(\sum_{k=1}^{n}X_k\mathrm{e}^{-R_{\tau_k}}\mathbf{1}_{\{\tau_k\leqslant t\}}>x,A_i\right),\quad i=1,2,3,$$

其中

$$A_1=\bigcap_{k=1}^{n}\{a^k\leqslant\mathrm{e}^{-R_{\tau_k}}\leqslant b^k\},$$

$$A_2=\bigcup_{k=1}^{n}\{\mathrm{e}^{-R_{\tau_k}}>b^k\},$$

$$A_3=\bigcup_{k=1}^{n}\{\mathrm{e}^{-R_{\tau_k}}<a^k\}.$$

类似地记

$$A_1^*=\bigcap_{k=1}^{n}\{a^k\leqslant\mathrm{e}^{-R_{\tau_k^*}}\leqslant b^k\},$$

$$A_2^*=\bigcup_{k=1}^{n}\{\mathrm{e}^{-R_{\tau_k^*}}>b^k\},$$

$$A_3^* = \bigcup_{k=1}^{n} \{\mathrm{e}^{-R_{\tau_k^*}} < a^k\}.$$

对 $I_1(n,x,t)$ 依次关于 θ_k 和 $\mathrm{e}^{-R_{\tau_k}}$, $k=1,2,\cdots,n$ 取条件, 由引理 4.2.6 可知, 对 $t\in\Lambda$ 一致地有

$$\begin{aligned}
&I_1(n,x,t)\\
&=\int_{D\times E} P\left(\sum_{k=1}^{n} r_k X_k > x \,\middle|\, \bigcap_{k=1}^{n}\{\theta_k = v_k\}\right)\prod_{k=1}^{n} P(\mathrm{e}^{-R_{t_k}}\in \mathrm{d}r_k, \theta_k\in \mathrm{d}v_k)\\
&\sim \sum_{k=1}^{n}\int_{D\times E} P(r_k X_k > x) h(v_k)\prod_{k=1}^{n} P(\mathrm{e}^{-R_{t_k}}\in \mathrm{d}r_k, \theta_k\in \mathrm{d}v_k)\\
&=\sum_{k=1}^{n} P(X_k^*\mathrm{e}^{-R_{\tau_k^*}}\mathbf{1}_{\{\tau_k^*\leqslant t\}} > x, A_1^*)\\
&\leqslant \sum_{k=1}^{n} P(X_k^*\mathrm{e}^{-R_{\tau_k^*}}\mathbf{1}_{\{\tau_k^*\leqslant t\}} > x).
\end{aligned} \tag{4.50}$$

由引理 4.2.3 可知, 任意给定 $\varepsilon>0$, 对所有 $t\in\Lambda$ 和充分大的 x, 有

$$\begin{aligned}
&P(X_k\mathrm{e}^{-R_{\tau_k}}\mathbf{1}_{\{\tau_k\leqslant t\}} > x/n, \mathrm{e}^{-R_{\tau_k}} > b)\\
&\leqslant (1+\varepsilon)P(X_k^*\mathrm{e}^{-R_{\tau_k^*}}\mathbf{1}_{\{\tau_k^*\leqslant t\}} > x/n)\\
&\quad -(1-\varepsilon)P(X_k^*\mathrm{e}^{-R_{\tau_k^*}}\mathbf{1}_{\{\tau_k^*\leqslant t\}} > x/n, \mathrm{e}^{-R_{\tau_k^*}}\leqslant b).
\end{aligned}$$

从而有

$$\begin{aligned}
I_2(n,x,t) &\leqslant \sum_{k=1}^{n} P(X_k\mathrm{e}^{-R_{\tau_k}}\mathbf{1}_{\{\tau_k\leqslant t\}} > x/n, \mathrm{e}^{-R_{\tau_k}} > b)\\
&\leqslant (1+\varepsilon)\sum_{k=1}^{n} P(X_k^*\mathrm{e}^{-R_{\tau_k^*}}\mathbf{1}_{\{\tau_k^*\leqslant t\}} > x/n, \mathrm{e}^{-R_{\tau_{k^*}}} > b)\\
&\quad + 2\varepsilon\sum_{k=1}^{n} P(X_k^*\mathrm{e}^{-R_{\tau_k^*}}\mathbf{1}_{\{\tau_k^*\leqslant t\}} > x/n).
\end{aligned}$$

由引理 4.2.1 可知, 给定 $p\in(\mathbb{J}_F^+, p^*]$, 对所有的 $t\in\Lambda_T$ 和充分大的 x, 有

$$\begin{aligned}
&P(X_k^*\mathrm{e}^{-R_{\tau_k^*}}\mathbf{1}_{\{\tau_k^*\leqslant t\}} > x/n, \mathrm{e}^{-R_{\tau_k^*}} > b)\\
&\leqslant \int_{0-}^{t} P(X_k^*\mathrm{e}^{-R_{t_k}} > x/n, \mathrm{e}^{-R_{t_k}} > b) P(\tau_k^*\in \mathrm{d}t_k)\\
&\leqslant \int_{0-}^{t} P(X_k^*\mathrm{e}^{-\inf_{t\in[0,T]} R_t} > x/n, \mathrm{e}^{-\inf_{t\in[0,T]} R_t} > b) P(\tau_k^*\in \mathrm{d}t_k)
\end{aligned}$$

$$\leqslant CJ(n,p,b)\overline{F}(x)P(\tau_k^*\leqslant t),$$

其中

$$J(n,p,b)=:E\Big[n^p(\mathrm{e}^{-\inf_{t\in[0,T]}R_t})^p\mathbf{1}_{\{\mathrm{e}^{-\inf_{t\in[0,T]}R_t}>b\}}+\mathbf{1}_{\{\mathrm{e}^{-\inf_{t\in[0,T]}R_t}>b\}}\Big].$$

于是得

$$I_2(n,x,t)\quad\leqslant C\left(J(n,p,b)\sum_{k=1}^{n}\overline{F}(x)P(\tau_k^*\leqslant t)+\varepsilon\sum_{k=1}^{n}P(X_k^*\mathrm{e}^{-R_{\tau_k^*}}\mathbf{1}_{\{\tau_k^*\leqslant t\}}>x)\right).$$

由文献 (Guo and Wang, 2013a) 知, $E(\mathrm{e}^{-\inf_{t\in[0,T]}R_t})^p<\infty$, 在上式中取充分大的 b, 则有

$$I_2(n,x,t)\leqslant C\varepsilon\sum_{k=1}^{n}P(X_k^*\mathrm{e}^{-R_{\tau_k^*}}\mathbf{1}_{\{\tau_k^*\leqslant t\}}>x).\tag{4.51}$$

类似地处理 $I_3(n,x,t)$, 对所有的 $t\in\Lambda_T$ 和充分大的 x, 有

$$\begin{aligned}&I_3(n,x,t)\\&\leqslant(1+\varepsilon)\sum_{k=1}^{n}\int_{0-}^{*}P(X_k\mathrm{e}^{-\inf_{t\in[0,T]}R_t}>x/n,\mathrm{e}^{-\sup_{t\in[0,T]}R_t}<a)P(\tau_k^*\in\mathrm{d}t_k)\\&\leqslant CK(n,p,b)\sum_{k=1}^{n}\overline{F}(x)P(\tau_k^*\leqslant t),\end{aligned}$$

其中

$$K(n,p,b)=:E\Big[n^p(\mathrm{e}^{-\inf_{t\in[0,T]}R_t})^p\mathbf{1}_{\{\mathrm{e}^{-\sup_{t\in[0,T]}R_t}<a\}}+\mathbf{1}_{\{\mathrm{e}^{-\sup_{t\in[0,T]}R_t}<a\}}\Big].$$

注意到当 $a\to0$ 时, 有 $P(\mathrm{e}^{-\sup_{t\in[0,T]}R_t}<a)\to0$, 由引理 4.2.2 知, 对充分小的 a 有

$$I_3(n,x,t)\leqslant C\varepsilon\sum_{k=1}^{n}P(X_k^*\mathrm{e}^{-R_{\tau_k^*}}\mathbf{1}_{\{\tau_k^*\leqslant t\}}>x).\tag{4.52}$$

由 (4.50)—(4.52) 知, 关于 $t\in\Lambda_T$ 一致地有

$$P\left(\sum_{k=1}^{n}X_k\mathrm{e}^{-R_{\tau_k}}\mathbf{1}_{\{\tau_k\leqslant t\}}>x\right)\lesssim\sum_{k=1}^{n}P(X_k^*\mathrm{e}^{-R_{\tau_k^*}}\mathbf{1}_{\{\tau_k^*\leqslant t\}}>x).\tag{4.53}$$

接下来估计下界. 由 (4.50) 可得, 关于 $t\in\Lambda_T$ 一致地有

$$P\left(\sum_{k=1}^{n}X_k\mathrm{e}^{-R_{\tau_k}}\mathbf{1}_{\{\tau_k\leqslant t\}}>x\right)\geqslant P\left(\sum_{k=1}^{n}X_k\mathrm{e}^{-R_{\tau_k}}\mathbf{1}_{\{\tau_k\leqslant t\}}>x,A_1\right)$$

$$\sim \sum_{k=1}^{n} P(X_k^* \mathrm{e}^{-R_{\tau_k^*}} \mathbf{1}_{\{\tau_k^* \leqslant t\}} > x, A_1^*). \tag{4.54}$$

运用与 (4.51) 以及 (4.52) 类似的证明可得

$$\limsup_{b\to\infty} \limsup_{a\to 0} \limsup_{x\to\infty} \sup_{t\in\Lambda_T} \frac{\sum_{k=1}^{n} P(X_k^* \mathrm{e}^{-R_{\tau_k^*}} \mathbf{1}_{\{\tau_k^* \leqslant t\}} > x, A_2^* \cup A_3^*)}{\sum_{k=1}^{n} P(X_k^* \mathrm{e}^{-R_{\tau_k^*}} \mathbf{1}_{\{\tau_k^* \leqslant t\}} > x)} = 0. \tag{4.55}$$

由 (4.54) 与 (4.55) 知, 关于 $t \in \Lambda_T$ 一致地有

$$P\left(\sum_{k=1}^{n} X_k \mathrm{e}^{-R_{\tau_k^*}} \mathbf{1}_{\{\tau_k^* \leqslant t\}} > x\right) \gtrsim \sum_{k=1}^{n} P(X_k^* \mathrm{e}^{-R_{\tau_k^*}} \mathbf{1}_{\{\tau_k^* \leqslant t\}} > x). \tag{4.56}$$

由 (4.53) 与 (4.56) 知, 引理 4.2.7 成立.

引理 4.2.8 在定理 4.2.1 的条件下, 有

$$\lim_{n\to\infty} \limsup_{x\to\infty} \sup_{t\in\Lambda} \frac{P\left(\sum_{k=n+1}^{\infty} X_k \mathrm{e}^{-R_{\tau_k}} \mathbf{1}_{\{\tau_k \leqslant t\}} > x\right)}{P(X^* \mathrm{e}^{-R_{\theta^*}} \mathbf{1}_{\{\theta^* \leqslant t\}} > x)} = 0,$$

以及

$$\lim_{n\to\infty} \limsup_{x\to\infty} \sup_{t\in\Lambda} \frac{\sum_{k=n+1}^{\infty} P(X_k^* \mathrm{e}^{-R_{\tau_k^*}} \mathbf{1}_{\{\tau_k^* \leqslant t\}} > x)}{P(X^* \mathrm{e}^{-R_{\theta^*}} \mathbf{1}_{\{\theta^* \leqslant t\}} > x)} = 0.$$

证明 选取充分大的 n 使得 $\sum_{k=n+1}^{\infty} k^{-2} < 1$ 成立, 于是有

$$\begin{aligned}
&P\left(\sum_{k=n+1}^{\infty} X_k \mathrm{e}^{-R_{\tau_k}} \mathbf{1}_{\{\tau_k \leqslant t\}} > x\right) \\
&\leqslant P\left(\bigcup_{k=n+1}^{\infty} \left\{X_k \mathrm{e}^{-R_{\tau_k}} \mathbf{1}_{\{\tau_k \leqslant t\}} > \frac{x}{k^2}\right\}\right) \\
&\leqslant \sum_{k=n+1}^{\infty} \left[P\left(X_k \mathrm{e}^{-R_{\tau_k}} \mathbf{1}_{\{\tau_k \leqslant t\}} > \frac{x}{k^2}, A\right)\right. \qquad (4.57)\\
&\qquad \left. + P\left(X_k \mathrm{e}^{-R_{\tau_k}} \mathbf{1}_{\{\tau_k \leqslant t\}} > \frac{x}{k^2}, A^c\right)\right] \\
&=: I_1(n,x,t) + I_2(n,x,t), \qquad (4.58)
\end{aligned}$$

其中 $A = \left\{\mathrm{e}^{-R_{\tau_k}} > \dfrac{x}{x_0 k^2}\right\}$, x_0 由 (1.16) 给出. 在 $(\mathbb{J}_F^+, p^*)$ 选取某个 p_2, 利用

Chebyshev 不等式和 Hölder 不等式, 并注意到 $P(\tau_k \leqslant t) \leqslant (G(t))^k$, 得到

$$\begin{aligned}
&I_1(n,x,t)\\
&\leqslant \sum_{k=n+1}^{\infty} P\left(\mathrm{e}^{-R_{\tau_k}}\mathbf{1}_{\{\tau_k\leqslant t\}} > \frac{x}{x_0k^2}\right)\\
&\leqslant Cx^{-p_2}\sum_{k=n+1}^{\infty} k^{2p_2}E[\mathrm{e}^{-p_2R_{\tau_k}}\mathbf{1}_{\{\tau_k\leqslant t\}}]\\
&\leqslant Cx^{-p_2}\sum_{k=n+1}^{\infty} k^{2p_2}(E(\mathrm{e}^{\phi(p^*)\theta}))^{kp_2/p^*}(G(t))^{k(1-p_2/p^*)}\\
&=o(1)\overline{F}(x)G(t)\sum_{k=n+1}^{\infty} k^{2p_2}(E(\mathrm{e}^{\phi(p^*)\theta}))^{kp_2/p^*}(G(t))^{k(1-p_2/p^*)-1}.
\end{aligned}$$

选取充分大的 k 使得 $k(1-p_2/p^*)>1$, 由引理 4.2.2 可得

$$\lim_{n\to\infty}\limsup_{x\to\infty}\sup_{t\in\Lambda}\frac{I_1(n,x,t)}{P(X^*\mathrm{e}^{-R_{\theta^*}}\mathbf{1}_{\{\theta^*\leqslant t\}}>x)}=0. \tag{4.59}$$

接下来处理 $I_2(n,x,t)$. 记

$$F=\left\{(r,u,v)\middle|0\leqslant r\leqslant t, 0\leqslant u\leqslant t-v, 0\leqslant v\leqslant \frac{x}{x_0k^2}\right\}.$$

由命题 1.3.5 (2) 和 (4.10) 可知, 当 $x\geqslant x_0$ 时, 有

$$\begin{aligned}
&I_2(n,x,t)\\
&=\sum_{k=n+1}^{\infty}\int_F P\left(X_k>\frac{x}{k^2r}\middle|\theta_k=v\right)P(\mathrm{e}^{-R_{u+v}}\in\mathrm{d}r)P(\tau_{k-1}\in\mathrm{d}u)P(\theta_k\in\mathrm{d}v)\\
&\leqslant(1+\varepsilon)\sum_{k=n+1}^{\infty}\int_F P\left(X_k^*>\frac{x}{k^2r}\right)P(\mathrm{e}^{-R_{u+v}}\in\mathrm{d}r)P(\tau_{k-1}\in\mathrm{d}u)P(\theta_k^*\in\mathrm{d}v)\\
&\leqslant C\overline{F}(x)\sum_{k=n+1}^{\infty}\int_F((k^2r)^{p_2}\vee(k^2r)^{p_1})P(\mathrm{e}^{-R_{u+v}}\in\mathrm{d}r)P(\tau_{k-1}\in\mathrm{d}u)P(\theta_k^*\in\mathrm{d}v)\\
&\leqslant C\overline{F}(x)\sum_{k=n+1}^{\infty}k^{2p_2}(E(\mathrm{e}^{-p_2R_{\tau_k^*}}\mathbf{1}_{\{\tau_k^*\leqslant t\}})+E(\mathrm{e}^{-p_1R_{\tau_k^*}}\mathbf{1}_{\{\tau_k^*\leqslant t\}}))\\
&=:I_{21}(n,x,t)+I_{22}(n,x,t).
\end{aligned}$$

关于 $I_{21}(n,x,t)$, 类似于 $I_1(n,x,t)$ 的证明得

$$I_{21}(n,x,t)$$

$$\leqslant C\overline{F}(x)\sum_{k=n+1}^{\infty}k^{2p_2}(E(\mathrm{e}^{-p^*R_{\tau_k^*}}))^{p_2/p^*}(G(t))^{k(1-p_2/p^*)}$$

$$\leqslant C\overline{F}(x)G(t)\sum_{k=n+1}^{\infty}k^{2p_2}(E(\mathrm{e}^{\phi(p^*)\theta}))^{(k-1)p_2/p^*}(E(\mathrm{e}^{\phi(p^*)\theta^*}))^{p_2/p^*}$$

$$\leqslant C\overline{F}(x)G(t)\sum_{k=n+1}^{\infty}k^{2p_2}(E(\mathrm{e}^{\phi(p^*)\theta}))^{(k-1)p_2/p^*}.$$

从而有

$$\lim_{n\to\infty}\limsup_{x\to\infty}\sup_{t\in\Lambda}\frac{I_{21}(n,x,t)}{P(X^*\mathrm{e}^{-R_{\theta^*}}\mathbf{1}_{\{\theta^*\leqslant t\}}>x)}=0. \tag{4.60}$$

同理可得

$$\lim_{n\to\infty}\limsup_{x\to\infty}\sup_{t\in\Lambda}\frac{I_{22}(n,x,t)}{P(X^*\mathrm{e}^{-R_{\theta^*}}\mathbf{1}_{\{\theta^*\leqslant t\}}>x)}=0. \tag{4.61}$$

由 (4.59) 至 (4.61) 得

$$\lim_{n\to\infty}\limsup_{x\to\infty}\sup_{t\in\Lambda}\frac{P\left(\displaystyle\sum_{k=n+1}^{\infty}X_k\mathrm{e}^{-R_{\tau_k}}\mathbf{1}_{\{\tau_k\leqslant t\}}>x\right)}{P(X^*\mathrm{e}^{-R_{\theta^*}}\mathbf{1}_{\{\theta^*\leqslant t\}}>x)}=0.$$

注意到对所有的 x 和 k, 都有

$$\sum_{k=n+1}^{\infty}P(X_k^*\mathrm{e}^{-R_{\tau_k^*}}\mathbf{1}_{\{\tau_k^*\leqslant t\}}>x)\leqslant\sum_{k=n+1}^{\infty}P\left(X_k^*\mathrm{e}^{-R_{\tau_k^*}}\mathbf{1}_{\{\tau_k^*\leqslant t\}}>\frac{x}{k^2}\right)$$

成立, 于是

$$\lim_{n\to\infty}\limsup_{x\to\infty}\sup_{t\in\Lambda}\frac{\displaystyle\sum_{k=n+1}^{\infty}P(X_k^*\mathrm{e}^{-R_{\tau_k^*}}\mathbf{1}_{\{\tau_k^*\leqslant t\}}>x)}{P(X^*\mathrm{e}^{-R_{\theta^*}}\mathbf{1}_{\{\theta^*\leqslant t\}}>x)}=0.$$

则引理 4.2.8 得证.

引理 4.2.9　在定理 4.2.1 的条件下, 任意给定 $0<\varepsilon<1$, 存在 $n_0=n_0(\varepsilon)>0$, $D(n_0)<\infty$ 和 $x_3>0$, 使得当 $x>x_3$ 时, 对所有的 $t\in\Lambda_T$,

$$P\left(\sum_{k=n_0+1}^{\infty}X_kb^{n_0}\mathrm{e}^{-(R_{\tau_k}-R_{\tau_{n_0}})}>x\right)\leqslant\varepsilon D(n_0)\sum_{k=1}^{n_0}P(X^*\mathrm{e}^{-R_{\theta^*}}\mathbf{1}_{\{\theta^*\leqslant t\}}>x) \tag{4.62}$$

成立, 其中 $1<b<\infty$.

证明　该引理的证明方法类似文献 (Ming et al., 2010) 的引理 3.5. 首先, 利用证明引理 4.2.8 的技巧, 有

$$\lim_{n\to\infty}\limsup_{x\to\infty}\frac{P\left(\displaystyle\sum_{k=n+1}^{\infty}X_k\mathrm{e}^{-R_{\tau_k}}>x\right)}{P(X^*>x)}=0.$$

因此, 对任意 $0<\varepsilon<1$, 存在 $n_0=n_0(\varepsilon)>0$ 和 $x_1=x_1(n_0,\varepsilon)>0$, 使得当 $x>x_1$ 时, 有

$$P\left(\sum_{k=n_0+1}^{\infty}X_k\mathrm{e}^{-R_{\tau_k}}>\left(\frac{a}{b}\right)^{n_0}x\right)\leqslant\varepsilon P\left(X^*>\left(\frac{a}{b}\right)^{n_0}x\right),$$

其中 $0<a<b<\infty$. 选取足够小的 a 使得

$$P(\mathrm{e}^{-R_{\tau_{n_0}}}<a^{n_0})\leqslant\varepsilon P(\mathrm{e}^{-R_{\tau_{n_0}}}\geqslant a^{n_0}).$$

于是, 当 $x>x_1$ 时, 有

$$\begin{aligned}&P\left(\sum_{k=n_0+1}^{\infty}X_kb^{n_0}\mathrm{e}^{-(R_{\tau_k}-R_{\tau_{n_0}})}>x\right)\\
\leqslant&(1+\varepsilon)P\left(\sum_{k=n_0+1}^{\infty}X_kb^{n_0}\mathrm{e}^{-(R_{\tau_k}-R_{\tau_{n_0}})}>x,\mathrm{e}^{-R_{\tau_{n_0}}}\geqslant a^{n_0}\right)\\
\leqslant&(1+\varepsilon)P\left(\sum_{k=n_0+1}^{\infty}X_k\mathrm{e}^{-R_{\tau_k}}>\left(\frac{a}{b}\right)^{n_0}x\right)\leqslant\varepsilon(1+\varepsilon)P\left(X^*>\left(\frac{a}{b}\right)^{n_0}x\right).\end{aligned}$$

由引理 4.2.2 和 $F\in\mathcal{D}$ 可知, 存在 $0<A(n_0)<\infty$ 和 $x_2=x_2(n_0)>0$, 使得对所有的 $x>x_2$ 和 $t\in\Lambda_T$ 时, 有

$$P\left(X^*>\left(\frac{a}{b}\right)^{n_0}x\right)\leqslant A(n_0)P(X^*\mathrm{e}^{-R_{\theta^*}}\mathbf{1}_{\{\theta^*\leqslant t\}}>x).$$

从而, 对所有 $x>x_3=\max\{x_1,x_2\}$ 和 $t\in\Lambda_T$ 有

$$P\left(\sum_{k=n_0+1}^{\infty}X_kb^{n_0}\mathrm{e}^{-(R_{\tau_k}-R_{\tau_{n_0}})}>x\right)\leqslant\varepsilon D(n_0)P(X^*\mathrm{e}^{-R_{\theta^*}}\mathbf{1}_{\{\theta^*\leqslant t\}}>x),$$

其中 $D(n_0)$ 可取为 $2A(n_0)$, 则引理 4.2.9 得证.

引理 4.2.10 设 X_1,X_2 是相互独立的随机变量, 如果 $X_1\in\mathcal{S}$, 且对某个 $c>0$ 有 $P(X_2>x)\lesssim c\,P(X_1>x)$, 那么

$$P(X_1+X_2>x)\lesssim(1+c)P(X_1>x).$$

证明 由文献 (Tang, 2004) 的引理 4.5 可得该引理.

4.2.6 与定理 4.2.3 相关的引理及其证明

对任意正整数 i, 本小节记 $Y_i(t)=\mathrm{e}^{-R_\pi(\tau_k)}\mathbf{1}_{\{\tau_k\leqslant t\}}$, $Y_i^*(t)=\mathrm{e}^{-R_\pi(\tau_k^*)}\mathbf{1}_{\{\tau_k^*\leqslant t\}}$ 以及 $Z_\pi(t)=\int_0^t\mathrm{e}^{-R_\pi(s)}\mathrm{d}s$.

引理 4.2.11　在定理 4.2.3 的条件下, 对任意给定的 $T>0$ 和 $k=1,2,\cdots$, 有

$$P(X_k\mathrm{e}^{-R_\pi(t_k)}>x)\asymp\overline{F}(x) \tag{4.63}$$

关于 $t_k\in[0,T]$ 一致成立.

证明　首先证明下界, 对任意给定的 $T>0$, 总能选取到 $\delta\in(0,1)$, 使得

$$P(\mathrm{e}^{-\sup_{s\in[0,T]}R_\pi(s)}>\delta)>0$$

成立, 由上式和 $F\in\mathcal{D}$ 得, 对所有的 $t_k\in[0,T]$ 和充分大的 x, 有

$$\begin{aligned}&P(X_k\mathrm{e}^{-R_\pi(t_k)}>x)\\ \geqslant&P(X_k\mathrm{e}^{-\sup_{s\in[0,T]}R_\pi(s)}>x)\\ \geqslant&P(X_k\mathrm{e}^{-\sup_{s\in[0,T]}R_\pi(s)}>x,\mathrm{e}^{-\sup_{s\in[0,T]}R_\pi(s)}>\delta)\\ \geqslant&P(\mathrm{e}^{-\sup_{s\in[0,T]}R_\pi(s)}>\delta)P(X_k>x/\delta)\geqslant C\,\overline{F}(x).\end{aligned} \tag{4.64}$$

其次证明上界. 对于任意给定的 $T>0$, 根据 Guo 和 Wang (2013a) 的讨论可知 $E(\mathrm{e}^{-\inf_{s\in[0,T]}R_\pi(s)})^p<\infty$ 对任意的 $p>0$ 都成立, 于是由引理 4.2.1 得, 对所有的 $t_k\in[0,T]$ 和充分大的 x, 有

$$P(X_k\mathrm{e}^{-R_\pi(t_k)}>x)\leqslant P(X_k\mathrm{e}^{-\inf_{s\in[0,T]}R_\pi(s)}>x)\leqslant C\,\overline{F}(x). \tag{4.65}$$

则引理 4.2.11 得证.

引理 4.2.12　在定理 4.2.3 的条件下, 任意给定的 $T>0$, 关于 $t\in[0,T]$ 一致地有

$$P(X_kY_k(t)>x)\sim P(X_k^*Y_k^*(t)>x).$$

证明　由引理 4.2.11 可知, 对充分大的 x, 有

$$\begin{aligned}P(X_k^*Y_k^*(t)>x)=&\int_0^t P(X_k^*\mathrm{e}^{-R_\pi(t_k)}>x)P(\tau_k^*\in\mathrm{d}t_k)\\ \asymp&\overline{F}(x)P(\tau_k^*\leqslant t)\end{aligned}$$

关于 $t\in[0,T]$ 一致成立. 剩下的证明与引理 4.2.3 类似, 只需注意到, 在放缩 $I_1(x,k,t)$ 时, 被积函数 $\mathrm{e}^{s\phi_\pi(p^*)}$ 的上界估计代之以 $\max\{1,\mathrm{e}^{T\phi_\pi(p^*)}\}$ 即可, 从而可知引理 4.2.12 的结论成立.

引理 4.2.13　在定理 4.2.3 的条件下, 对任意给定的 $T>0$, $c_0>0$ 和正整数 $M\geqslant1$, 有

$$\sum_{k=1}^{M}P\left(\sum_{i=1}^{k}X_iY_i(t)-c_0Z_\pi(t)>x,N_t=k\right)\sim\sum_{k=1}^{M}\sum_{i=1}^{k}P(X_i^*Y_i^*(t)>x,N_t^*=k)$$

关于 $t\in[0,T]$ 一致成立.

证明 首先引入记号 $D_{t,k+1} = \{(v_1, v_2, \cdots, v_{k+1})|0 \leqslant v_j \leqslant t, t_j =: \sum_{i=1}^{j} v_i \leqslant t, j = 1, 2, \cdots k, t_{k+1} > t\}$, 在此基础上, 利用全概率公式, 关于索赔时刻取条件得

$$\begin{aligned}&\sum_{k=1}^{M} P\left(\sum_{i=1}^{k} X_i Y_i(t) - c_0 Z_\pi(t) > x, N_t = k\right)\\&=\sum_{k=1}^{M}\int_{D_{t,k+1}} P\left(\sum_{i=1}^{k} X_i \mathrm{e}^{-R_\pi(t_i)} - c_0 Z_\pi(t) > x \middle| \bigcap_{i=1}^{k}\{\theta_i = v_i\}\right)\prod_{i=1}^{k+1} P(\theta_i \in \mathrm{d}v_i).\end{aligned} \tag{4.66}$$

为使引理结论成立, 只需证明

$$P\left(\sum_{i=1}^{k} X_i \mathrm{e}^{-R_\pi(t_i)} - c_0 Z_\pi(t) > x \middle| \bigcap_{i=1}^{k}\{\theta_i = v_i\}\right) \sim \sum_{i=1}^{k} P\Big(X_i \mathrm{e}^{-R_\pi(t_i)} > x\Big) h(v_i) \tag{4.67}$$

关于所有的 $\boldsymbol{t}_{1,k} := (t_1, t_2, \cdots, t_k) \in [0, T]^k$ 一致成立即可, 接下来证明的思路与引理 4.2.7 大致相同, 并沿用相同的记号 A_i 和 A_i^*, $i = 1, 2, 3$, 注意到

$$\begin{aligned}&P\left(\sum_{i=1}^{k} X_i \mathrm{e}^{-R_\pi(t_i)} - c_0 Z_\pi(t) > x, \bigcup_{j=1}^{3} A_j \middle| \bigcap_{i=1}^{k}\{\theta_i = v_i\}\right)\\&\leqslant \sum_{j=1}^{3} P\left(\sum_{i=1}^{k} X_i \mathrm{e}^{-R_\pi(t_i)} > x, A_j \middle| \bigcap_{i=1}^{k}\{\theta_i = v_i\}\right)\\&=: \sum_{j=1}^{3} I_j(k, x, \boldsymbol{t}_{1,k}).\end{aligned}$$

由引理 4.2.6 得

$$I_1(k, x, \boldsymbol{t}_{1,k}) \sim \sum_{i=1}^{k} P\Big(X_i \mathrm{e}^{-R_\pi(t_i)} > x, A_1\Big) h(v_i) \tag{4.68}$$

关于所有的 $\boldsymbol{t}_{1,k} \in [0, T]^k$ 一致成立, 再仿照引理 4.2.7 证明中的处理技巧, 可以得到

$$\limsup_{b\to\infty}\limsup_{a\to 0}\limsup_{x\to\infty}\sup_{\boldsymbol{t}_{1,k}\in[0,T]^k}\frac{\displaystyle\sum_{j=2}^{3} I_j(k, x, \boldsymbol{t}_{1,k})}{\displaystyle\sum_{i=1}^{k} P(X_i \mathrm{e}^{-R_\pi(t_i)} > x) h(v_i)} = 0. \tag{4.69}$$

由 (4.68) 和 (4.69) 可知 (4.67) 的一致渐近上界估计成立. 接下来估计下界, 注意到

对任意给定的 $D>0$, 有

$$\begin{aligned}
&P\left(\sum_{i=1}^{k} X_i \mathrm{e}^{-R_\pi(t_i)}-c_0 Z_\pi(t)>x \middle| \bigcap_{i=1}^{k}\{\theta_i=v_i\}\right)\\
\geqslant &P\left(\sum_{i=1}^{k} X_i \mathrm{e}^{-R_\pi(t_i)}>x+c_0 D, A_1, Z_\pi(t) \leqslant D \middle| \bigcap_{i=1}^{k}\{\theta_i=v_i\}\right)\\
\geqslant &P\left(\sum_{i=1}^{k} X_i \mathrm{e}^{-R_\pi(t_i)}>x+c_0 D, A_1 \middle| \bigcap_{i=1}^{k}\{\theta_i=v_i\}\right)\\
&-P\left(\sum_{i=1}^{k} X_i \mathrm{e}^{-R_\pi(t_i)}>x, A_1, Z_\pi(t)>D \middle| \bigcap_{i=1}^{k}\{\theta_i=v_i\}\right)\\
=: &\sum_{i=1}^{3} I_i(k, x+c_0 D, \boldsymbol{t}_{1,k})-I_4(k, x, \boldsymbol{t}_{1,k}, D).
\end{aligned}$$

关于上式右边的第一项, 依次由引理 4.2.6, 引理 4.2.1 得

$$I_1(k, x+c_0 D, \boldsymbol{t}_{1,k}) \sim \sum_{i=1}^{k} P\left(X_i \mathrm{e}^{-R_\pi(t_i)}>x, A_1\right) h(v_i), \tag{4.70}$$

类比 (4.69) 的证明, 不难得到

$$\limsup_{b\to\infty}\limsup_{a\to 0}\limsup_{x\to\infty}\sup_{\boldsymbol{t}_{1,k}\in[0,T]^k}\frac{\displaystyle\sum_{j=2}^{3} I_j(k, x+c_0 D, \boldsymbol{t}_{1,k})}{\displaystyle\sum_{i=1}^{k} P(X_i \mathrm{e}^{-R_\pi(t_i)}>x) h(v_i)}=0. \tag{4.71}$$

关于第二项, 利用 $F\in\mathcal{D}$ 和假设 (1), 可知对于充分大的 x, 如下估计

$$\begin{aligned}
I_4(k, x, \boldsymbol{t}_{1,k}, D) \leqslant &P\left(\sum_{i=1}^{k} X_i>\frac{x}{b^k} \middle| \bigcap_{i=1}^{k}\{\theta_i=v_i\}\right) P(Z_\pi(t)>D)\\
\leqslant &kP\left(X_i>\frac{x}{kb^k} \middle| \theta_i=v_i\right) P(Z_\pi(t)>D)\\
\leqslant &C\overline{F}(x) P(Z_\pi(T)>D)
\end{aligned}$$

关于所有的 $\boldsymbol{t}_{1,k}\in[0,T]^k$ 一致成立, 并注意到 $E(Z_\pi(T))=\displaystyle\int_0^T \mathrm{e}^{s\phi_\pi(s)}\mathrm{d}s<\infty$ 这一事实, 有

$$\limsup_{D\to\infty}\limsup_{x\to\infty}\sup_{\boldsymbol{t}_{1,k}\in[0,T]^k}\frac{I_4(k, x, \boldsymbol{t}_{1,k}, D)}{\displaystyle\sum_{i=1}^{k} P(X_i \mathrm{e}^{-R_\pi(t_i)}>x) h(v_i)}=0. \tag{4.72}$$

由 (4.70) 至 (4.72) 得 (4.67) 的一致渐近下界估计成立, 从而引理 4.2.13 得证.

引理 4.2.14 在定理 4.2.3 的条件下, 对任意给定的 $T>0$ 和 $q\geqslant 1$, 有

$$\limsup_{M\to\infty}\limsup_{x\to\infty}\sup_{t\in[0,T]}\frac{\sum\limits_{k=M+1}^{\infty}k^{q}P\left(\sum\limits_{i=1}^{k}X_iY_i(t)>x,N_t=k\right)}{\overline{F}(x)}=0.$$

证明 由引理 4.2.13 的证明可知

$$P\left(\sum_{i=1}^{k}X_i\mathrm{e}^{-R_\pi(t_i)}-c_0Z_\pi(t)>x\middle|\bigcap_{i=1}^{k}\{\theta_i=v_i\}\right)\sim\sum_{i=1}^{k}P\Big(X_i\mathrm{e}^{-R_\pi(t_i)}>x\Big)h(v_i).$$

对于所有的 $\boldsymbol{t}_{1,k}\in[0,T]^k$ 一致成立, 进而有

$$P\left(\sum_{i=1}^{k}X_iY_i(t)>x,N_t=k\right)\sim P\left(\sum_{i=1}^{k}X_i^*Y_i^*(t)>x,N_t^*=k\right)$$

关于所有的 $t\in[0,T]$ 一致成立, 对任意给定的 $T>0$, 有

$$Y_i^*(t)\leqslant\mathrm{e}^{-\inf_{s\in[0,t]}R_s}\leqslant\mathrm{e}^{-\inf_{s\in[0,T]}R_s},\quad 1\leqslant i\leqslant k$$

成立, 于是得

$$P\left(\sum_{i=1}^{k}X_i^*Y_i^*(t)>x,N_t^*=k\right)\leqslant P\left(\sum_{i=1}^{k}X_i^*\mathrm{e}^{-\inf_{s\in[0,T]}R_s}>x\right)P(N_t^*=k).$$

选取 $p>\mathbb{J}_F^+$, 由引理 4.2.1 对所有的 $t\in[0,T]$ 和充分大的 x, 有

$$\begin{aligned}P\left(\sum_{i=1}^{k}X_i^*\mathrm{e}^{-\inf_{s\in[0,T]}R_s}>x\right)\leqslant&kP\left(X^*\mathrm{e}^{-\inf_{s\in[0,T]}R_s}>\frac{x}{k}\right)\\ \leqslant&Ck\overline{F}\left(\frac{x}{k}\right)E\left[(\mathrm{e}^{-\inf_{s\in[0,T]}R_s})^p+\mathbf{1}_{\{\mathrm{e}^{-\inf_{s\in[0,T]}R_s}<1\}}\right].\end{aligned}$$

由文献 (Willekens, 1987) 的引理及 $E(\mathrm{e}^{T\phi_\pi(p)})<\infty$, 知 $E(\mathrm{e}^{-\inf_{s\in[0,T]}R_s})^p<\infty$, 因此, 对所有的 $t\in[0,T]$ 和充分大的 x, 有

$$\begin{aligned}\sum_{k=M+1}^{\infty}k^qP\left(\sum_{i=1}^{k}X_i^*Y_i^*(t)>x,N_t^*=k\right)&\leqslant C\overline{F}(x)\sum_{k=M+1}^{\infty}k^{q+1}P(N_t^*=k)\\&\leqslant C\overline{F}(x)E\Big[N_T^*\mathbf{1}_{\{N_T^*>M\}}\Big].\end{aligned}$$

由文献 (Hao and Tang, 2008) 的引理 3.2 知, 存在 $\hbar>0$ 使得 $E(\mathrm{e}^{\hbar N_T^*})<\infty$, 于是当 $M\to\infty$ 时, 上式右端趋于零, 则引理 4.2.14 得证.

4.2.7 主要结论的证明

4.2.7.1 定理 4.2.1 的证明

首先证明 (4.3) 在 $t \in \Lambda_T$ 上成立. 一方面由引理 4.2.8 可知, 对任意 $0<\varepsilon<1$, 存在 $n_0>0$ 和 $x_4>0$, 使得当 $x>x_4$ 时, 有

$$\begin{aligned}\sum_{k=n_0+1}^{\infty} P(X_k^* \mathrm{e}^{-R_{\tau_k^*}} \mathbf{1}_{\{\tau_k^* \leqslant t\}} > x) &\leqslant \varepsilon P(X^* \mathrm{e}^{-R_{\theta^*}} \mathbf{1}_{\{\theta^* \leqslant t\}} > x) \\ &\leqslant \varepsilon \sum_{k=1}^{\infty} P(X_k^* \mathrm{e}^{-R_{\theta^*}} \mathbf{1}_{\{\theta^* \leqslant t\}} > x). \qquad (4.73)\end{aligned}$$

由引理 4.2.7 和 (4.73) 可知, 存在 $x_5>x_4$, 使得当 $x>x_5$ 时, 有

$$\begin{aligned}P(D_t>x) &\geqslant P\left(\sum_{k=1}^{n_0} X_k \mathrm{e}^{-R_{\tau_k}} \mathbf{1}_{\{\tau_k \leqslant t\}} > x\right) \\ &\geqslant (1-\varepsilon)\left(\sum_{k=1}^{\infty} - \sum_{k=n_0+1}^{\infty}\right) P(X_k^* \mathrm{e}^{-R_{\tau_k^*}} \mathbf{1}_{\{\tau_k^* \leqslant t\}} > x) \\ &\geqslant (1-\varepsilon)^2 \sum_{k=1}^{\infty} P(X_k^* \mathrm{e}^{-R_{\tau_k^*}} \mathbf{1}_{\{\tau_k^* \leqslant t\}} > x). \qquad (4.74)\end{aligned}$$

另一方面, 记 $P(D_t>x)=\sum_{i=1}^{3} I_i(n_0,x,t)=\sum_{i=1}^{3} P(D_t>x, A_i(n_0))$, 其中 $A_1(n_0)=\bigcap_{k=1}^{n_0}\{a^k \leqslant \mathrm{e}^{-R_{\tau_k}} \leqslant b^k\}$, $A_2(n_0)=\bigcup_{k=1}^{n_0}\{\mathrm{e}^{-R_{\tau_k}}>b^k\}$, $A_3(n_0)=\bigcup_{k=1}^{n_0}\{\mathrm{e}^{-R_{\tau_k}}<a^k\}$. 不难得到

$$I_1(n_0,x,t) \leqslant P\left(\sum_{k=1}^{n_0} X_k \mathrm{e}^{-R_{\tau_k}} \mathbf{1}_{\{\tau_k \leqslant t\}} + b^{n_0} \sum_{k=n_0+1}^{\infty} X_k \mathrm{e}^{-(R_{\tau_k}-R_{\tau_{n_0}})} > x\right).$$

由引理 4.2.9 和引理 4.2.7 可知, 存在 $x_6>x_3$, 使得当 $x>x_6$ 时, 有

$$\begin{aligned}&P\left(\sum_{k=n_0+1}^{\infty} X_k b^{n_0} \mathrm{e}^{-(R_{\tau_k}-R_{\tau_{n_0}})} > x\right) \\ &\leqslant \varepsilon D(n_0) \sum_{k=1}^{n_0} P(X_k^* \mathrm{e}^{-R_{\tau_k^*}} \mathbf{1}_{\{\tau_k^* \leqslant t\}} > x) \\ &\leqslant \varepsilon(1+\varepsilon) D(n_0) P\left(\sum_{k=1}^{n_0} X_k \mathrm{e}^{-R_{\tau_k}} \mathbf{1}_{\{\tau_k \leqslant t\}} > x\right). \qquad (4.75)\end{aligned}$$

依次由 (4.75)、引理 4.2.10、引理 4.2.7 可知, 存在 $x_7>x_6$, 使得当 $x>x_7$ 时, 有

$$I_1(n_0,x,t) \leqslant (1+\varepsilon)(1+\varepsilon(1+\varepsilon)D(n_0)) \sum_{k=1}^{\infty} P(X_k^* \mathrm{e}^{-R_{\tau_k^*}} \mathbf{1}_{\{\tau_k^* \leqslant t\}} > x). \qquad (4.76)$$

关于 $I_2(n_0,x,t)$, 由引理 4.2.7 可知, 存在 $x_8>x_7$, 使得当 $x>x_8$ 时, 有

$$I_2(n_0,x,t)\leqslant\sum_{k=1}^{n_0}P\left(X_k\mathrm{e}^{-R_{\tau_k}}\mathbf{1}_{\{\tau_k\leqslant t\}}>\frac{x}{2n_0},\mathrm{e}^{-R_{\tau_k}}>b\right)\\+C\varepsilon\sum_{k=1}^{\infty}P(X_k^*\mathrm{e}^{-R_{\tau_k^*}}\mathbf{1}_{\{\tau_k^*\leqslant t\}}>x).$$

再利用推导 (4.51) 的技巧, 对于充分大的 b, 存在 $x_9>x_8$, 使得当 $x>x_9$ 时, 有

$$I_2(n_0,x,t)\leqslant C\varepsilon\sum_{k=1}^{\infty}P(X_k^*\mathrm{e}^{-R_{\tau_k^*}}\mathbf{1}_{\{\tau_k^*\leqslant t\}}>x).\tag{4.77}$$

类似的方法处理 $I_3(n_0,x,t)$, 对充分小的 a, 存在 $x_{10}>x_9$, 使得当 $x>x_{10}$ 时, 有

$$I_3(n_0,x,t)\leqslant C\varepsilon\sum_{k=1}^{\infty}P(X_k^*\mathrm{e}^{-R_{\tau_k^*}}\mathbf{1}_{\{\tau_k^*\leqslant t\}}>x).\tag{4.78}$$

由 (4.74)、(4.76) 至 (4.78) 以及 ε 的任意性, 可知当 $t\in\Lambda_T$ 时, 定理 4.2.1 结论成立.

其次证明 $t=\infty$ 时, (4.3) 成立, 为此只需证明

$$P\left(\sum_{k=1}^{n}X_k\mathrm{e}^{-R_{\tau_k}}>x\right)\sim\sum_{k=1}^{n}P(X_k^*\mathrm{e}^{-R_{\tau_k^*}}>x)$$

成立. 其证明方法与引理 4.2.7 类似, 只是在处理两个尾部时有所差异. 下面将沿用引理 4.2.7 的记号, 由引理 4.2.1 知, 任意给定 $p\in(\mathbb{J}_F^+,p^*]$, 对于充分大的 x, 有

$$P(X_k^*\mathrm{e}^{-R_{\tau_k^*}}>x/n,\mathrm{e}^{-R_{\tau_k^*}}>b)\leqslant CE\left[n^p(\mathrm{e}^{-R_{\tau_k^*}})^p\mathbf{1}_{\{\mathrm{e}^{-R_{\tau_k^*}}>b\}}+\mathbf{1}_{\{\mathrm{e}^{-R_{\tau_k^*}}>b\}}\right]\overline{F}(x).$$

注意到当 $p\in(\mathbb{J}_F^+,p^*]$ 时, $\phi(p)<0$, 从而 $E[n^p(\mathrm{e}^{-R_{\tau_k^*}})^p]<1$, 于是在上式中取充分大的 b, 有

$$I_2(n,x,\infty)\leqslant C\varepsilon\sum_{k=1}^{n}P(X_k^*\mathrm{e}^{-R_{\tau_k^*}}>x).$$

关于 $I_3(n,x,\infty)$ 的处理与之类似, 故从略.

最后, 将 (4.3) 的一致收敛区间扩展到在 Λ 上. 对任意给定的 $0<\varepsilon<1$, 选择充分大的 $T\in\Lambda$, 使得

$$\int_T^{\infty}P(X\mathrm{e}^{-R_s}>x)\mathrm{d}\lambda_s^*\leqslant\varepsilon\int_0^T P(X\mathrm{e}^{-R_s}>x)\mathrm{d}\lambda_s^*.$$

由上式知, 对所有的 $t \in [T, \infty]$, 一方面有

$$P(D_t > x) \lesssim \int_0^\infty P(X\mathrm{e}^{-R_s} > x)\mathrm{d}\lambda_s^* \leqslant (1+\varepsilon)\int_0^t P(X\mathrm{e}^{-R_s} > x)\mathrm{d}\lambda_s^*,$$

另一方面有

$$P(D_t > x) \gtrsim \int_0^T P(X\mathrm{e}^{-R_s} > x)\mathrm{d}\lambda_s^* \geqslant \frac{1}{1+\varepsilon}\int_0^t P(X\mathrm{e}^{-R_s} > x)\mathrm{d}\lambda_s^*.$$

由以上两式和 ε 的任意性知, (4.3) 关于 $t \in [T, \infty]$ 一致成立. 综上可得, 定理 4.2.1 成立.

4.2.7.2　定理 4.2.2 的证明

对 $t \in \Lambda$, 有限时间破产概率可表示为

$$\psi(x,t) = P\left(\sup_{0\leqslant s\leqslant t}\left(D_s - c\int_0^s \mathrm{e}^{-R_v}\mathrm{d}v\right) > x\right). \tag{4.79}$$

由定理 4.2.1 可知, 关于 $t \in \Lambda_T$ 一致地有

$$\psi(x,t) \leqslant P(D_t > x) \sim \int_{0-}^t P(X\mathrm{e}^{-R_s} > x)\mathrm{d}\lambda_s^*. \tag{4.80}$$

接下来估计 $\psi(x,t)$ 的下界. 令 $Z = c\int_0^\infty \mathrm{e}^{-R_s}\mathrm{d}s$. 根据 Jensen 不等式和 $\phi(p^*) < 0$ 的条件, 可得 $ER_1 > 0$. 于是当 $t \to \infty$ 时, 有 $R_t \to \infty$ a.s.. 再由文献 (Maulik and Zwart, 2006) 的 2.1 节可知, $Z < \infty$ a.s. 等价于当 $t \to \infty$ 时, $R_t \to \infty$ a.s.. 对任意给定的 $M > 0$, 存在正整数 n_0, 使得对 $t \in \Lambda_T$, 有

$$\begin{aligned}
\psi(x,t) \geqslant& P\left(D_{\tau_{N_t}} - c\int_0^{\tau_{N_t}} \mathrm{e}^{-R_s}\mathrm{d}s > x\right)\\
\geqslant& P\left(\sum_{k=1}^{n_0} X_k\mathrm{e}^{-R_{\tau_k}}\mathbf{1}_{\{\tau_k\leqslant t\}} - Z > x, Z \leqslant M, A_1\right)\\
\geqslant& P\left(\sum_{k=1}^{n_0} X_k\mathrm{e}^{-R_{\tau_k}}\mathbf{1}_{\{\tau_k\leqslant t\}} > x + M, A_1\right)\\
&- P\left(\sum_{k=1}^{n_0} X_k\mathrm{e}^{-R_{\tau_k}}\mathbf{1}_{\{\tau_k\leqslant t\}} > x, A_1, Z > M\right)\\
=:& I_1(n_0,x,t) - I_2(n_0,x,t).
\end{aligned}$$

其中 A_1 的含义已在引理 4.2.7 的证明中给出. 由引理 4.2.7 和引理 4.2.8 可知, 任意给定 $\varepsilon>0$, 对充分小的 a 和充分大的 b, 存在 $x_{11}>0$, 使得当 $x>x_{11}$ 时, 有

$$\begin{aligned}I_1(n_0,x,t)\geqslant&(1-\varepsilon)\left(\sum_{k=1}^{\infty}-\sum_{k=n_0+1}^{\infty}\right)P\left(X_k^*\mathrm{e}^{-R_{\tau_k^*}}\mathbf{1}_{\{\tau_k^*\leqslant t\}}>x+M\right)\\ \geqslant&(1-\varepsilon)^2\left(\sum_{k=1}^{\infty}-\sum_{k=n_0+1}^{\infty}\right)P\left(X_k^*\mathrm{e}^{-R_{\tau_k^*}}\mathbf{1}_{\{\tau_k^*\leqslant t\}}>x\right)\\ \geqslant&(1-\varepsilon)^3\sum_{k=1}^{\infty}P(X_k^*\mathrm{e}^{-R_{\tau_k^*}}\mathbf{1}_{\{\tau_k^*\leqslant t\}}>x).\end{aligned}$$

现处理 $I_2(n_0,x,t)$. 对所有充分大的 x, 有

$$I_2(n_0,x,t)\leqslant P\left(\sum_{k=1}^{n_0}X_kb^{n_0}\mathbf{1}_{\{\tau_k\leqslant t\}}>x\right)P(Z>M).$$

由于 $F\in\mathcal{D}$, 可知对所有充分大的 x, 有

$$\begin{aligned}I_2(n_0,x,t)\leqslant&P(Z>M)\sum_{k=1}^{n_0}P\left(X_k>x/n_0b^{n_0},\tau_k\leqslant t\right)\\ \leqslant&CP(Z>M)\overline{F}(x)\sum_{k=1}^{n_0}P(\tau_k^*\leqslant t).\end{aligned}$$

于是有

$$\limsup_{M\to\infty}\limsup_{x\to\infty}\sup_{t\in\Lambda_T}\frac{I_2(n_0,x,t)}{\sum_{k=1}^{\infty}P(X_k^*\mathrm{e}^{-R_{\tau_k^*}}\mathbf{1}_{\{\tau_k^*\leqslant t\}}>x)}=0.$$

由 ε 的任意性可知, 关于 $t\in\Lambda_T$ 一致地有

$$\psi(x,t)\gtrsim\int_{0-}^{t}P(X\mathrm{e}^{-R_s}>x)\mathrm{d}\lambda_s^*. \tag{4.81}$$

下面考虑 $t\in[T,\infty]$ 时的一致下界估计. 注意到

$$\begin{aligned}\psi(x,t)\geqslant&P(D_t-Z>x)\\ \geqslant&P(D_t>x+M)-P(D_t>x,Z>M).\end{aligned}$$

首先由定理 4.2.1 可知

$$P(D_t>x+M)\sim\int_{0-}^{t}P(X\mathrm{e}^{-R_s}>x)\mathrm{d}\lambda_s^* \tag{4.82}$$

关于 $t \in [T,\infty]$ 一致成立; 其次, 对于任意给定的 $\delta > 0$ 和充分大的 x, 有

$$\begin{aligned}P(D_t > x, Z > M) \leqslant & P\left(\sum_{k=1}^{n_0} X_k \mathrm{e}^{-R_{\tau_k}} \mathbf{1}_{\{\tau_k \leqslant t\}} > (1-\delta)x, A_1, Z > M\right)\\ &+ P\left(\sum_{k=1}^{n_0} X_k \mathrm{e}^{-R_{\tau_k}} \mathbf{1}_{\{\tau_k \leqslant t\}} > (1-\delta)x, A_2 \cup A_3\right)\\ &+ P\left(\sum_{k=n_0+1}^{\infty} X_k \mathrm{e}^{-R_{\tau_k}} \mathbf{1}_{\{\tau_k \leqslant t\}} > \delta x\right).\end{aligned}$$

再由引理 4.2.7 和引理 4.2.8 并利用处理 $I_2(n_0,x,t)$ 的技巧, 有

$$\limsup_{M\to\infty}\limsup_{x\to\infty}\sup_{t\in\Lambda_T} \frac{P(D_t > x+M, z > M)}{\sum_{k=1}^{\infty} P(X_k^* \mathrm{e}^{-R_{\tau_k^*}} \mathbf{1}_{\{\tau_k^* \leqslant t\}} > x)} = 0. \tag{4.83}$$

由 (4.82) 和 (4.83) 可得 (4.81) 关于 $t \in [T,\infty]$ 一致成立, 从而定理 4.2.2 的结论得证.

4.2.7.3 定理 4.2.3 的证明

本节继续沿用 4.2.6 小节的记号 $Y_i(t)$ 和 $Y_i^*(t)$. 注意到对 $t \in \Lambda$, 有限时间破产概率可表示为

$$\psi_\pi(x,t) = P\left(\sup_{0\leqslant s\leqslant t} (D_\pi(s) - cZ_\pi(s)) > x\right).$$

从而对任意给定的 $M \geqslant 1$, 有下式

$$\psi_\pi(x,t) \leqslant P(D_\pi(t) > x) = \left(\sum_{k=1}^{M} + \sum_{k=M+1}^{\infty}\right) P\left(\sum_{i=1}^{k} X_i Y_i(t) = k, N_t = k\right)$$

成立. 取 $c_0 = 0$, 由引理 4.2.13 得, 关于 $t \in \Lambda_{T_0,T}$ 一致地有

$$\begin{aligned}\sum_{k=1}^{M} P\left(\sum_{i=1}^{k} X_i Y_i(t) = k, N_t = k\right) &\sim \sum_{k=1}^{M}\sum_{i=1}^{k} P(X_i^* Y_i^*(t) = k, N_t^* = k)\\ &\leqslant \sum_{k=1}^{\infty}\sum_{i=1}^{k} P(X_i^* Y_i^*(t) = k, N_t^* = k)\\ &= \sum_{i=1}^{\infty} P(X_i^* Y_i^*(t) = k, \tau_i^* \leqslant t).\end{aligned}$$

由引理 4.2.12, 对所有的 $t \in \Lambda_{T_0,T}$ 和充分大的 x, 存在常数 $C > 0$, 使得

$$P(X_1^* Y_1^*(t) = k, \tau_i^* \leqslant t) \geqslant C\overline{F}(x) P(\tau_1^* \leqslant T_0).$$

取 $q=0$, 由引理 4.2.14 得

$$\limsup_{M\to\infty}\limsup_{x\to\infty}\sup_{t\in\Lambda_{T_0,T}}\frac{\displaystyle\sum_{k=M+1}^{\infty}P(X_iY_i(t)=k,N_t=k)}{P(X_1^*Y_1^*(t)=k,\tau_1^*\leqslant t)}=0.$$

由此得, 关于 $t\in\Lambda_{T_0,T}$ 一致地有

$$\begin{aligned}\psi_\pi(x,t)&\lesssim\sum_{i=1}^{\infty}P(X_i^*Y_i^*(t)=k,\tau_i^*\leqslant t)\\&=\int_{0-}^{t}P(X\mathrm{e}^{-R_\pi(s)}>x)\mathrm{d}\lambda_s^*.\end{aligned}\tag{4.84}$$

下面证明一致下界估计. 首先取取 $c_0=c$, 由引理 4.2.13 得, 关于 $t\in\Lambda_{T_0,T}$ 一致地有

$$\begin{aligned}\psi_\pi(x,t)&\geqslant\sum_{k=1}^{M}P\left(\sum_{i=1}^{k}X_iY_i(t)-cZ_\pi(t)=k,N_t=k\right)\\&\sim\sum_{k=1}^{M}\sum_{i=1}^{k}P(X_i^*Y_i^*(t)=k,N_t^*=k)\\&=\left(\sum_{k=1}^{\infty}-\sum_{k=M+1}^{\infty}\right)\sum_{i=1}^{k}P(X_i^*Y_i^*(t)=k,N_t^*=k)\\&=\sum_{i=1}^{\infty}P(X_i^*Y_i^*(t)>x,\tau_j^*\leqslant t)\\&\quad-\sum_{k=M+1}^{\infty}\sum_{i=1}^{k}P(X_i^*Y_i^*(t)>x,N_t^*=k),\end{aligned}$$

其中第四步用到 Fubini 定理交换求和顺序. 易见对任意 $k>M$, 有

$$\sum_{i=1}^{k}P(X_i^*Y_i^*(t)>x,N_t^*=k)\leqslant kP\left(\sum_{i=1}^{k}X_i^*Y_i^*(t)=k,N_t^*=k\right).$$

从而由引理 4.2.14 (取 $q=1$) 得

$$\limsup_{M\to\infty}\limsup_{x\to\infty}\sup_{t\in\Lambda_{T_0,T}}\frac{\displaystyle\sum_{k=M+1}^{\infty}\sum_{i=1}^{k}P(X_i^*Y_i^*(t)>x,N_t^*=k)}{P(X_1^*Y_1^*(t)=k,\tau_1^*\leqslant t)}=0.$$

因此, 关于 $t\in\Lambda_{T_0,T}$ 一致地有

$$\psi_\pi(x,t)\gtrsim\int_{0-}^{t}P(X\mathrm{e}^{-R_\pi(s)}>x)\mathrm{d}\lambda_s^*.\tag{4.85}$$

由 (4.84) 和 (4.85) 可得定理 4.2.3 的结论.

4.3　离散时间综合风险模型研究综述

基于 Nyrhinen (1999,2001), Tang 和 Tsitsiashvili (2003,2004) 的工作, 本节考虑了如下离散时间风险模型, 其中实值随机变量 X_i 表示第 i 期 (其中 $i \geqslant 1$) 保险公司的净损失 (由总索赔额减去总保费收入表示). 保险公司同时进行着无风险投资和风险投资, Y_i 表示保险公司的投资收益从第 i 期到第 $i-1$ 期的折现因子. $\{(X_i, Y_i), i \geqslant 1\}$ 为一列独立的随机向量, 并且与随机向量 (X, Y) 同分布, 其边际分布分别记为 F 和 G. 根据 Norberg (1999) 提出的术语, $\{X_i, i \geqslant 1\}$ 称为保险风险, 表示由保险索赔造成的实值净保险损失, $\{Y_i, i \geqslant 1\}$ 称为金融风险, 代表与风险投资相关的资产风险. 在保险公司经营的过程中, 这两种风险往往相互作用. 在该模型中, 其到第 n 期为止的净损失折现值为 $W_n = \sum_{i=1}^{n} X_i \prod_{j=1}^{i} Y_j$. 记

$$M_n = \max_{0 \leqslant k \leqslant n} \sum_{i=1}^{k} X_i \prod_{j=1}^{i} Y_j \tag{4.86}$$

和

$$M_\infty = \max_{k \geqslant 0} \sum_{i=1}^{k} X_i \prod_{j=1}^{i} Y_j, \tag{4.87}$$

其中约定 $\sum_{i=1}^{0} (\cdot) = 0$. 在上述离散时间风险模型中, M_n 和 M_∞ 可分别解释为在前 n 期内和整个无限时间段内总净损失的随机折现值的最大值. 显然, M_n 关于 n 单调不减, 且

$$0 \leqslant M_n \leqslant \sum_{i=1}^{n} \max\{X_i, 0\} \prod_{j=1}^{i} Y_j. \tag{4.88}$$

由文献 (Vervaat, 1979) 的定理 1.6 和 (Brandt, 1986) 的定理 1 可知, 当 $-\infty \leqslant (E \ln Y) < 0$ 且 $E(\ln \max\{X, 1\}) < \infty$ 时, 不等式 (4.88) 的右端是几乎必然收敛的. 因此, M_n 几乎必然收敛到极限 M_∞, 它有适当的分布函数, 其支撑为 $[0, \infty)$. 如果用 $x \geqslant 0$ 表示保险公司的初始财富, 则尾概率 $P(M_n > x)$ 和 $P(M_\infty > x)$ 正好对应保险公司的有限时间破产概率 $\psi(x, n)$ 和无限时间破产概率 $\psi(x)$. 在上述模型中, 若进一步假定 $\{X, i \geqslant 1\}$ 和 $\{Y_i, i \geqslant 1\}$ 相互独立, 定义如下的马氏链: $V_0 = 0, V_n = Y_n \max\{0, X_n + V_{n-1}\}, n = 1, 2, \cdots$, 则根据文献 (Tang and Tsitsiashvili, 2003) 的定理 2.1 可知 $\psi(x, n) = P(V_n > x)$.

Nyrhinen (1999) 运用大偏差技巧得到了无限时间破产概率的对数型粗略估计, 在此基础上, 结合文献 (Goldie, 1991) 的一个结果, 可进一步得到该破产概率的非对数型精细估计. Nyrhinen (2001) 在索赔额服从轻尾分布的假定下得到了有限时间破产概率的粗略估计. Tang 和 Tsitsiashvili (2003) 分别在保险风险和金融风险分别占主导地位的条件下, 得到了有限时间破产概率的渐近估计和一致渐近估计. 其定理 5.1 表明: 若 ① $F \in \mathcal{L} \cap \mathcal{D}$, 其上 Matuszewska 指数记为 $\mathbb{J}_F^+$; ② 存在 $p > \mathbb{J}_F^+$, 使得 $E(Y^p) < \infty$, 则对任意 $n = 1, 2, \cdots$, 有

$$\psi(x,n) \sim \sum_{k=1}^{n} P\left(X \prod_{i=1}^{k} Y_i > x\right). \tag{4.89}$$

特别地, 若 $F \in \mathcal{R}_{-\alpha}$, $\alpha \geqslant 0$, 则 $\psi(x,n) \sim B_n \overline{F}(x)$, 其中 $B_n = \sum_{i=1}^{n} [E(Y^\alpha)]^i$. 其定理 6.1 表明: 若 $\ln Y$ 的分布属于 $\mathcal{S}_\alpha$, $\alpha > 0$, 且 $\lim\limits_{x\to\infty} \dfrac{\overline{F}(x)}{\overline{G}(x)} = \theta \in [0, \infty)$, 则对任意 $n = 1, 2, \cdots$, 有

$$\psi(x,n) \sim C_n \overline{G}(x), \tag{4.90}$$

其中系数 C_n 满足递推方程

$$C_0 = 0, \quad C_n = E(X_n + V_{n-1})_+^\alpha + (\theta + C_{n-1}) E(Y^\alpha).$$

文献 (Tang and Tsitsiashvili, 2004) 的定理 3.1 则在 $F \in \mathrm{ERV}(-\alpha, -\beta)$, $0 < \alpha \leqslant \beta < \infty$ 且存在 $0 < \delta < \alpha$ 使得 $E[\max\{Y^{\alpha-\delta}, Y^{\beta+\delta}\}] < 1$ 的条件下, 得到 (4.89) 关于 $n = 1, 2, \cdots$ 一致成立, 即

$$\lim_{x\to\infty} \sup_{n\geqslant 1} \left| \frac{\psi(x,n)}{\sum\limits_{k=1}^{n} P\left(X \prod\limits_{i=1}^{k} Y_i > x\right)} - 1 \right| = 0.$$

另一方面, 文献 (Tang and Tsitsiashvili, 2004) 的定理 4.1、定理 4.2、推论 4.2 以及定理 4.4 分别在 $y^* := \sup\{y : G(y) < 1\}$ 取值在不同范围的情形下得到了 $F \in \mathcal{S} \cap \mathcal{R}_{-\infty}$ 时的 $\psi(x,n)$ 的渐近估计.

Chen 和 Su (2006) 则假定: ① 索赔额分布绝对连续, 密度函数 f 满足 $xf(x)$ 最终单调非增; ② 对任意给定 $a > 0$, $\lim_{x\to\infty} \dfrac{P(Y > x/a)}{P(XY > x)} = 0$, 将 (4.89) 推广到次指数分布族. 注意到条件 ① 对常见绝对连续的重尾分布 (只要均值存在) 都是满足的. 另外, 如果 $G \in \mathcal{R}_{-\infty}$, 则条件 ② 对任意给定 $a > 0$ 都成立, 此时无论保险风险的尾部是否重于金融风险, (4.89) 的结论都成立. 后续研究或考虑减弱模型中的矩条件或

考虑在模型中添加一定的相依结构, 参见文献 (Tang and Vernic, 2007; Chen and Yang, 2014; Hashorva and Li, 2014; Sun and Wei, 2014; Chen and Yuan, 2017) 等.

在此指出的是, Li 和 Tang (2015) 假定金融风险和保险风险的任一凸组合服从强正则变换 (见定义 4.4.1), 得到破产概率的渐近估计是两种风险的加权平均 (见命题 4.4.1), 与之前的研究相比, 该结论并没有预先设定哪种风险为主要风险, 从而适用面更广. Tang 和 Yuan (2015) 则假定保险风险和金融风险服从二元正则变换, 具体而言, 存在辅助分布函数 $F \in \mathcal{R}_{-\alpha}$, $-\alpha > 0$, 以及 Radon 测度 ν 满足 $\nu(\mathbf{1},\boldsymbol{\infty}) > 0$, 使得在 $[0,\infty]^2 \setminus \{\mathbf{0}\}$ 上, 有

$$\frac{1}{\overline{F}(x)} P\left(\frac{(X,Y)}{x} \in \cdot\right) \xrightarrow{v} \nu(\cdot).$$

假设 $\nu(\mathbf{1},\boldsymbol{\infty}) > 0$ 意味着 (X,Y) 尾部渐近相依, 记 $A = \{(s,t) \in [0,\infty]^2 : st > 1\}$, 则对任意 $n = 1, 2, \cdots$, 有

$$\psi(x,n) \sim \left(\sum_{i=1}^{n} (E[Y^{\alpha/2}])^{i-1}\right) \nu(A) \overline{F}(\sqrt{x}). \tag{4.91}$$

与如下的命题 4.4.1 比较表明, 尾部的渐近相依性会导致破产可能性显著增加.

4.4　金融风险与保险风险相互作用下相依离散时间风险模型的破产渐近分析

本节在文献 (Li and Tang, 2015) 的基础上, 首先引入强正则变换分布的概念, 并假设金融风险和保险风险 (X,Y) 具有二元 Sarmanov 分布的相依结构. 在此基础上, 研究了 $P(M_n > x)$ 和 $P(M_\infty > x)$ 的渐近尾部行为, 该结论表示有限时间破产概率的尾分布在渐近意义下等价于保险风险和金融风险的线性组合, 而相依结构的影响体现在组合的系数中. 进一步, 在更一般的相依结构下, 我们得到了尾概率 $P(M_1 > x)$ 的渐近公式, 该结论可以视为 Breiman 定理在相依情形下的推广. 本节的最后对主要结论给出了详细的证明.

4.4.1　强正则变换分布族与二维 Sarmanov 分布

出于技术性手段的考虑, 本节将研究限定在正则变换族的一个子类 —— 强正则变换分布族, 用于刻画金融风险和保险风险的尾部轻重程度. 该定义由 Li 和 Tang (2015) 首次提出. 对任意分布 F, 记

$$V(x) = 1 - \frac{\overline{F}(\mathrm{e}^x)}{\overline{F}(0)}, \quad x \in \mathbb{R}. \tag{4.92}$$

则不难验证 V 也是分布函数, 且对于某个 $\alpha \geqslant 0$, $F \in \mathcal{R}_{-\alpha}$ 等价于 $V \in \mathcal{L}(\alpha)$. 关于 $\mathcal{L}(\alpha)$ 和 $\mathcal{S}(\alpha)$, $\alpha \geqslant 0$ 的定义请参见定义 1.5.3.

定义 4.4.1 如果由 (4.92) 定义的分布 $V \in \mathcal{S}(\alpha)$, 那么称支撑在 $\mathbb{R}$ 上的分布 F 有强正则变换尾, 记为 $F \in \mathcal{R}^*_{-\alpha}$.

该定义在本节主要结论的证明中起到了关键性作用. 显然, 如果实值随机变量 ξ 的分布为 $F \in \mathcal{R}^*_{-\alpha}$, $\alpha \geqslant 0$, 那么有

$$E\xi_+^\alpha = \overline{U}(0)E(\mathrm{e}^{\alpha \ln \xi} | \xi > 0) < \infty. \tag{4.93}$$

其原因在于给定 $\xi > 0$ 的条件下, $\ln \xi$ 的条件分布属于 $\mathcal{S}(\alpha)$.

下面的假设源自文献 (Li and Tang, 2015), 它也是得到本节主要结论的关键假设.

假设 4.4.1 F 和 G 的每个凸组合, 对任一 $0 < p < 1$ 和某个 $\alpha \geqslant 0$, 有 $pF + (1-p)G$ 属于族 $\mathcal{R}^*_{-\alpha}$.

根据 (4.93), 我们注意到在假设 4.4.1 下 EX_+^α 和 EY^α 都是有限的. 并且由 Li 和 Tang (2015) 的讨论可知, 该假设并不苛刻, 下列几种情形均满足假设 4.4.1:

(1) $F \in \mathcal{R}^*_{-\alpha}$ 且 $\overline{G}(x) = o(\overline{F}(x))$, 或者 $G \in \mathcal{R}^*_{-\alpha}$ 和 $\overline{F}(x) = o(\overline{G}(x))$;

(2) $F \in \mathcal{R}^*_{-\alpha}$, $G \in \mathcal{R}_{-\alpha}$ 且 $\overline{G}(x) = O(\overline{F}(x))$, 或者 $G \in \mathcal{R}^*_{-\alpha}$, $F \in \mathcal{R}_{-\alpha}$ 和 $\overline{F}(x) = O(\overline{G}(x))$;

(3) $F \in \mathcal{R}^*_{-\alpha}$, $G \in \mathcal{R}^*_{-\alpha}$ 且 $b(x) = \overline{F}(\mathrm{e}^x)/\overline{G}(\mathrm{e}^x)$ 为 O 正则变换.

在此假设下, Li 和 Tang (2015) 得到了如下结论.

命题 4.4.1 令 $\{X_i, i \geqslant 1\}$ 和 $\{Y_i, i \geqslant 1\}$ 为两个相互独立的独立同分布序列, 共同分布分别为支撑在 $\mathbb{R}$ 上的 X 的分布 F 和支撑在 $(0,\infty)$ 上 Y 的分布为 G. 在假设 4.4.1 下, 对每一个 $n \geqslant 1$,

$$P(M_n > x) \sim a_n \overline{F}(x) + b_n \overline{G}(x), \tag{4.94}$$

其中

$$a_n = \sum_{i=1}^n (EY^\alpha)^i, \quad b_n = \sum_{i=1}^n (EY^\alpha)^{i-2} EM_{n-i+1}^\alpha;$$

进一步地, 当 $EY^\alpha < 1$ 时, (4.94) 对 $n = \infty$ 的情形也成立.

在此基础上, Li 和 Tang (2015) 进一步考虑了 (X, Y) 服从由 FGM 分布. 我们考虑更一般的相依结构: 二维 Sarmanov 分布, 对任意 $x \in \mathbb{R}$, $y \in (0,\infty)$, 表达式如下:

$$P(X \in \mathrm{d}x, Y \in \mathrm{d}y) = (1 + \theta\phi_1(x)\phi_2(y))F(\mathrm{d}x)G(\mathrm{d}y), \tag{4.95}$$

其中, 参数 θ 取实数值, 核函数 ϕ_1 和 ϕ_2 满足

$$E\phi_1(X) = E\phi_2(Y) = 0, \tag{4.96}$$

以及

$$1 + \theta\phi_1(x)\phi_2(y) \geqslant 0, \quad \forall x \in D_X, y \in D_Y, \tag{4.97}$$

其中 $D_X = \{x \in \mathbb{R} : P(X \in (x-\delta, x+\delta)) > 0, \delta > 0\}$ 及 $D_Y = \{y \in (0,\infty) : P(Y \in (y-\delta, y+\delta)) > 0, \delta > 0\}$. 显然, 如果 $\theta = 0$ 或 $\phi_1(x) \equiv 0$, $x \in D_X$, 或 $\phi_2(y) \equiv 0$, $y \in D_Y$, 那么 X 和 Y 之间相互独立. 因此当参数 $\theta \neq 0$, 且 ϕ_1 和 ϕ_2 在 D_X 和 D_Y 中不恒为 0 时, 意味着随机向量 (X, Y) 之间具有一定程度的相依性. 关于多维 Sarmanov 分布的更多细节, 可参见文献 (Lee, 1996; Kotz, 2000) 等, 三种常见的 ϕ_1 和 ϕ_2 的选择如下所示:

(1) 若对所有 $x \in D_X$ 和 $y \in D_Y$, 有 $\phi_1(x) = 1 - 2F(x)$ 及 $\phi_2(x) = 1 - 2G(y)$, 此即周知的 FGM 分布;

(2) 对所有 $x \in D_X$ 和 $y \in D_Y$, 有 $\phi_1(x) = (\mathrm{e}^{-x} - c_1)\mathbf{1}_{\{x\geqslant 0\}}$, 其中, $c_1 = E\mathrm{e}^{-X}\mathbf{1}_{\{x\geqslant 0\}}/P(X \geqslant 0)$, $\phi_2(y) = \mathrm{e}^{-y} - E\mathrm{e}^{-Y}$;

(3) 对 $x \in D_X$ 和 $y \in D_Y$, 有 $\phi_1(x) = x^p - EX^p$ 和 $\phi_2(y) = y^p - EY^p$.

接下来的命题来自文献 (Yang and Wang, 2013) 的命题 1.1, 它表明对于任何二元 Sarmanov 分布, 核函数都是有界的.

命题 4.4.2　如果随机向量 (X, Y) 服从二元 Sarmanov 分布 (4.95), 那么存在两个正常数 b_1 和 b_2, 使得对所有 $x \in D_X$, $y \in D_Y$, 有 $|\phi_1(x)| \leqslant b_1$, 以及 $|\phi_2(y)| \leqslant b_2$.

4.4.2　破产概率的渐近估计和一致渐近估计

本小节将给出本节的两个主要结论, 它们分别描述了在 Sarmonov 相依结构下, 离散时间风险模型有限时间破产概率和无限时间破产概率的渐近估计和一致渐近估计.

定理 4.4.1　考虑如下离散风险模型, 其中 $\{(X_i, Y_i), i \geqslant 1\}$ 是一个相互独立且与随机向量 (X, Y) 同分布的序列, 其共同分布为形如 (4.95) 的二维 Sarmanov 分布, 边际分布分别为支撑在 $\mathbb{R}$ 和 $(0,\infty)$ 上的 F 和 G. 在假设 4.4.1 下, 若 $\lim \phi_i(x) = d_i$, $i = 1, 2$, 且 $EX_+^\alpha(1 + \theta d_2\phi_1(X)) > 0$, 则对每个 $n \geqslant 1$, 有

$$P(M_n > x) \sim A_n\overline{F}(x) + B_n\overline{G}(x) \tag{4.98}$$

成立, 其中正常数

$$A_n = EY^\alpha(1 + \theta d_1\phi_2(Y)) \sum_{i=1}^{n} (EY^\alpha)^{i-1},$$

$$B_n = \sum_{i=1}^{n} (EY^\alpha)^{i-1} E(X^* + M_{n-i})^\alpha (1 + \theta d_2 \phi_1(X^*)),$$

上式中的 X^* 是一个与 $\{(X_i, Y_i), i \geqslant 1\}$ 独立的实值随机变量, 其分布为 F.

定理 4.4.2 在定理 4.4.1 的条件下, 进一步假设有 $EY^\alpha < 1$ 成立, 那么有

$$P(M_\infty > x) \sim A_\infty \overline{F}(x) + B_\infty \overline{G}(x) \tag{4.99}$$

成立, 其中正常数

$$A_\infty = \frac{EY^\alpha(1 + \theta d_1 \phi_2(Y))}{1 - EY^\alpha}, \quad B_\infty = \frac{E(X^* + M_\infty)_+^\alpha (1 + \theta d_2 \phi_1(X^*))}{1 - EY^\alpha}. \tag{4.100}$$

因此, (4.98) 对所有 $n \geqslant 1$ 一致成立.

接下来考虑更一般的相依结构, 该相依结构由 Asimit 和 Badesca (2010) 提出. 在一定程度上, 该结构比 Sarmanov 相依结构更具验证性和一般性.

假设 4.4.2 令随机向量 (X, Y) 边缘分布分别为支撑在 $\mathbb{R}$ 上和 $(0, \infty)$ 上的 F 和 G, 且对 $y > 0$ 一致地有

$$P(X > x \,|Y = y) \sim h_1(y) \overline{F}(x),$$

以及

$$P(Y > x \,|X = y) \sim h_2(y) \overline{G}(x)$$

成立. 其中, $h_i(\cdot)(0, \infty) \mapsto (0, \infty)$, $i = 1, 2$ 是两个可测函数, 使得 $\lim_{x\to\infty} h_1(x) = \hat{h}_1 > 0$ 或 $\lim_{x\to\infty} h_2(x) = \hat{h}_2 > 0$ 至少有一个成立.

正如 4.2.1 小节所讨论的那样, 如果随机向量 (X, Y) 之间的相依结构由 Ali-Mikhail-Haq copula、Farlie-Gumbel-Morgenstern copula 或 Frank copula 刻画, 则假设 4.4.2 满足, 证明可参见文献 (Li et al., 2010). 更进一步, 若 (X, Y) 的分布为形如 (4.95) 的二维 Sarmonov 分布, 并且满足 $\lim_{x\to\infty} \phi_i(x) = d_i$, $i = 1, 2$, $\inf_{y>0}(1 + \theta d_1 \phi_2(y)) > 0$, $\inf_{y>0}(1 + \theta d_2 \phi_1(y)) > 0$, 则不难验证假设 4.4.2 满足, 此时 $h_1(y) = 1 + \theta d_1 \phi_2(y)$, $h_2(y) = 1 + \theta d_2 \phi_1(y)$.

接下来, 我们用该相依结构对保险风险和金融风险建模分析, 并讨论 $P(M_1 > x) = P(XY > x)$ 的尾部渐近行为. 该结论可视为著名的 Breiman 定理在相依情形下的推广.

定理 4.4.3 在假设 4.4.1 和假设 4.4.2 下, 若 $E(X_+^\alpha h_2(X_+)) < \infty$ 且 $E(Y^\alpha h_1(Y)) < \infty$, 有

$$P(XY > x) \sim P(X_+ Y > x) \sim E(Y^\alpha h_1(Y)) \overline{F}(x) + E(X_+^\alpha h_2(X_+)) \overline{G}(x) \tag{4.101}$$

成立.

4.4.3　引理及其证明

为证明上一节中的定理, 本节将阐述两个引理并证明.

引理 4.4.1　令 $f_1(x) \leqslant f_2(x)$ 及 $g_1(x) \leqslant g_2(x)$ 为四个支撑在 $\mathbb{R}$ 上的正函数. 如果 $f_i(x) \sim g_i(x)$, $i = 1, 2$, 以及 $g_2(x) = O(g_2(x) - g_1(x))$, 那么有 $f_2(x) - f_1(x) \sim g_2(x) - g_1(x)$ 成立.

证明　对任意 $\varepsilon > 0$, 由 $f_i(x) \sim g_i(x)$, $i = 1, 2$, 可知存在充分大的 x_0, 使得对所有 $x \geqslant x_0$, $i = 1, 2$, 有

$$(1 - \varepsilon)g_i(x) \leqslant f_i(x) \leqslant (1 + \varepsilon)g_i(x).$$

由此可得

$$1 - \frac{2\varepsilon g_2(x)}{g_2(x) - g_1(x)} \leqslant \frac{f_2(x) - f_1(x)}{g_2(x) - g_1(x)} \leqslant 1 + \frac{2\varepsilon g_2(x)}{g_2(x) - g_1(x)}. \tag{4.102}$$

因此, 由 (4.102) 和 $g_2(x) = O(g_2(x) - g_1(x))$ 以及 $\varepsilon > 0$ 的任意性, 可得引理的等价关系结论成立.

引理 4.4.2　令 $\{\xi_i, i \geqslant 1\}$ 为一个同分布的随机变量序列 (相依性不做要求), 其共同分布为支撑在 $\mathbb{R}$ 上的 F_ξ, 假设 $\{\eta_i, i \geqslant 1\}$ 是另一个独立同分布的随机变量序列, 其共同分布为支撑在 $[0, \infty)$ 上的 F_η. 假设对任意 $n \geqslant 2$, ξ_n 与 $\eta_1, \cdots, \eta_{n-1}$ 相互独立, 并且存在分布 $F \in \mathcal{R}_{-\alpha}^*$, 使得

$$\overline{F_\xi}(x) + \overline{F_\eta}(x) = O(\overline{F}(x)).$$

若 $E\eta^\alpha < 1$, 则有

$$\lim_{n\to\infty} \limsup_{x\to\infty} \frac{1}{\overline{F}(x)} P\left(\sum_{i=n+1}^{\infty} \xi_i \prod_{j=1}^{i-1} \eta_j > x\right) = 0.$$

在此指出, 该引理可模仿 Li 和 Tang (2015) 证明引理 3.7 的方法来证明, 在此从略. 在该引理中 Li 和 Tang (2015) 假定 $\{\xi_i, i \geqslant 1\}$ 和 $\{\eta_i, i \geqslant 1\}$ 相互独立, 而引理 4.4.2 则放宽了这一假设.

4.4.4　主要结论的证明

4.4.4.1　定理 4.4.1 的证明

因为 $\{(X_i, Y_i), i \geqslant 1\}$ 是随机向量 (X, Y) 的独立同分布的复制, 容易验证 $\{M_n, n \geqslant 1\}$ 递归方程

$$M_n \overset{\mathrm{d}}{=} (X_n + M_{n-1})_+ Y_n, \quad n \in \mathbb{R}, \tag{4.103}$$

其中记号 $\stackrel{\mathrm{d}}{=}$ 表示等号两边的随机变量同分布. 假设 (X,Y) 服从二维 Sarmonov 分布, 根据命题 4.4.1 可知当 X 和 Y 独立时, (4.98) 成立. 于是由命题 4.4.2 可知, 对所有 $x \in D_X$ 和 $y \in D_Y$, 存在常数 $b_1 > 1$ 和 $b_2 > 2$ 使得 $|\phi_1(x)| \leqslant b_1 - 1$ 及 $|\phi_2(y)| \leqslant b_2 - 1$ 成立. 显然有, $d_i < b_i$, $i = 1, 2$.

下面引入四个独立随机变量 X^*, Y^*, $\widetilde{X}^*$, $\widetilde{Y}^*$, 且与 $\{(X,Y),(X_i,Y_i),i \geqslant 1\}$ 相互独立, 它们的分布分别为 $F, G, \widetilde{F}$ 和 $\widetilde{G}$, 其中 $\widetilde{F}$ 和 $\widetilde{G}$ 的定义如下: 对所有 $x \in D_X$ 和 $y \in D_Y$, 有

$$\widetilde{F}(dx) = \left(1 - \frac{\phi_1(x)}{b_1}\right) F(\mathrm{d}x), \quad \widetilde{G}(dy) = \left(1 - \frac{\phi_2(y)}{b_2}\right) G(\mathrm{d}y) \tag{4.104}$$

成立. 根据 (4.96) 和本定理的条件可知, 分布 $\widetilde{F}$ 和 $\widetilde{G}$ 满足

$$\overline{\widetilde{F}}(x) \sim \left(1 - \frac{d_1}{b_1}\right)\overline{F}(x), \quad \overline{\widetilde{G}}(x) \sim \left(1 - \frac{d_2}{b_2}\right)\overline{G}(x), \tag{4.105}$$

以及

$$\begin{aligned} E(\widetilde{X}_+^*)^\alpha &= E(X_+^\alpha) - \frac{1}{b_1}E(X_+^\alpha)\phi_1(X_+), \\ E(\widetilde{Y}^*)^\alpha &= E(Y^\alpha) - \frac{1}{b_2}E(Y^\alpha)\phi_2(Y). \end{aligned} \tag{4.106}$$

由 (4.95) 和 (4.103), 将 $P(M_n > x)$ 分解成如下四个部分:

$$\begin{aligned} &P(M_n > x) \\ &= \int_{-\infty}^{\infty}\int_0^{\infty} P\left((M_{n-1}+u)_+ > \frac{x}{v}\right)(1+\theta\phi_1(u)\phi_2(v))G(\mathrm{d}v)F(\mathrm{d}u) \\ &= (1+\theta b_1 b_2)P((X^* + M_{n-1})_+ Y^* > x) - \theta b_1 b_2 P((X^* + M_{n-1})_+ \tilde{Y}^* > x) \\ &\quad - \theta b_1 b_2 P((\tilde{X}^* + M_{n-1})_+ Y^* > x) + \theta b_1 b_2 P((\tilde{X}^* + M_{n-1})_+ \tilde{Y}^* > x) \\ &=: (1+\theta b_1 b_2)I_{n1} - \theta b_1 b_2 I_{n2} - \theta b_1 b_2 I_{n3} + \theta b_1 b_2 I_{n4}. \end{aligned} \tag{4.107}$$

下面用归纳法证明本定理. 当 $n = 1$ 时, 因为 X^*, Y^*, $\widetilde{X}^*$, $\widetilde{Y}^*$ 相互独立, 由 (4.105), (4.106), 文献 (Li and Tang, 2015) 的引理 3.5 可知

$$\begin{cases} I_{11} \sim E(Y^\alpha)\overline{F}(x) + E(X_+^\alpha)\overline{G}(x), \\ I_{12} \sim \left(E(Y^\alpha) - \dfrac{1}{b_2}E(Y^\alpha)\phi_2(Y)\right)\overline{F}(x) + \left(1 - \dfrac{d_2}{b_2}\right)E(X_+^\alpha)\overline{G}(x), \\ I_{13} \sim \left(1 - \dfrac{d_1}{b_1}\right)E(Y^\alpha)\overline{F}(x) + \left(E(X_+^\alpha) - \dfrac{1}{b_1}E(X_+^\alpha)\phi_1(X)\right)\overline{G}(x), \\ I_{14} \sim \left(1 - \dfrac{d_1}{b_1}\right)\left(E(Y^\alpha) - \dfrac{1}{b_2}E(Y^\alpha)\phi_2(Y)\right)\overline{F}(x) \\ \qquad + \left(1 - \dfrac{d_2}{b_2}\right)\left(E(X_+^\alpha) - \dfrac{1}{b_1}E(X_+^\alpha)\phi_1(x)\right)\overline{G}(x). \end{cases}$$

我们仅考虑 $\theta \geqslant 0$ 的情形, $\theta < 0$ 时的情形可类似处理. 由上式可得

$$\begin{aligned}(1+\theta b_1 b_2)I_{11}+\theta b_1 b_2 I_{14} \sim &((1+\theta b_1 b_2)EY^\alpha+\theta b_2(b_1-d_1)E(\widetilde{Y}^*)^\alpha)\overline{F}(x)\\&+((1+\theta b_1 b_2)EX_+^\alpha+\theta b_1(b_2-d_2)E(\widetilde{X}_+^*)^\alpha)\overline{G}(x)\end{aligned} \tag{4.108}$$

及

$$\begin{aligned}\theta b_1 b_2(I_{12}+I_{13}) \sim &(\theta b_2(b_1-d_1)EY^\alpha+\theta b_1 b_2 E(\tilde{Y}^*)^\alpha)\overline{F}(x)\\&+(\theta b_1(b_2-d_2)EX_+^\alpha+\theta b_1 b_2 E(\tilde{X}_+^*)^\alpha)\overline{G}(x),\end{aligned} \tag{4.109}$$

分别用引理 4.4.1 中的 $g_2(x)$ 和 $g_1(x)$ 表示 (4.108) 和 (4.109) 的右边, 注意到有 $g_2(x) \geqslant g_1(x)$, 且

$$\begin{aligned}g_2(x)-g_1(x)&=EY^\alpha(1+\theta d_1\phi_2(Y))\overline{F}(x)+EX_+^\alpha(1+\theta d_2\phi_1(X))\overline{G}(x)\\&=: A_1\overline{F}(x)+B_1\overline{G}(x)\end{aligned}$$

成立. 并结合 $0<A_1<\infty$ 及 $0<B_1<\infty$, 可得 $g_2(x)=O(g_2(x)-g_1(x))$.

由命题 4.4.1、定理 4.4.1 的条件和 (4.93) 得 $A_1 \leqslant (1+|\theta d_1|b_2)EY^\alpha<\infty$, $0<B_1\leqslant(1+|\theta d_2|b_1)EX_+^\alpha<\infty$ 及 $A_1>0$ 成立. 若不然, 因为 Y 是正值随机变量, 且对所有 $y>0$ 有 $1+\theta d_1\phi_2(y)\geqslant 0$, 由 $EY^\alpha(1+\theta d_1\phi_2(Y))=A_1=0$ 可得 $1+\theta d_1\phi_2(Y)=0$ 几乎处处成立. 这和由 (4.96) 得到的 $E(1+\theta d_1\phi_2(Y))=1$ 相矛盾. 将 (4.108) 和 (4.109) 代入 (4.107) 中, 由引理 4.4.1 可得

$$P(M_1>x)\sim A_1\overline{F}(x)+B_1\overline{G}(x). \tag{4.110}$$

这意味着当 $n=1$ 时, (4.98) 成立.

假设 (4.98) 关于 $n-1\geqslant 1$ 的情形成立, 下面证明关于 n, (4.98) 也成立. 由归纳假设、(4.105) 和假设 4.4.1, 我们知道 X^* (或 $\widetilde{X}^*$) 和 M_{n-1} 分布的任意凸组合都属于 $\mathcal{R}_{-\alpha}^*$. 由归纳假设和 (4.105), 并利用文献 (Li and Tang, 2015) 的引理 3.3 在 $\alpha=0$ 的情形, 得到

$$P(X^*+M_{n-1}>x)\sim(1+A_{n-1})\overline{F}(x)+B_{n-1}\overline{G}(x),$$

$$P(\tilde{X}^*+M_{n-1}>x)\sim\left(1-\frac{d_1}{b_1}+A_{n-1}\right)\overline{F}(x)+B_{n-1}\overline{G}(x)$$

成立. 由上式、假设 4.4.1 和 (4.105), 可得 X^*+M_{n-1} (或 $\widetilde{X}^*+M_{n-1}$) 和 Y^* (或 $\widetilde{Y}^*$) 分布的任意凸组合均属于 $\mathcal{R}_{-\alpha}^*$, 从而由 (4.93) 可知 $E(X^*+M_{n-1})_+^\alpha<\infty$, 进

而可得 $B_n < \infty$. 由于 X^*, Y^*, $\widetilde{X}^*$, $\widetilde{Y}^*$ 和 M_{n-1} 相互独立, 再次由文献 (Li and Tang, 2015) 的引理 3.5 得

$$\begin{aligned}
I_{n1} &\sim (1+A_{n-1})EY^\alpha\overline{F}(x) + (B_{n-1}EY^\alpha + E(X^*+M_{n-1})_+^\alpha)\overline{G}(x),\\
I_{n2} &\sim (1+A_{n-1})EY^\alpha\left(1-\frac{\phi_2(Y)}{b_2}\right)\overline{F}(x) + \left(B_{n-1}EY^\alpha\left(1-\frac{\phi_2(Y)}{b_2}\right)\right.\\
&\qquad \left.+E(X^*+M_{n-1})_+^\alpha\right)\overline{G}(x),\\
I_{n3} &\sim \left(1-\frac{d_1}{b_1}+A_{n-1}\right)EY^\alpha\overline{F}(x) + (B_{n-1}EY^\alpha + E(\tilde{X}^*+M_{n-1})_+^\alpha)\overline{G}(x),\\
I_{n4} &\sim \left(1-\frac{d_1}{b_1}+A_{n-1}\right)EY^\alpha\left(1-\frac{\phi_2(Y)}{b_2}\right)\overline{F}(x) + \left(B_{n-1}EY^\alpha\left(1-\frac{\phi_2(Y)}{b_2}\right)\right.\\
&\qquad \left.+E(\tilde{X}^*+M_{n-1})_+^\alpha\right)\overline{G}(x).
\end{aligned} \tag{4.111}$$

与 (4.108)、(4.109) 类似, 当 $\theta \geqslant 0$ 时, 由 (4.111) 可得

$$\begin{aligned}
(1+\theta b_1b_2)I_{n1}+\theta b_1b_2I_{n4} \sim\ & (A_{n-1}((1+\theta b_1b_2)EY^\alpha + \theta b_1b_2E(\tilde{Y}^*)^\alpha)\\
&+(1+\theta b_1b_2)EY^\alpha + \theta b_2(b_1-d_1)E(\tilde{Y}^*)^\alpha)\overline{F}(x)\\
&+(B_{n-1}((1+\theta b_1b_2)EY^\alpha+\theta b_1b_2E(\tilde{Y}^*)^\alpha)\\
&+(1+\theta b_1b_2)E(X^*+M_{n-1})_+^\alpha\\
&+\theta b_1(b_2-d_2)E(\tilde{X}^*+M_{n-1})_+^\alpha)\overline{G}(x)
\end{aligned} \tag{4.112}$$

和

$$\begin{aligned}
\theta b_1b_2(I_{n2}+I_{n3}) \sim\ & (A_{n-1}\theta b_1b_2(EY^\alpha+E(\tilde{Y}^*)^\alpha)\\
&+\theta b_2(b_1-d_1)EY^\alpha+\theta b_1b_2E(\tilde{Y}^*)^\alpha)\overline{F}(x)\\
&+(B_{n-1}\theta b_1b_2(EY^\alpha+E(\tilde{Y}^*)^\alpha)+\theta b_1(b_2-d_2)E(X^*\\
&+M_{n-1})_+^\alpha+\theta b_1b_2E(\tilde{X}^*+M_{n-1})_+^\alpha)\overline{G}(x)
\end{aligned} \tag{4.113}$$

成立. 依次用引理 4.4.1 中的 $g_2'(x)$ 和 $g_1'(x)$ 表示 (4.112) 和 (4.113) 的右边, 于是 $g_2'(x) \geqslant g_1'(x)$ 和

$$\begin{aligned}
{g'}_2(x)-{g'}_1(x) &= (A_{n-1}EY^\alpha + EY^\alpha(1+\theta d_1\phi_2(Y)))\overline{F}(x)\\
&\quad +(B_{n-1}EY^\alpha+E(X^*+M_{n-1})_+^\alpha(1+\theta d_2\phi_1(X^*)))\overline{G}(x)\\
&= A_n\overline{F}(x)+B_n\overline{G}(x),
\end{aligned}$$

并注意到 $\infty > A_n \geqslant A_1 > 0$ 和 $\infty > B_n \geqslant E(X^* + M_{n-1})_+^{\alpha}(1+\theta d_2\phi_1(X^*)) \geqslant B_1 > 0$, 从而有 $g_2'(x) = O(g_2'(x) - g_1'(x))$. 因此, 由引理 4.4.1 和 (4.107) 可得 (4.98) 对 n 成立. 至此, 定理 4.4.1 证毕.

4.4.4.2　**定理 4.4.2 的证明**

首先证明 (4.99). 由 $EY^{\alpha} < 1$, 易见 A_n 和 B_n 分别收敛到有限常数 A_∞ 和 B_∞, 其定义见 (4.100). 由命题 4.4.2, 当 $i = 1, \cdots, n$ 时, 有

$$E(X^* + M_{n-i})_+^{\alpha}(1+\theta d_2\phi_1(X)) \leqslant (1+|\theta d_2|b_1)E(X^*+M_\infty)_+^{\alpha} < \infty$$

成立, 其中最后一步的推导, 用到了 C_r 不等式 ($0<\alpha\leqslant 1$ 时) 或 Minkowski 不等式 ($\alpha > 1$ 时), 并注意到 $E(X_+Y)^{\alpha} \leqslant (1+|\theta|b_1b_2)EX_+^{\alpha}\cdot EY^{\alpha} < \infty$. 记 $Z = X_+Y$, $Z_i = X_{i+}Y_i$, $i \geqslant 1$. 由 (4.110) 得

$$P(Z > x) + \overline{G}(x) \sim A_1\overline{F}(x) + (1+B_1)\overline{G}(x).$$

由假设 4.4.1 可知, $A_1\overline{F}(x) + (1+B_1)\overline{G}(x)$ 与某个强正则变化尾分布成正比. 因此, 由引理 4.4.2, 对任一 $\varepsilon > 0$, 存在充分大的整数 $n_0 \geqslant 2$, 使得对所有 $n \geqslant n_0$ 和充分大的 x, 有

$$P\left(\sum_{i=n_0+1}^{\infty} Z_i \prod_{j=1}^{i-1} Y_j > x\right) \leqslant \varepsilon(A_1\overline{F}(x) + (1+B_1)\overline{G}(x)) \tag{4.114}$$

和

$$\left|\frac{A_n}{A_\infty} - 1\right| \vee \left|\frac{B_n}{B_\infty} - 1\right| \leqslant \varepsilon \tag{4.115}$$

同时成立.

下面研究 $P(M_\infty > x)$ 的渐近行为. 一方面, 对任一 $\Delta > 0$, 由定理 4.4.1, (4.114) 和假设 4.4.1 可得

$$\begin{aligned}
P(M_\infty > x) &\leqslant P(M_{n_0} > (1-\Delta)x) + P\left(\sum_{i=n_0+1}^{\infty}(X_{i+}Y_i)\prod_{j=1}^{i-1}Y_j > \Delta x\right)\\
&\lesssim A_{n_0}\overline{F}((1-\Delta)x) + B_{n_0}\overline{G}((1-\Delta)x) + \varepsilon(A_1\overline{F}(\Delta x) + (1+B_1)\overline{G}(\Delta x))\\
&\sim (1-\Delta)^{-\alpha}(A_{n_0}\overline{F}(x) + B_{n_0}\overline{G}(x)) + \varepsilon\Delta^{-\alpha}(A_1\overline{F}(x) + (1+B_1)\overline{G}(x))\\
&\leqslant ((1-\Delta)^{-\alpha}A_\infty + \varepsilon\Delta^{-\alpha}A_1)\overline{F}(x) + ((1-\Delta)^{-\alpha}B_\infty\\
&\quad + \varepsilon\Delta^{-\alpha}(1+B_1))\overline{G}(x),
\end{aligned} \tag{4.116}$$

另一方面, 由定理 4.4.1 和 (4.115), 有

$$
\begin{aligned}
P(M_\infty > x) &\geqslant P(M_{n_0} > x) \sim A_{n_0}\overline{F}(x) + B_{n_0}\overline{G}(x) \\
&\geqslant (1-\varepsilon)(A_\infty\overline{F}(x) + B_\infty\overline{G}(x)).
\end{aligned} \tag{4.117}
$$

因此, 由 (4.116), (4.117), $\varepsilon > 0$ 及 $\Delta > 0$ 的任意性可得 (4.99) 成立.

最后讨论 (4.98) 的一致渐近性. 首先讨论一致渐近上界估计, 根据定理 4.4.1、(4.99) 和 (4.115), 对上边的 $\varepsilon > 0$ 和 $n_0 \geqslant 2$, 有

$$
\begin{aligned}
&\limsup_{x\to\infty}\sup_{n\geqslant 1}\frac{P(M_n > x)}{A_n\overline{F}(x) + B_n\overline{G}(x)} \\
&\leqslant \limsup_{x\to\infty}\max\left\{\bigvee_{n=1}^{n_0-1}\frac{P(M_n > x)}{A_n\overline{F}(x) + B_n\overline{G}(x)}, \bigvee_{n=n_0}^{\infty}\frac{P(M_\infty > x)}{A_n\overline{F}(x) + B_n\overline{G}(x)}\right\} \\
&\leqslant \max\left\{1, \limsup_{x\to\infty}\frac{P(M_\infty > x)}{A_\infty\overline{F}(x) + B_\infty\overline{G}(x)}\cdot\bigvee_{n=n_0}^{\infty}\frac{A_\infty\overline{F}(x) + B_\infty\overline{G}(x)}{A_n\overline{F}(x) + B_n\overline{G}(x)}\right\} \\
&\leqslant \frac{1}{1-\varepsilon}.
\end{aligned}
$$

同样, 可得一致渐近下界估计

$$
\begin{aligned}
&\liminf_{x\to\infty}\inf_{n\geqslant 1}\frac{P(M_n > x)}{A_n\overline{F}(x) + B_n\overline{G}(x)} \\
&\geqslant \liminf_{x\to\infty}\min\left\{\bigwedge_{n=1}^{n_0-1}\frac{P(M_n > x)}{A_n\overline{F}(x) + B_n\overline{G}(x)}, \bigwedge_{n=n_0}^{\infty}\frac{P(M_{n_0} > x)}{A_n\overline{F}(x) + B_n\overline{G}(x)}\right\} \\
&\geqslant \min\left\{1, \liminf_{x\to\infty}\frac{P(M_{n_0} > x)}{A_{n_0}\overline{F}(x) + B_{n_0}\overline{G}(x)}\cdot\frac{A_{n_0}\overline{F}(x) + B_{n_0}\overline{G}(x)}{A_\infty\overline{F}(x) + B_\infty\overline{G}(x)}\right\} \\
&\geqslant 1-\varepsilon.
\end{aligned}
$$

由以上两式可知, (4.98) 关于所有 $n \geqslant 1$ 一致成立. 证毕.

4.4.4.3 定理 4.4.3 的证明

引入两个独立非负随机变量 $\hat{X}_+$ 和 $\hat{Y}$, 其独立于 X 和 Y, 且分布分别为如下定义的 $\hat{F}$ 和 $\hat{G}$: 对所有 $x \in [0,\infty)$, $y \in (0,\infty)$, 有

$$
\hat{F}(\mathrm{d}x) = h_2(x)F(\mathrm{d}x), \quad \hat{G}(\mathrm{d}y) = h_1(y)G(\mathrm{d}y). \tag{4.118}
$$

在定理的条件下, 有 $E(\hat{X}_+)^\alpha = EX_+^\alpha h_2(X_+) \in (0,\infty)$, $E\hat{Y}^\alpha = EY^\alpha h_1(Y) \in (0,\infty)$ 成立. 对任意 $x > 0$ 及 $0 \leqslant c \leqslant \ln(x/2)$, 有

$$
P(X_+Y > x) = P(\ln X_+ + \ln Y > \ln x, \{\ln X_+ > c\} \cup \{\ln Y > c\})
$$

$$
\begin{aligned}
&= \Big(P(\ln X_+ + \ln Y > \ln x, \ln X_+ > c, \ln Y \leqslant c) \\
&\quad + P(\ln X_+ + \ln Y > \ln x, \ln Y > c, \ln X_+ \leqslant c)\Big) \\
&\quad + P(\ln X_+ + \ln Y > \ln x, \ln X_+ > c, \ln Y > c) \\
&=: J_1 + J_2. \qquad (4.119)
\end{aligned}
$$

由假设 4.4.2 和 (4.118), 有

$$
\begin{aligned}
J_1 &= \int_{-\infty}^{c} P(\ln X_+ > \ln x - u \,|\ln Y = u) P(\ln Y \in \mathrm{d}u) \\
&\quad + \int_{-\infty}^{c} P(\ln Y > \ln x - u \,|\ln X_+ = u) P(\ln X_+ \in \mathrm{d}u) \\
&\sim \int_{-\infty}^{c} P(\ln X_+ > \ln x - u) h_1(\mathrm{e}^u) P(\ln Y \in \mathrm{d}u) \\
&\quad + \int_{-\infty}^{c} P(\ln Y > \ln x - u) h_2(\mathrm{e}^u) P(\ln X_+ \in \mathrm{d}u) \\
&= \int_{-\infty}^{c} \overline{F}(x\mathrm{e}^{-u}) P(\ln \hat{Y} \in \mathrm{d}u) + \int_{-\infty}^{c} \overline{G}(x\mathrm{e}^{-u}) P(\ln \hat{X}_+ \in \mathrm{d}u). \qquad (4.120)
\end{aligned}
$$

上式的最后一式可分成 J_{11}, J_{12} 和 J_{13} 三部分, 其中

$$
J_{11} = \overline{F}(x) \int_{-\infty}^{c} \mathrm{e}^{\alpha u} P(\ln \hat{Y} \in \mathrm{d}u) + \overline{G}(x) \int_{-\infty}^{c} \mathrm{e}^{\alpha u} P(\ln \hat{X}_+ \in \mathrm{d}u),
$$

$$
J_{12} = \int_{-\infty}^{c} (P(\ln X_+ > \ln x - u) - \mathrm{e}^{\alpha u} P(\ln X_+ > \ln x)) P(\ln \hat{Y} \in \mathrm{d}u)
$$

和

$$
J_{13} = \int_{-\infty}^{c} (P(\ln Y > \ln x - u) - \mathrm{e}^{\alpha u} P(\ln Y > \ln x)) P(\ln \hat{X}_+ \in \mathrm{d}u).
$$

显然有

$$
\lim_{c\to\infty} \lim_{x\to\infty} \frac{J_{11}}{E\hat{Y}^{\alpha}\overline{F}(x) + E(\hat{X}_+)^{\alpha}\overline{G}(x)} = 1. \qquad (4.121)
$$

关于 J_{12}, 由假设 4.4.1, 文献 (Li and Tang, 2015) 的引理 3.2 可知, 对每一个给定的 y, 有

$$
\begin{aligned}
&P(\ln X_+ > x - y) - \mathrm{e}^{\alpha y} P(\ln X_+ > x) \\
&= o(P(\ln X_+ > x) + P(\ln Y > x)), \qquad (4.122)
\end{aligned}
$$

并且 $P(\ln X_+ > x) + P(\ln Y > x)$ 与某个卷积等价尾分布成正比. 因此, 对所有 $u \leqslant c$ 和充分大的 $x_1 > 0$, 当 $x \geqslant x_1$ 时, 有

$$
\frac{|P(\ln X_+ > \ln x - u) - \mathrm{e}^{\alpha u} P(\ln X_+ > \ln x)|}{\overline{F}(x) + \overline{G}(x)}
$$

$$\leqslant \frac{P(\ln X_+ > \ln x - c) + \mathrm{e}^{\alpha c} P(\ln X_+ > \ln x)}{P(\ln X_+ > \ln x) + P(\ln Y > \ln x)}$$
$$\leqslant \frac{P(\ln X_+ > \ln x - c) + P(\ln Y > \ln x - c)}{P(\ln X_+ > \ln x) + P(\ln Y > \ln x)} + \mathrm{e}^{\alpha c}$$
$$\leqslant 3\mathrm{e}^{\alpha c},$$

并结合 (4.122) 以及控制收敛定理, 可得

$$J_{12} = o(\overline{F}(x) + \overline{G}(x)) = o(E\hat{Y}^{\alpha}\overline{F}(x) + E(\hat{X}_+)^{\alpha}\overline{G}(x)). \tag{4.123}$$

同理可得

$$J_{13} = o(E\hat{Y}^{\alpha}\overline{F}(x) + E(\hat{X}_+)^{\alpha}\overline{G}(x)). \tag{4.124}$$

将 (4.121), (4.123) 和 (4.124) 代入 (4.120), 有

$$\lim_{c\to\infty}\lim_{x\to\infty} \frac{J_1}{E\hat{Y}^{\alpha}\overline{F}(x) + E(\hat{X}_+)^{\alpha}\overline{G}(x)} = 1. \tag{4.125}$$

接下来处理 J_2, 选择足够大的 c 使得

$$P(X > \mathrm{e}^c \,|Y = y) \leqslant 2h_1(y)\overline{F}(\mathrm{e}^c) \tag{4.126}$$

对所有 $y > 0$ 一致成立. 在 $\hat{h}_1 = \lim h_1(x) > 0$ 的情形, 显然有

$$\overline{\hat{G}}(x) \sim \hat{h}_1\overline{G}(x). \tag{4.127}$$

于是, 由 (4.126) 得

$$\begin{aligned}
J_2 &= \int_c^{\infty} P(\ln X_+ > (\ln x - u) \vee c \,|\ln Y = u) P(\ln Y \in \mathrm{d}u) \\
&\leqslant 2\int_c^{\infty} P(\ln X_+ > (\ln x - u) \vee c) h_1(\mathrm{e}^u) P(\ln Y \in \mathrm{d}u) \\
&= 2P(\ln X_+ + \ln\hat{Y} > \ln x, \ln\hat{Y} > c, \ln X_+ > c) \\
&\leqslant 2P(\zeta_1 + \zeta_2 > \ln x, \zeta_1 > c, \zeta_2 > c).
\end{aligned} \tag{4.128}$$

其中, ζ_1 和 ζ_2 是 $\zeta = \ln X_+ \vee \ln\hat{Y}$ 两个独立同分布的复制. 根据假设 4.4.1 和 (4.127), ζ 具有与 $P(\ln X_+ > x) + \hat{h}_1 P(\ln Y > x)$ 成比例的卷积等价尾分布. 于是, 由 (4.128), 文献 (Li and Tang, 2015) 的引理 3.1, 可得

$$\lim_{c\to\infty}\limsup_{x\to\infty} \frac{J_2}{E\hat{Y}^{\alpha}\overline{F}(x) + E(\hat{X}_+)^{\alpha}\overline{G}(x)}$$

$$
\begin{aligned}
&= \lim_{c\to\infty} \limsup_{x\to\infty} \frac{J_2}{P(\ln X_+ > \ln x) + \hat{h}_1 P(\ln Y > \ln x)} \\
&\quad \cdot \limsup_{x\to\infty} \frac{\overline{F}(x) + \hat{h}_1 \overline{G}(x)}{E\hat{Y}^\alpha \overline{F}(x) + E(\hat{X}_+)^\alpha \overline{G}(x)} \\
&= 0.
\end{aligned} \tag{4.129}
$$

在 $\hat{h}_2 = \lim h_2(x) > 0$ 的情形中, 同样的讨论可以推导 (4.129) 成立. 因此, 由 (4.119), (4.125) 和 (4.129) 可得最终的结论 (4.101). 证毕.

参考文献

崔盛. 2016. 带投资收益的更新风险模型的渐近分析及其应用研究[D]. 浙江工商大学博士学位论文.

崔盛, 江涛, 明瑞星. 2014. 带投资的时依更新风险模型中破产概率的一致渐近估计[J]. 中国科学: 数学, 44(11): 1185-1202.

巩馥洲. 2012. 概率统计的研究与发展[J]. 中国科学院院刊, 27(2): 175-188.

江涛. 2008. 次指数随机变量最大和的大偏差概率及其在有限时间破产概率中的应用[J]. 中国科学, 38(6): 703-711.

江涛. 2009. 常息力更新场合有限时间破产概率对负相依索赔额的不敏感性[J]. 高校应用数学学报, 24(4): 401-409.

江涛, 陈婷, 徐晖, 等. 2020. 二维贴现累积索赔过程的一致局部渐近性 [J]. 中国科学: 数学, 50(10): 1487-1504.

江涛, 陈宜清. 2004. 平稳更新模型下生存概率的一个局部等价式[J]. 中国科学, 34(4): 385-391.

江涛, 徐晖. 2016. Farlie-Gumbel-Morgenstern 联合分布的 Max-Sum 局部等价式[J]. 中国科学: 数学, 46(1): 67-80.

卡尔 · H. 博尔奇. 1999. 保险经济学[M]. 庹国柱, 等译. 北京: 商务印书馆.

刘希军, 王岳宝. 2009. 不同分布的卷积的局部封闭性及局部渐近性的充分条件和必要条件[J]. 系统科学与数学, 29(4): 527-535.

明瑞星, 陈昱, 吴耀华. 2013. 重尾随机游动最大值的局部渐近性质及其在保险和排队论中的应用[J]. 中国科学技术大学学报, 43(3): 173-181.

明瑞星, Diarra M, 胡亦钧, 等. 2007. 经典风险模型中破产概率的一个渐近式[J]. 数学杂志, 27(3): 249-254.

王岳宝, 成凤炀, 杨洋. 2005. 关于重尾分布间的控制关系及其应用[J]. 应用概率统计, 21(1): 21-30.

杨洋, 王开永. 2013. 保险风险管理中的破产渐近分析: 重尾分布[M]. 北京: 科学出版社.

张博. 2005. 精算学[M]. 北京: 北京大学出版社.

Adamović D D. 1966. Sur quelques proprietes des fonctions a croissance lente de Karamata Ⅰ, Ⅱ [J]. Matematički Vesnik, 3(18): 123-136, 161-172.

Albrecher H, Asmussen S, Kortschak D. 2006. Tail asymptotics for the sum of two heavy-tailed dependent risks[J]. Extremes, 9(2): 107-130.

Albrecher H, Teugels J L. 2006. Exponential behavior in the presence of dependence in risk theory[J]. Journal of Applied Probability, 43(1): 257-273.

Alink S, Löwe M, Wüthrich M V. 2004. Diversification of aggregate dependent risks[J]. Insurance Mathematics and Economics, 35(1): 77-95.

Alink S, Löwe M, Wüthrich M V, et al. 2005. Analysis of the expected shortfall of aggregate dependent risks[J]. Astin Bulletin, 35(1): 25-43.

Anderson-Cook C M. 2006. Quantitative risk management: Concepts, techniques, and tools[J]. Journal of the American Statistical Association, 101(476): 1731-1732.

Ash J M, Erdös P, Rubel L A. 1972. Very slowly varying functions[J]. Aequationes Mathematicae, 8(1/2): 191-192.

Asimit A V, Badescu A L. 2010. Extremes on the discounted aggregate claims in a time dependent risk model[J]. Scandinavian Actuarial Journal, (2): 93-104.

Asmussen S. 1982. Conditioned limit theorems relating a random walk to its associate, with applications to risk reserve processes and the GI/G/1 queue[J]. Advances in Applied Probability, 14(14): 143-170.

Asmussen S, Foss S, Korshunov D. 2003. Asymptotics for sums of random variables with local subexponential behaviour[J]. Journal of Theoretical Probability, 16(2): 489-518.

Asmussen S, Kalashnikov V, Konstantinides D G, et al. 2002. A local limit theorem for random walk maxima with heavy tails[J]. Statistics and Probability Letters, 56(4): 399-404.

Asmussen S, Klüppelberg C. 1996. Large deviations results for subexponential tails, with applications to insurance risk[J]. Stochastic Processes and Their Applications, 64(1): 103-125.

Asmussen S, Rojas-Nandayapa L. 2008. Asymptotics of sums of lognormal random varibles with Gaussian copula[J]. Statistics and Probability Letters, 78(16): 2709-2714.

Badescu A L, Cheung E C K, Landriault D. 2009. Dependent risk models with bivariate phase-type distributions[J]. Journal of Applied Probability, 46(1): 113-131.

Baltrūnas A, Daley D J, Klüppelberg C. 2004. Tail behaviour of the busy period of a GI/GI/1 queue with subexponential service times[J]. Stochastic Processes and Their Applications, 111(2): 237-258.

Baltrūnas A, Omey E, Van Gulck S. 2006. Hazard rates and subexponential distributions[J]. Publications De Linstitut Mathematique, 80(94): 29-46.

Barabási A L, Albert R. 1999. Emergence of scaling in random networks[J]. Science, 286(5439): 509-512.

Barbe P, Fougères A, Genest C. 2006. On the tail behavior of sums of dependent risks[J]. Astin Bulletin, 36(2): 361-373.

Basrak B. 2000. The sample autocorrelation function of non-linear time series. PhD Thesis. University of Groningen.

Basrak B, Davis R A, Mikosch T, et al. 2002a. Regular variation of garch processes[J]. Stochastic Processes and their Applications, 99(1): 95-115.

Basrak B, Davis R A, Mikosch T. 2002b. A characterization of multivariate regular variation[J]. The Annals of Applied Probability, 12(3): 908-920.

Berman S M. 1986. The supremum of a process with stationary independent and symmetric increments[J]. Stochastic Processes and Their Applications, 23(2): 281-290.

Bertoin J, Doney R A. 1994. On the local behaviour of ladder height distributions[J]. Journal of Applied Probability, 31(3): 816-821.

Bingham N H, Goldie C M, Teugels J L. 1987. Regular Variation[M]. Cambridge: Cambridge University Press.

Borovkov A A. 1976. Stochastic Processes in Queueing Theory[M]. New York: Springer.

Borovkov A A. 1984. Asymptotic Methods in Queueing Theory[M]. New York: John Wiley, 3-40.

Borovkov A A, Borovkov K A. 2008. Asymptotic Analysis of Random Walks: Heavy-Tailed Distributions (Encyclopedia of Mathematics and Its Applications)[M]. Carbridge: Carbridge University Press.

Boudreault M, Cossette H, Landriault D, et al. 2006. On risk model with dependence between interclaim arrivals and claim sizes[J]. Scandinavian Actuarial Journal, 2006(5): 265-285.

Brandt A. 1986. The stochastic equation $Y_{n+1} = A_nY_n + B_n$ with stationary coefficients[J]. Advances in Applied Probability, 18(1): 211-220.

Braverman M. 2000. Suprema of compound Poisson processes with light tails[J]. Stochastic Processes and Their Applications, 90(1): 145-156.

Brokate M, 2008. Klüppelberg C, Kostadinova R, et al. On the distribution tail of an integrated risk model: A numerical approach[J]. Insurance Mathematics and Economics, 42(1): 101-106.

Cai J, Tang Q. 2004. On max-sum equivalence and convolution closure of heavy-tailed distributions and their applications[J]. Journal of Applied Probability, 41(1): 117-130.

Chan W, Yang H, Zhang L. 2003. Some results on ruin probabilities in a two-dimensional risk model[J]. Insurance Mathematics and Economics, 32(3): 345-358.

Chen G, Wang Y, Cheng F. 2009. The uniform local asymptotics of the overshoot of a random walk with heavy-tailed increments[J]. Stoch. Models, 25(3): 508-521.

Chen W, Yu C, Wang Y. 2013. Some discussions on the local distribution classes[J]. Statistics and Probability Letters, 83(7): 1654-1661.

Chen Y, Chen A, Ng K W. 2010. The strong law of large numbers for extended negatively dependent random variables[J]. Journal of Applied Probability, 47(4): 908-922.

Chen Y, Ng K W. 2007. The ruin probability of the renewal model with constant interest force and negatively dependent heavy-tailed claims[J]. Insurance Mathematics and Economics, 40(3): 415-423.

Chen Y, Su C. 2006. Finite time ruin probability with heavy-tailed insurance and financial risks[J]. Statistics and Probability Letters, 76(16): 1812-1820.

Chen Y, Wang L, Wang Y. 2013. Uniform asymptotics for the finite-time ruin probabilities of two kinds of nonstandard bidimensional risk models[J]. Journal of Mathematical Analysis and Applications, 401(1): 114-129.

Chen Y, Wang Y, Wang K. 2013. Asymptotic results for ruin probability of a two-dimensional renewal risk model[J]. Stochastic Analysis and Applications, 31(1): 80-91.

Chen Y, Yang Y. 2014. Ruin probabilities with insurance and financial risks having an FGM dependence structure[J]. Science China Mathematics, 57(5): 1071-1082.

Chen Y, Yuan Z. 2017. A revisit to ruin probabilities in the presence of heavy-tailed insurance and financial risks[J]. Insurance Mathematics and Economics, 73(73): 75-81.

Chen Y, Yuen K. 2009. Sums of pairwise quasi-asymptotically independent random variables with consistent variation[J]. Communications in Statistics Stochastic Models, 25(1): 76-89.

Chen Y, Yuen K, Ng K. 2011. Asymptotics for the ruin probabilities of a two-dimensional renewal risk model with heavy-tailed claims[J]. Applied Stochastic Models in Business and Industry, 27(3): 290-300.

Chistyakov V P. 1964. A Theorem on sums of independent positive random variables and its applications to branching random processes[J]. Theory of Probability and Its Applications, 9(4): 640-648.

Chover J, Ney P, Wainger S. 1973. Functions of probability measures[J]. Journal D'analyse Mathématique, 26(1): 255-302.

Christensen K, Danon L, Scanlon T, et al. 2002. Unified scaling law for earthquakes[J]. Proceedings of the National Academy of Sciences of the United States of America, 99(suppl1): 2509-2513.

Clauset A, Shalizi C R, Newman M E. 2009. Power-Law distributions in empirical data[J]. SiAM Review, 51(4): 661-703.

Cline D B H. 1986. Convolution tails, product tails and domains of attraction[J]. Probability Theory and Related Fields, 72(4): 529-557.

Cline D B H, Resnick S I. 1992. Multivariate subexponential distributions[J]. Stochastic Processes and Their Applications, 42(1): 49-72.

Cline D B H, Samorodnitsky G. 1994. Subexponentiality of the product of independent random variables[J]. Stochastic Processes and Their Applications, 49(1): 75-98.

Cont R, Tankov P. 2004. Financial Modelling with Jump Processes[M]. London: Chapman & Hall.

Cramér H. 1954. The Elements of Probability Theory and Some of its Applications[M]. New York: Wiley.

Cui Z, Wang Y, Wang K. 2009. Asymptotics for the moments of the overshoot and undershoot of a random walk[J]. Advances in Applied Probability, 41(2): 469-494.

Cui Z, Wang Y, Wang K, et al. 2016. The uniform local asymptotics for a Lévy process and its overshoot and undershoot[J]. Communications in Statistics-theory and Methods, 45(4): 1156-1181.

Davis R A, Hsing T. 1995. Point process and partial sum convergence for weakly dependent random variables with infinite variance[J]. The Annals of Probability, 23(2): 879-917.

De Bruijn N G. 1959. Pairs of slowly oscillating functions occurring in asymptotic problems concerning the Laplace transform[J]. Nieuw Archief Voor Wiskunde, 7(7): 20-26.

De Haan L. 1970. On Regular Variation and Its Application to the Weak Convergence of Sample Extremes[M]. Mathematical Centre Tract, vol. 32. Amsterdam: Mathematisch Centrum.

De Haan L, Ferreira A. 2006. Extreme value theory[J]. Springer, 14(3): 600-622.

Denisov D, Dieker A B, Shneer V. 2008. Large deviations for random walks under subexponentiality: The big-jump domain[J]. The Annals of Probability, 36(5): 1946-1991.

Denisov D, Shneer V. 2007. Local asymptotics of the cycle maximum of a heavy-tailed random walk[J]. Advances in Applied Probability, 39(1): 221-244.

Dong Y, Wang Y. 2011. Uniform estimates for ruin probabilities in the renewal risk model with upper-tail independent claims and premiums[J]. Journal of Industrial and Management Optimization, (7): 849-874.

Dufresne F, Gerber H U. 1991. Risk theory for the compound Poisson process that is perturbed by diffusion[J]. Insurance Mathematics and Economics, 10(1): 51-59.

Embrechts P, Goldie C M. 1980. On closure and factorization properties of subexponential and related distributions[J]. Journal of the Australian Mathematical Society, 29(2): 243-256.

Embrechts P, Goldie C M, Noël V. 1979. Subexponentiality and infinite divisibility[J]. Probability Theory and Related Fields, 49(3): 335-347.

Embrechts P, Klüppelberg C, Mikosch T. 1997. Modelling Extremal Events for Insurance and Finance[M]. Berlin, Heidelberg: Springer.

Embrechts P, Lambrigger D D, Wüthrich M V. 2009. Multivariate extremes and the aggregation of dependent risks: Examples and counter-examples[J]. Extremes, 12(2): 107-127.

Embrechts P, Veraverbeke N. 1982. Estimates for the probability of ruin with special emphasis on the possibility of large claims[J]. Insurance Mathematics and Economics, 1(1): 55-72.

Emmer S, Klüppelberg C, Korn R. 2001. Optimal portfolios with bounded capital at risk[J]. Mathematical Finance, 11(4): 365-384.

Emmer S, Klüppelberg C. 2004. Optimal portfolios when stock prices follow an exponential Lévy process[J]. Finance and Stochastics, 8(1): 17-44.

Feller W. 1971. An Introduction to Probability Theory and Its Applications II[M]. 2nd ed. New York: John Wiley.

Feller W. 1968. An Introduction to Probability Theory and its Applications I[M]. 3rd ed. New York: Wiley.

Feller W. 1969. One-sided analogues of Karamata's regular variation[J]. Enseignement Math, 15: 107-121.

Foss S, Korshunov D, Zachary S. 2009. Convolutions of long-tailed and subexponential distributions[J]. Journal of Applied Probability, 46(3): 756-767.

Foss S, Korshunov D, Zachary S. 2013. Heavy-Tailed and Long-Tailed Distributions[M]. New York: Springer.

Foss S, Richards A. 2010. On sums of conditionally independent subexponential random variables[J]. Mathematics of Operations Research, 35(1): 102-119.

Gabaix X, Ibragimov R. 2011. Rank-1/2: A simple way to improve the OLS estimation of tail exponents[J]. Journal of Business and Economic Statistics, 29(1): 24-39.

Gao Q, Wang Y. 2009. Ruin probability and local ruin probability in the random multi-delayed renewal risk model[J]. Statistics and Probability Letters, 79(5): 588-596.

Geluk J, De Vries C G. 2006. Weighted sums of subexponential random variables and asymptotic dependence between returns on reinsurance equities[J]. Insurance Mathematics and Economics, 38(1): 39-56.

Geluk J, Ng K W. 2006. Tail behavior of negatively associated heavy-tailed sums[J]. Journal of Applied Probability, 43(2): 587-593.

Geluk J, Tang Q. 2009. Asymptotic tail probabilities of sums of dependent subexponential random variables[J]. Journal of Theoretical Probability, 22(4): 871-882.

Gerber H U, Shiu E S. 1998. On the time value of ruin[J]. The North American Actuarial Journal, 2(1): 48-72.

Goldie C M. 1991. Implicit renewal theory and tails of solutions of random equations[J]. The Annals of Applied Probability, 1(1): 126-166.

Goll T, Kallsen J. 2000. Optimal portfolios for logarithmic utility[J]. Stochastic Processes and Their Applications, 89(1): 31-48.

Grandell J. 1977. A class of approximations of ruin probabilities[J]. Scandinavian Actuarial Journal, 37-52.

Grandell J. 1991. Aspects of Risk Theory[M]. New York: Springer.

Guo F, Wang D. 2013a. Uniform asymptotic estimates for ruin probabilities of renewal risk models with exponential Lévy process investment returns and dependent claims[J]. Applied Stochastic Models in Business and Industry, 29(3): 295-313.

Guo F, Wang D. 2013b. Finite-and infinite-time ruin probabilities with general stochastic investment return processes and bivariate upper tail independent and heavy-tailed claims[J]. Advances in Applied Probability, 45(1): 241-273.

Hao X, Tang Q. 2008. A uniform asymptotic estimate for discounted aggregate claims with subexponential tails[J]. Insurance: Mathematics and Economics, 43(1): 116-120.

Hao X, Tang Q. 2012. Asymptotic ruin probabilities for a bivariate Lévy-driven risk model with heavy-tailed claims and risky investments[J]. Journal of Applied Probability, 49(4): 939-953.

Hardy M. 2010. Pareto's law[J]. The Mathematical Intelligencer, 32(3): 38-43.

Hashorva E. 2013. Exact tail asymptotics of aggregated parametrised risk[J]. Journal of Mathematical Analysis and Applications, 400(1): 187-199.

Hashorva E, Li J. 2014. Asymptotics for a discrete-time risk model with the emphasis on financial risk[J]. Probability in the Engineering and Informational Sciences, 28(4): 573-588.

Heyde C C, Wang D. 2009. Finite-time ruin probability with an exponential Lévy process investment return and heavy-tailed claims[J]. Advances in Applied Probability, 41(1): 206-224.

Huang W, Weng C, Zhang Y. 2014. Multivariate risk models under heavy-tailed risks[J]. Applied Stochastic Models in Business and Industry, 30(3): 341-360.

Hult H, Lindskog F. 2006. Heavy-Tailed Insurance Portfolios: Buffer Capital and Ruin Probabilities.

Jiang T. 2008. Large-deviation probabilities for maxima of sums of subexponential random variables with application to finite time ruin probabilities[J]. Science in China Series A: Mathematics, 48(7): 1257-1265.

Jiang T, Gao Q, Wang Y. 2014. Max-sum equivalence of conditionally dependent random variables [J]. Statistics and Probability Letters, 84(1): 60-66.

Jiang T, Wang Y, Chen Y, et al. 2015. Uniform asymptotic estimate for finite-time ruin probabilities of a time-dependent bidimensional renewal model[J]. Insurance: Mathematics and Economics, 64: 45-53.

Jiang T, Yan H. 2006. The Finite-time ruin probability for the jump-diffusion model with constant interest force[J]. Acta Mathematicae Applicatae Sinica, 22(1): 171-176.

Joe H. 1997. Multivariate models and dependence concepts[M]. London: Chapman & Hall.

Johnson N L, Kott S. 1975. On some generalized farlie-gumbel-morgenstern distributions[J]. Communications in Statistics, 4(5): 415-427.

Kaas R, Tang Q. 2003. Note on the tail behavior of random walk maxima with heavy tails and negative drift[J]. North American Actuarial Journal, 7(3): 57-61.

Kalashnikov V, Konstantinides D. 2000. Ruin under interest force and subexponential claims: A simple treatment[J]. Insurance Mathematics and Economics, 27(1): 145-149.

Kalashnikov V, Norberg R. 2002. Power tailed ruin probabilities in the presence of risky investments[J]. Stochastic Processes and Their Applications, 98(2): 211-228.

Kallenberg O. 1983. Random Measures[M]. 3rd ed. Berlin: Akademie-Verlag.

Karamata J. 1930. Sur un mode de croissance régulière des fonctions[J]. Mathematica, (4): 38-53.

Karamata J. 1933. Sur un mode de croissance régulière théorèmes fondamentaux[J]. Bulletin de la Société Mathématique de France, 2: 55-62.

Kesten H. 1973. Random difference equations and renewal theory for products of random matrices[J]. Acta Mathematica, 131(1): 207-248.

Klüppelberg C. 1988. Subexponential distributions and integrated tails[J]. Journal of Applied Probability, 25(1): 132-141.

Klüppelberg C. 1989. Subexponential distributions and characterizations of related classes[J]. Probability Theory and Related Fields, 82(2): 259-269.

Klüppelberg C, Kostadinova R. 2008. Integrated insurance risk models with exponential Lévy investment[J]. Insurance: Mathematics and Economics, 42(2): 560-577.

Klüppelberg C, Stadtmüller U. 1998. Ruin probabilities in the presence of heavy-tails and interest rates[J]. Scandinavian Actuarial Journal, (1): 49-58.

Klüppelberg V. 1991. The full solution of the convolution closure problem for convolution-equivalent distributions[J]. Journal of Mathematical Analysis and Applications, 160(1): 79-92.

Ko B, Tang Q. 2008. Sums of dependent nonnegative random variables with subexponential tails[J]. Journal of Applied Probability, 45(1): 85-94.

Kong F, Zong G. 2008. The finite-time ruin probability for ND claims with constant interest force[J]. Statistics and Probability Letters, 78(17): 3103-3109.

Konstantinides D, Li J. 2016. Asymptotic ruin probabilities for a multidimensional renewal risk model with multivariate regularly varying claims[J]. Insurance Mathematics and Economics, 69: 38-44.

Konstantinides D, Tang Q, Tsitsiashvili G. 2002. Estimates for the ruin probability in the classical risk model with constant interest force in the presence of heavy tails[J]. Insurance: Mathematic and Economic. 31(3): 447-460.

Korevaar J, Van Aardenne-Ehrenfest T, De Bruijn N G. 1949. A note on slowly oscillating functions[J]. Nieuw Archief Voor Wiskunde, 23: 77-86.

Korshunov D A. 2002. Large-deviation probabilities for maxima of sums of independent random variables with negative mean and subexponential distribution[J]. Theory of Probability and Its Applications, 46(2): 387-397.

Korshunov D A. 2006. On the distribution density of the supremum of a random walk in the subexponential case[J]. Siberian Mathematical Journal, 47(6): 1060-1065.

Kortschak D, 2009. Albrecher H. Asymptotic results for the sum of dependent non-identically distributed random variables[J]. Methodology and Computing in Applied Probability, 11(3): 279-306.

Kortschak D. 2012. Second order tail asymptotics for the sum of dependent, tail-independent regularly varying risks[J]. Extremes, 15(3): 353-388.

Kostadinova R. 2007. Optimal investment for insurers when the stock price follows an exponential Lévy process[J]. Insurance Mathematics and Economics, 41(2): 250-263.

Kotz S, Balakrishnan N, 2000. Johnson N L. Continuous Multivariate Distributions: Models and Applications[M]. New York: Wiley.

Kou S. 2002. A jump-diffusion model for option Pricing[J]. Management Science, 48(8): 1086-1101.

Lee T, Mei-Ling. 1996. Properties and applications of the Sarmanov family of bivariate distributions[J]. Communications in Statistics-Theory and Methods, 25(6): 1207-1222.

Leipus R, Šiaulys J. 2007. Asymptotic behaviour of the finite-time ruin probability under subexponential claim sizes[J]. Insurance Mathematics and Economics, 40(3): 498-508.

Leipus R, Šiaulys J. 2009. Asymptotic behaviour of the finite-time ruin probability in renewal risk models[J]. Applied Stochastic Models in Business and Industry, 25(3): 309-321.

Leslie J R. 1989. On the non-closure under convolution of the subexponential family[J]. Journal of Applied Probability, 26(1): 58-66.

Li J. 2012. Asymptotics in a time-dependent renewal risk model with stochastic return[J]. Journal of Mathematical Analysis and Applications, 387(2): 1009-1023.

Li J. 2013. On pairwise quasi-asymptotically independent random variables and their applications[J]. Statistics and Probability Letters, 83(9): 2081-2087.

Li J. 2016. Uniform asymptotics for a multi-dimensional time-dependent risk model with multivariate regularly varying claims and stochastic return[J]. Insurance: Mathematics and Economics, 71: 195-204.

Li J. 2018. A Revisit to asymptotic ruin probabilities for a bidimensional renewal risk model[J]. Statistics and Probability Letters, 140: 23-32.

Li J, Liu Z, Tang Q. 2007. On the ruin probabilities of a bidimensional perturbed risk model[J]. Insurance Mathematics and Economics, 41(1): 185-195.

Li J, Tang Q. 2015. Interplay of insurance and financial risks in a discrete-time model with strongly regular variation[J]. Bernoulli, 21(3): 1800-1823.

Li J, Tang Q, Wu R. 2010. Subexponential tails of discounted aggregate claims in a time-dependent renewal risk model[J]. Advances in Applied Probability, 42(4): 1126-1146.

Li J, Wang K, Wang Y. 2009. Finite-time ruin probability with NQD dominated varying-tailed claims and NLOD inter-arrival times[J]. Journal of Systems Science and Complexity, 22(3): 407-414.

Li X, Wu J, Zhuang J. 2015. Asymptotic multivariate finite-time ruin probability with statistically dependent heavy-tailed claims[J]. Methodology and Computing in Applied Probability, 17(2): 463-477.

Lia J, Liua Z, Tangc Q. 2007. On the ruin probabilities of a bidimensional perturbed risk model[J]. Insurance Mathematics and Economics, 41(1): 185-195.

Lin J. 2012. Second order subexponential distributions with finite mean and their applications to subordinated distributions[J]. Journal of Theoretical Probability, 25(3): 834-853.

Lin J, Wang Y. 2012. New examples of heavy-tailed O-subexponential distributions and related closure properties[J]. Statistics and Probability Letters, 82(3): 427-432.

Lindskog F. 2004. Multivariate extremes and regular variation for stochastic processes[D]. Ph. D thesis, Department of Mathematics, Swiss Federal Institule of Technology. Zürich, Switzerland.

Liu X, Gao Q, Wang Y. 2012. A note on a dependent risk model with constant interest rate[J]. Statistics and Probability Letters, 82(4): 707-712.

Lundberg F. 1903. Approximerad framställning av sannolikhetsfunktionen Aterförsäkring av kollektivrister[M]. Uppsala: Almqvist och Wiksell.

Madan D B, Seneta E. 1990. The variance gamma model for share market returns[J]. The Journal of Business, 63(4): 511-524.

Matuszewska W. 1962. Regularly increasing functions in connection with the theory of $L^{*\varphi}$-spaces[J]. Studia Mathematica, 21(3): 317-344.

Matuszewska W. 1965. A remark on my paper "Regularly increasing functions in connection with the theory of $L^{*\varphi}$-spaces"[J]. Studia Mathematica, 25(2): 265-269.

McNeil A J, Frey R, Embrechts P. 2015. Quantitative Risk Management: Concepts, Techniques and Tools Revised edition[J]. Princeton: Princeton University Press.

Merton R. 1976. Option pricing when underlying stock returns are discontinuous[J]. Journal of Financial Economics, 3(1): 125-144.

Ming R, Chen Y, Wu Y. 2013. On local asymptotics for a heav-tailed radom walk maximum with applications insurance and queueing theory[J]. Journal of University of Science & Technology of China, 3(3): 173-181.

Ming R X, He X X, Hu Y J, et al. 2010. Uniform estimate on finite time ruin probabilities with random interest rate[J]. Acta Mathematica Scientia, 30(3): 688-700.

Mitra A, Resnick S. 2009. Aggregation of rapidly varying risks and asymptotic independence[J]. Advances in Applied Probability, 41(3): 797-828.

Mitzenmacher M. 2004. A brief history of generative models for power law and lognormal distributions[J]. Workshop on Algorithms and Models for the Web-Graph, 1(2): 226-251.

Nelsen R B. 2006. An Introduction to Copulas[M]. New York: Springer.

Newman M. 2005. Power laws, Pareto distributions and Zipf's law[J]. Contemporary Physics, 46(5): 323-351.

Ng K W, Tang Q. 2004. Asymptotic behavior of tail and local probabilities for sums of subexponential random variables[J]. Journal of Applied Probability, 41(1): 108-116.

Ng K W, Tang Q, Yang H. 2002. Maxima of sums of heavy-tailed random variables[J]. ASTIN Bulletin, 32(1): 43-55.

Ng K W, Tang Q, Yang Y H. 2003. Precise large deviations for the prospective-loss process[J]. Journal of Applied Probability, 40(2): 391-400.

Norberg R. 1999. Ruin problems with assets and liabilities of diffusion type[J]. Stochastic Processes and Their Applications, 81(2): 255-269.

Nyrhinen H. 1999. On the ruin probabilities in a general economic environment[J]. Stochastic Processes and Their Applications, 83(2): 319-330.

Nyrhinen H. 2001. Finite and infinite time ruin probabilities in a stochastic economic environment[J]. Stochastic Processes and Their Applications, 92(2): 265-285.

Oliveira J G, Barabási A L. 2005. Human dynamics: Darwin and Einstein correspondence patterns[J]. Nature, 437(7063): 1251.

Omey E A M. 2006. Subexponential distribution functions in R^d[J]. Journal of Mathematical Sciences, 138(1): 5434-5449.

Pakes A G. 1975. On the tails of waiting-time distributions[J]. Journal of Applied Probability, 12(3): 555-564.

Paulsen J. 2002. On Cramér-like asymptotics for risk processes with stochastic return on investments[J]. Annals of Applied Probability, 12(4): 1247-1260.

Paulsen J. 2008. Ruin models with investment income[J]. Probability Surveys, 5(1): 416-434.

Pitman E J G. 1980. Subexponential distribution functions[J]. Journal of the Australian Mathematical Society, 29(3): 337-347.

Protter P E. 1990. Stochastic Integration and Differential Equations[M]. Berlin: Spinger.

Repetowicz P, Hutzler S, Richmond P. 2005. Dynamics of money and income distributions. Physica A: Statistical Mechanics and Its Applications, 356(2-4): 641-654.

Resnick A M I. 2009. Aggregation of rapidly varying risks and asymptotic independence[J]. Advances in Applied Probability, 41(3): 797-828.

Resnick S I. 1987. Extreme Values, Regular Variation, and Point Processes[M]. New York: Springer.

Resnick S I. 2007. Heavy-Tail Phenomena[M]. New York: Springer.

Rolski T, Schmidli H, Schmidt V, et al. 1999. Stochastic Processes for Insurance and Finance [M]. Chichester: John Wiley.

Ross S M. 1983. Stochastic Processes[M]. New York: Wiley.

Rvačeva E L. 1962. On domains of attraction of multi-dimensional distributions[J]. Hult and Lindskog, 2(6): 183-205.

Samorodnitsky G, Sun J. 2016. Multivariate subexponential distributions and their applications[J]. Extremes, 19(2): 171-196.

Sato K. 1999. Lévy Process and Infinitely Divisible Distributions[M]. Cambridge: Cambridge University Press.

Seal H L. 1983. Numerical probabilities of ruin when expected claim numbers are large[J]. Mitt Verein Schweiz Versicherungsmath, (1): 89-104.

Segerdahl C O. 1955. When does ruin occur in the collective theory of risk?[J]. Skand Aktuartidskr. (1): 22-36.

Seneta E. 1976. Regularly Varying Functions[M]. Lecture Notes in Mathematics, Vol. 508. New York: Springer.

Sgibnev M S. 1996. On the distribution of the maxima of partial sums[J]. Statistics and Probability Letters, 28(3): 235-238.

Shneer V V. 2006. Estimates for interval probabilities of the sums of random variables with locally subexponential distributions[J]. Siberian Mathematical Journal, 47(4): 779-786.

Su C, Jiang T, Tang Q H. 2002. Extension of some classical results on ruin probability to delayed renewal model[J]. Acta Mathematicae Applicatae Sinica, 18(4): 675-680.

Sun Y, Wei L. 2014. The finite-time ruin probability with heavy-tailed and dependent insurance and financial risks[J]. Insurance Mathematics and Economics, 59: 178-183.

Sundt B, Teugels J L. 1995. Ruin estimates under interest force[J]. Insurance Mathematics and Economics, 16(1): 7-22.

Tang Q. 2004. Asymptotics for the finite time ruin probability in the renewal model with consistent variation[J]. Stochastic Models, 20(3): 281-297.

Tang Q. 2005. The finite-time ruin probability of the compound Poisson model with constant interest force[J]. Journal of Applied Probability, 42(3): 608-619.

Tang Q. 2007. Heavy tails of discounted aggregate claims in the continuous-time renewal model[J]. Journal of Applied Probability, 44(2): 285-294.

Tang Q. 2008. Insensitivity to negative dependence of asymptotic tail probabilities of sums and maxima of sums[J]. Stochastic Analysis and Applications, 26(3): 435-450.

Tang Q, Tsitsiashvili G. 2003. Precise estimates for the ruin probability in finite horizon in a discrete-time model with heavy-tailed insurance and financial risks[J]. Stochastic Processes and Their Applications, 108(2): 299-325.

Tang Q, Tsitsiashvili G. 2004. Finite-and infinite-time ruin probabilities in the presence of stochastic returns on investments[J]. Advances in Applied Probability, 36(4): 1278-1299.

Tang Q, Vernic R. 2007. The impact on ruin probabilities of the association structure among financial risks[J]. Statistics and Probability Letters, 77(14): 1522-1525.

Tang Q, Wang G, Yuen K C. 2010. Uniform tail asymptotics for the stochastic present value of aggregate claims in the renewal risk model[J]. Insurance Mathematics and Economics, 46(2): 362-370.

Tang Q, Yuan Z. 2015. Interplay of insurance and financial risks with bivariate regular variation//Dey D K, Yan J. Contribution to Extreme Value Modeling and Risk Analysis:

Methods and Applications. Chapman and Hall/CRC: 419-438.

Teugels A J L. 2006. Exponential behavior in the presence of dependence in risk theory[J]. Journal of Applied Probability, 43(1): 257-273.

Vervaat W. 1979. On a stochastic difference equation and a representation of nonnegative infinitely divisible random variables[J]. Advances in Applied Probability, 11(4): 750-783.

Wang D. 2008. Finite-time ruin probability with heavy-tailed claims and constant interest rate[J]. Stochastic Models, 24(1): 41-57.

Wang D, Tang Q. 2004. Maxima of sums and random sums for negatively associated random variables with heavy tails[J]. Statistics and Probability Letters, 68(3): 287-295.

Wang K, Wang Y, Gao Q. 2013. Uniform asymptotics for the finite-time ruin probability of a dependent risk model with a constant interest rate[J]. Methodology and Computing in Applied Probability, 15(1): 109-124.

Wang Y, Cheng D, Wang K. 2005. The closure of a local subexponential distribution class under convolution roots, with applications to the compound Poisson process[J]. Journal of Applied Probability, 42(4): 1194-1203.

Wang Y, Wang K. 2006. Asymptotics of the density of the supremum of a random walk with heavy-tailed increments[J]. Journal of Applied Probability, 43(3): 874-879.

Wang Y, Wang K. 2011. Random walks with non-convolution equivalent increments and their applications[J]. Journal of Mathematical Analysis and Applications, 374(1): 88-105.

Wang Y, Xu H, Cheng D, Yu C. 2018. The local asymptotic estimation for the supremum of a random walk with generalized strong subexponential summands[J]. Statistical Papers, 59(1): 99-126.

Wang Y, Yang Y, Wang K, et al. 2007. Some new equivalent conditions on asymptotics and local asymptotics for random sums and their applications[J]. Insurance Mathematics and Economics, 40(2): 256-266.

Watanabe T, 2017. Yamamuro K. Two non-closure properties on the class of subexponential densities[J]. Journal of Theoretical Probability, 30(3): 1059-1075.

Watanabe T, Yamamuro K. 2009. Local subexponentiality of infinitely divisible distributions[J]. Math Industry, (1): 81-90.

Watanabe T, Yamamuro K. 2010. Local subexponentiality and self-decomposability[J]. Journal of Theoretical Probability, 23(4): 1039-1067.

Watanabe T, Yamamuro K. 2010. Ratio of the tail of an infinitely divisible distribution on the line to that of its Lévy measure[J]. Electronic Journal of Probability, 15(7): 44-74.

Willekens E. 1987. On the supremum of an infinitely divisible process[J]. Stochastic Processes and their Applications, 26(1): 173-175.

Wüthrich M V. 2003. Asymptotic value-at-risk estimates for sums of dependent random variables[J]. Astin Bulletin, 33(1): 75-92.

Xu H, Foss S, Wang Y, et al. 2015. Convolution and convolution-root properties of long-tailed distributions[J]. Extremes, 18(4): 605-628.

Yang H, Li J. 2014. Asymptotic finite-time ruin probability for a bidimensional renewal risk model with constant interest force and dependent subexponential claims[J]. Insurance: Mathematics and Economics, 58: 185-192.

Yang Y, Hashorva E. 2013. Extremes and products of multivariate AC-product risks[J]. Insurance: Mathematics and Economics, 52(2): 312-319.

Yang Y, Leipus R, Siaulys J. 2010. Local presice deviations for sums of random variables with O-requlary varying densities[J]. Statistics and Probability Letters, 80(19-20): 1559-1567.

Yang Y, Wang Y. 2013. Tail behavior of the product of two dependent random variables with applications to risk theory[J]. Extremes, 16(1): 55-74.

Yang Y, Zhang Z, Jiang T, et al. 2015. Uniformly asymptotic behavior of ruin probabilities in a time-dependent renewal risk model with stochastic return[J]. Journal of Computational and Applied Mathematics, 287: 32-43.

Yi L, Chen Y, Su C. 2011. Approximation of the tail probability of randomly weighted sums of dependent random variables with dominated variation[J]. Journal of Mathematical Analysis and Applications, 376(1): 365-372.

Yu C, Wang Y, Cheng D. 2015. Tail behavior of the sums of dependent and heavy-tailed random variables[J]. Journal of the Korean Statistical Society, 44(1): 12-27.

Yu C, Wang Y, Cui Z. 2010. Lower limits and upper limits for tails of random sums supported on[J]. Statistics and Probability Letters, 80(13/14): 1111-1120.

Yu C, Wang Y, Yang Y. 2010. The closure of the convolution equivalent distribution class under convolution roots with applications to random sums[J]. Statistics and Probability Letters, 80(5/6): 462-472.

Yu C, Yang Y Y. 2014. Ruin probabilities with insurance and financial risks having an FGM dependence structure[J]. Science China Mathematics, 57(5): 1071-1082.

Yuen K C, Guo J, Wu X. 2006. On the first time of ruin in the bivariate compound Poisson model[J]. Insurance Mathematics and Economics, 38(2): 298-308.

Zwart B K. 2006. Tail asymptotics for exponential functionals of Lévy processes[J]. Stochastic Processes and Their Applications, 116(2): 156-177.

索　　引